U0145949

中華文明史

第三卷

主　　编　袁行霈　严文明

本卷主编　张传玺　楼宇烈

本卷副主编　袁行霈

邓小南

北京大学出版社
PEKING UNIVERSITY PRESS

彩图1　唐代阎立本《步辇图》

彩图2　陕西咸阳唐代顺陵走狮

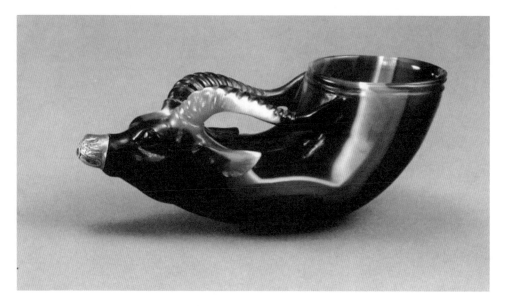

彩图3　西安何家村出土唐代兽首玛瑙角杯

彩图4　甘肃敦煌莫高窟45窟唐代胡商遇盗壁画

彩图5 唐代三彩载乐骆驼

彩图6 唐代鎏金凤马牛银盘

彩图7 唐代鎏金舞马衔杯银壶

彩图8 唐代飞凤蛱蝶团花锦

彩图9 宋代殿试图

彩图10　山西洪洞水神庙明王殿元代壁画杂剧图

彩图11　敦煌莫高窟112窟唐代壁画乐舞图

彩图12 五代黄筌《写生珍禽图》

彩图13 五代顾闳中《韩熙载夜宴图》局部

彩图14 明代沈周《庐山高图》

彩图15　陕西乾县唐代永泰公主墓壁画

彩图16　唐代吐鲁番墓出土的弈棋仕女绢画

目　　录

绪　　论

　　本卷包括的时段,从隋建国(581)开始,历经唐、宋、辽、金、元,直到明中叶正德末年(1521)为止,共计九百余年。隋的建国,特别是八年之后(589)隋灭陈统一全国,不仅结束了永嘉之乱(307)以来二百八十多年的分裂局面,而且为文明的迅速发展创造了条件。隋朝之后建立的唐朝,在南北文化交融和中外文化交流这两方面实现了突破性的进展,从而使中华文明进入一个新的时期。这个时期的文明有三个最显著的特征:一是呈现多元化的形态,新的与旧的、中国固有的与外来的、南方的与北方的,相互交融共同前进。无论在思想方面、宗教方面,还是文学方面、艺术方面,莫非如此;二是城市的繁荣和市民文化的蓬勃发展,市民文化逐渐加大了其在整个文化中的比重,从而为中华文明增添了新的活力;三是文化重心的下移,从士族向庶族下移,进而向市民下移。这些特征形成一种综合的效果,就是文化显得格外富于创造性,也格外绚丽多彩。

第一节　　在整合中创新

中华文明史上的两个高峰　隋唐文化的鼎盛及其向周边的辐射　宋代文化的再盛　元代文化:酝酿新的生机　明前期的文化态势

　　本时期文明的发展,可以分成几个阶段:隋唐、宋元和明前期。唐是这个时期的一个高峰,宋是这个时期的另一个高峰,唐、宋也是整个中华文明史上的两座高峰。这个时期文明的发展趋势,可以概括为在整合中创新。所谓整合主要是民族的融合、南北文化的交融、中外文化的交流,以及儒释道各种思想的融会。整合是创新的前提和基础,创新是整合的积极成果。

唐代文化是在大一统的局面下蓬勃发展的,带有统一帝国的宏伟,呈现一种兼容的气度。例如民族关系方面,在北朝各民族与汉族多年来融合的基础上,唐朝与突厥、回纥、吐蕃、南诏、契丹等民族频繁交往,既有战争也有和好,但总的趋势是往民族融合的方向发展。西北各民族推尊唐太宗为“天可汗”,这种称号延续了相当长的时间。唐太宗说:“自古皆贵中华,贱夷、狄,朕独爱之如一。”[1](彩图1)唐玄宗时李华也说:“国朝一家天下,华夷如一。”[2]唐朝统治者的这种态度以及他们所采取的和亲、羁縻政策,在民族融合的过程中发挥了积极的作用。汉族与各少数民族的交融,不仅促进了各少数民族的发展,也加速了汉族自身的发展。各少数民族的文化资源,经过吸收、改造、融会、创新,成为唐代文化中色彩绚烂的成分。再如,在思想、哲学和宗教方面,儒释道虽然互有消长,但基本上处于并用的状态。儒学在唐朝仍然居于主导的地位,唐朝建国不久,高祖武德二年就下诏于国子监立周公、孔子庙各一所,四时致祭[3]。唐太宗令颜师古于秘书省考订五经,几经诸儒详议,遂颁其所定之书于天下,令学者习焉。孔颖达又与颜师古等人受诏撰为《五经义赞》,凡一百八十卷,诏改为《五经正义》,又经诸儒考证,书始布下,每年明经,依此考试[4]。后来玄宗又追谥孔子为文宣王[5],自注《孝经》,颁行天下[6]。文宗时,郑覃请于太学勒九经,从之[7]。这些举措说明唐朝皇帝十分重视儒家经典的整理工作,并通过经典的整理确立儒家思想的地位。至于私家研究和注疏儒家经典,也不乏其人,例如魏徵之撰《类礼》,啖助之撰《春秋集传》,便是具有广泛社会影响的工作[8]。再看唐朝佛教的盛况:开元中天下寺庙总计 5358 所,至武宗时增至四万余所[9]。高僧中有许多来自西土,据道宣《续高僧传》、赞宁《宋高僧传》所载,列有专传的西来高僧就有数十人之多,如中天竺人波罗颇迦罗蜜多罗、西印度人伽梵达摩、中印度人释莲华等[10]。也有西行求经的高僧,如玄奘、义净、不空等人。佛经的翻译同时达到高潮,据《大慈恩寺三藏法师传》所载,仅玄奘所译就有 74 部,1335 卷之多[11]。唐代佛教的宗派也很多,其中尤以净土、天台、禅宗为盛。禅宗是佛教传入中国之后与中国固有的道家思想相融合而形成的一个佛教流派,是中国固有思想对外来宗教的一种改造。道家思想和道教在唐朝空前盛行,玄宗开元二十五年初置玄学博士,习《老子》《庄子》《文子》《列子》,亦曰道举,每岁依明经举[12]。他又在两京设立崇玄观,还亲自注释《道德经》颁示天下。除了儒释道之外,伊斯兰教、祆教、景教和摩尼教也都得以流行。又如,艺术方面也呈现出兼容的状态,早在唐太宗时就设立了十部乐,其中四部来自唐朝境内少数民族,四部来自国外,其中尤以龟兹部最盛。段成式《酉阳杂俎》云:"玄宗常伺察诸王。宁王尝夏中挥汗鞨鼓,所读书乃龟兹乐谱也。上知之,喜曰:'天子兄弟,当极醉乐耳。'"[13]唐代著名的音乐舞蹈家当中不少来自米国、康国、曹国、安国。唐代著名画家尉迟乙僧原是于阗贵族,贞观初来长安,任宿卫官,袭封郡公,工画佛像、鬼神、人物、花鸟,"凡画功德、人物、花鸟,皆是外国之物象,非中华之威仪"[14]。这样一位画家受到广泛的欢迎,也可见唐代在文化上的兼容性。唐代与东南亚的文化交流也很值得注意。唐代诗人张籍在《昆仑儿》一诗中对来自东南亚的昆仑人有所描写;唐代裴铏的传奇小说《昆仑奴》,记述来自昆仑的奴仆帮助主人的故事,可见他们在当时社会中的生活情形[15]。

唐代文化的繁荣是在隋代文化的基础上不断创新的结果。隋代虽然只有短短三十几年,但是在几个方面开创了新的局面,并给唐朝文化的发展奠定了基础。首先是隋朝开通的大运河(图0-1),将长江南北的经济更紧密地联结起来,并使位居北方的政治中心得到南方富饶经济的支持。隋朝虽然并没有因此巩固其统治,相反的因为过度劳民伤财而引起民众的不满,最终爆发了大起义,导致隋朝的灭亡,但唐朝受惠于这条运河确实很多,可以说大运河是维系唐朝统治的生命线。据统计,唐高祖、唐太宗在位期间,每年从外地通过运河输送到长安的粮食约二十万石,唐玄宗天宝年间增加到二百五十万石[16]。安史之乱以后,唐朝的财政收入主要依赖江南地区,运河的重要性越发显示出来。其次是隋朝建立了科举制度,唐承隋制有所变革,《新唐书·选举志》:"唐制,取士之科,多因隋旧。"[17]遂使大批出身庶族的才俊之士得以进入仕途,从而扩大了统治的基础。同时,这些庶族士人也就成为文化的传承者,为唐代文化带来新的面貌。

唐代文化在沿袭隋代的同时不断革新。即以最能代表唐代文明的诗歌为例,在南北文风交融的大背景下,经过大约半个世纪的努力,诗歌终于走出

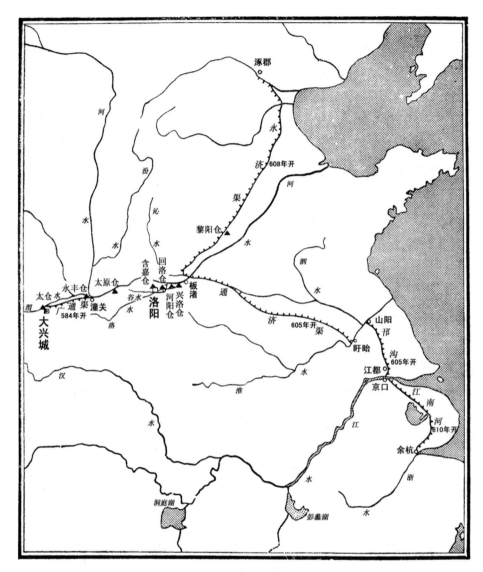

图 0-1　隋运河全图

宫廷,迈向广阔的山川与塞漠,融会了性情与声色,为诗歌创作开辟了健康发展的道路。而近体诗的确立,律诗和绝句这类新型的诗歌格律的建立,则拉开了诗歌与散文的距离,刺激诗人在更严格的格律内寻求自由的表现手法,在语言的使用上突破常规,寻求变异,得到新的更富有诗意的效果。而在小说创作方面,也逐渐突破六朝以来志怪小说的藩篱,创造了传奇这种新的形式,从而将中国古代的小说推向成熟的阶段。此外,以韩愈和柳宗元为旗手的古文运动,对六朝以来流行的骈文进行改革,代之以散句单行的古文,从而影响了此后一千多年间的文体和文学语言。

经过隋炀帝、唐太宗等多方的努力,"丝绸之路"得以畅通。这不仅是一条贸易通道,也是一条中外文化交流的通道,对隋唐文化的创新起了催化的作用。在唐三彩以及唐诗中,骏马、骆驼和胡人,成为新鲜的具有代表性的唐代文化符号,而这些都与丝绸之路的畅通有关。杜甫有一首《房兵曹胡马》:"胡马大宛名,锋棱瘦骨成。竹批双耳峻,风入四蹄轻。所向无空阔,真堪托死生。骁腾有如此,万里可横行。"可见从西域引进的骏马是怎样激发了杜甫的诗情。此外,唐朝与南亚的文化交流也很频繁,佛教与中国传统文化相融合,兴起了本土化的禅宗,禅宗的广泛流传充分证明在整合中创新对唐代文化的发展起着多么重要的作用。

唐代文化有很强的辐射力,对周边国家和地区影响巨大而深远。唐代文化对朝鲜、日本、越南等国家的影响,在语言、文字、思想、文学、艺术、服饰、饮食、建筑,以及制度等方面不但广而且深,这些影响至今仍然不同程度地存在着。除了这三个国家之外,唐代文化对西域的影响也不可忽视[18]。即以唐代的律令制度而言,它对于阗的官制、行政和文书制度、度量衡制,都产生了深远的影响[19]。

在这里有必要特别就中唐做一简短的论述。中唐发生了重大的转折,其标志就是士人更广泛地参与政治,特别是朝廷的政治决策。在某种程度上形成了"士人政治"的局面,而武夫相对于以往而言在朝廷的决策上处于边缘地位。皇帝的身边一方面是身居高位的士人,一方面是随侍于左右的宦官;而在地方上则是藩镇的割据。这几种势力互相制衡着,当达到平衡时,国家就出现相对安定的局面;当平衡遭到破坏时,就出现社会和政治的动荡。士人在政治上权重的加强,武夫在政治上权重的削弱,无疑是一种进步,这种状况导致宋代文官制度的完善,从而成为中华文明史上的一个亮点。

宋代文化是唐代文化的延续和发展,是继唐代之后又一个文化高峰。这两个朝代的文化在许多方面是相接续的,宋代文化的新变可以追溯到中唐,例如庶族士人和庶族文化居于主体的地位;城市的繁荣和城市经济的活跃、市民的兴起以及市民对文化诉求的加强;理学的兴盛;词的繁荣,诗歌、书法和绘画的创新等等,以上诸多方面的变化在中唐已经初现端倪。但是宋代文化确实呈现了不同于唐代的带有标志性的新面貌,其所达到的成就也不亚于唐代。例如,随着城市经济的进一步繁荣和印刷技术的提高与普及,作为文化载体的书籍得以较广泛地传播。在唐代很难做到的"读书破万卷",到了宋代就容易多了,宋人对古代典籍的整理工作也可以比较顺利地展开,从而迅速地提升了宋代社会的文化水准,使宋代文化在更广阔的基础上向新的高度冲刺。唐代文化所呈现的那种外拓的、粗犷的、草莽的、甚至是原始的创造力,到了宋代趋向内敛、细腻、稳健、成熟。再如,唐代所建立的三省六部、科举、均田等制度,已经标志着行政管理体制的完善。宋代又在此基础上建立了更加完善的文官制度,皇帝和中枢大臣之间,中央和地方之间得以相互制衡。由于选拔官吏的机制更加完善,庶族精英得以更多地进入政治的上层参与决策和管理,士人那种群体性的政治使命感和忧患意识也就显得更加强烈,爱国精神也在外患频仍的形势下更加发扬起来,这都为文化增添了新的亮色。又如,宋代的科技有一个突飞猛进的发展。在冶金方面,南宋洪咨夔曾对当时的矿冶业做过实地调查,其所著《大冶赋》翔实地记录了一些技术的细节,对于金属共生的现象、各类金属矿物的赋存形态和所处地形地貌、沙金来自脉金的认识、银的采冶、火法炼铜和水法炼铜、铸钱工艺,都有说明,由此可以看出当时矿冶技术的发达程度[20]。从沈括的《梦溪笔谈》中可以看到当时许多科学技术领域发达的程度,这些领域包括工程技术、地学、天文气象、数学、物理、化学等。随着南方的开发,水田的耕作技术更加精细。毕昇发明的活版印刷术是印刷技术的一次革命性的进展,具有世界影响。宋代又是陶瓷工艺迅猛发展的时期,宋代五大名瓷:柴、汝、官、哥、定(或定、汝、官、哥、钧),无论在烧制技术方面还是艺术方面,都大大超过了以前的水平。从各方面看来,宋代的科学技术显然居于当时世界领先的地位。至于宋代的理学,从程颐到朱熹已经发展到极致,程朱理学成为此后最有影响力的、占据统治地位的哲学系统。因此,宋代文化与唐代文化相比,更富有思辨的色彩。与此同时,书院教育的发达提高了社会的教育水平,也成为宋代文化的一个亮点。

元代在战乱之后和北方游牧民族的统治下,生产力一度遭到破坏,文化的发展也在不同程度和不同方面受到影响。但是汉族的农业文明与蒙古族的游牧文明有了更直接的交融和互补的机会，这对双方都有益处。虽然元朝统治者实行民族歧视政策，但是各民族融合的趋势并未因此而中断，蒙古族和回族都是在这时成为中华民族的重要成员。尤其值得注意的是，元代对外文化交流十分频繁，其范围不仅包括东亚、东南亚，而且扩大到西亚、东非和北非，甚至和罗马教廷也有了来往。

在元代，儒家文化受到冲击，儒士的社会地位低落，文化发展受到一定的影响，但在某些方面仍延续了宋代以来的趋势。例如在理学方面，上承宋代之余绪，以程朱一派为主，又有新的发展。元代是程朱理学昌明发展的关键时代，由于元代儒家对程朱理学著作进行了细致的搜集、整理、注释和订补的工作，遂使程朱理学广为传播，并在明清两代继续成为官学[21]。尤可注意的是，元代的西域人用华文著述成绩斐然，而且领域很广泛，包括文学、史学、哲学等各个方面，在书法、绘画方面也有很深的造诣。如康里人巎巎之《大元通制》（删修人之一）及其书法、畏吾儿人贯云石之《酸斋文集》、葛逻禄乃贤之《河朔访古记》、唐兀人余阙之《五经传注》、西域人高克恭之《高文简公集》及其绘画、西域人辛文房之《唐才子传》、答失蛮人萨都剌之《雁门集》等等。关于这方面的情况，陈垣先生说："汉唐以来，翻经沙门，传教教士，华文著述众矣，然大抵皆宣扬本教、发挥西学之书，求可以称华学者盖寡。元西域人不然，百年之间，作者至三十余人，著述至八十余种，经史、词章、老庄、申韩、舆地、艺术、阴阳、医药之属无不具。且皆华法，非西法，与徒夸彼善俗、思革吾华风者不同，此元人特色也。"[22] 另一方面，元代文化在社会下层酝酿着新的更大的发展。由于元代废除科举考试，士人更多地参与市民的文化活动，促使市民文化蓬勃地发展起来，最有代表性的就是杂剧和南戏的兴起与繁荣。与诗文相比，中国的戏剧长期以来停留在萌芽的状态，许多戏剧的因素没有充分发展。到了元代，才出现了质的变化，一种成熟的戏剧形式即杂剧迅速兴起并且在以大都和杭州为中心的广大地区流行起来。继杂剧之后兴起的南戏，继续维持着剧场的繁荣。杂剧和南戏遂成为中国文化史上的两支奇葩。

明代引人注意的一个突出之处就是中央集权的强化，特别是皇权的强化。朱元璋先后诛杀了丞相胡惟庸和大将军蓝玉及大批功臣，并废除了宰相制度和中书省,独揽一切军政大权。到永乐、宣德年间朝廷又削弱了诸王的权力,进一步巩固了皇权。另一方面,皇帝任用宦官,设立锦衣卫和东、西厂,实行特务统治。在思想文化方面,从明代初年就加紧了钳制,洪武三年(1370)诏定八股取士。永乐十五年(1417)颁行胡广等人纂修的《五经大全》《四书大全》《性理大全》,定为国子监及府、州、县生员必读书。洪武三十年(1397)颁布的《御制大明律》规定乐人搬做杂剧戏文,不得装扮历代帝王后妃、忠臣烈士、先圣先贤神像,可见其管制已经进入大众文化的领域。皇帝在笼络士人的同时,对一切有悖其旨意的言行都采取镇压的措施,诗人高启甚至因为辞官并对皇帝有所讥刺而被腰斩;另一位著名文学家杨基被谗夺职,死于劳役。皇权的强化以及上述一系列措施,使明前期思想受到禁锢,台阁体充斥文坛,整体看来士人处于无奈之中。然而,明中期以后文明的转型,除了有当时的种种原因促成之外,在一定程度上不妨视为对明前期社会状况所做出的一种强烈反拨。

第二节　文明的新因素:城市经济与城市文化的繁荣

城市经济的繁荣　城市娱乐生活的活跃　瓦舍勾栏与市民文化的蔓延
刻书业的盛行与书肆的繁荣　文化传播的新途径

这个时期的文明出现了新的因素,这就是城市经济与城市文化的繁荣。早在先秦时期就有了城市,但那时的城市与这个时期相比,规模比较小,繁荣的程度也远远不及。更重要的是隋唐以前城市的功能偏重于政治和军事方面,到了唐宋其经济功能加强了,这是一个重要的变化。唐宋以后城市的繁荣不仅表现在规模之大和人口之众上,而且是和城市经济的繁荣联系在一起的,又是和市民文化的兴起与繁盛联系在一起的,因而成为文明的新因素。

唐代主要的城市有长安、洛阳、汴州、扬州、苏州、杭州、荆州、益州、广州。此外还有不少地区性的城市,如宋州、贝州、魏州、凉州、太原府、河中府、凤翔府、冀州、沧州、青州、汝州、绛州、宣州、常州、洪州、楚州、幽州等等[23]。《通典》卷七《食货》七描述唐开元民户之盛曰:"东至宋汴,西至岐州,夹路列店肆待客,酒馔丰溢。每店皆有驴赁客乘,倏忽数十里,谓之驿驴。南诣荆襄,北至太原、范阳,西至蜀川、凉府,皆有店肆,以供商旅。远适数千里,不持寸刃。"[24]这段话勾勒出盛唐各地城市商业活动的兴盛,以及各城市之间交通的方便。经营食宿的客店兼营交通工具的租赁业务,或许可以视为当时的客店之间已经有了一定的联系。长安作为唐朝的国都,也是经济的中心,《长安志》卷八"长安次南东市"描写了长安一个坊市的繁盛:"东西南北各六百步,四面各开二门,定四面街,各广百步。……街市内货财二百二十行,四面立邸,四方珍奇,皆所积集。"[25](图0-2)这段话记叙其中商业活动的繁荣,二百二十行便是重要的标志。白行简的《李娃传》反映了唐代长安东西两市殡仪馆互相竞争的情形,经营者雇用善歌者来演唱挽歌进行比赛,围观的人包括一般市民,也包括荥阳公这样的贵族官僚,如果商业没有达到相当繁荣的程度,这样的竞争是不可想象的。再如杭州,李华《杭州刺史厅壁记》有如下的记述:"万商所聚,百货所殖。……骈樯二十里,开肆三万室。"[26]罗隐《杭州罗城记》也说:"东眄巨浸,辖闽夷之舟橹。北倚郭邑,通商旅之货。"[27]从这两条材料看来,停泊在杭州的船只接连二十里,商业店铺达到三万家,四方的货物都可以到达这里。其中的数字也许有夸张的成分,不可全信,即使打一些折扣,也相当可观了。另一个大城市汴州(今开封),《五代会要》卷二六"城郭"条称:"东京车马辐辏,水陆会通。时向隆平,日增繁盛。……加以坊市之中,邸店有限。工商外至,亿兆无穷。"[28]这里提到交通、手工业和商业,可以从中看到多功能城市的影子。

宋代的城市在唐代的基础上又有所发展。唐代的城市为坊市制,城市分为若干坊,各个坊相对封闭,夜间上锁。在东西两城各划出经营商业的区域,这就是东西两市。到了宋代,相对封闭的坊市改为开放的街市,长形的街市两旁店铺罗列,而且取消了坊和市的界限,不禁夜市,更便利货物的流通和商业的发展。《清明上河图》形象地反映了北宋汴京沿河两岸街市的状况。关于当时首都汴京的繁荣,还有不少文献记载。《东京梦华录》卷二载"东角楼街巷":"东去乃潘楼街,街南曰鹰店,只下贩鹰鹞客。余皆真珠、匹帛、香药铺席。南通一巷,谓之界身。并是金银、彩帛交易之所。屋子雄壮,门面广阔,望之森然。每一交易,动即千万,骇人闻见。"[29]这里提到鹰店、珍珠店、匹帛店等,可

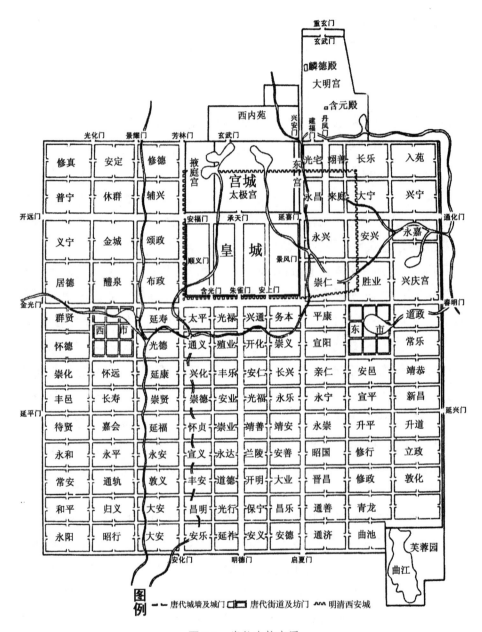

图 0-2　唐长安坊市图

见专营商店的发达。由于金银、彩帛本身带有货币的性质，所以金银、彩帛的
交易似乎具有金融交易的性质，而且交易的规模很大，尤其值得注意。关于南

宋行在临安的繁荣,据《梦粱录》卷一八"户口"所录,杭州在隋代"户一万五千三百八十。唐正(贞)观中户三万五千七十一,口一十五万三千七百二十九。唐开元户八万六千二百五十八"。而到了宋代,即使考虑到不同时期行政区划变动这一因素,其户口增加的幅度也是很大的,各种统计数字不一,少的如"钱塘户数,主六万一千六百八,客八千八百五十七",多的如《咸淳志》所载:"九县共主客户三十九万一千二百五十九,口一百二十四万七百六十"[30]。如果算上前来参加科举考试的流动人口,其数字就更可观了。[31]《梦粱录》卷一三"团行":"大抵杭是行都之处,万物所聚。诸行百市,自和宁门权子外至观桥下,无一家不买卖者。行分最多,且言其一二,最是官巷花作,所聚奇异,飞鸾走凤,七宝珠翠首饰,花朵冠梳,及锦绣罗帛,销金衣箱,描画领抹,极其工巧,前所罕有者悉皆有之。更有儿童戏耍物件,亦有上行之所,每日街市不知货几担也。"这里说的是手工制作首饰、玩具的情况。卷一三"铺席":"自大街及诸坊巷,大小铺席,连门俱是,即无虚空之屋。……客贩往来,旁午于道,曾无虚日。……处处各有茶房、酒肆、面店、果子、彩帛、绒线、香烛、油酱、食米、下饭鱼肉鲞腊等铺。"由此可见当时餐饮业的发达。卷一六"米铺":"杭州人烟稠密,城内外不下数十万户、百十万口。每日街市食米,除府第、官舍、宅舍、富室,及诸司有该俸人外,细民所食,每日城内外不下一二千余石,皆需之铺家。"这是讲粮食供应的情况。凡此种种都说明宋代城市经济繁荣所达到的地步。

随着城市经济的繁荣,城市的文化娱乐游冶活动兴盛起来。《唐国史补》卷下:"长安风俗,自贞元侈于游宴;其后或侈于书法、图画;或侈于博弈;或侈于卜祝;或侈于服食,各有所蔽也。"[32]唐代长安有赏牡丹花的习俗,白居易《买花》诗说:"帝城春欲暮,喧喧车马度。共道牡丹时,相随买花去。……一丛深色花,十户中人赋。"《东京梦华录》卷五"民俗"记载宋代城市的风习:"以其人烟浩穰,添十数万众不加多,减之不觉少。所谓花阵、酒池、香山、药海,别有幽坊小巷,燕馆歌楼,举之万数,不欲繁碎。"同书卷六"收灯都人出城探春":"大抵都城左近,皆是园圃。百里之内,并无闲地。次第春容满野,暖律暄晴。万花争出粉墙,细柳斜笼绮陌。香轮暖辗,芳草如茵。骏骑骄嘶,杏花如绣。莺啼芳树,燕舞晴空。红妆按乐于宝榭层楼,白面行歌近画桥流水。举目则秋千巧笑,触处则蹴鞠疏狂。寻芳选胜,花絮时坠金樽;折翠簪红,蜂蝶暗随归骑。于是相继清明节矣。"〔33〕《铁围山丛谈》卷五："马行街者,都城之夜市酒楼极繁盛处也。蚊蚋恶油,而马行人物嘈杂,灯火照天,每至四鼓罢,故永绝蚊蚋。上元五夜,马行南北几十里,夹道药肆,盖多国医,咸巨富。声妓非常,烧灯尤壮观。故诗人亦多道马行灯火。"〔34〕把这些资料集中起来,可以看到宋代城市生活多姿多彩,其中文化、娱乐,以及类似当今旅游活动的游冶,都十分繁荣,与这些活动相适应,消费的水平也很可观。《梦粱录》卷二"暮春"："是月春光将暮,百花尽开,如牡丹、芍药、棣棠、木香、荼蘼、蔷薇、……水仙、映山红等花,种种奇绝。卖花者以马头竹篮盛之,歌叫于市,买者纷然。当此之时,雕梁燕语,绮槛莺啼。静院明轩,溶溶泄泄,对景行乐,未易以一言尽也。"〔35〕《东京梦华录》卷二"酒楼"："大抵诸酒肆瓦市,不以风雨寒暑,白昼通夜,骈阗如此。"卷三"马行街铺席"："其余坊巷院落,纵横万数,莫知纪极。处处拥门,各有茶坊酒店,勾肆饮食。市井经纪之家,往往只于市店旋买饮食,不置家蔬。"《武林旧事》卷三"西湖游幸"："西湖天下景,朝昏晴雨,四序总宜。杭人亦无时而不游,而春游特盛焉。承平时,头船如大绿、间绿、十样锦、百花、宝胜、明玉之类,何啻百余。其次则不计其数。皆华丽雅靓,夸奇竞好。而都人凡缔姻、赛社、会亲、送葬、经会、献神,仕宦恩赏之经营,禁省台府之嘱托,贵珰要地,大贾豪民,买笑千金,呼卢百万。以至痴儿骏子,密约幽期,无不在焉。日糜金钱,靡有纪极。故杭谚有'销金锅儿'之号,此语不为过也。"〔36〕从上述这些资料中可以看出当时的城市不仅规模宏大、经济繁荣,而且城市的文化娱乐活动也相当丰富。城市的功能复杂化,是值得注意的趋向。

尤其值得注意的是宋代以后被称为勾栏瓦舍的娱乐场所的繁荣,这与市民文学的兴盛有直接的关系。据孟元老《东京梦华录》和周密《武林旧事》等书记载,一些大城市里出现了比较集中的游艺场所,称瓦舍或瓦子。每一处瓦子又有若干勾栏,是相对固定的演出场所。杜仁杰的散曲《庄家不识勾栏》描写一个庄稼人到了城里看到勾栏的情形："要了二百钱放过咱,入得门上个木坡。见层层迭迭团圆坐,抬头觑是个钟楼模样,往下觑的都是人漩涡。见几个妇女向台儿上坐,又不是还神赛社,不住的擂鼓筛锣。"〔37〕可见勾栏中已经区分了舞台和观众席,而且进门就要付钱,这种演出既带有专业性又带有商业性。

在勾栏瓦舍这类演出场所经常搬演说话、杂剧、南戏等市民喜闻乐见的文艺。流传至今的大量宋元话本、元代杂剧和南戏,以及元末明初成书的《三国演义》《水浒传》,当初都曾在这类场所露面。

城市中刻书业的盛行与书肆的繁荣,在文明史上是很有意义的。自从唐代发明印刷术以来,"唐末成都刻印书籍很多,当时印书铺可考的有西川过家印《金刚般若波罗蜜经》,剑南西川成都府樊赏家印历书,龙池坊卞家印《陀罗尼经》"[38]。到了宋代,城市中的刻书业便盛行起来,刻书的地区比唐五代更扩大了,刻印的书籍内容也更广泛了。在南宋京城内私人的书铺林立,除刻印出售佛经外,还包括经史子集以及俗文、杂书,其中有铺名可考的,据《张秀民印刷史论文集》统计就有 16 家之多,如"临安府棚北睦亲坊南陈宅书籍铺""杭州沈二郎经坊""钱塘俞宅书塾"等。[39]

"书肆"一词在扬雄《法言·吾子二》中已经出现,而市肆售书早在东汉已确有其事,《后汉书·王充传》:"家贫无书,常游洛阳市肆,阅所卖书,一见辄能诵忆。"[40]关于南北朝时期的书肆,唐刘肃《大唐新语》卷一二《劝励》第二十六有记载:"徐文远,齐尚书令孝嗣之孙。江陵陷,被掳至长安,家贫无以自给。兄林,鬻书为事。文远每阅书肆,不避寒暑,遂通五经,尤精《左氏》。"[41]到了唐朝,鬻书之事更为普遍,元稹《白氏长庆集序》说白居易的诗歌流传广泛:"至于缮写模勒,衒卖于市井,或持之以交酒茗者,处处皆是。……又云:鸡林贾人,求市颇切。自云本国宰相每以百金换一篇。"关于书肆,唐代还有两条有趣的记载:刘禹锡《酬令狐相公早秋见寄》:"军士游书肆,商人占酒楼。"吕温《上官昭容书楼歌》序曰:"贞元十四年,友人崔仁亮于东都买得《研神记》一卷,有昭容列名书缝处,因用感叹,而作是歌。"五代以后随着印刷术的逐步改进,书籍的印刷越来越普及,城市中专门出售书籍的书肆就更多了。宋代有关书肆的记载很多,欧阳修《集古录跋尾》卷一〇:"右《黄庭》别本,续得之京师书肆。"《郡斋读书志·归叟诗话》:"宣和末京师书肆刻印鬻之。"《宋史》卷四三四《吕祖谦传》:"先是书肆有书曰《圣宋文海》,孝宗命临安府校正刊行。"叶梦得《石林燕语》卷八:"柳玭《家训序》言其在蜀时,尝阅书肆,云:字书、小学,率雕板印纸。则唐固有之矣,但恐不如今之工。"[42]江少虞《事实类苑》卷三六:"一日阅相国寺书肆,得冯瀛王诗一帙而归。"书肆还有兼做编书工作的,《直斋书录解题》卷八《宝刻丛编》:"临安书肆陈思者,以诸家集古书录,用《九域志》京府州县系其名物,而昔人辨证审定之语,具著其下。"从以上所引资料可以看出,这些书肆乃士人经常活动的场所。宋代的书肆并不限于京师,在一些刻书业发达的地区还有兼营刊书业务的书肆。张淏《云谷杂记》:"近时闽中书肆刊书,往往擅加改易。"岳珂《愧郯录》卷九"场屋编类之书"条:"建阳书肆方日辑月刊,时异而岁不同,以冀速售,而四方转致传习。"这些书肆适应参加科举考试的士子的需要,业务相当繁荣。就连一些比较边远的地区也有书肆,王辟之《渑水燕谈录》卷八:"张芸叟奉使大辽,宿幽州馆中,有题子瞻《老人行》于壁者。闻范阳书肆亦刻子瞻诗数十篇。"范阳也有书肆,而且能刻印苏轼的诗歌,由此可见当时书肆的广泛。元代以后书肆比宋代更加发达,所售书籍包括了许多通俗文学读物,如元至治年间建安虞氏刊《全相平话五种》,明嘉靖元年刻《三国志通俗演义》二十四卷。书肆在传播文化方面所起的作用更是非同一般了。

　　这些书肆是城市生活中的一道新的风景线,不仅促进了书籍的流通,成为文化传播的新途径,而且反过来促进了经学、史学、文学、艺术、宗教、哲学等各个领域的发展。

第三节　文化的下移

　　世族的衰落与庶族的兴起　庶族文人的济世情怀、谏诤品格与忧患意识　市民文化人的出现及其文化品格

　　门阀的衰落与庶族的兴起是这个时期重要的社会变革。从东汉开始形成的门阀世族,进入魏晋南北朝以后不仅居于社会的上层,在经济和政治上世世代代享受着特权,而且在文化上也几乎处于垄断地位,寒门庶族很难得到发展。"上品无寒门,下品无势族"[43],这两句话概括地说明了在九品中正制之下,人物品第以及仕途中庶族和世族的不同境地。类似的描述在诗文中也有不少,其中许多是庶族文人的不平与抗议,例如左思说:"郁郁涧底松,离离山上苗。以彼径寸茎,荫此百尺条"(《咏史》其二)。"高眄邈四海,豪右何足陈。贵者虽自贵,视之若埃尘;贱者虽自贱,重之若千钧"(《咏史》其六)。"才秀人

微"[44]的鲍照也发出"自古圣贤尽贫贱,何况我辈孤且直"[45]的呼声。

到了唐代,由于实行科举制度,又因为武则天推行一系列打击世族的政策,庶族的地位发生了变化[46]。世族衰落,庶族兴起是当时的大势所趋。但这个过程相当长,旧世族的势力并没有很快消亡,社会上的门阀观念更是延续很久。世族凭借其门第的优势、文化传统的优势,以及他们的家族长期以来所建立的关系网,仍然可以比较容易地跻身于政治上层。即使同样参加科举考试,他们由于有较好的家庭教养,也比庶族容易成功。但在唐代毕竟有一些出身庶族的士人通过科举的途径,登上政治舞台,有的还占据了高位,这和六朝相比,无疑是很大的变化。姑以姚崇、宋璟、张说、张九龄、房琯、李泌、杨炎、陆贽、裴度、李德裕等唐朝十位著名的宰相进行统计,出身于庶族的只有张九龄和陆贽两人,其余八人都出身于世族[47](图0-3)。出身于庶族的虽然还是少

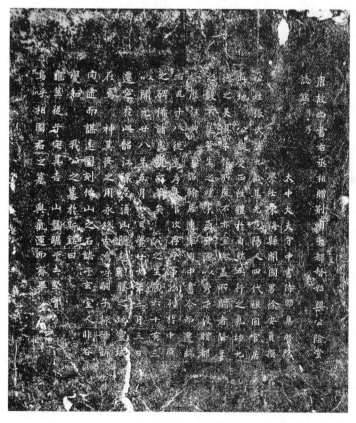

图0-3　唐张九龄墓志拓本

数,但已经显示了一种重要的变化。再就唐玄宗和宪宗时期所有的宰相进行统计:玄宗朝宰相凡三十四人,出身唐宗室者三人,出身世族者二十四人,出身庶族者三人,出身待考者四人;宪宗朝宰相凡二十五人,出身唐宗室者一人,出身世族者十九人,出身庶族者二人,出身待考者三人。[48]

以上统计大体可以说明,终唐之世在宰相的任命上,世族一直占据优势地位,但是世族垄断的状况毕竟已打破,庶族有了较多的进身机会,可以在朝廷和各级地方政府机构中发挥较大的作用。经过黄巢起义和五代十国的战乱,进入宋代之后,旧世族的政治地位才最终被取代。

然而在文化方面,唐代却早已呈现另一种情况:庶族士人活跃在思想、文学、艺术等各个领域内,成为最具有创造力的人物,这种状况一直延续到宋代。例如,唐代最具有影响力的文学家多半出身庶族,其父祖辈多为地方上的县令或比县令还低的长史、司马、别驾之类小官。陈子昂是梓州的“富家子”,大概并没有官职(《旧唐书本传》)。王维的高祖任赵州司马,曾祖任扬州司马,祖父任协律郎,父亲任汾州司马(《新唐书·宰相世系表》)。李白家世不详,其《与韩荆州书》自称“陇西布衣”,当系实况。杜甫的曾祖位终巩令,祖父(杜审言)位终膳部员外郎,父终奉天令(《旧唐书·本传》),甫少贫,不自振(《唐才子传》)。白居易世敦儒业,皆以明经出身,祖父巩县令,父衢州、襄州别驾(《旧唐书本传》),他不是北齐五兵尚书白建之后裔,陈寅恪先生已有论断[49]。韩愈曾祖曹州司马,祖桂州长史,父秘书郎(李翱《韩公行状》)。李商隐虽自述与唐皇室同系,然支派已远,曾祖安阳县尉,祖邢州录事参军,父获嘉县令(《旧唐书本传》)。这些人的家庭地位不高,自己年轻时的境遇也不很好,但家庭有一定的文化修养,这使他们有可能通过科举考试进入仕途。他们在仕途上往往并不得意,但在文化方面却取得很高的成就。

庶族士人因为出身于中下层,有的还经历过较长时间的贫困生活,所以对社会状况有较深切的了解,他们往往怀抱着济苍生、安社稷的政治使命感。例如李白早年就怀有济世之志:“申管晏之谈,谋帝王之术。奋其智能,愿为辅弼,使寰区大定,海县清一”(《代寿山答孟少府移文书》)。后来又说:“东山高卧时起来,欲济苍生未应晚”(《梁园吟》)。直到61岁即去世的前一年,听到李光弼率大军征讨史朝义的消息,还请缨从军,半道因病而还。可见李白虽然一生遭遇坎坷,却始终没有放弃济世的抱负。杜甫曾用这样两句话概括自己的志向:"致君尧舜上,再使风俗淳"(《自京赴奉先县咏怀五百字》)。他和李白一样虽然未能实现自己的志向,但只要有机会总是不放弃表达自己的见解和愿望:"朱门酒肉臭,路有冻死骨"(《自京赴奉先县咏怀五百字》)。"安得务农息战斗,普天无吏横索钱"(《昼梦》)。"安得广厦千万间,大庇天下寒士俱欢颜,风雨不动安如山。呜呼!何时眼前突兀见此屋,吾庐独破受冻死亦足"(《茅屋为秋风所破歌》)。他突破了儒家"穷则独善其身,达则兼济天下"的思想,不管是穷还是达,都不放弃兼济天下。

他们站在国家整体利益的立场上,针对政治弊端直言极谏,甚至不怕触怒皇帝和权贵。谏诤过程中表现出来的刚正不阿是这些士人普遍的品格。初唐诗人陈子昂便是一位直言极谏之士,他屡次上书议论军国机要、军国利害,并就西蕃边州安危、雅州讨生羌、措刑、任贤等问题提出中肯的意见[50]。颜真卿在安史之乱当中及其后的一系列表现,充分显示了他的操守。他多次得罪于权贵,屡屡遭到贬黜,却始终"立朝正色,刚而有礼,非公言直道,不萌于心"(《新唐书本传》)。李绛的《论谏臣》针对宪宗认为谏官多讪谤朝政,欲谪其尤者以儆其余,答道:"陛下此言,似非圣意。恐有邪佞之人,以误天心。……小臣昼度夜思,将有上谏。本欲陈谏十事,至时已除五六,待于缄封上进,又削其半。其得上达者,十无二三。何哉?启忤意之言,干不测之祸,顾身无利,相时避祸者也。……所以明主须宥其过,恂恂纳谏。切言者赏之使必进,极谏者褒之使必行,然后圣德明光,大化宣畅。"[51]元稹有《论谏职表》《论教本书》,一再向皇帝申述纳谏之重要[52]。《旧唐书·白居易传》载:"吐突承璀为招讨使,谏官上章者十七八。居易面论,辞情切至;继而又请罢河北用兵,凡数千百言,皆人之难言者,上多听纳。唯谏承璀事切,上颇不悦,谓李绛曰:'白居易小子,是朕拔擢致名位,而无礼于朕,朕实难奈。'绛对曰:'居易所以不避死亡之诛,事无巨细必言者,盖酬陛下特力拔擢耳,非轻言也。陛下欲开谏诤之路,不宜阻居易言。'上曰:'卿言是也。'由是多见听纳。"[53]刘蒉可谓唐代直言极谏的代表人物,《新唐书·刘蒉传》载:大和二年,举贤良方正能直言极谏,帝引诸儒百余人于廷,刘蒉对曰:"至于上所忌,时所禁,权幸所讳恶,有司所与夺,臣愚不识,伏惟陛下少加优容,不使圣时有谠言受戮者,天下之幸也。"接着他陈述了国家的忧患,很中肯綮。但是第策官畏中官睚眦,竟不敢取。而士人读其辞,至感慨流涕者。河南府参军事李郃上疏曰:"陛下以直言召天下士,蕡以直言副陛下所问,虽讦必容,虽过当奖,书于史策,千古光明。使万有一蕡不幸死,天下必曰陛下阴杀谠直,结雠海内,忠义之士,皆惮诛夷,人心一摇,无以自解。况臣所对,不及蕡远甚,内怀愧耻,自谓贤良,奈人言何!乞回臣所授,以旌蕡直。"帝不采纳。此后七年果有甘露之变。宦人深嫉蕡,诬以罪,贬柳州司户参军,卒[54]。李商隐还为此写了《哭刘蕡》《哭刘司户蕡》《哭刘司户二首》,以表达他对刘蕡的敬仰痛惜之情。

庶族士人的这种济世情怀、谏诤意识以及在政治生活中表现出来的刚正不阿的品格,可以追溯到汉代乃至先秦,孟子、屈原便是这方面的典范。进入唐代之后,因为政治相对开明,庶族士人的济世抱负有较多实现的机会,又因为有了唐太宗和魏徵之间君臣关系的范例,谏诤意识明显地得到发扬。唐太宗与魏徵的关系,成为有唐一代及其后各个朝代君臣关系的典范,后人对他们的追忆与赞许,表现了扩大政治开明度的要求,成为值得特别提出来加以描述的文化现象。庶族士人的谏诤活动,乃是在当时的条件下向专制独裁进行斗争,以推动政治开明,进而推进文明进程的可行方式。

在宋代由于内忧外患频仍,士人除了济世情怀、谏诤品格之外,忧患意识显得特别突出。范仲淹所谓"先天下之忧而忧,后天下之乐而乐"(《岳阳楼记》),特别为宋代士人所认同(图0-4)。他们在表达个人的抱负时,比较拘谨、收敛,像李白、杜甫那样的豪情壮志在宋人的诗文中并不多见[55]。即使有也往往表现在杀敌报国挽救危亡方面,生活在南宋的陆游,早就有志于"上马击狂胡,下马草军书"(《观大散关图有感》),但这壮志一直到晚年未能实现,他仍念念不忘:"当年万里觅封侯,匹马戍梁州。关河梦断何处,尘暗旧貂裘。胡未灭,鬓先秋,泪空流。此生难料,心在天山,身老沧州"(《诉衷情》)。

值得注意的是中唐以后特别是到了宋代,随着城市的发展和市民的兴起,市民阶层在文化上也产生了他们的代表人物。这些人在某种程度上具有新的精神气质、价值追求和美学趣味,并给文化带来新的面貌。

在唐代,市民文化主要是城市中流行的曲子词、俗讲、变文、百戏等。参与这些文化创造的本是城市中的大众或下层的艺人,如唐代擅长参军戏的李仙

图 0-4 明文徵明书《岳阳楼记》扇面

鹤、曹叔度、刘泉水、范传康、上官唐卿、吕敬俭、冯季皋[56]，唐会昌年间在长安俗讲的法师海岸、体虚、文溆等人[57]，宋熙宁、元祐间首创诸宫调古传的孔三传[58]，宋咸淳年间善讲诸史的王六大夫[59]，元钟嗣成《录鬼簿》所载许多杂剧作者，如关汉卿、马致远、王实甫、石君宝、郑光祖、乔吉，以及罗贯中、施耐庵等等。还有的人原是士人，因为各种原因投入市民之中，学习市民文化并提升了市民文化，成为市民文化人的代表。如唐代的温庭筠，出身于宰相之家，是温彦博的后代。虽然到他这一代已经衰微，门第毕竟还是高的。但是他习近市井文艺和市井艺人，能逐弦吹之音，为侧艳之词，恃才诡激，以文为货，而不容于当道者，以致终身坎坷[60]。温庭筠以词著称，写有许多艳词，内容多是代歌伎抒情。他的诗一方面学习齐梁绮丽的诗风，另一方面又带有词的侧艳。再如北宋的柳永无意于仕进，多游狭邪，善为歌词，凡有井水饮处即能歌柳词。妓者多以金物赠之，去世时靠了歌伎集资才得以安葬[61]。可见柳永也是一位市井文化的代表人物。

市民文化的代表人物，具有和庶族士人不同的另一些品格。他们因为不能进入仕途或虽进入仕途但不能有任何作为而远离政治，当然也就不再执着于忧国忧民、谏诤讽喻、拯救生民于涂炭的种种想法。他们所关心的是下层社会特别是城市下层居民的生活状况，以及他们的欢乐和疾苦。庶族士人往往站在清官的立场上，揭露民生疾苦，而他们则是站在普通民众的立场上，反抗权豪势要,呼唤清官的出现。他们并没有在儒家思想之外找到其他足以支撑自己的思想资源,但是对"义"的强调,已成为他们团结和保护自己的重要思想武器。此外,对封建礼教的叛逆和对爱情婚姻自由的追求,是他们具有突破性的思想倾向。

总之,文化的下移,也就是文化从世族垄断的状态转向庶族士人的活跃,再转向市民文化人的出现和活跃,这是从隋唐到宋元文化发展的大趋势。

注 释

〔1〕《资治通鉴》卷一九八,唐太宗贞观二十一年,中华书局排印本,1956 年,第 6247 页。

〔2〕李华:《寿州刺史厅壁记》,《全唐文》卷三一六,中华书局影印本,1983 年。

〔3〕《唐会要》卷三五,中华书局排印本,1955 年,第 635 页。

〔4〕《贞观政要》卷七"崇儒学第二十七",上海古籍出版社排印本,1978 年,第 220 页。

〔5〕《资治通鉴》卷二一四,唐玄宗开元二十七年,中华书局排印本,1956 年,第 6838 页。

〔6〕《旧唐书》卷八,唐玄宗开元十年,中华书局排印本,1975 年,第 183 页。

〔7〕《旧唐书》卷一七下,唐文宗开成二年,中华书局排印本,1975 年,第 571 页。

〔8〕分见于《旧唐书》卷七一,中华书局排印本,1975 年,第 2559 页;《新唐书》卷二〇〇,中华书局排印本,1975 年,第 5705—5706 页。

〔9〕《唐六典》卷四"祠部郎中"条:"凡天下寺总五千三百五十八所",中华书局排印本,1992 年,第 125 页。《资治通鉴》卷二四八,武宗会昌五年,"祠部奏括天下寺四千六百,兰若四万,僧尼二十六万五百",中华书局排印本,1956 年,第 8015 页。

〔10〕波罗颇迦罗蜜多罗,见《续高僧传》卷三,《高僧传合集》影印本,上海古籍出版社,1991 年,第 120 页下。伽梵达摩,见《宋高僧传》卷二,同书,第 394 页上。莲华,见《宋高僧传》卷三,同书,第 397 页中。

〔11〕《大慈恩寺三藏法师传》:"麟德元年……遂命嘉尚法师具录所翻经、论,合七十四部,总一千三百三十五卷","中外交通史籍丛刊"点校本,中华书局,2000 年,第 220 页。

〔12〕《资治通鉴》卷二一四,中华书局排印本,1956 年,第 6826 页。

〔13〕《酉阳杂俎》前集卷一二,中华书局点校本,1981 年,第 114 页。

〔14〕朱景玄:《唐朝名画录·神品下》,影印文渊阁《四库全书》本,台北:商务印书馆,1986 年。

〔15〕昆仑并非专指一个国家,其范围大体是东南亚一带。参见孙机《唐俑中的昆仑和僧祇》一文,见《中国圣火》,辽宁教育出版社,1996 年,第 251—259 页。

〔16〕 唐代漕运粮食之数量,主要散见于两《唐书》之《食货志》《通典》卷一〇《食货典》之
"漕运"条、《唐会要》卷八七之"漕运"条、《册府元龟》卷四九八《邦计部》之"漕运"
条及《元和郡县志》《资治通鉴》诸相关记载。本处所言,见《新唐书》卷五三《食货
志三》:"高祖、太宗之时,……水陆漕运,岁不过二十万石。"《旧唐书》卷四九《食货
志下》:"昔贞观、永徽之际,……每岁转运,不过二十万石便足。"《通典》卷一〇《食
货典》之"漕运"条:"天宝中,每岁水陆运米二百五十万石入关。"又,《元和郡县志》
卷二《关内道一·永丰仓》亦载:"天宝中,每岁水陆运米二百五十万石入关。"

〔17〕 《新唐书》卷四四"选举志上",中华书局排印本,1975 年,第 1159 页。

〔18〕 参见张广达:《论隋唐时期中原与西域文化交流的几个特点》,《北京大学学报》1985
年第四期,第 1—13 页。

〔19〕 参见荣新江:《关于唐宋时期中原文化对于阗影响的几个问题》,《国学研究》第一
卷,北京大学出版社,1993 年,第 401—422 页。

〔20〕 参见华觉明、游战洪、李仲均《〈大冶赋〉考释与评述》,《国学研究》第四卷,北京大
学出版社,1997 年,第 547—588 页。

〔21〕 杨晋龙主编的《元代经学国际研讨会论文集》对元代经学有广泛的讨论,可以参看。
台北"中研院"中国文哲研究所筹备处 2000 年印行。

〔22〕 见《元西域人华化考》卷八《元西域人华文著述表》,《励耘书屋丛刊》本第一集,1934
年励耘书屋版,1982 年北京师范大学出版社重印本。该书所论凡 168 人。

〔23〕 参见张泽咸:《唐代工商业》下编"国内商业",中国社会科学出版社,1995 年,第
219—229 页。

〔24〕 中华书局,1988 年点校本,第 152 页。

〔25〕 中华书局,1991 年影印本。

〔26〕 《文苑英华》卷八〇〇,中华书局,1966 年影印本。

〔27〕 同上书,卷八一一,中华书局,1966 年。

〔28〕 中华书局,1998 年。

〔29〕 《丛书集成》初编影印《秘册汇函》本。

〔30〕 《丛书集成》初编据《学津讨原》本排印。

〔31〕 《西湖老人繁胜录》"混补年":"诸路士人比之寻常十倍,有十万人纳卷,则三贡院驻
著诸多。士子权借仙林寺、明庆寺、千顷寺、净住寺、昭庆寺、报恩观、元真观。太学、
武学、国子监,皆为贡院,分经入试。每士到京,须带一仆,一(原文如此,疑是'十'
字之误)万人试,则有十万人仆,计二十万人,都在都州北权歇,盖欲入试近之故也。
可见都城之大。"上海古典文学出版社,1956 年。

〔32〕 上海古籍出版社,1979 年。

〔33〕 《丛书集成》初编影印《秘册汇函》本。

〔34〕 影印文渊阁《四库全书》本。

〔35〕 《丛书集成》初编据《学津讨原》本排印。

〔36〕 上海古典文学出版社,1956 年。

〔37〕 见《重辑杜善夫集》,济南出版社,1994 年,第 67 页。

〔38〕 张秀民:《中国印刷术的发明及其影响》,人民出版社,1958 年,第 63 页。

〔39〕 印刷工业出版社,1988 年,第 88—89 页。

〔40〕 参见叶德辉:《书林清话》卷二"书肆之缘起",中华书局,1957 年,第 31 页。

〔41〕 见许德楠、李鼎霞点校本,中华书局,1984 年,第 176 页。据《旧唐书·徐文远传》,
徐文远乃孝嗣玄孙,另据《新唐书·徐文远传》,其兄字文林。

〔42〕 《石林燕语》,叶梦得撰,宇文绍奕考异,侯忠义点校,中华书局,1984 年排印本,第
116 页。

〔43〕 见《晋书·刘毅传》,中华书局排印本,1974 年,第 1274 页。

〔44〕 钟嵘《诗品》卷中宋参军鲍照:"嗟其才秀人微,故取湮当代。"陈延杰注本,人民文学
出版社,1962 年,第 47 页。

〔45〕 《拟行路难》十八首其六,见《鲍参军集注》,钱仲联增补集说校,上海古籍出版社,
1980 年,第 231 页。

〔46〕 李斌城、李锦绣等所著《隋唐五代社会生活史》对这个时期的庶民地主有如下的概
括:"庶民地主是地主阶级中人数最多的阶层。他们在法律上与农民大众同属编户
齐民,原则上要交税服役,没有合法享有的政治、经济特权。这批人大致可分为寄庄
户、形势户、和工商地主三大类。"中国社会科学出版社,1998 年,第 20 页。

〔47〕 宰相之身份,依据《新唐书·宰相表》认定:"唐因隋旧,以三省长官为宰相,已而又
以他官参议,而称号不一,出于临时,最后乃有同品、平章之名,然其为职业则一也"
(《新唐书》卷六一《表第一·宰相上》,中华书局排印本,1975 年,第 1627 页)。至
于皇子以宗室身份为三公者,其相位仅具象征性,且与考察主题无关,故从略。而宰
相之出身,则依照两唐书本传,并对照《新唐书·宰相世系表集校》,参考《新唐书·
儒学传中·柳冲传》所录柳芳语、岑仲勉《元和姓纂四校记》及其他相关资料,加以
勘定。姚崇见《旧唐书》卷九六、《新唐书》卷一二四、张说《故开府仪同三司上柱国
赠扬州刺史大都督梁国公姚文贞公神道碑》。宋璟见《旧唐书》卷九六、《新唐书》卷
一二四、颜真卿《有唐开府仪同三司行尚书右丞上柱国赠太尉广平文贞公宋公神道
碑铭》。张说见《旧唐书》卷九六、《新唐书》卷一二四、颜真卿《有唐开府仪同三司

行尚书右丞上柱国赠太尉广平文贞公宋公神道碑铭》。张九龄见《旧唐书》卷九九、《新唐书》卷一二六、徐浩《唐尚书右丞相中书令张公神道碑》。房琯见《旧唐书》卷一一一、《新唐书》卷一三九、李华《房丞相太尉房公德铭》。李泌见《旧唐书》卷一三〇、《新唐书》卷一三九、李繁《邺侯家传》（今存于《绀珠集》《类说》）。杨炎见《旧唐书》卷一一八、《新唐书》卷一四五。陆贽见《旧唐书》卷一三九、《新唐书》卷一五七。裴度见《旧唐书》卷一七〇、《新唐书》卷一七三。李德裕见《旧唐书》卷一七四、《新唐书》卷一八〇。

〔48〕 玄宗朝宰相凡三十四人，出身唐宗室者三人：李林甫、李适之、李麟。出身世族者二十四人：陆象先、崔湜、萧至忠、张说、姚崇、卢怀慎、薛讷、源乾曜、宋璟、苏颋、张嘉贞、王晙、李元纮、杜暹、萧嵩、裴光庭、宇文融、裴耀卿、陈希烈、韦见素、崔圆、房琯、裴冕、崔涣。出身庶族者三人：郭元振、张九龄、牛仙客。出身待考者四人：魏知古、刘幽求、韩休、杨国忠。宪宗朝宰相凡二十五人，出身唐宗室者一人：李夷简。出身世族者十九人：郑余庆、郑细、杜佑、武元衡、李吉甫、于頔、裴垍、李藩、权德舆、张弘靖、韦贯之、裴度、李逢吉、王涯、崔群、李墉、皇甫镈、萧俛、段文昌。出身庶族者二人：韩弘、程异。出身待考者三人：杜黄裳、李绛、令狐楚。

〔49〕 见《唐代政治史述论稿》中篇。另见《元白诗笺证稿》附论，中华书局，1962 年，第308 页。

〔50〕 陈子昂有《上军国机要事》《上军国利害事》《上西川边州安危事》《答制问事·请措刑科》《答制问事·重任刑科》等。

〔51〕 《资治通鉴》卷二三七，宪宗元和二年下，中华书局排印本，1956 年，第 7646 页；《全唐文新编》卷六四五，吉林文史出版社出版，第 7276 页。

〔52〕 《全唐文新编》卷六五〇，吉林文史出版社出版，第 7344—7346 页。

〔53〕 《旧唐书》卷一六六，中华书局排印本，1975 年，第 4344 页。

〔54〕 《新唐书》卷一七八，中华书局排印本，1975 年，第 5293—5307 页。

〔55〕 参见袁行霈主编：《中国文学史》第三卷绪论，高等教育出版社，1999 年，第 7 页。本绪论执笔人莫砺锋。

〔56〕 宋陈旸：《乐书》卷一八七引《乐府杂录》。

〔57〕 见日僧圆仁：《入唐求法巡礼行记》卷三。

〔58〕 见宋王灼：《碧鸡漫志》卷二，《羯鼓录·碧鸡漫志·乐府杂录》，上海古籍出版社，1988 年。

〔59〕 宋吴自牧《梦粱录》卷二〇《小说讲经史》："又有王六大夫，元系御前供话，为幕士请给，讲诸史俱通，于咸淳年间敷演《复华篇》及《中兴名将传》，听者纷纷。"此条所录

不止王六大夫,还有谭淡子、翁二郎、戴书生、周进士、张小娘子、宋小娘子、有归和尚、马定齐等,兹不赘述。浙江人民出版社,1984 年。

〔60〕《旧唐书·温庭筠传》说他"士行尘杂,不修边幅,能逐弦吹之音,为侧艳之词。公卿家无赖子弟裴诚、令狐缟之徒,相与蒱饮,酣醉终日。由是累年不第。"《旧唐书·李商隐传》说:"文思清丽,庭筠过之,而俱无持操。恃才诡激,为当途者所薄。"《唐诗纪事》说:"才思艳丽,工于小赋。……而士行玷缺,缙绅薄之。"《唐才子传校笺》卷八:"后夜尝醉诟狭斜间,为逻卒折齿,诉不得理。"《唐摭言》说他:"罕拘细行,以文为货。"《北梦琐言》说他善"鼓琴吹笛","有弦即弹,有孔即吹"。

〔61〕柳永身后殡葬事,其说不一。宋人祝穆《方舆胜览》卷一一"柳耆卿"条、元谢应芳《龟巢稿》卷一一《与乡友邹钧显论合祀忠公书》及明徐伯龄《蟫精隽》卷一四"崇安柳七冢"条皆称"卒于襄阳,死之日,家无余财,群妓合金葬之"云云;王士禛《池北偶谈》卷二一及《分甘余话》卷一则言之凿凿,称"卒于京口,王和甫葬之",不知何据?此处从宋元人说。

第一章 南北文化的交融与国家的统一

从隋统一全国到唐前期,文化发展的主要趋势是在统一的大格局下互相交融与整合,而且统一格局在地域上更加扩大,多元一体的社会联系进一步加强。文化新因素的加入,给社会带来了蓬勃的生机与旺盛的活力,执政者充满自信、开明、豁达,在唐前期造成了持续一百多年的繁荣昌盛局面,其间著名的"贞观之治"和"开元盛世"都是中国历史上少有的治世,其中的历史经验值得认真总结。

第一节 南北文化的交融

隋统一前的南北交流 杨隋代周及其历史文化评价 隋的统一及隋唐大一统格局的形成

南北朝后期,南北双方关系出现了明显的变化。南北使节往还日益频繁,充任使节的人往往是特别遴选出来的南北闻名的高门名士[1]。南北方经济上的互市交易也越来越多,沿淮、汉边境有"大市""小市",打破关禁的要求日益迫切。尽管全国尚未实现统一,但北人不再因民族压迫而南流,各地对统一文化的认同感也日趋增强。例如,北朝自魏孝文帝改制以后,崇尚中原文化[2],虽然后来东、西魏分裂,但"文化之正统仍在山东,遥与江左南朝并为衣冠礼乐之所萃";而据有关中的西魏权臣宇文泰则"别采取一系统之汉族文化,以笼络其部下之汉族,而是种汉化又须有异于高氏(北齐)治下洛阳邺都及萧氏(南朝)治下建康江陵承袭之汉魏晋之二系统","此新途径即就其割据之土依附古昔,称为汉化发源之地,不复以山东江左为汉化之中心"[3],史家陈寅恪称之为"关中本位政策"[4]。宇文泰以此种政策"融合其所割据关陇区域内之鲜卑六镇民族,及其他胡汉土著之人为一不可分离之集团"[5],陈寅恪先生名之为"关陇集团"。北周、隋、唐三代皇室均出此同一集团。唐代文化之所以超迈往古而繁荣昌盛,就因为它并不仅继承了前此数百年的中原文化遗产,而且融合了周边众多民族的文化,甚至还吸纳了许多外来文明的成果。当然,迄至隋唐时代,中国传统文化的底蕴仍然是中原文化,其主体是以儒家思想为核心的汉文化。无论关陇、山东还是江左,汉化都是中华文明发展的主流[6],汉文化是中国统一文化的基础。

隋文帝杨坚著籍弘农杨氏,协助他修治国政的主要谋臣有苏威、高颎。苏威系出武功苏氏,为关陇汉人世家;高颎自言渤海蓚人,为入关的山东武人[7]。他们都属于"关陇集团"内与北镇武将合作的汉人豪族。所以,杨隋代周,实际上是建立以关陇汉人豪族为本位的新政权。隋朝建立以后,文帝采取了一系列政治改革的措施。这些措施主要有:强化中央政权,在中央设立尚书、门下、内史三省,并逐步形成了后来为唐朝所继承和发展的三省六部制;改革地方行政,如开皇三年(583)下诏改州郡县三级为州县两级,将州府与军府合一,由刺史统领,废罢境内五百余郡,改变了地方"民少官多,十羊九牧"[8]的情况;改革选举制度,开皇三年废除州县长官自辟僚佐制度,改归中央吏部铨授[9],后来随着世族门阀政治势力的衰落,便彻底废除了传统的察举辟召之制,形成了科举铨选制度[10]。隋初较为重要的改制还有制定修改隋律,为后世及东亚各国所取法;颁布均田和租调新令,放宽成丁年龄并减轻劳役,进行"大索貌阅"即检括户口,颁发"输籍定样"即课户标准,"当社共立义仓",更铸"五铢"新钱等等。这些措施使隋朝在短短九年中恢复了人力,积累了财力,增强了国力,于开皇九年(589)出兵消灭蜗居江左的陈朝,完成了重新统一中国的事业。

隋文帝统一全国后,采取措施网罗天下人才,中原文化发达的盛况,自两汉魏晋以来无与伦比[11]。所以《隋书·文学传》序说:"爰自东帝归秦,逮乎青盖入洛,四隩咸暨,九州攸同,江、汉英灵,燕、赵奇俊,并该天网之中,俱为大国之宝。"尽管隋承久乱,创制未遑底定[12],且兼政急祚促,但文化整合的趋势已经相当明晰了。

武德元年(618)李渊受禅代隋称帝,定都长安,建立唐朝。唐代高度的文明增强了周边各族的向心力,全国各族各地区间政治联系与经济文化交流密切发展,中华民族的大一统格局在广度和深度上都超迈往古。贞观二年(628),由隋末动乱引起的政治分裂终于结束,第二年冬天唐军即向凭陵中原的北突厥汗国发起进攻,并于次年将其可汗俘虏,领地纳入唐朝治下。时为太上皇的李渊曾因此兴奋地说:"胡、越一家,自古未有也!"[13]贞观初,唐分天下为十道,曰:关内、河南、河东、河北、山南、陇右、淮南、江南、剑南、岭南。至十三年定簿,凡州府 358,县 1551。明年,平高昌(今新疆吐鲁番),又增二州六县[14]。贞观二十年,唐朝出兵漠北(蒙古高原),在九姓铁勒诸族的配合下消灭了逞强北方的薛延陀汗国,次年在其故地设立羁縻性质的六府七州。唐太宗因而得意地告喻臣下:"自古帝王虽平定中夏,不能服戎、狄。朕才不逮古人而成功过之",其重要原因之一在于"自古皆贵中华,贱夷、狄,朕独爱之如一,故其种落皆依朕如父母"[15]。

李唐皇室源出宇文泰所纠集之胡汉文武混合之关陇集团,其创业及初期君主"女系母统杂有胡族血胤,世所共知"[16],于华、夷之际了无芥蒂自不待言。然而唐代正处于中国古代社会由前期向后期实现转型的过渡时期,南北朝以来多民族的文化相互交融,世家大族衰颓没落,一般地主的经济基础和政治势力空前发展[17]。因此,适应统治人群发生的变化,重建皇权与官僚政治结合的国家权威,便成为实现统一后政权建设的主要任务[18]。显然,宇文氏当日之狭隘局面已不适应唐代大帝国之情势。这种状况到武后掌权后发生了重大的变化,武氏本身为关陇集团外之山东寒族,复欲纠集人群以攫取政权,遂"大崇文章之选,破格用人,于是进士之科为全国干进者竞趋之鹄的。当时山东、江左人民之中,有虽工于为文,但以不预关中团体之故,致遭屏抑者,亦因此政治变革之际会,得以上升朝列,而西魏、北周、杨隋及唐初将相旧家之政权尊位遂不得不为此新兴阶级所攘夺替代"。于是,皇权与官僚阶级结合的政治体制适应全新的大一统格局和社会发展而得以重新建立起来[19],王朝的统治人群由"关陇集团"蜕变成为"奉长安文化为中心、仰东南财赋以存立之政治集团",与此相应的是各项制度不断的、全面的变革更新,唐代中国进入了繁荣昌盛的新时代(图1-1)。

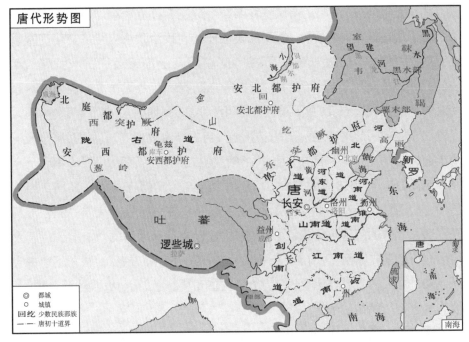

图 1-1 唐代形势图

盛唐开元、天宝之际，州县数殆同贞观，然羁縻州郡，不止此数。开元二十一年(733)，又因十道分山南、江南为东、西道，增置黔中道及京畿(长安)、都畿(洛阳)，为十五道采访使。复于边地置十道节度、经略使：安西、北庭、河西、朔方、河东、范阳、平卢、陇右、剑南、岭南五府。盛时疆域东至安东府(治今朝鲜平壤)，西至安西府(治今新疆库车)，南至日南郡(治今越南清化)，北至安北府(治今蒙古哈拉和林)[20]。

第二节 大运河的开通及其意义

早期运河的分布 隋唐与宋代的运河系统 京杭大运河 经济命脉的畅通与中央政权的巩固 运河两岸的经济与文化

利用水的浮力及河水的流动发展交通运输，是人类早期文明成果之一。

中国河运历史悠久,考古工作者在浙江吴兴钱山漾距今五千多年的良渚文化遗址发现了船用木桨,说明当时先民们已经有了舟楫交通工具。然而,中国地势西高东低,主要河流多自西向东流,不利于南北水路交通。于是,中国人很早就学会了开凿运河,以沟通原来互不连通的水道,尤其是加强南北方向的联系。

早在春秋战国时代,各国出于经济或军事的目的,已开始开凿地方性运河[21]。如沟通沙水和汝水的沙汝运河(在今河南淮阳与上蔡之间),连接长江与汉水的江汉运河(又称荆楚运河,在今湖北沙市与沙洋间),北通杨水、南至章华台(今湖北监利西北)的章华台渎,串通太湖和固城湖的胥溪(在今江苏苏州与安徽芜湖间),南连浙江(钱塘,今杭州)、北接姑苏(今苏州)的百尺渎,再由姑苏向西北大体循今运河线逆长江而抵广陵(今扬州城北蜀冈)的吴古故水道以及沟通淄水和济水的淄济运河(在今山东境内)等。春秋末年吴王夫差为了北上中原争霸,先后修了沟通江、淮的邗沟(因始于今扬州附近的邗城而得名)和连通淮、济的黄沟(因其循此至今河南封丘附近的黄池大会诸侯而得名)。黄沟又称菏水,因这条运河的主要一段西连济水菏泽以供水源,东引至今山东鱼台附近入淮水支流泗水,故名。

著名的鸿沟是古代中原地区的一条运河。鸿沟开凿于战国魏惠王时代,它自今河南荥阳北引黄河水南入今中牟县一带的圃田泽,再向东引出,绕经今开封而向东南入于颍水。这样,鸿沟就沟通了济、濮、汴、濉、颍、涡、汝、泗、菏、淮诸水,将黄、淮及其支流和其他独立水系联系在一起,形成黄淮平原上的水道网,即所谓鸿沟系统[22]。

秦统一中国后,为发展交通、巩固统一,在既有运河水道网的基础上,又开凿灵渠(亦称湘桂运河或兴安运河,在今广西兴安县境)连接湘、漓二水,从而沟通了长江和珠江两大水系,加强了岭南和内地的联系。汉都长安(今西安),通漕运以供京师成为发展运河系统并使之连接关中的重要动因。流经关中平原的黄河支流渭水水少沙多、弯曲难行。汉武帝元光六年(前129)凿关中漕渠,从长安县境引渭水傍南山东下,略与渭水平行,直通黄河,漕运为之便利。东汉末年,曹操为了推动北方统一,致力于发展黄河以北的水道交通,主持开凿了白沟运河、平虏渠、泉州渠。白沟运河是在黎阳(今河南浚县)下大枋木塞断淇水,迫其分流沟通黄河与其故道白沟。这条运河向东北延伸,与古漳河支流清河相接,在今青县注入滹沱河,成为河北地区的一条水运干道。白沟加上平虏渠(在今青县与天津静海间)及泉州渠(今天津向北),几乎把古代河北大平原上各自入海的海河支流都连接起来,形成了一个水运网络。这个水运网络,对后来隋代永济渠乃至京杭大运河的开通都有深刻影响[23]。

隋朝尤其重视建设连通南北的运河主干网,以加强中央与地方关系,巩固政治统一。隋朝先疏浚关中漕渠并改称广通渠;又改建邗沟,使北起山阳(今江苏淮安),南段改由今仪征入江,因改邗沟名山阳渎;然后以东都洛阳为中心,相继开凿了通济渠和永济渠。通济渠西段自洛阳西苑引谷、洛二水,循东汉阳渠故道至偃师入洛水,再由洛入河;东段自板渚(今河南荥阳北)引黄河水东循汴水故道至今开封,再转东南流至今盱眙对岸入淮,下接山阳渎通长江,于是江南财赋可由水道转输运往关中。永济渠先疏浚沁水下游南通黄河,再在沁水东岸今河南武陟一带引沁水下接清水、淇水,然后大致循今卫河一线北上至今天津附近,再利用沽水上接桑乾水(即今天津至武清的白河与武清至北京西南郊的永定河故道)至涿郡(今北京)。大业七年(611)隋炀帝准备亲征高句丽,就自江都(今扬州)坐船经水道直达涿郡。隋又开凿了江南河,大致是利用旧有运渠加以疏导,自京口(今镇江)绕太湖之东至余杭(今杭州)。

唐朝继承了隋朝的建设成果,继续发展运河交通网。隋代的各段运河在唐朝统称为漕渠或漕河,通济渠东段则称作汴渠、汴河或汴水,山阳渎、江南河被称为官河。此外,唐朝又在各地相继开凿了近三十条运河漕渠,主要有:涑水渠(自今山西闻喜至临晋,通涑水)、永济支渠(今河北大名一带)、湛渠(自今开封出汴水连接济水)、升原渠(连接渭水和汧水)、直河(自盱眙至扬州)、伊娄河(将山阳渎南端的长江入口东移至瓜洲,从而直对南岸的江南河)、孟渎(在常州西北引江水南注江南河以通漕运)、平虏渠(在今河北沧州东北傍海穿渠,以避海运风险)、元和塘(沟通苏州与常熟)等。唐代运河仍以连接长安、洛阳与江、淮地区间的漕渠、汴水和淮南官河最重要,这一主干交通构成了"奉长安文化为中心、仰东南财赋以存立"的唐王朝的生命线。

由于国家经济重心的迁移,唐以后中国的建都之地离关中而东移。然而五代至北宋,首都仍不离汴水漕渠。北宋的都城开封,正位在漕渠汴河的中心地段。当时开封有汴、蔡(惠民)、金水、五丈(广济)四条运河流贯城内,因通各地漕运,合称漕运四渠。而北宋的运河系统,主要就是以开封的漕运四渠为主干向四周辐射的水运体系。汴河即隋唐通济渠,线路基本未变。蔡河的前身是战国时的鸿沟、西汉时的狼汤渠,魏晋时通称蔡水,五代后周导汴水入蔡曾称闵河,宋初改称惠民,而开封城东南段仍有蔡河之名。五丈河开宝六年(973)改称广济河,西起开封府外郭东北咸通门,东流至济州合蔡镇(今山东郓城西南)入梁山泊,下接济水。金水河乃自荥阳县境凿渠引京、索二水,东流百余里至开封城西,架槽横绝汴河,引入城壕东汇入五丈河。除漕运四渠外,北宋时期在黄河以北还有御河,即隋唐时代的永济渠,河道走向基本未变。宋室南渡,在维护使用淮南、浙西运河的同时,还全力整治了浙东运河(西起萧山西兴镇,东至上虞通明坝)[24]。

此后元明清三代均以今北京为首都,政治中心北移,但经济上仍主要仰赖长江下游及东南沿海地区。元初灭南宋实现全国统一,对于大都(今北京)与南宋旧都杭州之间的交通联系而言,隋代以来的旧运河曲折绕道,水陆并用,劳民伤财,极为不便。因此,建设一条将北京与人间天堂——苏、杭直接沟通的大运河并保持其畅通[25],不仅具有便利运输的经济意义,而且具有维护统一的政治意义。元代大运河中的江南运河(杭州至镇江)和扬州运河(扬州至淮安)大抵为隋代旧道,淮安至徐州段借用黄河下游,济州河(出黄河上接泗水由济州到东平境)、会通河(自东平路须城县西南安山至临清)、通惠河(通州至大都)是逐步开凿完成的,临清至通州段则疏浚利用了前代的御河。这样,京杭大运河全线通航时,漕船可由杭州直抵大都,比隋代的南北大运河缩短了两千里。明清两代继续不断对这条大运河进行修浚整治,主要是在扬州至淮安段沿湖开挖月河,使航船完全摆脱了湖区航道;又在黄河北岸挑开一道中河,使运河不再经行黄河。至此,南北大运河全线真正成了一条人工运河。

大运河是世界上开凿最早、路线最长、工程最大的运河之一。它是古代中国人民劳动和智慧的结晶,也是中华民族科技发展的结果。几千里长的运河要通过海拔高程不同的许多地区,纵向沟通长江、淮河、黄河等洪流巨川。在两千多年的挖掘、修建过程中,中国人民不仅大胆冲破中国东西水系这个自然地理的限制,解决了开辟水源、保持水量、改造地形和克服洪水泥沙之害等四大难题,而且创造出许多卓有成效的工程设施。其中,以船闸、滚水坝、水柜和月河等最为著名[26]。大运河卓越运能的实现,集中展示了古代中华文明在土地测量、河道建筑、水利水运等工程领域的科学成就、技术进步和创新能力。

大运河的开通是古代中国人民的伟大创举,它在中国历史上发挥过非常重要的作用。中国很早就形成了统一的多民族国家,为了国家的长治久安,作为政治中心的首都有必要建立在兼顾国内不同经济文化成分的地方,汉唐长安和元明清以来的北京就是如此[27]。然而,这就容易造成政治中心与经济发达地区空间上的距离。况且,大一统国家高度的中央集权又使得首都生活的经济供应极为繁重,因而不得不在既有生产力水平上最大限度地发展运力。我们看到,早期运河就是因漕运发展起来的,即利用水运把四方贡赋运往京师或把粮草运往军事重镇。帝国传统甚至使分立时期的中原王朝如五代赵宋也尽可能立国都于漕渠枢纽之地,所谓“国依兵而立,兵以食为命,食以漕为本,漕以河为依”[28]。因此,国都移动,运河水道也随之移动,运河实际成了国都乃至王朝国家的经济命脉。这条命脉稍有壅塞,王朝的命运便濒于灭绝。唐德宗贞元二年(786),因漕运一时断绝,长安君臣濒临饿死。随后江淮转运南米三万斛抵达,德宗赶到东宫对太子说:“吾父子得生矣!”一起置酒庆贺。《资治通鉴》胡注于此慨叹:“《记·王制》曰:‘国无六年之蓄曰急,无三年之蓄曰国非其国也。’况日阅无储者乎! 日阅无储,有以继之犹可,况漕运不继,朝不及夕者乎! 唐都关中,仰给东南之餫。德宗于兵荒之余,其窘乏尤不可言。”还有人认为,元末撤离大都的主要原因之一,就是南方的动乱导致运河粮道的阻断;而明代经世学者也有“恃运河以为命脉”之论[29](图1-2)。

运河还有利于发展交通,加强不同地域之间的联系。早期邗沟、黄沟的开通首次将江、淮地区同中原、黄河流域联系起来,再由吴古故水道、百尺渎等把长江和钱塘江流域连接起来,这就大大便利了当时中国东部的南北交通。交通运输的发展又进一步推动各地区间的经济文化交流,从而对发展和巩固全国的政治统一发生巨大的影响。我们已经看到早期运河网络在秦汉帝国的作用。隋统一后更建成了贯通南北的运河体系,西起京师长安,北通涿郡,南达余杭,全长五千余里。大运河沟通了海河、黄河、淮河、长江、钱塘江五大水系,把京师、东都、涿郡(幽州)、浚仪(汴州,今开封)、江都(扬州)、吴郡(苏州)、余

图 1-2　江苏扬州古运河

杭(杭州)等通都大邑联缀在一起,因而加强了各地区之间的关系。运河上"商旅往返,船乘不绝",对隋唐时代南北经济、文化交流,维护全国统一和加强中央集权,都起了积极的促进作用。如,"平陈之后,牧民者尽更变之。苏威复作《五教》,使民无长幼悉诵之,士民嗟怨",于是在一些世族豪门的鼓动下,开皇十年(590)冬,"陈之故境,大抵皆反"[30]。叛乱平定之后,隋朝停止了在江南激进的经济、文化政策[31],并以晋王杨广为扬州大总管镇江都。杨广即后来的隋炀帝,他驻守江都十年,推行文化怀柔政策并取得很大成就[32],这很可能就是他即位后积极开凿运河并乘龙舟三下江都的主要动因[33]。隋仅二世,但大乱并不始于亡陈,这就很说明问题。而唐朝之所以在安史乱后藩镇割据俨然敌国的情况下还能再延续一百五十多年,一个很重要的原因就是靠运河转运的东南财赋支持。唐中后期所谓平藩镇的活动,例如宪宗平淮西、武宗平泽潞,主要也是为了打通和保证东南财路。

隋代在运河两岸筑有宽阔的御道,种植成行的柳树。从长安至江都,建有皇家园林四十余处。此外,沿运河还建立了许多粮仓,作为转运或储粮之所,如山阳仓、黎阳仓、河阳仓、常平仓(今河南三门峡西南)、广通仓(后改永丰仓,今渭河入黄处),最著名的要数洛阳附近的兴洛仓(后改洛口仓)、回洛仓、含嘉仓和京师的太仓。最大的兴洛仓周围达二十余里,有窖三千,每窖可容粮八千石。唐代的繁荣在很大程度上应该归因于它继承和改善了这个运河体系。唐代城市富庶有"扬一益二"之说,富甲天下的扬州以"十万人家""十里长街"著称,就得益于其运河枢纽之地。如唐人杜荀鹤在其《送蜀客游维扬》中所咏:"见说西川景物繁,维扬景物胜西川。青春花柳树临水,白日绮罗人上船。夹岸画楼难惜醉,数桥明月不教眠。送君懒问君回日,才子风流正少年。"

在运河的西端,盛唐天宝初年,陕郡太守、水陆转运使韦坚曾在长安城东望春楼下凿广运潭聚漕船呈献,玄宗登楼并诏群臣临观。"坚预于东京、汴、宋取小斛底船三二百只置于潭侧,其船皆署牌表之。若广陵郡船,即于袱背上堆积广陵所出锦、镜、铜器、海味;丹阳郡船,即京口绫衫段;晋陵郡船,即折造官端绫绣;会稽郡船,即铜器、罗、吴绫、绛纱;南海郡船,即玳瑁、真珠、象牙、沉香;豫章郡船,即名瓷、酒器、茶釜、茶铛、茶碗;宣城郡船,即空青石、纸笔、黄连;始安郡船,即蕉葛、蚺蛇胆、翡翠。船中皆有米,吴郡即三破糯米、方文绫。凡数十郡。驾船人皆大笠子、宽袖衫、芒屦,如吴、楚之制。"[34]陕县尉崔成甫自衣缺胯绿衫,锦半臂,偏袒膊,红罗抹额,于第一船作号头唱:"得宝弘农野,弘农得宝耶!潭里船车闹,扬州铜器多。三郎当殿坐,看唱得宝歌。"以妇女百余人应和,皆鲜服靓妆,齐声接影,鼓笛胡部合作。余船次辖而进,至楼下,连樯弥亘数里,观者山积[35]。

宋代城市商业愈加发达,东京汴梁(开封)城东南汴河东水门沿岸的市区竟延伸至七八里以外。传世宋张择端《清明上河图》描绘的就是汴河流经开封商业街区的繁荣景象(图1-3)。降至明清,运河沿线发达的商业文化就成了诞育中国近代市场经济的温床。

图1-3 北宋张择端《清明上河图》局部

第三节 大一统格局下的边疆诸族文化

突厥及其文化 吐蕃的兴盛与藏文化 回纥文化 南诏与大理文化 渤海国文化

隋唐统一全国后,对周边各族实行较为开明的政策,以各种形式促进中原与周边地区的政治、经济、文化交流,从而对各族社会进步及文化发展产生了重大影响,周边各族的向心力大大增强。隋、唐两朝与周边虽然也有矛盾与战争,但经济、文化交流一直非常频繁,战争的结果,往往是进一步加强了彼此的政治联系,扩大了中原王朝的管辖范围,使统一的多民族国家得到发展壮大。

突厥是南北朝后期兴起于中国北部草原的游牧部族,当时曾凌驾于分裂对立的北方各小王朝之上。隋初突厥汗国分裂[36],开皇五年(585)七月,沙钵略可汗请求徙居漠南(今内蒙古)归附隋朝,得到同意。沙钵略上表称:"天无二日,土无二王,大隋皇帝真皇帝也,岂敢阻兵恃险,偷窃名号! 今感慕淳风,归心有道,屈膝稽颡,永为藩附。"隋文帝于是下诏宣布:"沙钵略往虽与和,犹是二国;今作君臣,便成一体。"[37]并下令祭祀天地祖宗,向天下宣告这件大事。次年,隋朝又向突厥颁发历法,表明自己是突厥正统合法的统治者。这种关系一直维持到隋朝后期。隋末丧乱,突厥倔强。但唐朝很快复兴,几经用兵,至高宗初年,东、西突厥尽为封内之臣。后来虽有反复,但仍维持着册封及和亲关系[38]。密切的联系不仅有利于双方交往,尤其有利于突厥人的文明进步。

隋朝册立的启民可汗曾亲自到长安迎亲,住在管礼教事务的太常寺,专门学习中原传统的婚娶六礼:纳采、问名、纳吉、纳征、请期、亲迎。隋朝先后把宗室女安义、义成公主嫁给了他。启民可汗见了中原的文物伎乐非常羡慕,请求全民改穿中原服饰,因不便骑射未被炀帝允许。后来炀帝到北边耀武扬威,陈列仪仗护卫,并亲自在大帐篷里设宴款待启民及其部落酋长三千五百人,席间演奏优美的音乐。突厥人耳闻目睹发达的中原文明,无不惊喜若狂,争先恐后贡献牛、羊、马、骆驼。炀帝赐给启民绢帛二十万段以及专用的车马及旗帜仪仗,特许在传他参拜时只叫官衔不提名字,排列位置也在其他国王封君之前。炀帝巡游还带有上面能容纳几百人的观风行殿、周长达两千步的行城,倏忽推移,极为壮观。启民则精心布置好天幕大帐等待隋炀帝驾临。炀帝大喜,乘兴写了一首诗:

> 鹿塞鸿旗驻,龙庭翠辇回。毡帐望风举,穹庐向日开。呼韩顿颡至,屠耆接踵来。索辫擎膻肉,韦鞲献酒杯。何如汉天子,空上单于台。[39]

突厥本以"畜牧为事,随逐水草,不恒厥处。穹庐毡帐,被发左衽,食肉饮酪,身衣裘褐,贱老贵壮。官有叶护,次设特勤,次俟利发,次吐屯发,下至小官,凡二十八等,皆世为之"(《隋书·北狄突厥传》)。贞观四年(630),突厥政权崩溃,唐太宗决定把突厥降部安置在从幽州(今北京)到灵州(今宁夏灵武)的长城沿线以外,设置羁縻都督府、州,由效忠唐朝的酋长首领担任大小官职来进行统治,使突厥人既能继续游牧,又能为唐朝捍卫边疆。其余归降的突厥酋长首领,太宗安排他们在长安做自己的禁卫军,而且全都担任将军、中郎将这样的将领,以利用他们能骑善射的一技之长。于是,突厥官员遍布朝廷,仅五品以上的高官就有一百多人,长安城里居住的突厥人达到了几千家。有唐一代,对周边民族基本上都是实行羁縻制:委任当地世袭首领担任唐朝的都督、刺史等,以管理其本族事务;羁縻府州执行唐朝法令,归边州都督或都护管领。唐朝用这些不同形式、多种层次的行政制度,实现了在大一统格局下对辽阔边疆地区的有效管理。

突厥人的经济文化生活也在发生变化。武周时期,突厥可汗曾向朝廷索要河曲六州降户数千帐,并请求粟种、农具,武则天同意给予谷种四万斛,杂彩五万段,农具三千件,铁四万斤。这说明当时突厥已不单是经营游牧业,农业生产也在发展,而且,从前接受安置的降户可能大多已经定居下来。在中亚一带还发现过所谓"突骑施钱",就是在唐钱开元通宝背面打压上突厥王名,这表明受唐朝影响的货币体系正在发展。《隋书·突厥传》说突厥"无文字,刻木为契",但近代考古却在蒙古高原发现了不少古突厥文碑铭,其中最重要的两块大碑《阙特勤碑》和《毗伽可汗碑》都是用突厥文和汉文双语刻成的[40]。

《阙特勤碑》汉文部分是唐玄宗亲自撰写的碑文,《毗伽可汗碑》是玄宗下诏由史官撰写的碑文,且两次均派使者前往吊唁并树碑立庙。尽管突厥文没有采用汉字,但突厥人从无文字到使用文字这一进步是在唐朝治下取得的。因为,为了保证联系渠道的畅通,漠北羁縻府州曾特别请求唐太宗派遣会写公式文书的文人,专门替他们拟写上达朝廷的表疏[41]。而迄今所知漠北最早的突厥文碑铭《雀仁碑》刻于688—691年间,已在太宗之后约四十年。另外我们还应该看到唐代中华文明辐射影响所产生的共同现象:除突厥之外,吐蕃、回纥、南诏也是这时开始有文字的,南诏甚至以汉字为官方文字;更远的日本用汉字偏旁创造了自己的文字;韩国(新罗)、日本都有了自己的汉文文献,东亚形成了所谓"汉字文化圈"[42]。

吐蕃是7世纪初至9世纪中叶藏族在青藏高原上建立的边疆民族政权。

藏族的先民为发羌，是古代中国西部广泛分布的诸羌部落之一，他们从事高原畜牧，养牦牛、猪、犬、羊、马，也从事高原农业，种植青稞、豆、小麦、荞麦。隋代，今西藏山南地区雅砻河谷的部落联盟开始建立政权，其君长称赞普（意为"雄强丈夫"），辅臣称大论、小论。大致与唐太宗同时，松赞干布继赞普位，承袭父祖基业，降伏苏毗、羊同等部落，迁都逻些（今拉萨），统一青藏高原。他积极发展生产，创立文字，厘定法律、职官、军事制度，统一度量衡，正式建立起吐蕃王朝（629—846）。与此同时，他还积极推进与唐朝、泥婆罗（今尼泊尔）、天竺（今南亚次大陆各国）的广泛交往，引进先进技术和文化，使吐蕃社会迅速向前发展。

贞观十五年（641），松赞干布从唐朝迎娶文成公主，进一步密切了双方的关系。他专门为公主修筑城邑、建立屋宇以为居处，这就是拉萨布达拉宫的由来。松赞干布因娶公主更仰慕华风，又派吐蕃贵族子弟到长安国学学习诗书，并聘请唐朝文士为他掌管表疏，还向唐朝请求给予蚕种及制造酒、碾硙、纸墨的工匠，都得到了允许。唐人陈陶《陇西行》诗云："自从贵主和亲后，一半胡风似汉家"，可知唐蕃和亲对吐蕃汲取汉文化有很大促进作用。文成公主信仰佛教，她从长安把释迦牟尼佛像带到吐蕃，并在逻些修建了小昭寺，又协助泥婆罗来的墀尊公主修建了大昭寺。由于佛教有利于松赞干布的统治，所以在文成公主入藏后，松赞干布也大力推广佛教，并因而被尊为藏传佛教前弘期"三大法王"的第一位。文成公主也被藏传佛教认作绿度母（观音幻化之一）的化身，受到极大尊敬。在松赞干布和文成公主的赞助下，唐蕃古道成了唐初与南亚交往的主要通道（图1-4）。近年在西藏吉隆发现的唐朝使者王玄策摩崖石刻等文物证实了文献史料的记载。

松赞干布去世后，唐蕃失和，但双方使者往返更加频繁。据不完全统计，从唐太宗贞观八年（634）吐蕃首次遣使朝贡，至武宗会昌六年（846）吐蕃王朝崩溃，212年间双方使者往来共191次，其中唐使入蕃66次，蕃使入唐125次。来往使团多者上百人，少者也有十余人。有些使臣长期居留对方，长达十余年甚至数十年之久[43]。这些使团的任务多种多样，包括报丧、吊祭、朝贺、进贡、报聘、请求、迎送、市易等等，然而最主要的任务还是和亲与会盟。710年，唐朝又以金城公主出嫁吐蕃赞普赤德祖赞（704—754），中宗赐公主"锦缯别数万，

图 1-4　西藏拉萨布达拉宫中的松赞干布和文成公主塑像

杂伎诸工悉从,给龟兹乐"[44]。金城公主入藏,进一步促进了唐蕃间经济文化交流。731年,唐朝又应公主之请,赐予《毛诗》《礼记》《左传》《文选》等书。金城公主还促成了开元二十一年(733)唐、蕃双方于赤岭(今青海日月山)立碑分界。金城公主之子,就是藏传佛教前弘期最著名的弘教法王赤松德赞(755—797)。正是赤松德赞确立了佛教在藏族社会文化中的主导地位。赤松德赞时,吐蕃势力达到极盛,向西越过了帕米尔高原,向南到达了恒河岸边。通过这些经营活动,刚刚形成统一的藏民族为青藏高原的开发和祖国西南边疆的形成做出了重大贡献。

　　由文成和金城两位公主先后与吐蕃赞普缔结姻好而结成的唐、蕃舅甥关系,在823年建立的唐蕃会盟碑中得到了进一步的肯定,该碑因此又叫舅甥会盟碑或甥舅碑。甥舅碑立于现在拉萨大昭寺门前的石围栏内(图1-5)。据史书记载,唐穆宗长庆元年(821)唐蕃双方在长安会盟;第二年唐朝使者又到拉萨,双方设坛证盟;第三年刻石立碑,以为永久纪念。碑文中说:"舅甥二主商议社稷如一,结立大和盟约,永无渝替! 神人俱以证之,世世代代使其称

图1-5　西藏拉萨大昭寺唐蕃会盟碑

赞。……务令百姓安泰,所思如一,成久远大善,再续旧亲之情,重申邻好之义,为此大和矣。"该碑藏文部分也反映汉藏两族"欢好之念永未断绝",因而"寻甥舅之盟","立碑以更续新好"。唐蕃会盟以后,汉藏人民往来更为密切,经济文化交流更加频繁,这就为西藏最终归入祖国一统格局打下了良好基础。

回纥(《隋书·铁勒传》写作韦纥)是南北朝后期广泛分布于北方草原的铁勒(敕勒)诸部之一,主要活动在漠北仙娥河(今蒙古国色楞格河)一带。630年回纥等铁勒部落配合唐朝军队消灭了长期奴役压迫东亚各族的突厥汗国,于是,各族酋长齐集长安,尊唐太宗为"天可汗"。可汗本是古代北方民族对君主的称呼,天可汗意即最高君主。此后唐朝皇帝号令西域各国、北方各族,都用天可汗这一称呼。646年,回纥等部又攻灭称雄漠北的薛延陀。唐朝遣使招抚,回纥等重申尊奉唐朝皇帝为天可汗,而且愿意归属唐朝治下,请求唐朝设置官司,纳入唐朝行政体系。唐太宗批准了他们的请求,于次年在北方回纥等部牧地设羁縻六府七州,由燕然都护府统一管辖。酋长们又提出:"臣等既为唐民,往来天至尊所如诣父母,请于回纥以南、突厥以北开一道,谓之参天可汗道,置六十八驿,各有马及酒肉以供过使,岁贡貂皮以充租赋。仍请能属文人,使为表疏。"得到唐太宗同意,这条大道很快修建竣工,并成为唐代中国与周边四方交通的七条干道之一(《新唐书·地理志》七下)。这条道路的开通,加强了铁勒诸部与中央政府的政治联系,有利于经济文化交流,促进了回纥社会的发展。

744年,回纥取代突厥在蒙古高原建立汗国(744—840)。回纥汗国的官制既沿袭了草原游牧社会的传统,又深受唐朝中原文明的影响。可汗之下有两"杀"(或译"设")典兵,大臣自叶护以下共28等,这些与突厥相同;可汗之下又置内、外宰相,各部设都督,下有将军、司马,这是模仿唐朝制度。汗国在政治上与唐朝保持着密切关系:汗室存在约一百年,共传 15 位可汗,有 11 位都接受了唐朝的封号;唐朝皇帝还多次把公主嫁给回纥可汗,双方结成了几代姻亲。回纥还曾两次派兵协助唐朝平定安史叛乱。788 年,长寿天亲可汗又请改族名汉文"回纥"为"回鹘",取意为唐击敌回旋轻捷如鹘(隼)。回鹘人通过军功赏赐、册封馈赠、公主陪嫁和互市贸易等途径,从唐朝得到了大量财富。据统计,回鹘每年由绢马贸易等途径获得的绢帛不下 50 万匹,以回鹘本部人口约百万计,平均每人每年可得半匹。总之,回鹘接受唐朝怀柔政策而从中原地区得到的实惠,远比从前匈奴、突厥用战争手段所取得的要多得多。所以回鹘人取得的文化成就和社会进步,也远远超过以前的草原民族(图1-6)。

图1-6　新疆吐鲁番伯孜克里克石窟45窟唐回鹘王族像壁画

回鹘生活本以游牧为主,"无君长,居无恒所,随水草流移"[45]。受唐朝中原文化影响,建立汗国以后,开始向半定居生活转化,甚至在草原上建筑城市。据史书记载,在著名的参天可汗道沿途,从鸊鹈泉往北有公主城、眉间城,仙娥河畔还有富贵城,而汗国最壮观的则是回鹘牙帐城。

牟羽可汗到过唐朝的东京洛阳和许多名城,而且两次娶唐朝大臣的女儿,深受中原物质文明的影响。他在鄂尔浑河畔构筑宫殿,宫中妇人多"有粉黛文绣之饰"。回鹘人早期仍使用古突厥文,著名的《九姓回鹘可汗碑》就是用古突厥、汉、粟特三种语文刻成的。

回鹘人采用粟特文来拼写自己的语言,创造了后来被广泛使用的回鹘文。这种文字一直被使用到 17 世纪,留下了佛教、摩尼教、景教、伊斯兰教各种文献,还有各种内容的世俗文献:文学作品、医学著作、大量的社会经济文书、历法、双语对照字典,等等。回鹘文对契丹小字、蒙古文乃至满文的创制都有影响。回鹘人最初信萨满教,有巫师。后来牟羽可汗在洛阳接触到摩尼教,将其定为国教。由于回鹘助唐平乱有功,摩尼教借其势力,在中原迅速传播,从而进一步增强了回鹘与唐朝的关系。840 年漠北回鹘汗国解体,部众迁徙到河西、新疆,分别形成新的文化特点,从而成为今天裕固族和维吾尔族的祖先。

南诏(649—902)是唐代乌蛮联合白蛮建立的地方政权,其统治中心在今云南大理地区。当地本有六诏(首领、地区),蒙舍诏地在最南,因称南诏。649 年,蒙舍诏首领细奴逻建“大蒙国”,自称奇嘉王,臣属于唐,遣使入贡。南诏自细奴逻至末代王舜化贞共 13 王统治了 253 年,有 10 个王都接受了唐朝的封号。武则天时,细奴逻之子逻盛曾亲自入朝,请求唐朝支持以对抗吐蕃。至唐玄宗时,逻盛之孙皮逻阁统一六诏。738 年,唐赐皮逻阁名蒙归义,封为云南王。皮逻阁的兼并事业,是在唐朝的坚决支持和直接参与下进行的。《新唐书·南诏传》说:“当是时,五诏微,(蒙)归义独强。乃厚以利啗剑南节度使王昱,求合六诏为一,制可。”《南诏德化碑》上也说,唐朝御史严正海曾协助策划兼并战略,并参与攻打石和诏;唐朝中使王承训又与皮逻阁之子阁罗凤同破剑川。王承训出使南诏之事则为《唐丞相曲江张(九龄)先生文集》的记载所证实。

739 年,皮逻阁迁都太和城。樊绰《蛮书》记载:“大和城、大釐城、阳苴咩城,本皆(西洱)河蛮所居之地也。开元二十五年蒙归义逐河蛮,夺据大和城。后数月,又袭破咩罗皮,取大釐城,仍筑龙口城为保障。”大和城即太和城。樊绰《蛮书》是唐人著述中现今仅存的有关云南地区的专著,书中对南诏的政治、经济、民族、山川、交通、城镇以及境外诸地都做了较详细的记述,其资料非常珍贵。太和城遗址在今云南大理太和村西,俗称草帽街的地方,有南、北两道城墙,著名的《南诏德化碑》适在其间。太和城的中心是 747 年增修的金刚城,

图 1-7　云南南诏德化碑

位于佛顶峰上,当时适值唐朝赐南诏《金刚经》,故以之名城。779 年,南诏又迁都至太和城北十五里的阳苴咩城。此后历 470 多年,南诏、大长和、大天兴、大义宁、大理共五个边疆民族政权都以阳苴咩城为首府,直到 1253 年元朝将大理纳入一统为止。

　　《南诏德化碑》是南诏王阁罗凤于 766 年建立的,是云南境内现存最大的一块唐碑(图 1-7)。碑文追述南诏与唐朝建立和发展关系的历史,描述当时"子弟朝不绝书,进献府无余月"的情况,表示"我自古及今,为汉不侵不叛之臣"的决心。碑文还保存了文献所不及的许多珍贵史料。从中可以看出,南诏政治制度深受中原制度的影响,但到晚期有所变革。其初期官制有六曹,即兵、户、客、法、士和仓曹,基本上就是唐朝的地方官制。后期才改为三讬、九爽。其国相称清平官,决国事轻重,常由白蛮大姓或汉人担任,这主要是由民族发达程度和个人文化素质决定的。《德化碑》的作者自称"蛮盛家世汉臣,八王称乎晋业",可知他是晋代琅琊王氏家族的后人,仕南诏为清平官。稍后的清平官郑回,也是来自中原的汉人。南诏还多次派王室、贵族子弟往成都、长安就学,其文化教育制度也多模仿中原。779 年,阁罗凤去世,其孙异牟寻继位。史称"异牟寻有智数,善抚众,略知书"。他在郑回的劝导下,重新归附唐朝。中唐诗人白居易有一首新乐府题为《蛮子朝》,讲的就是这一段唐、诏关系的变化:"谁知今日慕华风,不劳一人蛮自通。诚由陛下休明德,亦赖微臣诱谕功。……异牟寻男寻阁劝,特敕召对延英殿。上心贵在怀远蛮,引临御座近天颜。"

902 年,南诏贵族郑买嗣灭蒙氏自立,改国号为"大长和"(902—928)。后又经大天兴(仅存 10 个月)、大义宁(929—937)两个短期政权,937 年,通海节度使段思平自立为王,改国号为"大理"。大理政区与南诏相当,政治制度与南诏基本相同,社会经济则比南诏有较大发展。大理王族自认是汉人后裔,曾受宋朝册封,在与中原展开经济文化交流的同时,大力推行汉文化。在汉文化的影响下,白文的使用越来越广泛。白文又叫"汉字白读",即用汉字或对其笔画略作增损来记白语。这种文字创始于南诏时期,盛行于大理时期,延续使用至明、清。自唐中期以后,中原民众就不断向云南流移,白语受其影响而内容更加充实。尽管当地语言有其独特发展,但始终保存有汉魏隋唐间的古汉语词汇。所以从南诏开始,就有用汉文记白语来为佛经作注疏,大理时期更产生了用白文写作的《白史》《国史》等历史著作和诗歌、曲本、传说等文艺作品。元初郭松年《大理行纪》说:"其宫室、楼观、语言、书数,以至冠婚丧祭之礼,干戈战阵之法,虽不能尽善尽美,其规模、服色、动作、云为,略本于汉。自今观之,犹有故国之遗风焉。"[46]比较贴切地反映了当时西南边疆与祖国内地的文化关系。

渤海(698—926)是唐五代以靺鞨族为主在中国东北建立的边疆民族政权。靺鞨即先秦肃慎,汉称挹娄,南北朝时为勿吉。隋唐时期,靺鞨主要有粟末、白山、黑水等七大部落,以居于粟末水(今第二松花江)的粟末靺鞨最为强大。698 年,粟末首领大祚荣趁契丹反叛之机在东牟山(今吉林敦化东北)一带建立震国。713 年大祚荣遣王子入唐,请求互市并礼拜佛寺。唐遂遣使宣劳,大祚荣受册为渤海郡王,官拜忽汗州都督,成为唐廷藩臣。自此去靺鞨之号,专称渤海,每年遣使朝贡。762 年,大钦茂晋封为"国王",以后历世诸王继袭均经唐朝册封。五代时,渤海继续向后梁、后唐朝贡,一直保持对中央王朝的臣属关系。渤海疆域盛时包括今我国东北大部、朝鲜半岛北部及俄国滨海地区部分,首都主要在上京龙泉府(今黑龙江宁安西南东京城);后期人口达三百万左右,号称"海东盛国"(图1-8)。

在中原文明的强力影响下,渤海社会迅速发展。其政权建设全仿唐制,中央有三省六部七寺,地方则有诸京、府、州、县,官衔分秩阶勋爵;军队置十卫,后期还有左、右神策军及左、右三军等编制;自有法律、监狱等。渤海还"数遣诸生诣京师太学,习识古今制度",并参加唐朝的科举考试。开元二十六年(738),"渤海遣使求写《唐礼》及《三国志》《晋书》《(三)十六国春秋》,许之"[47]。在其五京周围等发达地区,以中原教育为模式,自上而下建立了较为系统的教育体制。汉字成了渤海的通用文字,儒家思想成为渤海社会的统治思想,汉地佛教也在渤海各地广泛传播。在龙头山贞孝公主墓、六顶山贞惠公主墓、上京龙泉府、八连城龙原府等处的考古发现表明,渤海的绘画、雕刻、工艺美术等都凸显出盛唐的艺术风格(图1-9)。

由于在生活习俗方面也积极吸收中原因素,导致渤海人的起居行止、饮食服饰以及丧葬喜庆、游戏娱乐等许多方面同汉人逐渐接近并趋于一致[48]。唐代中国大一统有利于渤海与中原内地形成"车书本一家"

图1-8 黑龙江宁安渤海上京石灯幢

图1-9 黑龙江渤海贞惠公主墓石狮

的密切关系,其文化作为盛唐文明的一个分支也在中华民族发展史上写下了光辉的一页。

第四节　贞观之治与盛唐气象

贞观之治:古代开明政治的典范　载舟与覆舟　举贤授能与人才发展空间的扩大　兼听纳谏　中国古代法典体制的完善　开放兼容的文化政策

魏晋南北朝以来的民族融合大势以及隋朝完成的南北政治统一,经隋末动乱之后,各种势力重新组合,终于在唐前期促成了社会大发展。太宗朝的"贞观之治"就是发展的第一个高潮。

贞观(627—649)前期,大乱初定,君臣惕焉震惧,务在安民恤人。太宗广任贤良,虚心纳谏,君臣相得,上下同心,于是国家政治稳定,人民安居乐业,经济迅速恢复,社会繁荣升平。中国再次出现了自西汉全盛时期以来从未有过的太平治世。太宗君臣勤政爱民、励精图治的业绩言行,被后世人们目为理想政治;太宗时代的清平之治,成为后代的向往。8世纪初,史官吴兢编集《贞观政要》,以为:"太宗时政化良足可观,振古而来,未之有也。至于垂世立教之美,典谟谏奏之词,可以弘阐大猷,增崇至道者,爰命不才,备加甄录,体制大略,咸发成规。于是缀集所闻,参详旧史,撮其指要,举其宏纲,词兼质文,义在惩劝,人伦之纪备矣,军国之政存焉。……庶乎有国有家者克遵前轨,择善而从,则可久之业益彰矣,可大之功尤著矣,岂必祖述尧、舜,宪章文、武而已哉!"是书编成以后,贞观之治就成了帝王政治的范本。唐朝皇帝把《贞观政要》"书之屏帷,铭之几案",列为皇家子孙的必读教本。中唐以降,宪宗、文宗、宣宗诸帝奉《贞观政要》为经典,反复阅读,苦心研讨,无不慨然仰慕太宗政化,鞭策激励自己发愤振兴。唐朝以后,不仅历代帝王推崇《贞观政要》,一般士大夫文人乃至僧道,也因书中包含道德训教可作为处世指南而喜欢读它。它还被译成契丹、西夏、女真、蒙古和满文,以供当政者参考。大约在9世纪,《贞观政要》又传到了新罗、日本等国,被列为王室、幕府的政治教材[49]。出于对开明政治的模仿以及对太平盛世的向往,有的统治者甚至再次采用贞观年号[50]。

唐太宗经常引用古语来说明君民关系,把人君比做舟,把人民比做水。如,贞观六年太宗谓侍臣曰:"'可爱非君,可畏非民。'天子者,有道则人推而为主,无道则人弃而不用,诚可畏也。"后又对太子说:"舟所以比人君,水所以比黎庶,水能载舟,亦能覆舟。尔方为人主,可不畏惧!"其实,这种民本意识在贞观君臣论治中十分普遍。可以说,民本思想就是贞观之治的核心思想。如《贞观政要》卷第一《君道第一》开宗明义就说:"贞观初,太宗谓侍臣曰:'为君之道,必须先存百姓,若损百姓以奉其身,犹割股以啖腹,腹饱而身毙。'"同卷载魏徵上疏曰:"怨不在大,可畏惟人,载舟覆舟,所宜深慎,奔车朽索,其可忽乎!"同卷《政体第二》魏徵对曰:"臣又闻古语云:'君,舟也;人,水也。水能载舟,亦能覆舟。'陛下以为可畏,诚如圣旨。"同书卷一〇《灾祥第三十九》载岑文本上封事:"暂有征役,则随日凋耗。凋耗既甚,则人不聊生;人不聊生,则怨气充塞;怨气充塞,则离叛之心生矣。故帝舜曰:'可爱非君,可畏非民。'孔安国曰:'人以君为命,故可爱。君失道,人叛之,故可畏。'仲尼曰:'君犹舟也,人犹水也,水所以载舟,亦所以覆舟。'是以古之哲王虽休勿休,日慎一日者,良为此也。"贞观年间群臣进谏、太宗纳谏事涉范围虽广,其中很大部分,诸如止徭役、息征战、戒奢纵、"取信于民""居安思危"等等,都反映出民本思想这一核心内容。

载舟覆舟之喻,可谓唯民之论,并不是太宗君臣的发明创造。他们之所以在贞观年代不厌其繁地反复申说这些古训,主要原因之一就是汲取隋亡教训[51]。值得注意的是,贞观君臣总结隋亡教训经常讲到"二世而亡"和民心向背。如《隋书》卷七〇魏徵所撰史臣曰:炀帝"肆其淫放,虐用其民,视亿兆如草芥,顾群臣如寇仇……天夺之魄,人益其灾,群盗并兴,百殃俱起,自绝民神之望,故其亡也忽焉……其隋之得失存亡,大较与秦相类。始皇并吞六国,高祖统一九州,二世虐用威刑,炀帝肆行猜毒,皆祸起于群盗,而身殒于匹夫。原始要终,若合符契矣"。基于这一认识,贞观年代所修《隋书》纪、传五十五卷,有二十多卷都记有民众变乱或起事,而且这些记载正好是从开皇九年平陈统一的第二年开始的,直至隋亡。显然,在表面的直接原因之下,秦、隋二世而亡有着更深刻的社会文化背景。所谓"自绝民神之望,故其亡也忽焉",可以理解为,正是隋炀帝的急政使他脱离了自己统治所赖以存在的社会基础,因而招致杀身之祸。实际上隋炀帝所追求的文化统一与整合的目标,要到盛唐时代才能实现。所以刚刚平息了社会动乱的唐太宗君臣,不得不以安民恤人、兴致太平为主要目标。这是贞观民本思想的时代特点。

贞观元年,太宗谓房玄龄等曰:"致理之本,惟在于审。量才授职,务省官员。故《书》称:'任官惟贤才。'"后又谓侍臣曰:"大乱之后,即是太平之运也。能安天下者,惟在用得贤才"(《贞观政要·择官第七》)。于是,太宗一改高祖时偏信重用关陇集团的政策,使各集团人士共进并用,广任贤良,唯才是举。据统计,贞观时期23年间,唐太宗任用宰相共28人。除高祖旧臣6人外,其余22人出身各异,其中山东人占了一半即11人,却没有一个出身于一流高门[52]。唐太宗之所以在各方人士中特别拔用山东人,首先因为山东在历史上是文化发达、人才荟萃的地区。唐朝是统治了整个华夏江南,综合北齐、北周、南陈,承接杨隋的大帝国。高祖时偏任关陇集团的政策,已不适应大一统帝国发展的趋势和需要。为了治理全国广大地区,聚集各方面人士共商国是、共图大计,共同创建宏伟大业成为当务之急,于是人才渊薮的山东自然成为唐太宗广事搜罗的对象。其次,也是为了缓和山东人对李唐皇室的反感。山东为北齐旧地,与李唐皇室出身的关陇地区政治有异,对政变上台的太宗尤多嫌忌,"是时河北州县素事隐(李建成)、巢(李元吉)者不自安,往往曹伏思乱"(《新唐书·魏徵传》)。山东既有人才,这些人如不为当局所用,就会成为促成变乱的因素。在山东人中,为唐太宗所拔擢重用的主要是庶族寒门即隋末唐初所谓"山东豪杰"。这是因为,山东甲族门望清高,社会地位远在关陇集团之上,很难为李唐皇室所用[53];山东豪杰在隋末动乱中却是关陇集团的同盟军,当时双方文化颇具一致性[54]。也正因为唐王室与鲜卑权贵之间具有血缘关系,不为山东高门士族所重,所以他们能采取一些突破旧门阀观念的政治措施,诸如"盛开选举"[55]、"选无清浊""用人唯才",修《氏族志》"不论数代已前,只取今日官品、人才作等级"等[56]。所有这些,与当时士族门阀的颓势相应,互为作用,扩充了人才的发展空间,客观上顺应了当时中国社会发展的需要。

贞观年间的君臣关系亦应置于文明发展的同一历史背景下来考察,其集中表现就是太宗的兼听纳谏与群臣的谠言直谏。贞观二年,太宗问魏徵:"何谓为明君、暗君?"魏徵说:"君之所以明者,兼听也;其所以暗者,偏信也。《诗》云:'先人有言,询于刍荛。'……秦二世则隐藏其身,捐隔疏贱而偏信赵高,及天下溃叛,不得闻也。梁武帝偏信朱异,而侯景举兵向阙,竟不得知也。隋炀帝偏信虞世基,而诸贼攻城剿邑,亦不得知也。是故人君兼听纳下,则贵臣不得壅蔽,而下情必得上通也"(《贞观政要·君道第一》)。兼听则明、偏信则暗,简练地总结了传统的政治智慧,太宗深以为然。太宗进而认为:"人欲自照,必须明镜;主欲知过,必藉忠臣","冀凭直言鲠议,致天下太平",甚至每每"恐人不言,导之使谏"(均见《贞观政要》卷二)。于是太宗一朝,主纳忠谏,臣进直言,蔚然成风。这不仅对贞观一代清新健康政治风气的形成起到了关键作用,对整个唐代言论自由的社会气氛也产生了良好影响。让臣下敢于说话,敢于发表并坚持自己的见解,甚至敢于对皇帝提出批评,这样一种较为宽松的政治环境对于减少决策和政务处理上的失误,具有非常重要的意义[57]。此外,唐太宗还提出:"以天下之广,四海之众,千端万绪,须合变通,皆委百司商量,宰相筹画,于事稳便,方可奏行。岂得以一日万机,独断一人之虑也……岂如广任贤良,高居深视,法令严肃,谁敢为非?"[58]强调发挥中央各官僚机构的作用,运用政治体制来保证决策和政令的正确制定,这就使"广任贤良"的政治方针得到了具体落实。

贞观年间与民本思想一致的君权有限观,实际上也是中华文明传统政治理念的发扬光大,其主要表现之一就是守法精神[59]。贞观元年唐太宗说:"法者,非朕一人之法,乃天下之法"(《贞观政要·公平第十六》)。事实上,唐初以隋《开皇律》为蓝本制定《武德律》尚属法制的草创时期。至贞观元年太宗令长孙无忌、房玄龄等参酌隋律,再对《武德律》加以修订,于贞观十一年颁行,是为《贞观律》。《贞观律》共五百条,分为名例等十二篇,体系基本完备,且为后来的《永徽律》所本,因而是唐朝法制的奠基时期。唐高宗即位后,命长孙无忌等人删改《贞观律》成十二卷,是为《永徽律》;又令长孙无忌撰《律疏》三十卷,逐条解释律文,通称《唐律疏议》。其实,除了《律疏》之外,《永徽律》与《贞观律》内容基本相同,并且以后《律》文也无甚改动,唐朝法制基本定型[60]。唐代的法典有"律、令、格、式"四种形式,这也是在贞观十一年首次一起颁布的。据《唐六典》卷六"刑部郎中员外郎"条:"凡律以正刑定罪,令以设范立制,格以禁违止邪,式以轨物程事。"显然,律是刑法与民法,其他三者为行政法:令指国家的各项规章制度,式指各种办事的章程细则,而格则主要是皇帝不断用制敕形式颁布的法令汇编。律也包括对令、格、式违犯者的处罚[61]。

唐律由传世的《唐律疏议》保存了下来,共十二篇三十卷五百条[62],其篇名为:名例、卫禁、职制、户婚、厩库、擅兴、贼盗、斗讼、诈伪、杂律、捕亡、断狱。实行处罚的刑名有五种:笞、杖、徒、流、死。《律疏》中还引用了当时的令、格、式。《唐律疏议》是保存至今的中国古代最早、最完整的一部成文法典,对亚洲很多国家都产生过重大影响。唐代的令、格、式都没有完整保留下来[63]。律令格式并行的制度为五代及宋所承袭。后晋、后周将"编敕"与格、式并用,到宋代遂有敕、令、格、式的区别,而且敕的地位还重于令,这是对唐制的扬弃。至于刑法律条,则自宋辽金元迄于明清,基本上都以唐律为蓝本[64]。律令格式的法典体系还广泛影响到东亚各国,特别是古代朝鲜、日本、越南等国的立法,多半从模仿唐朝法制而来[65]。学者们认为,唐朝为东亚法律的中心[66],唐律在东亚法制史上所占的地位与罗马法在西洋法制史上所占的地位相似[67]。还有学者认为,在唐代中国影响下建立的律令制是古代东亚各国普遍采用的国家体制,律令制国家为东亚"汉字文化圈"的主要特点之一[68]。

唐初统治集团深受塞外文化的影响,这对贞观年代开始实行较为开明的内外政策,无疑起着积极的促进作用。建立唐朝的关陇集团,本身是南北朝以来民族融合与文化整合的产物,主要是由汉人豪族和鲜卑权贵共同组成的集合体。不仅建立唐朝的李氏,此前建立西魏北周的宇文氏、建立隋朝的杨氏也均出自这一集团。他们不但在政治上结成一体,而且又都与鲜卑酋豪独孤氏联姻:独孤信长女嫁周明帝宇文毓,四女嫁唐太宗祖父李昞,七女嫁隋文帝杨坚,从而成为关系密切的亲戚。此外,唐太宗的母亲窦氏和妻子长孙氏,也都出于代北鲜卑贵族家庭。在隋唐两朝,还有大批代北酋豪的后裔官居要职,如隋朝的窦炽、于翼、长孙览、贺若弼、达奚长儒、贺娄子干、元晖、斛律孝卿、宇文述,唐朝的宇文士及、长孙无忌、于志宁、宇文节、狄仁杰等。据统计,唐朝的369个宰相,有十分之一左右是鲜卑贵族的后裔[69]。正因为如此,唐太宗才会坦然自豪地说:"自古皆贵中华,贱夷狄,朕独爱之如一。"甚至战败投降的突厥酋长阿史那社尔、执失思力以及铁勒酋长契苾何力等也得到了唐太宗的信任和重用。至于在文化领域发挥重要作用的代北及西域族人后裔更是不计其数，如何妥、何稠、宇文恺、陆法言、元稹、白居易、刘禹锡等都是。无怪乎胡三省注《资治通鉴》感叹道："自隋以后，名称扬于时者，代北之子孙十居六七矣，氏族之辨，果何益哉！"由此而产生的开放兼容的文化政策，是中国古代文明在唐代臻于高度发达的重要原因。正如史家陈寅恪先生所说："李唐一族之所以崛兴，盖取塞外野蛮精悍之血，注入中原文化颓废之躯，旧染既除，新机重启，扩大恢张，遂能别创空前之世局。"[70]（彩图2）

在中华文明史上，唐代是一个少有的既善于继承、又能够兼收并蓄的朝代。人们注意到唐代因多种文化汇聚而导致的文化昌盛情况，认为唐代之所以朝气蓬勃、富有生机，一是唐代的社会和文化能条贯、折中前此数百年的遗产，二是能兼容并包地摄取其他民族甚至外来的各种文化营养[71]。唐代中国的典章制度既是前此数百年建置的条贯和折中（如中央机构三省六部），也是南北朝以来国内不同民族互相交流、不同文化融会整合而产生的某些制度的延续和发展（如均田制、府兵制）；通过西域传来的印度、中亚、西亚文明和通过南海传来的南亚文明，它们对唐代中国的影响则主要表现在宗教、艺术（例如音乐、舞蹈、杂技、绘画、雕塑）、实用器物（例如金银器、服饰）等方面。总之，唐代是中国古代政治文化高度发展的盛世，礼仪、政刑、典章制度全都自成体系，在自身体制高度发达的基础上，各种域外文化的引进都起着锦上添花的作用。因此有学者认为，唐代真正做到了"中学为体，西学为用"——如果这一说法在逻辑上可以成立的话[72]。当然，唐朝人在对待外来文化的态度上既不是以其为异己文化而加以排斥，也不是不加选择地一概采用。王朝根据自身的社会层序结构，各民族也根据各自所处的不同社会环境和不同文化水平，分别对外来文化做出遴选和抉择。异质文化的植入，不可能不经过程度不等的加工，这是一个机制相当复杂的过程。不同层次的文化又在相互渗透、相互影响的过程中不断产生种种变体。例如，正是在唐代，儒、释、道三家经过长期的相互作用，终于导致各自都发生了局部质变而成为中国文化体系的组成部分。对中国文化起补缺作用、与中国文化有亲和力的东西容易被吸收，被吸收的东西又都经过改造，这是唐代文化汇聚的最大特色。经数百年动乱之后而形成的大一统局面决定了唐代在各个方面都力图显示出兼收并蓄的时代精神[73]，于是就有了人本主义的开明的"贞观之治",从而为唐代的全盛开辟了道路。

注 释

〔1〕 见赵翼:《廿二史札记》卷一四,"南北朝通好以使命为重"条,中国书店,1987 年。

〔2〕 参见杨衒之:《洛阳伽蓝记》卷二,"城东景宁寺"条,范祥雍校注本,上海古籍出版社,1978 年,第 117—119 页。

〔3〕 陈寅恪:《隋唐制度渊源略论稿》,中华书局,1977 年,第 43、126—127 页。

〔4〕 陈寅恪:《唐代政治史述论稿》,上海古籍出版社,1982 年,第 15 页。

〔5〕 同上。

〔6〕 宇文泰曾将诸将之有功者改为鲜卑姓氏,并依鲜卑部落军制建府兵制,据陈寅恪先生研究,此皆为其施行"关中本位政策"之举(参前引《唐代政治史述论稿》,上海古籍出版社,1982 年,第 15—16 页)。换言之,此类"胡化",实为汉化之一阶段,参田余庆:《东晋门阀政治》,北京大学出版社,1996 年,第 254 页。

〔7〕 《北史》卷七二《高颎传》称其"自言渤海蓚人也。其先因官北边,没于辽左"(中华书局,1974 年,第 2487 页)。谭其骧先生认为其族属可能出于高句丽,见缪钺《东魏北齐政治上汉人与鲜卑之冲突》附记,收入缪著《读史存稿》,三联书店,1982 年,第 93 页。

〔8〕 见魏徵等撰《隋书》卷四六《杨尚希传》,中华书局,1973 年,第 1253 页。参同书卷二九《地理志》上,中华书局,1973 年,第 806—807 页;吴宗国:《隋唐五代简史》,福建人民出版社,1998 年,第 32—33 页。

〔9〕 见《隋书》卷二八《百官志》下,中华书局,1973 年,第 792 页。参《隋唐制度渊源略论稿》,第 85—87 页。

〔10〕 参见唐长孺:《隋(581—618)》,《中国大百科全书·中国历史·隋唐五代史》长条,中国大百科全书出版社,1988 年,第 6 页;阎步克:《察举制度变迁史稿》,辽宁大学出版社,1991 年,第 272 页以下。

〔11〕 参见《隋书·儒林传》序,中华书局,1973 年。

〔12〕 参阎步克:《乐师与史官:传统政治文化与政治制度论集》,三联书店,2001 年,第 491 及 515 页以下。

〔13〕 《资治通鉴》卷一九四,"唐太宗贞观七年(633)十二月甲寅"条,中华书局,1956 年,第 6104 页。

〔14〕 见欧阳修、宋祁撰:《新唐书》卷三七《地理志》序,中华书局,1975 年,第 959 页。

〔15〕《资治通鉴》卷一九八,中华书局,1956 年,第 6247 页。

〔16〕《唐代政治史述论稿》,上海古籍出版社,1982 年,第 1 页。

〔17〕 参吴宗国:《唐朝的特性》,收在《中国唐史学会论文集》,三秦出版社,1989 年,第 9—10 页。

〔18〕 此前入主中原的鲜卑统治者,正处在建立帝制的社会上升阶段(参田余庆:《北魏后宫子贵母死之制的形成和演变》,见其《拓跋史探》,三联书店,2003 年,第 368—369、394—395 页),本应承担起这一历史使命,然而孝文汉化"定门第、婚名族",鲜卑新贵迅速与汉族高门结合建立起了新的门阀政权(参周一良:《北朝的民族问题与民族政策》,收入其《魏晋南北朝史论集》,北京大学出版社,1997 年,第 130—131 页)。结果是"洛阳之汉化愈深,而腐化乃愈甚",终于酿成了魏末六镇之乱,非但未能实现统一以重建国家威权,连汉化也不得不暂时改取"胡化"之路,所谓"关陇集团"及其所奉行的"关中本位政策"即此种形势之产物(参《隋唐制度渊源略论稿》,第 42 页;《唐代政治史述论稿》,第 14—15 页;《东晋门阀政治》,第 254 页)。

〔19〕 参《唐代政治史述论稿》,上海古籍出版社,1982 年,第 48—49 页。近年葛兆光先生从思想史的角度提出了与此不同的意见,见其《盛世的平庸——八世纪上半叶中国的知识与思想状况》,载《唐研究》第 5 卷,北京大学出版社,1999 年,第 1—33 页。其实,葛先生所说七八世纪之交"思想与秩序的双重危机",恐怕正好相反,应属于秩序建立初期的正常现象而非已有秩序的"崩坏"。从更长的时间跨度看(比如,中国古代社会前后期的转型),葛先生列举的现象与同时期的其他现象如:"唐源流出于夷狄,故闺门失礼之事不以为异"(《朱子语类》卷一三六《历代类》三,中华书局,1999 年),"立嫡以长,礼之正也……(太宗)为群下所迫,遂至蹀血禁门,推刃同气,贻讥千古,惜哉! 夫创业垂统之君,子孙之所仪刑也,彼中、明、肃、代之传继,得非有所指拟以为口实乎!"(《资治通鉴》卷一九一,唐高祖武德九年六月"癸亥,立世民为皇太子"条臣光曰)乃至"武则天取代李氏天子,以大周换了大唐,不可思议地以女子之身当了皇帝"(前引葛文第 1 页)等等,都处于文化整合与社会整合的同一发展阶段,具有同样的历史背景。

〔20〕 参《新唐书》卷三七《地理志一》,中华书局,1975 年,第 960 页。

〔21〕 一般认为,最早开凿运河的是春秋时代地处长江中、下游的楚国和吴国。见李孝聪《大运河》,收在袁行霈主编《中华文明之光》第二辑,北京大学出版社,1999 年,第 14 页。

〔22〕 参王德荣等主编:《中国运输布局》,科学出版社,1986 年,第 167—168 页。

〔23〕 参侯仁之主编:《黄河文化》,华艺出版社,1994 年,第 454 页。

〔24〕 参上引《大运河》,第 26—27 页。

〔25〕 俗云:"上有天堂,下有苏、杭";又云:"苏湖熟,天下足",参桑原骘藏:《历史上所见的南北中国》,收在《日本学者研究中国史论著选译》第一卷,中华书局,1992 年,第 61 页注[68]。

〔26〕 详见《黄河文化》第六编第二章,第 458 页以下。

〔27〕 参妹尾达彦:《唐代长安城与关中平原的生态环境变迁》,收在史念海主编《汉唐长安与黄土高原》,《中国历史地理论丛》增刊,陕西师范大学历史地理研究所,1998 年,第 204—207 页。

〔28〕 参《黄河文化》,第 380 页。

〔29〕 参前引桑原骘藏:《历史上所见的南北中国》,第 32 页。

〔30〕 《资治通鉴》卷一七七,第 5529—5530 页。

〔31〕 史载开皇十年南方起事的原因之一为"民间复讹言隋欲徙之入关",或即大索貌阅(检括户口)所致。参《资治通鉴》卷一七七,隋文帝开皇十年(590)"江表自东晋以来"条,第 5529 页。《北史》卷六三《苏绰传附子威传》记开皇十年苏威巡抚江南还,"奏言江表依内州责户籍。上以江表初平,召户部尚书张婴责以政急"(第 2245 页)等,《资治通鉴》不取;据《隋书》文帝纪、苏威传,威巡抚江南在开皇十五年七月,参《北史》卷六三,第 2256 页注[24]。

〔32〕 参〔英〕崔瑞德编:《剑桥中国隋唐史》,中国社会科学出版社,1990 年,第 115—117 页。

〔33〕 参胡戟:《隋炀帝新传》,上海人民出版社,1995 年,第 97 页;《剑桥中国隋唐史》,第 135 页。

〔34〕 《旧唐书·韦坚传》,中华书局,1975 年。

〔35〕 参《旧唐书·韦坚传》《新唐书·食货志》三。或说三郎谓玄宗,弘农得宝喻贵妃杨玉环。

〔36〕 东汗国在史书中仍被称作突厥(552—630),也常称作北突厥,与西突厥(583—657)相对,并与后来复兴的东突厥(682—745,学界又称之为后突厥或突厥第二汗国)相区别。参《旧唐书》卷一九四下《突厥传》下,第 5179 页;王溥撰《唐会要》卷九四,"北突厥"条,中华书局排印本,1990 年,第 1687—1692 页。

〔37〕 见《资治通鉴》卷一七六,陈长城公至德三年(585),"突厥沙钵略既为达头所困"条,中华书局,1956 年,第 5482—5483 页。

〔38〕 参编写组《中国北方民族关系史》,中国社会科学出版社,1987 年,第 169 页。

〔39〕 参《隋书·北狄突厥传》,中华书局,1973 年;《资治通鉴》卷一八〇,中华书局,1956

年,第5630—5634页。

〔40〕 这两块碑因均发现于蒙古国哈尔和林北边的和硕柴达木,又被学界统称为和硕柴达木碑。这两块碑加上在乌兰巴托附近巴音朝克图发现的《暾欲谷碑》是古突厥文碑铭的所谓三块大碑,对它们的释读和研究,构成了早年古代突厥语言文化研究的重要基础。参〔俄〕克利亚什托尔内《古代突厥鲁尼文碑铭》,黑龙江教育出版社,1991年,第1—10页及47页以下;耿世民《维吾尔古代文化和文献概论》,新疆人民出版社,1983年,第55页以下。

〔41〕《资治通鉴》卷一九八,"唐太宗贞观二十一年(647)春正月丙申"条:漠北六府七州"仍请能属文人,使为表疏",中华书局,1956年,第6245页。

〔42〕 参〔日〕西岛定生:《中国古代国家と東アジア世界》第二篇第六章第二节《汉字文化圈の成立》,东京大学出版会,1983年,第593页;〔日〕李成市:《古代東アジアの民族と国家》,岩波书店,1998年,第2—3页。

〔43〕 参翁独健主编:《中国民族关系史纲要》,中国社会科学出版社,1990年,第346—347页。

〔44〕 同上书,第348页。

〔45〕《旧唐书》卷一九五《回纥传》,中华书局,1975年,第5195页。

〔46〕 转引自《中国大百科全书·中国历史》辽宋西夏金史分册"大理"条,中国大百科全书出版社,1988年,第169页。

〔47〕《唐会要》卷三六,中华书局,1955年,第667页。

〔48〕 参王承礼:《渤海简史》第九章《渤海的文化》,黑龙江人民出版社,1984年,第188页以下。

〔49〕 参〔日〕池田温:《〈贞观政要〉之日本流传与其影响》,《国学研究》第六卷,北京大学出版社,1999年。

〔50〕 日本清和天皇有贞观(859—876)年号,参〔日〕池田温:《〈贞观政要〉之日本流传与其影响》,《国学研究》第六卷,第87—88页。西夏崇宗也有贞观(1101—1113)年号。

〔51〕 参汪篯:《唐太宗"贞观之治"与隋末农民战争的关系》,收在《汪篯隋唐史论稿》,中国社会科学出版社,1981年,第19—20页。

〔52〕 参汪篯:《唐太宗之拔擢山东微族与各集团人士之并进》,收在《汪篯隋唐史论稿》,第132—137页。

〔53〕 同上书,第145页。

〔54〕 参陈寅恪:《论隋末唐初所谓"山东豪杰"》,收入氏撰《金明馆丛稿初编》,上海古籍

出版社,1982 年,第 217 页以下。

〔55〕《旧唐书》卷七〇《戴胄传》,中华书局,1975 年。

〔56〕参汪篯:《唐太宗树立新门阀的意图》,收在《汪篯隋唐史论稿》,第 150—154 页。

〔57〕参吴宗国:《〈贞观政要〉与贞观君臣论治》,载《国学研究》第三卷,北京大学出版社,1995 年,第 369 页。

〔58〕《贞观政要》卷一《政体》,上海古籍出版社,1978 年。

〔59〕参吴晗:《历史上的君权的限制》,收入《吴晗史学论著选集》第二卷,人民出版社,1988 年,第 488 页;吴宗国:《〈贞观政要〉与贞观君臣论治》,第 372—373 页。

〔60〕参钱大群:《〈唐律疏议〉结构及书名辨析》,载《历史研究》2000 年第 4 期,第 110—118 页。又,日人仁井田陞与牧野巽曾共撰长达十四万言的《〈故唐律疏议〉制作年代考》上、下篇(见日本东方学院东京研究所《东方学报》1931 年第一、二册),主张《故唐律疏议》为唐玄宗开元二十五年(737)新颁行《开元律》的《律疏》。此说曾轰动国际学界,一时几为东邻学人共识。然日人此说已为我国学者杨廷福先生所否定(参氏撰《〈唐律疏议〉制作年代考》,收在氏著《唐律初探》,天津人民出版社,1982 年,第 1—30 页),近年亦逐渐得到东邻法制史学者的认同。最新的看法认为,今传《故唐律疏议》的本文即是《永徽律疏》,包含开元年代刊正的部分,事实上,唐朝只在永徽年间编纂过律疏而并无所谓"开元律疏"。之所以出现"开元律"的说法,看来是未将礼、律分清之过。详见高明士《隋唐教育法制与礼律的关系》,收在胡戟主编《唐研究国际学术会议论文汇编》,唐研究基金会,1997 年,第 273—274 页。

〔61〕关于唐代历次编制法典的情况请参《中国大百科全书·中国历史·隋唐五代史》"律令格式"条附表,第 241 页。

〔62〕今本《唐律疏议》有 502 条,乃后人刊印时误将《职制律》及《斗讼律》中各一条歧分为二所致,参《中国大百科全书·中国历史·隋唐五代史》"律令格式"条,第 242 页。

〔63〕唐令尚基本保存在当时日本参考唐令所制定的《养老令》当中,传世文献及敦煌遗书中也有若干佚文,日本仁井田陞据之辑成《唐令拾遗》(东京大学出版会,1933 年版,1983 年重印)33 篇,较《六典》所述多出了学令第十、封爵令第十二、禄令第十三、乐令第二十、捕亡令第二十八、假宁令第二十九等 6 篇。后来日人池田温等又编成《唐令拾遗补》(东京大学出版会,1997 年)。唐格、唐式则只在个别文献史料中有部分引用,敦煌遗书中也有少量发现(如《水部式》);日本尚有《延喜式》等传世法规文献,但迄今未见如唐令那样的辑佚工作。然而,近年在浙江宁波天一阁发现了北宋天圣二年令,据说其中全部引用了完整的唐令,诚如是,其刊布必将使唐代法

典从而整个中国古代法制的研究工作大大改观,学界对此正拭目以待。

〔64〕 参《中国大百科全书·中国历史·隋唐五代史》"律令格式"条,第 243 页;杨廷福
《〈唐律〉对中国封建法律的影响》,收在《唐律初探》,天津人民出版社,1982 年,第
144—170 页。

〔65〕 参杨廷福:《〈唐律〉对亚洲古代各国封建法典的影响》,天津人民出版社,1982 年,
第 171—193 页;仁井田陞《唐令拾遗》序论,《唐令拾遗》汉译本,长春出版社,1989
年,第 801 页。

〔66〕 参〔日〕桑原骘藏:《王朝之律令与唐之律令》(载《历史地理》6 卷 5 号),转引自杨廷
福:《〈唐律〉对亚洲古代各国封建法典的影响》,第 172 页。

〔67〕 参〔日〕泷川政次郎:《日本法制史》第三编第一章《总说》,转引自杨廷福《〈唐律〉对
亚洲古代各国封建法典的影响》,第 172 页。

〔68〕 参〔日〕西岛定生:《中国古代国家と東アジア世界》第二篇第六章第二节《汉字文化
圈の成立》,东京大学出版会,1983 年,第 593 页;〔日〕李成市:《古代東アジアの民
族と国家》,岩波书店,1998 年,第 2—3 页。

〔69〕 参侯仁之主编:《黄河文化》,华艺出版社,1994 年,第 348 页。

〔70〕 陈寅恪:《李唐氏族推测之后记》,收入氏撰《金明馆丛稿二编》,上海古籍出版社,
1982 年,第 303 页。

〔71〕 参张广达:《唐代的中外文化汇聚和晚清的中西文化冲突》,载《中国社会科学》1986
年 3 期,第 38 页。

〔72〕 同上。

〔73〕 同上书,第 38—41 页。

第二章 丝绸之路与中外文化的交流

如果说汉代丝绸之路引发了各国之间互相接触的强烈愿望，那么到了隋唐这一愿望已在很大程度上实现了。突破国家、民族、地域限制的"丝绸之路"的畅通，促进了商贸的繁荣，而其更为积极的结果却是文化的互相渗透。从商贸活动到文化交流，是一个飞跃性的发展，带来了文化融合的多元格局，并汇集为开创新时代的动力，最终形成了以隋唐为核心向四周辐射的文化圈。中外文化交流的深度和广度远远超过汉代。

第一节 双向的文化馈赠

开辟在沙漠、草原和海洋上的通道 "绢马贸易"与商品的魅力 "胡人俑群"与"沙漠之舟" 西行取经的高僧 港口城市的勃兴 双向的文化馈赠

北朝时周、齐分立使华夏蒙受了损失[1]，西域诸国"亲疏因其强弱，服叛在其盛衰。衰则款塞顿颡，盛则弯弓寇掠，屈申异态，强弱相反。正朔所不及，冠带所不加，唯利是视，不顾盟誓"[2]。隋朝立国后，要改变突厥、吐谷浑称霸西域，分领羌胡之国，朝贡不通的局面[3]，决心引致西蕃前来贸易。由于当时"客商往来，多取伊吾路"[4]，炀帝派大将薛世雄、裴矩建伊吾城以控制这一咽喉之地，又命"刘权镇河源郡积石镇，大开屯田，捍御吐谷浑，以通西域之路"[5]。

隋炀帝在招募"能通绝域者"时，看中了知晓边事的裴矩，任命他"监知关市"，使"西域诸胡多至张掖交市"。裴矩积极交好"诸胡商至者"，"诱令言其国俗山川险易"[6]，细心纂录各国的章服物产，还丹青摹写，配以图绘，描述了

通西方的三条道路:即越过戈壁沙漠,沿水草肥美的天山北麓西行的草原路,以及过玉门关沿塔克拉玛干沙漠南、北边缘点点绿洲西进,翻越帕米尔高原的两条绿洲路[7]。"隋之三道"最终都通达波斯、东罗马,其间经过中亚的阿姆河、锡尔河流域诸国。这些记录极大地帮助了国家决策,而草原路的提出,增加了一种新的选择。此外,隋炀帝又命常骏等出使马来半岛一带的赤土、致罗刹,开通了由南海郡(即今广州)出发的海路。南海路"昼夜二旬,每值便风",利用季节风力远航,常骏等人曾精心记录了所至地的国事风情[8]。

开通西域并非易事,人为之患以外,还有恶劣的地理和气候等因素造成的困难。大业五年(609)隋炀帝以君王的身份亲自巡幸河右,途经祁连山腹地,"经大斗拔谷,山路隘险,鱼贯而出。风霰晦冥,与从官相失,士卒冻死者太半"[9]。但这次往返历时半年的西巡终于迎来了史无前例的收获:"次燕支山,高昌王、伊吾设等,及西蕃胡二十七国,谒于道左。皆令佩金玉、披锦罽,焚香奏乐,歌舞谊谍。复令武威、张掖士女盛饰纵观,骑马填咽,周亘数十里,以示中国之盛。"[10]紧接着诸番酋长又会集洛阳进行交易,"相率而来朝者三十余国",隋炀帝命整饰店肆,陈设帏帐,布列珍货,大设鱼龙曼筵之乐,会见西方宾客。交易盛会昼夜不歇,灯火辉煌,终月而罢[11]。

隋末战乱,丝绸之路一度受到阻碍,唐朝初年平定北方诸民族后,宫中设宴庆祝,突厥颉利可汗起舞,南蛮酋长冯智戴咏诗,太上皇李渊高兴地称赞是"胡越一家,自古未有也"[12]。太宗李世民对来自中亚安国的使者说:"西突厥已降,商旅可行矣!"丝绸之路的再度勃兴,体现在行政建制上,唐代在河西走廊设凉、甘、肃、瓜、沙五州,又于天山南北置安西、北庭都护府。北庭都护府辖亭州、轮台、伊吾、张堡守捉、弓月城等。安西都护府兼统龟兹、于阗、疏勒、碎叶四镇。安西、北庭都护府的建立,不光使"隋之三道"的动脉主线西移,又形成众多的支线。唐代安西四镇的四起四落,也正是唐代为通畅丝绸之路所付出的代价[13]。

太宗时文成公主入藏,与吐蕃结盟,使丝绸之路向西南延伸。王玄策等从长安出发经甘肃、青海进入西藏,再由拉萨过尼泊尔到印度,打通并缩短了与印度之间的吐蕃尼婆罗道[14]。唐代后期东部沿海的扬州城兴起,南海路更加繁荣。到贞元时期,宰相贾耽考方域道里之数时记录:"从边州入四夷,通译于鸿胪者,莫不毕纪。其入四夷之路与关戍走集最要者七:一曰营州入安东道,二曰登州海行入高丽渤海道,三曰夏州塞外通大同云中道,四曰中受降城入回鹘道,五曰安西入西域道,六曰安南通天竺道,七曰广州通海夷道。"[15]东西交通路线犹如一个巨大的网络铺撒在欧亚版图上,成为世界文化交流的"运河"(图2-1)。

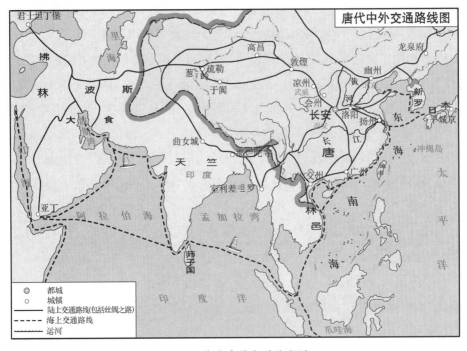

图 2-1　唐代中外交通路线图

　　"伊吾之右,波斯以东,职贡不绝,商旅相继"[16]的局面形成后,丝绸大量输往许多国家,外来物品也纷纷涌入。丝绸在隋唐王朝内部是赋税的来源,《新唐书·地理志》载有二十八个州郡贡绢,仅亳州每年常贡绢高达1500匹。《旧唐书·食货志》载开元年间庸调岁入绢达740万匹,绵180余万屯,布35万余端,诚所谓"缯帛积如山,丝絮似云屯"。但即便如此,外销还是供不应求。唐初曾赠帛3000段于东突厥,又以彩缎巨万赠西突厥,目的在于稳定边疆形势,丝绸被用为政治外交中的礼物。丝绸向外输出中,"绢马贸易"是大宗的交换。"马者,兵之用也","出师之要,全资马力"[17],渴望由健壮剽悍的军马组成强大骑兵是历代王朝引进需要良马的原因。西域诸国渴望得到丝绸,而中原需要良马,进行交换自然就能使"彼此丰足,皆有便宜"[18]。频繁的绢马贸易,形成了常规的互市和绢与马的比价,8 世纪后半叶"以马一匹易绢四十匹",唐朝直接用于"赐回纥马价"的绢每次常常是五万匹、七万匹,甚至二十几万匹。骏马与丝绸的巨额交换满足了西方贵族的奢侈,也带来了东方马政的兴旺。唐初"得隋马三千于赤岸泽,徙之陇右"[19]。高宗时期"马至七十万六千匹,置八使以董之,设八监以掌之,跨陇右、金城、平凉、天水四郡之地,幅员千里,犹为狭隘,更拓八监于河西丰旷之野,乃能容之"[20]。唐玄宗亲理马政之后,又由二十四万匹,很快增至四十三万匹[21]。宁夏固原发现的"昭武九姓"人墓地[22],说明唐朝还以善养马匹的粟特人担任马政官。"秦、汉以来,唐马最盛",极大地改善了军队的装备,如临洮军有兵一万五千人,配有八千四百匹马,平均不到两人就有一匹。马在唐朝的特殊地位,直接影响到政治,如果掌握对马匹的管理,便是抓住了兵权,唐玄宗在唐隆政变后,当上皇帝前,便亲自兼知内外闲厩一职,即位后则让家奴出身的心腹王毛仲检校内外闲厩兼知监牧使,足见对马匹管理的重视。保存至今的精美的雕刻"昭陵六骏"和隋唐墓葬中出土的大量骏马塑像,成为极具特色的文物,也反映出马在军事战争、中西交通和礼仪制度上的重要地位。

与骏马相比,出土文物中常见的骆驼与丝绸之路的关系更为密切。骆驼可忍耐高温,抗拒严寒,又能多日不饮不食,负重千斤行走,拥有"沙漠之舟"的美称。隋唐墓葬中的骆驼塑像刻画得真实生动,常常背负着一捆捆的丝绸,附挂着水壶,以及野雉、兔子等给养,刀箭之类的防护武器等。对隋唐人来说,骆驼能在荒凉的戈壁沙漠走过令人望而生畏的道路无疑是奇迹,这些塑像正是讴歌对外开拓的精神。出土文物中还能见到属阿拉伯种的单峰骆驼,表明了丝绸之路的遥远延伸。时常和骆驼配套出土的还有"胡人"俑,与杜甫"胡儿制骆驼"的诗句正相吻合(图 2-2)。大批头戴圆顶、翻沿和尖顶帽,身着圆领或翻领窄袖袍,"深目高鼻""虬发髯须"的胡人,形象并不相同,无疑分别来自不同的国家。"胡人"一词在隋唐文献中出现频率很高,不一定意味着对其他民族的贬义,从考古发现的雕塑、绘画中,可以明显地看出赞美的倾向。

骏马、骆驼和胡人作为一组密不可分的遗物在隋唐时代突然盛行,正如张

图2-2　唐代胡人牵骆驼俑

籍《凉州词》所说的"无数驼铃遥过碛,应驮白练到安西",是丝绸之路商贸繁荣的物证。它们出现在墓葬随葬品中,更表明其与现实生活的联系。丧葬是高于普通的行为规范、道德准则的礼仪制度,要模拟现实生活。在西北、中原乃至长江流域,墓葬中普遍出现骏马、骆驼和胡人等塑像,反映出朝野上下共同的崇尚。如果将汉代墓葬中随葬品的组合与隋唐时期进行对比,频频出现胡人、骏马和骆驼这一巨大变化,并非仅仅是丧葬礼仪和风俗的改变,而是丝绸之路兴盛的具体体现,因此隋唐以前不多见,宋代几乎绝迹。

　　主动接受外来文化是隋唐时代特有的态度。唐初的高僧玄奘是东西文化交流中里程碑式的人物。尽管从佛教传入到唐朝已经经过了几个世纪,卫护佛教的北魏在大同、敦煌、龙门大肆开窟造像,都城洛阳等地的寺院也在激增,还发生过北魏皇室特派宋云西行取经的事情,但唐朝流行的佛教经典仍然杂乱无章。玄奘深感于此,下决心得到佛教的真谛,再赴天竺求取真经。这一大胆的西行计划,最初并未得到朝廷的支持,玄奘于公元629年从长安出发时,由于政府"禁约百姓不许出蕃",他西行过武威后只能"昼伏夜行",以致在玉门关外到伊吾之间的戈壁滩上迷失道路,饮水又失手覆没,险些丧失了性命[23]。弘扬佛法激发出的顽强毅力使他克服了重重困难,终于途经天山进入中亚,又南进至今阿富汗东北、巴基斯坦北部、印度半岛。他在印度佛教最高学府那烂陀寺学习,后来在印度从事讲学和著述,获得很高声誉。公元643年玄奘携带大量佛学经典沿丝绸之路南线返回长安,行程两万五千多公里,完成了西天取经的壮举。

玄奘西行自觉承担了沟通往来、传播文化的使命。途经高昌时,高昌厚赠的礼物中有绫绢500匹,托送西域二十四国大绫24匹,送突厥叶护可汗绫绢500匹。到了素叶城,叶护可汗又送他绢50匹,绯绫法服一袭[24]。作为苦行僧人,这些财物无非是帮助他打通关节,交往诸国而完成旅行的费用,而所有物品的送往也传播了各地的信息和文化。玄奘还将沿途所见所闻作了记录,完成了《大唐西域记》一书,以自己步量出来的里程记录了他游历的国家,表现出严谨的科学性和准确性。今天的考古学家根据这些记载,已找到和发掘出几十座古遗址。玄奘对山脉河流、民族历史和物产风俗等的优美描述,也将许多陌生的文化介绍到唐朝。玄奘归唐后,皇帝为他专门设立了翻译场,诏令他在新落成的慈恩寺担任主持,修建了大雁塔保存他从印度带回的佛经。玄奘等人又以惊人的毅力完成了翻译1331卷印度佛经的浩大工程,使得今天在印度绝大部分已失传的佛经,却可在中国找到译本。玄奘之外,还有许多曾往返于丝绸之路上的人。8世纪中叶中亚怛罗斯之战被俘的唐朝人杜环,先后在石国、康国、末禄国、苦国、拂菻、勃萨罗国等流寓十年,归国后著《经行记》详细记录所见所闻[25],极大地增进了唐朝对外部世界的了解。

海上丝绸之路的畅通也在隋唐时期进入新的阶段。隋炀帝统治期间奇迹般完成的两件大事中,除了西巡活动,另一个就是南北大运河的开凿。隋炀帝下江南,看中了长江入海之冲独特的地理环境,于是调集百万人开通济渠,连洛、黄、汴、泗诸水通淮河,又征发十万人在东吴邗沟故道上凿山阳渎引淮水入长江,使水系交通连接了大陆南北,从长安附近可沿黄河下达开封,又能至钱塘江口的杭州,再从浙江、福建的海岸南下广东。疏通大陆内部交通的同时,隋炀帝在江北运河的终点即江南运河的起点建造了江都宫,从此拉开了扬州城兴起的序幕。唐代在扬州置大都督府,围筑城墙,增修了一个更大的罗城,山阳渎水系穿城而过,东南城外也有运河。便利的交通使扬州作为商业性的城市迅速崛起,并很快因富庶而成为号称"扬一益二"的天下名城,它面对出海口,连接了东西陆路的丝绸之路,以运河为枢纽,沟通了南北往来,并以此为中心辐射四方,成为国际交往的门户。考古发现的唐代扬州的建筑遗迹、河道、手工业作坊等展示了当时的繁荣,而出土的许多遗物并不产自当地,例如长沙窑的瓷器甚至比湖南当地出土的还精美,显然是为了外销运到这里;伊斯兰釉陶器和玻璃器则是中亚、西亚人在扬州从事商业活动所遗留的物品。《旧唐书・田神功传》载,因刘展反叛,邓景山引田神功至扬州助讨,"商胡波斯被杀者数千人"[26],足见有不少外国商人长期居住于扬州。

海上通商是突破陆地交通的尝试,唐朝通过海洋建立了与外部世界更广泛的联系,从广州出发到波斯湾、红海等地的航线已经开通,广州港中外商船云集,成为世界循环交通的一环。唐代开始设立专门管理海外贸易的专职官员"市舶使"。岭南市舶使首设于广州,职责是"诸蕃舶至,尽有其税"[27]。唐玄宗时"周庆立为安南市舶使,与波斯僧广造奇巧,将以进内"[28],说明市舶使与外国人之间有密切的联系。乾元元年(758),一些大食人和波斯人驱逐了广州都督,抢劫商店并焚烧房屋。乾符六年(879),黄巢对广州外国商人进行了大屠杀。这两起事件,也间接表明了广州是外国人口众多的国际性港口城市。在另一个唐代新兴的港口城市泉州,至今还留下了伊斯兰人的墓地。

隋唐对外交往不是单方面的选择,波斯、东罗马等也同样抱有打通丝绸之路的理想,甚至为了争夺对丝绸买卖的控制权,公元571年至591年还爆发了东罗马与波斯之间长达二十年的"丝绸战争"。后来在中亚发生的唐朝与大食的怛罗斯战役,产生的一个对西方文明有重大影响的结果,就是将造纸术传到了西方。中亚、西亚和非洲还出土了隋唐铜镜、钱币和瓷器[29]。长沙窑产品中那些模印贴花西域骑士、卷发女郎、大胡子男子,甚至用阿拉伯文书写题记的器物,明显是为迎合异国情调而专门设计生产的外销产品[30]。隋唐时代除各种产品输出之外,城市的建制布局也影响到中亚地区。玄奘于贞观二年(公元628年)经怛罗斯,记述"南行十余里有小孤城,三百余户,本中国人也,昔为突厥所掠,后遂鸠集同国,共保此城……言辞仪范,犹存本国"[31]。此城居民均为中国人,城市建制布局亦同于中原城市。另外碎叶城"四面十二门,为屈曲隐出伏没之状"[32],"西域胡纵观,莫测其方略"[33]。"屈曲隐出伏没之状"指的是瓮城设置,可知该城布置与西域传统城市不同。自楚河流域向西以迄阿姆河下游,多有8世纪以前的类似的方形古城址被发现。

　　隋唐时期外来物品也很多,考古发现的遗物中就有金银、玻璃、织物等[34]。波斯萨珊银币、东罗马金币、阿拉伯金币在新疆、宁夏、陕西、山西、河北、湖北、广东等地都有出土(图2-3)。外国货币曾在新疆等地流通,敦煌、吐鲁番出土文书中还记录着这类金、银钱与中国铜钱的换算关系。西安隋李静训墓中的玻璃器、项链、金银器来自中亚和西亚。西安何家村发现的塞满两个大陶瓮的一千多件文物中,夹杂着中亚粟特的金银带把杯、西亚兽首玛瑙角杯(彩图3)、萨珊凸圈纹玻璃杯等。陕西扶风法门寺出土一批有伊斯兰贴花、刻纹、彩釉的玻璃。内蒙古李家营子出土了中亚粟特商旅随身携带的带把壶、带把杯、盘、长杯和勺等一组银餐具。波斯萨珊式的银多曲长杯和流行于拜占庭地区的银高足杯也传到了中国[35]。陕西临潼庆山寺塔基中出土的凤头人面铜壶上的人面是印度人的形象[36]。外来物品不光满足了贵族的奢侈需求,也引起了仿制的兴趣。模仿侧重于外形特征,淡化实用功能,完全是出于对新奇的外来文化的崇尚。直接借鉴外来造型的"胡瓶",则成为唐代相当流行的器物。通过模仿在工艺技术和审美情趣方面获得的启示,引发出创新的热情,最终使唐代手工业制品风格发生了改变。唐人通过外来物品了解到异域文化的同时,也刺激了自身对未知事物的渴求,从而影响到社会多层面的生活。陕西

图2-3　波斯萨珊银币、东罗马金币、阿拉伯金币

富平县唐代房陵大长公主墓壁画[37]，绘有 7 位侍女手持带把壶、高足杯、多曲长杯等各种外来器物，侍奉贵族进食的场景，其中手持高足杯的侍女连用手指掐住杯足那种不自然的执物方式也模仿着异邦情调，这是商品输入、文化碰撞后引起的生活方式的变化。在与外部文化接触的过程中，隋唐文化自身得到了极大的补充和发展。

第二节　长安与敦煌：东西文化的交汇点

"万国衣冠拜冕旒"　和睦相处的各种宗教　长安的"胡化之风"　"华戎所交一都会"　凝固的艺术

　　隋唐首都长安，是一座拥有近百万人口的东方世界最大的都会，许多国家的使节、学者、商人、僧侣聚集在这里，使长安成为各种文化展示和融合的舞台，也孕育着自身社会的变革。

　　由于"非我族类，其心必异"的政治观念淡薄和少有排外心理[38]，接踵而来的外国使者受到唐朝的特别优待，武则天证圣元年（695）曾诏令"蕃国使入朝，其粮料各分等第给，南天竺、北天竺、波斯、大食等国使，宜给六个月粮"[39]。长期居住在长安的少数民族和外国人达万家以上，许多人广置田宅，生儿育女，有的还被唐朝授予官职。这种情况使得各种文化能够顺利融入。由于唐朝的稳定和强大，当波斯被大食吞灭时，波斯王选择投奔唐朝，在长安度过自己的晚年。考古发现的唐章怀太子李贤墓有两幅《客使图》壁画，每幅都有服饰相同、举止稳重的三个迎接外国来宾的鸿胪寺外交官，另外还有着装各异、面目奇特的东罗马、高丽、靺鞨、高昌、吐蕃、大食等地的客使（图 2-4）。从朝廷接待外国使者的大明宫麟德殿基址看来，整齐的柱础和宽阔的开间，体现出当年的庄严豪华，这里曾宴请过 70 多个国家和地区的宾客。"九天阊阖开宫殿，万国衣冠拜冕旒"[40]，正是对雄伟建筑的赞美和开放精神的歌颂。

　　贞观三年（629），户部统计"中国人自塞外归及四夷前后降附者，男女一百二十余万口"[41]。唐朝最初只是禁止胡人娶汉人为妾，对涉外婚姻并不干涉，

图2-4　陕西乾县唐代章怀太子墓壁画《客使图》

8世纪中叶陇右沦陷,来自西域的朝贡使者等归路断绝,皆由鸿胪寺礼宾院供养财物。贞元三年(787)时,"胡客留长安久者,或四十余年,皆有妻子,买田宅,举质取利,安居不欲归"。朝廷劝其归国,如果不愿意可授予职位为唐臣,然而"胡客无一人愿归者"[42]。

外国人多居住在长安城的东北部,他们按照自己的信仰建立起寺院,武德初年波斯祆教就在长安布政坊立有祆祠,此后在崇化坊、醴泉坊、普宁坊等陆续增建[43]。祆教受到政府的保护,专设"萨宝"一官主持管理。普宁坊附近出土的咸通十五年(874)波斯人苏谅妻马氏墓志,用汉文、中古波斯文合璧刻写[44],表明直到晚唐时仍有懂得中古波斯文的人,也是目前所知这种文字传布的最东地点。

波斯的摩尼教、大秦的景教等也在长安扎了根,不同宗教和睦相处、互不冲突的现象,在世界史上罕见。摩尼教源于波斯盛于中亚,武则天时侍法者密乌拂多诞持摩尼教的经典《二宗经》来到长安,唐玄宗时又有置法堂供奉摩尼教法师大慕阇的事情。摩尼教传入回鹘,由于回鹘人帮助唐朝平定安史之乱有功,因此大历年间回鹘奏请在长安正式建立寺院得到允许。景教是基督教的一个派别,通过波斯人传到中国,唐太宗下诏准其建寺传教,在朝廷的资助下于义宁坊建立大秦寺,公元781年镌刻的《大秦景教流行中国碑》,详载了景教得到唐太宗非同寻常的对待和传入中国的过程。高宗时准"于各州各置景寺",造成了"寺满百城"的局面。

佛教禁开杀戒的思想以及接受世间的痛苦可得到来世欢乐的主张易于被人们接受,因此在隋唐时代更为普及、兴盛。隋文帝在移进刚刚建成的都城时,制作了佛教寺院额匾一百二十枚于朝堂,诏令"有能修造,便任取之"。又建立五座佛经译场,邀请印度人为译主[45]。长安城内每个坊都设置一至两个寺观,最多有八座。保存至今的西安大雁塔和小雁塔,就是晋昌坊内的慈恩寺塔和开化坊南部的荐福寺塔。延康坊内的西明寺和新昌坊青龙寺,部分遗址被考古发现揭示出来,出土的佛像、石刻、经幢和壁画残片等,都直观地表明了当时佛教的兴盛[46]。

容忍和接纳各种宗教、思想意识上放松控制,是隋唐政治上的远见,偶尔出现的禁教令,常常源于寺院所聚财富过多影响到国家经济,属于短暂和有节制的行为,很少是以彻底根除为目的。各种宗教的相互调和,给以名教治国的传统社会输入了新的思想。

在多元文化的氛围下,长安出现了"胡化之风"。来自中亚的粟特家族的何稠以"技巧"著称,而且"博览古图,多识旧物",不仅成功地仿制出波斯锦袍、绿色琉璃等,还帮助隋炀帝改创了国家的章服文物制度使之流传于后世[47]。长安城大明宫北发现的北周粟特人安伽墓,出土了罕见石刻彩画,人物形象、服装特征、器皿及花鸟都带有极为强烈的中亚风格,甚至出现祆教祭祀的场景。长安以外的山西太原隋代虞弘夫妇合葬墓,男墓主人虞弘一度"检校萨宝府",出使过波斯、吐谷浑和安息、月支等国。墓中出土的汉白玉石椁,也雕绘着祆教祭祀的场面,还有许多深目高鼻的人骑马、骑象、骑骆驼与狮子等激烈搏杀的图像,完全是波斯与中亚诸国流行的题材。粟特人墓葬成批的发现,还有固原墓地和宁夏盐池墓地[48]。粟特人将自身的文化直接带到隋唐,考古发现的艺术图像如带绶鸟、"胡腾舞"等便是容纳吸收外来文化后演变创新的内容。

中亚、西亚人来到长安也带来了他们的生活习俗。突厥可汗颉利被安置在太仆寺内，"颉利不寤处，常设穹庐廷中"[49]，在皇城内架起了毡帐。这一习俗引起人们的效法，太子李承乾也在宫城里支毡帐居住，而且说突厥语，穿突厥服[50]。这一潮流影响到了各个阶层，就连中唐时反对胡化、大声疾呼"愿求牙旷正华音，不令夷夏相交侵"（《新乐府·法曲歌》）的大诗人白居易也喜欢在庭院中住毡帐，并写了大量毡帐诗[51]。外来习俗已经渗透到行为举止有严格礼仪制度约束的太子和官员的生活之中。朝廷和民间为接待跋涉而来的"胡客"还兴建了不少邸店，西域的胡人也在长安开设酒店，以能歌善舞的"胡姬"招徕顾客。胡姬酒肆把异域文化普及到了市井酒楼，李白"胡姬招素手，延客醉金樽"（《送裴十八图南归嵩山》其一）的诗句便是形象的描述。

逐渐引入的西域音乐、舞蹈、绘画，给传统文化注入了清新的气息，朝廷也主动加以吸收。武德七年（624）唐高祖命令修订雅乐，"以陈、梁旧乐杂用吴、楚之音，周、齐旧乐多涉胡戎之伎，于是斟酌南北，考以古音，作大唐雅乐"[52]。但到了太宗时以求新纳异的态度，广泛吸收了各民族和外国艺术的精华，增订完成了十部乐，分为燕乐、清乐、西凉乐、天竺乐、高丽乐、龟兹乐、安国乐、疏勒乐、康国乐、高昌乐。这些乐舞融合了域外音乐和乐器，在长安有着压倒传统乐舞的优势，正如元稹《法曲》诗中所说"女为胡妇学胡妆，伎进胡音务胡乐"，"胡音胡骑与胡妆，五十年来竞纷泊"。以快速、热烈、刚健为特色的中亚胡旋舞，唐前期十分流行，至今仍能在敦煌壁画雕刻中看到（图2-5）。"禄山胡旋迷君眼"，"贵妃胡旋迷君心"的诗句是对战乱的反思，也透露出这种舞蹈在当年的风靡。中亚曹国的曹保、曹善才、曹刚一家以善弹琵琶著名，安国的安万善以吹奏筚篥闻名[53]。中国古代乐舞大多带有"功成作乐"的性质，与礼仪制度有关，以外来乐舞为参照完成的更新改造，不仅满足了人们追求精神享乐的渴望，也标志着不同文化的融合，是礼仪制度层面对外来文化的吸收。

表现人体自然美的艺术，可远溯至古希腊、罗马，借丝绸之路的畅通，一批西域画家将之东传。北齐时从中亚移居而来的曹仲达，画人物"其体稠叠，衣服紧窄"，像水湿过似地贴在身上，后世有"曹衣出水"之说。隋唐时这种艺术风格被广泛接受，至今保存在石刻、壁画、陶俑中。中亚人康萨陀善画的"异兽奇禽"，也在唐代文物中屡见不鲜。胡瓶、胡床、胡饼、胡麻、胡椒等用具和食品也为人们所习用。

图 2-5 甘肃敦煌莫高窟 220 窟唐代壁画胡旋舞线摹图

如果说长安是文化整体变革的中心,地处西北的敦煌便是国际文化进入的大门。"劝君更进一杯酒,西出阳关无故人",说出了唐人心中把坐落在敦煌西南的"阳关"看成是一个文化分界。从地理上看,天山东部像一座半岛,遥遥相望的敦煌犹如一座灯塔,为"日款于塞下"的"商胡贩客"领航、指路。从汉代元鼎六年(公元前 111 年)置敦煌郡[54],到东汉时期设西域都护,敦煌逐渐聚集了大批西域人和汉人,成为"华戎所交一都会也"[55]。魏嘉平中(249—253)皇甫隆任敦煌太守,"教作耧犁,又教衍溉,岁终率计,其所省庸力过半,得谷加五"[56],农耕技术的改进使产量增长了一倍。前秦建元十二年(376)灭前凉,"徙江汉之人万余户于敦煌,中州之人有田畴不开辟者,亦徙七千余户"[57],395 年"武威、张掖已东人西奔敦煌、晋昌者数千户"[58],400 年,李暠称凉王建制于敦煌,这里第一次成为割据西北的政权的统治中心。如今敦煌县城东面的戈壁上,分布着数以千计的魏晋十六国墓葬,显示着当时人口的稠密。隋代裴矩在其《西域图记序》中提到通西域的三条道路后说:"总凑敦煌,是其咽喉之地"[59],真实地反映了敦煌地理位置的重要。

唐代敦煌的变化更为深刻,由兵家必争的道路咽喉过渡到军事、文化并重的城镇,成为来往的商贾和各国使节休整、接受政令发放、贸易拍板成交的重要地点,在丝绸之路上的作用已不亚于国都。唐朝规定外国商人要交纳商税,却不必承担政府的义务,极大的优惠和自由,使许多人不思家园,定居创业,成了唐朝的编户齐民。敦煌西部的高昌县崇化乡户籍共载四十七户人家,属于中亚昭武九姓的胡人康姓十一户、安姓六户、曹姓四户、何姓二户、石姓二户,其他胡姓如白氏、竹(竺)氏还有四户,都得到了政府分给的田地。移民聚落带动着各民族的迁徙,民族杂处也将各种文化进行了初步的整合,然后向东传播。从甘肃武威城东出土的唐康阿达墓志、宁夏固原发现的粟特人墓地,东到洛阳发现的安菩墓,龙门石窟所见香行经营者安僧道、史立策、康惠澄等刻铭,都是中亚人逐步迁徙所遗留的痕迹。

敦煌不仅是发号施令的行政中心、国际贸易市场,也是佛门圣地。早在西晋时,敦煌就出现了法护和弟子法乘两名高僧,法乘"西到敦煌,立寺延学,忘身为道,诲而不倦。使夫豺狼革心,戎狄知礼,大化西行,乘之力也。后终于所住"[60]。他们不仅普及佛法,还积极传播中原文化。公元 366 年,四处云游的乐尊和尚,在敦煌三危山对面的鸣沙山上开凿了第一个石窟后,引发了僧侣佛徒们的向往和参拜,此后陆陆续续开凿了大量窟龛,至今仍可见到 492 个。著名的藏经洞中发现包括西域各种文字的写经、文书和文物四万多件,更证明了这里是文化荟萃之地。

更为精彩的是莫高窟保存至今的精美塑像和壁画,大大小小的窟内有彩塑两千余躯,壁画四万五千多平方米,这些精美的艺术品将敦煌装点得像一个闪烁着夺目光芒的文化宝库。窟中的塑像有的"其体稠叠,衣服紧窄",表现出西域人物造型的影响,中亚、西亚风格的莲花、联珠也大量出现在壁画的边饰、彩塑的服饰上。东西文化的交流还直接体现在一些壁画题材中,隋代的 420 窟的《商旅行进图》,描绘着满载货物的大群驼、驴跋涉于荒山大漠中,一头骆驼翻滚下山而死,人们拾起货物装到另一头骆驼上,重新赶路。丝绸之路上人为的凶险在敦煌壁画中也有体现,盛唐时期的 45 窟,有一幅带题名的胡商遇盗图,表现一群深目高鼻、虬髯卷发的外国商人遭到了强盗的洗劫(彩图 4)。壁画和塑像反映出不同文明在碰撞中悄悄地改变着,融合西方艺术创造出崭新的东方美的形象,暗示着人类共同的美、共同的人性经过潜移默化的整合后以艺术的形式再现出来。

第三节　华夏文明的东传

汉字文化圈的形成　文明的东传　文字与教育　政治与典章制度　儒学与道教　生活方式与艺术

经由魏晋南北朝民族大融合与文化的碰撞，中华文明展现出丰富多彩的雄姿。隋唐统一之后，汇聚南北内外多种文化，融合创新，成为光芒四射的世界文化中心。周边各国以中华文明为榜样，向隋唐派遣使者和留学生，积极学习并吸收中华文明的成果。中华典章制度、思想文学、生活方式和文化的观念形态深刻渗入日本、朝鲜和越南，最终以中华文明为基础、以汉字为表征形成了东亚文化圈。"由于历史的和地理的条件，汉字伴随着汉文化东传朝鲜、日本，南被越南，形成'汉字文化圈'。"[61]该文化圈又因汉字所承载的中华文明，而时或被称为"中国文化圈"。其主要标志是汉字文化、儒教、律令制和佛教。

中华文明与周边地区的交流由来已久。根据考古资料，朝鲜半岛北部各地大量出土了中国战国时期燕国的货币，多者一次出土达千余枚，表明公元前4世纪到公元前3世纪，燕国与朝鲜地区在经济上已经有了联系。其后，中原与周边各国交流更加频繁，至南北朝时期形成中国与周边国家的册封体制[62]。

隋唐是中华对外交流的高潮时期，这一时期的对外交流在深度和广度上远远超过了前代。

7世纪中叶，百济派遣贵族子弟入唐，进入国学直接吸收汉文化。837年，新罗在唐的留学生达216人。与此相应，公元607年，日本推古女皇和圣德太子派小野妹子等出使隋朝。小野妹子回国时，隋炀帝派裴世清陪送到日本，日本"设仪仗、鸣鼓角来迎"，揭开了中日交往的新篇章。此后日本频繁遣使来华。遣隋使两次，遣唐使十九次，实际成行十五次。从日本舒明天皇二年（630）到宇多天皇宽平六年（894）之间是中日文化交流的黄金期。遣唐使每次来华，都送来100至250名留学生和留学僧，有时多达500人。如日本留学生阿倍仲麻吕,以天资聪慧和勤奋好学通过了科举考试。他留唐后改名晁衡,官至三品的卫尉卿、秘书监。当他返回日本时,遇风浪船毁,在长安误传他已遇难。他的好友李白在悲痛之余曾写下了脍炙人口的《哭晁衡卿》:"日本晁卿辞帝都,征帆一片绕蓬壶。明月不归沉碧海,白云愁色满苍梧。"另一位来唐留学 17 年的吉备真备,回国后官拜宰相,在各个领域进行大刀阔斧的改革,有力地推动了日本社会的进步。来唐的留学生和留学僧们收集、携回大量汉文典籍,范围涉及政治、经济、文学、天文、历法、音乐、医药、技术、佛典,为奈良文化和平安文化的发展提供了有益的借鉴。另外,鉴真东渡日本以后,对日本诸多文化领域产生了一定的影响。

新罗在部落联盟后期,已在一定程度上掌握了汉字、汉文。百济曾用汉字来书写他们的史书——《留记》和《书记》。朝鲜古代碑刻表明,四五世纪之交,朝鲜半岛诸国已经熟练使用汉字。公元 545 年,新罗用汉文撰修自己的国史,汉文被确立为新罗的官方文字。公元 3 世纪到 5 世纪,汉字经过朝鲜地区逐渐传入日本,主要在贵族之间使用,并用来制作官方文书。公元 4 世纪中叶,学者王仁东渡日本,向宫廷皇族和贵族讲授《论语》,并在日本建立了五经博士等博士制度,同时将"五经"与诸子、史学等汉字书籍带到日本。日本的文物考古发现证实,在五六世纪,日本已经习得并熟练使用汉字。另外,鉴真及其弟子对日本语言文字的发展起了一定的影响。"鉴真师徒用汉语讲读经书,使汉语广泛地渗入日本的社会生活,促进了日本汉文学和音韵学的发展。"[63]与汉字文化传播相一致,形成了汉字文化圈共同的书法艺术,东亚各国的书法艺术达到了相当高的水平(图 2-6)。号称"王者之星"的日本嵯峨天皇和"骚坛正元帅"的越南黎圣宗,书法造诣极深;日本高僧空海被誉为"王羲之再世";新罗书法家金生被誉为"王羲之第二"。

华夏教育制度及教育观念对朝鲜和日本的影响至为深远。682 年,新罗建立了国立大学和比较完备的学制。其"学制皆仿中国的制度而来";而"高丽时代前期受唐学术文化、后期受宋学的影响"[64]。儒家教育经由百济传入日本,与汉字教育相辅相成。日本于大化革新后的 676 年,仿隋唐国子监之制设大学寮于京师,大兴高等教育。从东汉开始,越南兴办学校,并把儒家教育制度植入越南。

图 2-6　唐代鉴真夹纻像

　　另外,从政治制度交流的角度看,中华与东亚文化交流高潮时期的主要特征就是以宫廷礼仪、儒家礼俗为核心的信仰文化的东传和东亚各国对唐朝政治典章制度、法律制度的移植。武则天垂拱二年(686),新罗王金政明遣使来唐,求得唐礼一部并其他文章。公元788年仿唐科举制公布读书三品出身法,以儒家经典与汉学为主要考试科目,进行国家考试,以录用官吏。其标准是对汉文典籍的通晓程度和汉文的写作能力,以学问的高低和汉文熟练的程度来决定其官职。在日本,公元603年,圣德太子为建立一元化的中央集权体制进行国内改革,颁布"冠位十二阶"。其中所制定的冠位从高到低为:大德、小德、大仁、小仁、大礼、小礼、大信、小信、大义、小义、大智、小智。其中受中国儒家学说的影响是很明显的。604年颁布的"宪法十七条"中既反映出儒家的伦理取向,也兼收了佛教和老庄思想。其中指出:"君言臣承,上行下靡";"国无二君,民无两主,率土兆民,以王为主";"群卿百寮,以礼为本";"以和为贵";"使民以时"等等。公元646年,即日本大化元年,天皇颁布"改新"诏书,以隋唐中央集权的封建国家为蓝本,制定了一系列改革措施,此即"大化改新"。大化新政府成立以后,任命曾长期居留中国并熟知中国典章制度的高向玄理、僧旻为国博士,参与新政府的施政。日本政府相继于701年和718年分别制定了《大宝律令》和《养老律令》,最终形成了一整套维护中央集权的政治制度,并以法律的形式颁布。701年,日本《大宝律令》所设官制,大体上仿唐朝官制,称为"二官八省制"。在地方官制方面,也大体仿照唐制。唐设道、州和县三级,日本设国、郡和里三级。从645—718年,日本基本上完成了政治改革,通过吸取唐朝的律令制度,建立了古代天皇制国家。

儒学在公元1世纪前后传入朝鲜。在漫长的岁月里,孔庙、太学和典籍等儒家文化载体深深濡染着这个国度。唐玄宗曾称新罗为"君子国"。宋代理学发展以后,高丽思想界对此产生了高度的学术敏感。高丽仁宗曾问中土使臣:"龟山(杨时)先生今在何处?"[65]高丽末年,社会动荡。此时,安珦、白颐从理学繁荣的元朝引入朱子学。从李氏朝鲜(1392—1900)开国到其后的五百年间,朱子学处于独尊地位。李朝的上下君臣"尊朱"程度无以复加,并身体力行。全国孔庙林立,祭礼隆盛,典籍完备。在朝鲜儒学史上具有崇高地位的朱子学者退溪李滉(1501—1570)继承朱熹的理本论,对"理气一物"进行了富于思辨性的解释[66]。他以体用范畴来解决朱子学中死"理"驭活"气"的矛盾,突出了"理"的主宰作用。另外,李滉用"理气"论"性情",开李朝数百年"四端七情论辩"的先河。李珥(1536—1584)师承李滉,提出了自己独特的"理、气二元论"。朱子学在思想上巩固了李氏政权的统治。

儒家经典在公元三四世纪左右经朝鲜传入日本。汉字和儒学有力地推动了日本从奴隶制向更高级的社会形态转变。体现在圣德太子的"宪法十七条"和后来"大化改新"中的一系列律令中的儒家思想成为日本民族精神的一部分。从镰仓时代(1192—1334)开始,朱子学随中日禅僧的传教活动进入日本,并随禅学广泛传播。在学术领域,朱子学冲击了日本原有的儒家明经训诂之学,并取得优势地位。室町时代(1393—1575)后期,朱子学从禅学中独立出来。到江户时代(1603—1868),日本形成了众多研究朱子学的学派,如京都朱子学、海西朱子学、海南朱子学、大阪朱子学和水户学等,其中以藤原惺窝(1561—1619)开创的京都学派影响最大。惺窝学遵朱子,但并不排斥陆、王学说,并且主张神儒合一,认为"儒道"与"神道"是"名变而本一"。另外,他批判佛教,巩固了朱子理学的独立地位。然而,真正使朱子理学适应幕藩体制所需要的纲常与政治秩序、奠定朱学在江户时代二百六十年思想统治基础的是藤原惺窝的学生——林罗山（1583—1657）。在他的推动下，朱子学成为"官学"。德川幕府建立了将军、大名、武士之间依次的主从关系，并通过层层的土地和权力的分配来实施统治。林罗山的朱子学"处处充满着适应这种要求的思想体系"。他推动了宋儒所谓"名分论"在日本的传播。[67]朱子学虽然处于主流思想的地位，但由于朱熹思想的自身矛盾而产生的二元论倾向造成日本朱子学内部分化出若干对立的派别，如安东省庵、贝原益轩等的"理、气合一说"和山崎闇斋等的"理一元论"等。同样由于对朱学内部矛盾的怀疑和社会集团之间思想斗争的需要，许多朱子学者转向古学派和阳明学派等其他儒学派别。由山鹿素行（1622—1685）发起的古学派主张追本溯源，回到对古代孔孟之学的研究和尊奉，其理论受到中国宋代张载和明朝罗钦顺的影响。18世纪末期，德川幕府为维护朱子学的统治地位，发布"异学禁令"，古学等许多非朱子学派别在高压下逐渐衰落。

从公元前214年秦始皇在越南置象郡，到西汉武帝平南越（公元前111年），再到唐朝设安南督护府，一直到越南吴朝（939—965）建立之前，越南长期处于中国封建政权的直接控制之下。近一千年中，儒家思想文化深深影响越南的文化进程。在越南丁朝（968—980）、前黎朝（980—1009）、李朝（1010—1028）各代，佛教处于思想上的统治地位。由于宋朝理学正经历着曲折的发展，同时中国禅学尤其是南宗禅学在地缘上的影响，使佛教排挤了儒、道，成为越南的国教。在陈朝（1225—1400）和黎朝（1428—1788）之际的属明时期（1414—1427），中国明朝政府强迫越南改礼俗、正衣冠，依从明朝制度。随着《四书集注》《性理大全》等典籍的输入，程朱理学在越南的流布得到强化。这一切推动越南封建社会进入巅峰期——黎朝和阮朝（1802—1945）。两朝独尊儒术，理学名儒辈出。在黎朝，阮秉谦（1491—1585）受邵雍思想影响，糅合理学与道家学说，提出"安闲"的思想；黎贵惇（1726—1784）受朱熹影响，但在理气关系上，他认为理在气中，理因气而有。陈朝儒学空前繁荣，著名理学家有郑怀德、吴仁静、潘清简等。

道教东传是文化交流史上的另一件盛事。新罗末期，赴唐留学的崔致远等人把唐朝的内丹道教传入新罗，形成朝鲜内丹道教。高丽王朝时，朝鲜道教达于极盛期,高丽历代帝王的醮祭活动不绝。高丽之后的李朝是朝鲜道教史上道教与儒学尤其是与朱子学对抗的时代。儒、道间的冲突最终酿成李朝中宗皇帝与以赵光祖为首的儒臣之间矛盾的激化,即"己卯士祸"(1519)。"壬辰倭乱"(日本丰臣秀吉公元1592年侵朝)之后,李朝皇帝举行斋醮的场所"昭格署"毁于战火,至此,国家层次上的道教斋醮仪式基本绝迹,道教信仰的传播转向民间。

在日本历史上,虽然道教一直没有形成独立的宗教传承系统,但道教思想和仪轨对日本早期文化的形成和发展产生了重要影响,主要表现在神道思想、天皇崇拜、宫廷服制以及祭祀神器上。奈良时期,道教通过其占卜祭神和咒术传播到民间,并与日本固有的风俗融合起来。平安时代前期,大量道教典籍被留学生带回日本,其中包括《抱朴子》《老子化胡经》《太上老君玄元皇帝圣化记经》和《本际经》等。这一时期,道教在医学领域影响日本最多,同时,道教文化也广泛地反映在这时的文艺作品中。江户时代是道教文化在日本传播的又一个高潮。大量道教经典传入日本,道教作为一种学问被广泛研究。总之,"日本是在不自觉的心态中,接受了中国民间的、非系统的道教文化,并和合到以自己固有的神祇崇拜为核心的信仰体系及日常生活中,使道教的影响更多地在日本人的深层意识和社会习俗中留下痕迹,至今发挥着作用。"[68]

公元4世纪,佛教自中国传入朝鲜,从高丽、百济、新罗三国鼎立时期,中经新罗时期,迄至高丽国时代约千余年时间,佛教始终十分兴盛。中国禅宗各派传入朝鲜后,在新罗时代形成禅门九宗,成为朝鲜佛教的主流。新罗僧人道义来唐学南宗禅,居住37年后回国,被尊为国师。无染来华,先习《华严》,后参马祖法嗣如满和实彻,受传心印,回国后被奉为国师,受六代君王的优隆礼遇。其时多数学习禅法的僧人接受南宗禅。佛教于公元6世纪从中国经百济传入日本。唐代日本派遣僧人留学中国,佛教许多宗派传入日本,许多僧人也兼修禅学。在宋代,禅宗大规模传入日本。禅宗对日本武士道影响很大。在许多武士看来,修禅是武士磨炼精神意志的必备课程。许多日本禅僧兼修儒学,把儒学和中国许多艺术如书法等传到日本。另外,通过禅僧也传入了茶道。在南方,中国禅宗佛教从公元6世纪传入越南。由隋至宋,先后由南印度人灭喜(师事禅宗三祖僧璨)创建灭喜禅派,广东无言通禅师(师事百丈怀海)

创立无言通禅派,中国草堂禅师(师事云门宗雪窦重显)创立草堂禅派,越南陈仁宗创立竹林禅派。越南受中国佛教的影响很深,寺院和佛塔的建筑风格与中国一致,使用中文《大藏经》。

在制度、教育、思想学术与宗教信仰之外,华夏文明中的技术成就、实用知识、艺术创造乃至风俗习惯等丰富内容也影响了东亚各国的社会生活。

在城市规划、建筑和造像艺术方面,中国对朝鲜与日本的影响直接而深刻。新罗王都的规划,以宫城、月城为中心,采取纵横交错如棋盘状的方条制,有的地方还残存着里坊的围墙。这种整齐的建筑规划格局,与中国唐朝的长安相同。新罗时期遗存的一些石塔、砖塔、石灯、城郭建筑和王陵碑碣,大体都是根据唐代的规制建造的。新罗还广泛借鉴了中国的石窟艺术。建筑与雕塑等技术和艺术对日本的影响也十分突出。圣德太子曾用中国工匠来从事寺院建筑,并用中国画师装修寺庙。奈良和平安时代,尤其是佛教禅宗传入以后,日本的寺院建筑采用了中国式的对称布局。日本都城的整体规划也仿照隋唐的长安。公元708年兴建的都城平城京,即奈良,宫城位于北部正中,全城以朱雀大路为中轴线划分为左京和右京,与长安城设计完全一致。都城内的条坊制也与长安城的里坊相同,甚至坊内的十字街道区划也如出一辙。太极殿、朱雀大路和朱雀门等,直接采用了唐长安的名字。平城京的兴建是日本大规模输入唐文化的开始,也是日本古代建筑、雕塑、绘画、诗歌和音乐艺术繁荣的开始。日本僧人道慈在长安临摹西明寺建筑样式,并以此为蓝本于圣武天皇天平九年(737)在平城京内设计制造了大安寺。由唐高僧鉴真亲自设计并主持修建的唐招提寺,成为日本天平时代建筑艺术的代表作。同时,它也是该时代雕塑艺术的代表作。中国和日本在建筑技术上的交流历史悠久,所以在日本的建筑及居住民俗中能清楚地反映出中国文化的古老印记(图2-7)。

在器物方面,当时遣隋使、遣唐使、留学生、僧人带到日本的唐皇室宫廷和贵族赏赐、馈赠的珍品,包括了袈裟、书籍、乐器、武器、镜、屏风、花毡和药物等。在服装和饮食上,日本弘仁九年(818),曾经来唐学习的菅原清公奏请朝廷规定天下礼仪,男女衣服悉仿唐制,五位以上的位记都改汉式。在医药方面,鉴真到日本后,积极传播医药知识。在室町时代(1393—1575)以前,日本医界奉鉴真为祖师。中国与朝鲜方面的交流范围广泛。唐高宗曾经遣使邀请

图 2-7 　日本唐招提寺金堂

新罗工匠到唐朝,交流制造弓箭的技术。"828 年,新罗遣唐使大廉持茶种回国,兴德王命植于地理山(智异山)。新罗自善德女王时有茶,至是盛焉。"[69] 随着唐朝制度、典籍、器物等的输入,"为了表示奉行中国正朔,新罗一般每年均遣使来华贺正(庆贺元旦)"[70]。由于受中国影响,春节、清明节、端午节、七月七和中秋节等也一直是朝鲜地区的传统节日。在婚姻风俗方面,朝鲜也同汉族一样,要经过议婚、问名、纳吉、纳征、请期和亲迎,即"六礼"的全过程,并一直沿袭到现代。另外,中国丧葬风俗中的"五服"制度,也被传承至今。

隋唐以后,东亚汉文化圈并非中国一个国家所创造的文化,而是东亚国家,特别是东方的朝鲜、日本、越南等国家与中国共同创造的文化。一方面,它是一个文化大融合与借鉴的过程,包括吸收印度和其他西域文化的某些因素。另一方面,东亚各国之间形成了重要的文化互动。东亚各个民族和国家在接受华夏文明影响的同时,也根据本国的需要,有取有舍。"日本模仿盛唐制度,而不取道教;抄袭我国典章,而不用宦官;效法宋明社会礼俗,而不学缠足;殊不失为明智。"[71]比如,日本的漆艺、制刀,朝鲜的青瓷、丝绸制作,安南的陶瓷,都达到了相当高的技术水平。而华夏文明也从周边各国获得了新鲜的文化血液[72]。总之,在接受华夏汉文化的同时,东亚各国并未失去其文明的个性。可以说,汉文化的生命力是由汉字文化圈中的各个富有个性的文化单元来维系的。

注　释

〔1〕《隋书》卷八四《突厥传》载"往者魏道衰敝,祸难相寻,周、齐抗衡,分割诸夏。突厥之虏,俱通二国。周人东虑,恐齐好之深,齐氏西虞,惧周交之厚。……竭生民之力,供其来往,倾府库之财,弃于沙漠,华夏之地,实为劳扰。"中华书局,1973 年,第 1866 页。

〔2〕《隋书》卷八四《突厥传》,中华书局,1973 年,第 1884 页。

〔3〕《隋书》卷六七《裴矩传》,中华书局,1973 年,第 1580 页。

〔4〕《隋书》卷八三《高昌传》,中华书局,1973 年,第 1847 页。

〔5〕《资治通鉴》卷一八一,大业五年,中华书局,1982 年,第 5645 页。

〔6〕《隋书》卷六七《裴矩传》,中华书局,1973 年,第 1578 页。

〔7〕《隋书》卷六七《裴矩传》载:"发自敦煌,至于西海,凡为三道,各有襟带。北道从伊吾,经蒲类海铁勒部,突厥可汗庭,度北流河水,至拂菻国,达于西海。其中道从高昌,焉耆、龟兹、疏勒,度葱岭,又经钹汗,苏对沙那国、康国、曹国、何国、大、小安国、穆国,至波斯,达于西海。其南道从鄯善,于阗、朱俱波、喝槃陀,度葱岭,又经护密、吐火罗,挹怛、忛延、漕国,至北婆罗门,达于西海。"中华书局,1973 年,第 1579—1580 页。

〔8〕《旧唐书》卷四六《经籍志》载有常骏等撰《赤土国记》《真腊国事》,惜均不传。见中华书局,1975 年,第 2016 页。

〔9〕《隋书》卷三《炀帝杨广纪》,中华书局,1973 年,第 73 页。

〔10〕《隋书》卷六七《裴矩传》,中华书局,1973 年,第 1580 页。

〔11〕《隋书》卷八三《西域传》,中华书局,1973 年,第 1841 页。

〔12〕《资治通鉴》卷一九四,唐太宗贞观七年,中华书局,1982 年,第 6104 页。

〔13〕吴宗国:《唐高宗和武则天时期安西四镇的废置问题》,《丝路访古》,甘肃人民出版社,1982 年,第 164—177 页。

〔14〕冯承钧:《王玄策事辑》,《西域南海史地考证论著汇辑》,中华书局,1957 年,第 102—128 页。

〔15〕《新唐书》卷四三《地理志》,中华书局,1975 年,第 1146 页。

〔16〕《唐大诏令集》卷一三〇《讨高昌王麹文泰诏》,学林出版社,1992 年。

〔17〕《资治通鉴》卷二〇二,高宗仪凤三年,中华书局,1982 年,第 6388 页。

〔18〕《资治通鉴》卷二一二,玄宗开元九年,唐玄宗说:"曩昔国家与突厥和亲,华夷安逸,甲兵休息;国家买突厥羊马,突厥受国家缯帛,彼此丰给。"中华书局,1982 年,第 6744 页。

〔19〕《新唐书》卷五〇《兵志》,中华书局,1975 年,第 1337 页。

〔20〕《张说之文集》卷一二,《大唐开元三年陇右监校颂德碑》。《新唐书》卷五〇《兵志》:"八坊之马为四十八监,而马多地狭不能容,又析八监列布河西丰旷之野。"中华书局,1975 年,第 1337 页。

〔21〕《新唐书》卷五〇《兵志》:"马稍稍复,始二十四万,至十三年乃四十三万。"中华书局,1975 年,第 1338 页。《唐会要》卷七二有一个较详细的记录:"陇右群牧都使奏:臣差判官殿中侍御史张通儒,群牧副使平元(原)太守郑遵义(意)等,就群牧交点,总六十万五千六百三头(十)匹。口马三十二万五千七百九十二匹,内二十万八十匹骢;牛七万五千一百一十五头,内一百四十五头牦牛;驼五百六十三头;羊二十万四千一百三十四口;骡一头。"中华书局,1955 年,第 1303 页。

〔22〕罗丰:《固原南郊隋唐墓地》,文物出版社,1996 年。

〔23〕慧立:《大唐大慈恩寺三藏法师传》,《大慈恩寺三藏法师传》卷一,中华书局,2000 年。

〔24〕同上。

〔25〕《经行记》已不存,但杜佑《通典》征引一千七百余言。

〔26〕《旧唐书》卷一二四《田神功传》,中华书局,1975 年,第 3533 页。

〔27〕《新唐书》卷一七〇《王锷传》,中华书局,1975 年,第 5169 页。

〔28〕《旧唐书》卷八《玄宗纪上》,中华书局,1975 年,第 174 页。

〔29〕三上次男:《陶瓷之路》,文物出版社,1984 年。马文宽、孟凡人:《中国古瓷在非洲的发现》,紫禁城出版社,1987 年。

〔30〕朱江:《扬州出土的唐代阿拉伯文背水瓷壶》,《文物》1983 年 2 期,第 95 页。

〔31〕《大唐西域记》卷一,《大唐西域记校注》,季羡林等校,中华书局,1985 年,第 78 页。

〔32〕《新唐书》卷四三《地理志》,中华书局,1975 年,第 1134 页。

〔33〕《新唐书》卷一一一《王方翼传》,中华书局,1975 年,第 4135 页。

〔34〕徐苹芳:《考古学上所见中国境内的丝绸之路》,联合国教科文组织、中国社会科学院考古研究所《十世纪前的丝绸之路和东西文化交流》,新世界出版社,1996 年。

〔35〕齐东方、张静:《唐代金银器与西方文化的关系》,《考古学报》1994 年 2 期,第 173—190 页。

〔36〕葛承雍:《唐长安印度人之研究》,《唐研究》第六卷,北京大学出版社,2000 年,第 303—320 页。

〔37〕安峥地:《唐房陵大长公主墓清理简报》,《文博》1990 年 1 期,第 2—6 页。

〔38〕《资治通鉴》卷一九八,贞观二十一年五月:"自古皆贵中华,贱夷狄,朕独爱之如一,

故其种落皆依朕如父母",中华书局,1982 年,第 6247 页。

〔39〕《唐会要》卷一○○《杂录》,中华书局,1955 年,第 1798 页。

〔40〕王维:《和贾舍人早朝大明宫之作》,《全唐诗》卷一二八,第 1296 页,中华书局,1960 年。

〔41〕《资治通鉴》卷一九三,太宗贞观三年,中华书局,1982 年,第 6069 页。

〔42〕《资治通鉴》卷二三二,德宗贞元三年(787),中华书局,1982 年,第 7493 页。

〔43〕《两京新记》卷三,《两京新记辑校大业杂记辑校》,三秦出版社,2003 年。

〔44〕陕西省文物管理委员会:《西安发现晚唐祆教徒的汉、婆罗钵文合璧墓志》,《考古》1964 年 9 期,第 458—461。冯承钧:《唐代华化蕃胡考》,《西域南海史地考证论著汇辑》,中华书局,1957 年。

〔45〕王亚荣:《大兴城佛经翻译史要》,《中国佛学》2 卷 1 期,1999 年。

〔46〕中国社会科学院考古研究所西安唐城工作队:《唐长安西明寺遗址发掘简报》,《考古》1990 年 1 期,第 45—55 页。中国社会科学院考古研究所西安工作队:《唐青龙寺遗址发掘简报》,《考古》1974 年 5 期,第 322—327 页。

〔47〕《北史》卷九○《何稠传》,中华书局,1997 年,第 2985 页。《隋书》卷七五《何妥传》,中华书局,1973 年,第 1710 页。

〔48〕罗丰:《固原南郊隋唐墓地》,文物出版社,1996 年。宁夏回族自治区博物馆:《宁夏盐池唐墓发掘简报》,《文物》1988 年 9 期,第 43—56 页。

〔49〕《新唐书》卷二一五《突厥传》,中华书局,1975 年,第 6036 页。

〔50〕《资治通鉴》卷一九六,贞观十七年:"好效突厥语及其服饰,选左右貌类突厥者五人为一落,辫发羊裘而牧羊,作五狼头纛及幡旗,设穹庐,太子自处其中,敛羊而烹之,抽佩刀割肉相啖。又尝谓左右曰:'我试作可汗死,汝曹效其丧仪'。因僵卧于地,众悉号哭,跨马环走,临其身,剺面。良久,太子欻起,曰:'一朝有天下,当帅数万骑猎于金城西,然后解发为突厥,委身思摩,若当一设,不居人后矣。'"中华书局,1982 年,第 6189—6190 页。

〔51〕吴玉贵:《白居易"毡帐诗"所见唐代胡风》,《唐研究》第五卷,北京大学出版社,1999 年,第 401—420 页。

〔52〕《旧唐书》卷七九《祖孝孙传》,中华书局,1975 年,第 2710 页。

〔53〕向达:《唐代长安与西域文明》,河北教育出版社,2001 年,第 61 页。

〔54〕《汉书》卷六《武帝纪》"乃分武威、酒泉地置张掖、敦煌郡",中华书局,1962 年,第 189 页。

〔55〕《续汉书·地理志》梁刘昭注引《耆旧记》。

〔56〕　参见向达：《两关杂考》，《唐代长安与西域文明》，河北教育出版社，2001年，第365—383页。

〔57〕　《晋书》卷八七《凉武昭王李玄盛传》，中华书局，1974年，第2263页。

〔58〕　同上。

〔59〕　《隋书》卷六七《裴矩传》，中华书局，1973年，第1580页。

〔60〕　《高僧传》卷四《晋敦煌竺法乘传》，汤用彤校注，中华书局，1992年，第155页。

〔61〕　陈玉龙等：《汉文化论纲——兼述中朝中日中越文化交流》，北京大学出版社，1993年，第5页。

〔62〕　参阅堀敏一著、韩昇编：《隋唐帝国与东亚》，云南人民出版社，2002年，第2—5页。

〔63〕　参阅李威周等：《中日文化交流史话》，山东教育出版社，1988年。

〔64〕　柳承国：《韩国儒学史》第三章，傅济功译，台北：商务印书馆，1989年，第66、82页。

〔65〕　转引自杨晓塘主编：《程朱思想新论》，人民出版社，1999年，第63页。

〔66〕　参阅徐远和：《儒学与东方文化》，人民出版社，1994年，第187页；楼宇烈主编：《东方哲学概论》，北京大学出版社，1997年，第207页。

〔67〕　朱谦之：《日本的朱子学》，人民出版社，1994年，第191—192页。

〔68〕　朱七星主编：《中国·日本·朝鲜 传统哲学比较研究》，延边人民出版社，1995年，第125页。早期的道家道教对日本的影响范围广泛，包括政治制度的设计、天皇观念和信仰。从德川幕府时期至近代，道家和道教的影响主要体现在知识阶层中，并且成为知识阶层教养与思想的重要组成部分。

〔69〕　《朝鲜学论文集》第1辑，北京大学出版社，1992年，第30页。

〔70〕　同上书，第27页。

〔71〕　转引自陈玉龙等：《汉文化论纲》，北京大学出版社，1993年。

〔72〕　参阅卫道治主编《中外教育交流史》，湖南教育出版社，1999年，第18页。如朝鲜、日本对造纸工艺的改进以及印刷技术提高后反传到中原等。

第三章　经济的繁荣与经济重心的南移

隋朝结束了长期的政治分裂和战争动乱,社会经济迅速恢复发展,以至于短短二十几年,为炀帝提供了夸富四海的条件。然而隋祚短促,继之的唐朝却迎来了长期和平稳定的发展时代。唐代前期的经济繁荣是在空前统一的辽阔地域实现的,主要表现为数量的增加和种类的增多。在中国经济发展史上,唐代最主要的特点是实现了全国经济重心的南移。直到盛唐天宝年间,全国人口最多的七个郡,有六个都在北方。然而情况已经开始发生变化。中国南方的开发和经济比重的增加可以说至少从 4 世纪初永嘉南渡就开始了。当时北方五胡乱华,兵燹不绝,拥有发达文化和生产技术的中原民众大批南迁,改变了南方的居民构成,推动了地方开化和经济发展。隋代修大运河,主要还是为了加强刚刚统一起来的南北方政治沟通。到武则天移都洛阳,就明显有倚靠运河粮道、仰仗东南财赋的意图。开元年间的经济措施,从裴耀卿改革漕运到在东南诸道实行"回造纳布",无不表明南方在国家经济生活中地位的上升。安史之乱爆发,又一次造成了北方民众南移的浪潮。安史叛乱及其后的藩镇割据战争主要发生在北方,对北方社会和经济造成了长期巨大的破坏,于是,国家经济重心向社会相对稳定和生产条件优越的南方转移成为不可避免。

第一节　人口与耕地面积的增长

人口的增长　土地的充分利用与地力的维持　农田的开垦和农作物分布的变化　南方水田地区的耕作栽培技术　茶树栽培　农业技术知识的总结与普及:王祯《农书》及其他　经济作物生产中专业化程度的提高

　　中国古代的经济以农业生产为主,劳动力则是农业生产的最重要投入因素。因此,人口的增长与削减也反映了农业生产的进步与否,甚至是决定经济繁荣的首要因素。历朝人口数量及其地域分布的变化,往往也反映了不同时间内不同地区农业生产发展水平的高低。

　　隋初,户数在450万左右;文帝大索貌阅和析户,约得户三四十万。至开皇九年(589),一统天下,总户数达七百万。自开皇九年至炀帝大业二年(606)17年间,隋朝总户数又由七百万增加到九百万左右,增长约29%[1]。人口的增长,农业生产的恢复,令隋朝经济发展达到了相当高的水平。《通典·食货典》载:"隋氏西京太仓,东京含嘉仓、洛口仓,华州永丰仓,陕州太原仓,储米粟多者千万石,少者不减数百万石。天下义仓又皆充满。京都及并州库,布帛各数千万,而锡赉勋庸,并出丰厚,亦魏晋以降之未有。"唐初承隋末之乱,人口大幅减少。"大业初有八百余万户,末年离乱,至武德有二百余万户。"[2]《新唐书·食货志》一亦云:"贞观初,户不及三百万。"可知唐初的人口只有大业鼎盛时的三分之一强。然自太宗贞观朝至玄宗天宝十四载,社会稳定,经济繁荣,人口又出现了大规模的增长。贞观十三年(639),户数3120151,口数13252894。到天宝十四载(755)户数已达8914709,口数为52919309[3],户与口数之增长分别为186%和299%。如果我们再仔细区分太宗贞观十道及玄宗开元十五道户口分布的地区差异,便可发现:安史乱前,唐代人口增长最快的地区是北方的河南道,其次是河北道;而以人口密度计,最集中的地方是都畿道,其次是河北道,分别是每平方公里58.7人和56.76人。南北人口的比例为4∶6,此时中国北方的人口仍多于南方[4]。

　　但755—763年发生的安史之乱及其后出现的藩镇割据,结束了唐前期繁荣稳定的社会局面,对唐后期人口的增长和地域分布,产生了巨大影响。由于战乱,黄河流域经济遭到严重破坏,人口急剧下降并长期得不到恢复。南方却相对安定,经济继续发展进步。中原战乱使北方移民源源流入南方,不仅增加了人口数量,而且增强了开发的动力。至此,唐朝廷虽仍以长安、洛阳为政治文化中心,实际上却完全仰仗东南财赋而存立。以元和年间的户口数与天宝年间相比,就会发现在总数下降了68%的情况下,南方下降的幅度比北方要小得多,一些州还有大幅度的增加[5]。从此,南方逐渐成为中国人口的密集地区,其经济发展水平也在逐渐提高。中国经济的重心逐渐由北方转至南方,而且再未发生逆转。五代十国时期,南方一些割据政权拥兵自保,完全摆脱了对北方的财政负担,从而有了进一步兴修水利、发展农业的余力,经济地位更加巩固。南方人口超过北方的势态至此已经定型。到北宋初(980—989),南北户口之比大约为6∶4[6]。至宋徽宗崇宁元年(1102),户数已达20019050[7]。如以每户5口计算,则此时人口已超过了1亿,几乎是盛唐天宝十四载(755)人口的两倍。

农业要发展,除了人口——劳动力的投入外,土地的充分利用也是其中重要的因素之一。唐宋时期,南方的轮作复种制有了蓬勃的发展,不仅普及了一年二熟制,而且还出现了一年三熟制。樊绰《蛮书》成书于晚唐,其中记载当时在西南地区实行稻麦轮作复种的一年二熟制。《新唐书·南蛮传》记载唐南境"稻岁再熟",说明当时已有了单种水稻的一年二熟制。陈旉《农书》作于南宋,比较全面地反映了当时我国南方的轮作复种制,主要有:早稻和豆、麦、菜轮作复种的一年二熟制,麻、麦和菜的轮作复种一年二熟制,谷子、芝麻、大豆和小麦的轮作复种制。此外,当时南方还采取间套复种的办法,创造了水稻的一年三熟制。如周去非《岭外代答》中说:钦州"正、二月种者曰早禾,至四月、五月收;三月、四月种者曰晚早禾,至六月、七月收;五月、六月种者曰晚禾,至八月、九月收",显然,这就是通过间套复种的办法,实现了水稻的一年三熟[8]。

传统农业经济的增长也与土壤资源的优劣有关。拥有平坦广大的耕地及肥沃的土壤资源曾经是古代北方农业居于优势的条件之一。但唐宋时期南方在扩大土壤利用范围以解决山多平地少这一矛盾的同时,还逐步形成了重视培养地力的耕作方式,从而促进了土质的优化。这也成为生产重心向江南地区转移的重要原因之一[9]。早在隋代,人们便已经注意到要减少土壤中的盐碱成分以改良土质,提高产量。据《隋书》卷四六《元晖传》记载:"开皇初,拜都官尚书,兼领太仆。奏请决杜阳水灌三畤原,溉舄卤之地数千顷,民赖其利。"唐代,人们依然用引水灌田的方法,减少土壤中的碱卤成分;而在南方一些沿海州县,则用筑海堤的办法,防止海水侵蚀良田。

唐代,尤其是在江南地区,农民已经懂得使用各种肥料,甚至开始用农药,以提高土地的生产力。在肥料种类方面,除了传统的豆类绿色肥种外,人粪、蚕沙等也已作为基肥与追肥使用。在江南,已开始圈养耕牛,从而可以得到大量厩肥。到了晚唐,苏州一带农民已经使用商人从长沙等地贩来的农药捕除害鸟,有效制止了为害甚大的"禽暴"之患[10]。而且,唐代江南农民更注意土地的综合利用,许多兴修的陂塘均可养鱼,甚至还可以种植蒲、苇、菱、芡等经济作物。例如在丹阳的练湖,"幅员四十里,菰蒲菱芡之多,龟鱼鳖蜃之生,厌饫江淮,膏润数州"[11]。农、渔等的综合开发,无疑提高了当地的生产力。

农田的大面积开垦,特别是江南地区水田的开发,对唐宋农业的发展也起了积极的推动作用。《通典》称隋开皇九年全国可耕地为1940万余顷,到了唐天宝中,按人口计算的应受田则为1430万余顷[12]。虽然文献所载统计标准并不一致,数字也未尽确切,但天宝时实际的耕地面积至少应在800至850万顷之间,比汉代大约增加了50万顷至90万顷,每户垦田数约70亩[13]。而在南方,大力兴修水利,围水造田。如德宗贞元年间杜佑"决雷陂以广灌溉,斥海濒弃地为田,积米至五十万斛,列营三十区,士马整饬,四邻畏之"[14]。而到了晚唐五代时,江南一带已经出现了圩田。沈括说:"江南大都皆山也,可耕之地皆下湿厌水濒江,规其地以堤而艺其中,谓之圩。……李氏据有江南,置官领之。"[15]宋代垦田的最高数额达到了7.2亿万亩。考虑到宋朝统辖范围的缩小,实际其垦田数不仅远远超过前代,甚至后来的元、明等朝也没能超过此数[16]。

耕地面积的扩大,特别是南方水田的开垦,也导致了农作物种植分布的变化。直到唐前期,粟仍然是我国的主要粮食作物,其次是麦。粟的主要产地为华北平原、黄土高原、河西走廊以及今四川东部等地区。麦的产地则多在北方黄河流域,南方江南东道等地也有种植。安史乱后,北方粟的产量有所下降,而麦子则南北仍有大面积的种植[17]。南方粮食作物本以水稻为主。唐玄宗时曾在河南大开水田,种植水稻,随后在北方,即今山东、河北、山西等地都成功地种植了水稻。从唐代中叶起,由于北人南迁、水稻品种的多样化以及耕作技术的进步等,水稻在全国粮食生产中开始占了首位,这种情况在很大程度上促进了经济重心的南移[18]。从前比较落后的扬、荆、益三州,此时已成为重要的农业生产地区:以成都平原为中心的益州号称"州之瑰宝",和扬州地区并称为"扬一益二",居全国首位。长江下游一带则成了"赋出于天下,江南居十九"[19]的余粮区。到了宋代,"苏常熟,天下足"或"苏湖熟,天下足"已经是广泛流传的民谚[20]。经济作物方面,在棉花传入以前,全国无论南方北方,普遍种麻,家家户户种麻纺绩,麻被列为"五谷"之一。两宋时期,麻,尤其是桑蚕业,南方也较北方有了更大发展。宋以后,我国养蚕业也由北方移到了南方,而且由分散趋于集中,江南的太湖流域、四川成都平原和广东珠江三角洲逐渐形成了三大养蚕业基地。与此同时,南方的茶叶种植及制茶业也达到了较高的水平,出现了一些集中的产茶区并向海外输出。川、浙、闽、粤的甘蔗种植与制糖业,更远非北方所能及[21]。

　　除了农作物分布的变化之外,在唐代,江南水田的耕作、栽培技术也发生了重大的变化。据陆龟蒙《耒耜经》记载,唐后期江南使用的耕具有犁、耙、砺、碌碡等。犁田后,用耙碎土块,去杂草;再用砺碾平田面。加上从岭南引进的耖,形成了耕—耙—耖一整套的技术措施,水田整地的全部工序均可利用畜力完成。这些工具,是专门适用于江南水田耕作的。牛耕在南方也开始普及。一个地区是否可以使用牛耕,取决于各方面的因素。如,需要有适应南方水田的耕具,如犁、耙、挽具等;需要有适于牛耕的农田等。在唐代的江南,这些条件都已具备,所以有利于牛耕的普及使用[22]。而到了宋代,陆龟蒙提到的江东犁已经在南方普遍使用[23]。另外,宋代还制造了一些新的农具,如秧马。苏东坡《秧马歌》序:"昔游武昌,见农夫皆骑秧马,以榆枣为腹欲其滑,以楸桐为背欲其轻,腹如小舟,昂其首尾,背如覆瓦,以便两髀,雀跃于泥中,系束藁其首以缚秧,日行千畦,较之伛偻而作者,劳佚相绝矣。"这种插秧工具显然节省了农民不少体力[24]。

　　在唐末韩鄂所撰的《四时纂要》一书中,记载了唐代江南水田中水稻的直播及移植等栽培技术。其书《春令卷之二》中说:"种水稻,此月(三月)为上时。先放水,十日后,碌轴打十遍。淘种子,经三宿,去浮者,漉裛;又三宿,芽生,种之。每亩下三斗。美田稀种,瘠田宜稠矣。"这里的每亩三斗,应是秧田下种量。此外在唐人诗中也有对水稻移植法的描述。如张籍《江村行》:"江南热旱天气毒,雨中移秧颜色新。"如前所述,水稻种植制度也发生了变化。稻麦复种制在唐代已经出现,南方有双季稻,宋代甚至通过间套复种的办法实现了水稻的一年三熟。

唐以前,史籍中尚无人工种茶的明确记载。到了唐代,不仅出现了人工种茶,而且栽培技术也有很大进步。这种变化,也是在江南一带首先发生的。陆羽的《茶经》对茶树的形状、生长习性及生长的条件都做了论述,并且还谈到了直播与移植两种种植方法。而在韩鄂的《四时纂要·春令卷之二》中记载了茶树的栽培技术:"二月中,于树下或北阴之地开坎,圆三尺,深一尺,熟劚,著粪和土。每坑种六七十颗子,盖土厚一寸强。任生草,不得耘,相去二尺种一方。旱即以米泔浇。此物畏日,桑下、竹阴地种之皆可。二年外,方可耘治。以小便、稀粪、蚕沙浇拥之。又不可太多,恐根嫩故也。"这种方法已经与近代种茶相差无几了。但中唐以前,江南人工种茶大概仍是以散植为多。到了晚唐,由于种茶技术的提高,茶园虽然仍多设于山区,但也有建立于平地丘陵之上的。据《四时纂要》记载,当时江南茶园株行距皆 2 尺,连坎距共 5 尺,每亩可种茶 240 株,专业性已比较明显。

到了宋代,江南茶树的种植更加广泛,栽培技术也有了进步。这表现在茶农可以比较科学地处理茶树生长和土、水、气候的关系,因地制宜培育优质茶树,采摘优质茶叶。如福建的北苑茶是宋代名盛一时的贡茶。茶农经过长期的实践观察,把握茶树生长与水、土、肥的关系,取得栽培优质茶的成功。如开畲作业,就是为了改善茶树生长的水土条件。宋人赵汝砺的《北苑别录》载:"草木至夏益盛,故欲导生长之气,以渗雨露之泽。每岁六月兴工,虚其本,培其土,滋蔓之草、遏郁之木悉用除之。"此外,宋代采摘茶叶的技术也较唐代讲究。宋子安《东溪试茶录》载:"凡采茶必以晨兴,不以日出,必以甲不以指。"证明宋人对茶之质量,甚至叶形等都很注意了。

唐人所著的农业专著,主要有《四时纂要》《耒耜经》《茶经》等。唐代江南农业生产技术的重大进步,在这几部综合及专业性的著作中都有所反映。《四时纂要》,唐末韩鄂撰,主要记载的是唐末长江流域地区农业生产技术状况。陆龟蒙的《耒耜经》是我国现存的第一部农具专著,论述了当时江南所使用的主要农业生产工具。至于陆羽的《茶经》,则对湖州长兴顾渚山茶业种植进行了详细记载。《宋史·艺文志》著录的农学著作有十余本之多,留存至今的只有南宋陈旉《农书》一部三卷,内容涉及耕作、牛畜、蚕桑,惜只限于江浙地区。

元初官修《农桑辑要》汇集前代农书,在保存史料和总结推广先进经验方面颇具特色,但却主要涉及北方地区。

元仁宗皇庆二年(1313)成书的王祯《农书》兼论南北,是我国第一部在全国范围内对整个农业做系统研究的农学专著。王祯,字伯善,山东东平人。元成宗贞元、大德年间曾任宣州旌德(今属安徽)、信州永丰(今江西广丰)县尹,任内廉政爱民,办学劝农,颇有政绩。《农书》即在其任内完成。全书分农桑通诀、百谷谱、农器图谱三大部分。农桑通诀是关于农业知识的总论,包括农业史、授时、耕垦、播种、施肥,以至收获贮藏等,并兼及果木、桑渔等,颇为周备。百谷谱则专门论述各种农作物的栽培方法,如谷物、蔬菜、果木、水生植物等。特别是棉花、茶叶也都包括在内。农器图谱共有306幅各种农具、灌溉、运输工具和纺织机械图等。图后附有文字,详细介绍其结构和使用之法。这部分是参考了南宋曾之谨的《农器谱》而加以扩充,并附以绘图。从《农书》内容可以看出,此书虽成于元代,但书中所用之材料,多来自唐、宋人记载。王祯正是在唐、宋文献的基础上,对唐代,特别是宋代江南地区的农业生产技术,做了一次全面总结,从而完成了这部全面系统的农学专著。当然,《农书》也反映出这些生产技术到了元初已经得到了普及。

唐代,随着农业生产技术的不断进步,粮食生产力的逐渐提高,一部分农业劳动力有可能分离出来,专门从事经济作物的生产,而且这种生产的专业化倾向,在宋代有了进一步加强。唐代中后期的江南,密植的专业化桑园已经出现。陆游《南唐书》卷一《烈祖纪》载升元三年(939)诏:"民三年艺桑及三千本者,赐帛五十匹,……皆五年勿收租税。"一户种桑3000株,肯定不是一般农户所能做到的。盛唐时,这种专业桑园的种植密度大约是每亩50株,与华北传统的间作桑园中每亩种20—30株的情况相去甚远。因此开元二十五年(737)修订的均田令中,对华北与以江南为中心的长江下游两大蚕桑区的桑田与种桑数做了不同的规定,而这正是江南专业桑园在唐时已经出现的反映[25]。此外,在盛产茶叶的地区还出现了专业的茶农。如皮日休描绘湖州顾渚的茶农:"生于顾渚山,老在漫石坞,语气为茶荈,衣香是烟雾……日晚相笑归,腰间佩轻篓。"[26]到了宋代,专业化经济作物品种比唐代又有较大增加。除了桑、麻、茶叶外,宋代还发展种植了甘蔗、柑橘、荔枝,甚至还有专业菜园、药园等。甘蔗产于长江流域,早在北宋初年,太湖流域一带即以盛产甘蔗著称。甘蔗的种植极费人力财力,需精耕细作。王灼《糖霜谱》说:"最因地力,不可杂他种。而今年为蔗田者,明年改种五谷,以休地力。"且制糖的季节性又很强,所以没有专业集中的经营,恐怕是很难完成的[27]。

第二节　土地经营方式的变化

从租庸调到两税法　租佃关系　雇佣关系　契约关系

唐代的土地关系比前代复杂。均田制是唐前期土地法的重要部分,但它反映的也是多种土地关系而不仅仅是某一种土地所有制。就土地所有权的实际情况而言,当时存在有:土地的国家所有制、地主所有制、寺院地主所有制和自耕农民小土地所有制。国家土地主要有:国家直接掌管经营的屯田、职田、公廨田、驿田、官家园林等。地主所有的土地包括:官吏和一般地主私有的庄田、园苑、牧场和寺院庄田园林等。农民所有的土地主要有:承继祖业的土地、请授于官府的土地、购买的土地和未登籍的私垦地。

唐前期实行均田制,赋役主要有租庸调、户税和地税。租庸调(图3-1)是"国税",国税计丁征收,是地租的一个特殊部分;户税和地税属于财产税,其主

图 3-1　唐代怀集县庸调银饼

要部分是土地税。唐后期田制毁坏,赋役则改行两税法。

《唐会要》卷八三《租税》上:"(武德)七年三月二十九日始定均田赋税,凡天下丁男[28]给田一顷,笃疾、废疾给四十亩,寡妻妾三十亩。若为户(主)者加二十亩。所授之田,十分之二分为世业,余以为口分。世业之田,身死则承户者授之;口分则收入官,更以给人。每丁岁入粟二石。调则随乡土所产,绫绢绝各二丈,布加五分之一。输绫绢绝者,兼调绵三两;输布者,麻三勒。凡丁,岁役二旬。若不役,则收其傭,每日三尺。有事而加役者,旬有五日免其调,三旬则租调俱免,通正役不过五十日。"[29]此外,按规定五品以上的官人还可依照品级请授永业田 5 顷至 100 顷,勋官可依照勋级请受勋田 60 亩至 30 顷,工商业者授田数为百姓之半,这三类田都只在宽乡[30]授给;在职官员还有 80 亩至 12 顷不等的职分田地租充作俸禄,各官署有 1 顷至 40 顷的公廨田地租充作办公费用。唐朝赋役令还规定,五品以上官员及王公亲属可以依品级在规定的范围内免除赋役;六品以下至九品官吏只免除本人的课役。这是唐初均田制和租庸调制的大致情况。

唐朝把民户按照财产和户内丁口的多少分为自上上至下下九等[31],差发课役和兴发兵役原则上都按户等来进行:先富强,后贫弱;先多丁,后少丁[32]。国家根据户等高低征户税钱,以供军国传驿及邮递等公用事业之用。户税有两个重要特点:(1)按户等征收,征收对象上自王公,下至一般百姓,无一得免。现任职事一品官准上上户税,九品官准下下户税。若一户有数人在数处任官,要在各处按官品纳税。(2)纳钱,大多数地区都是如此。唐德宗建中元年(780)行两税法,户税是其中之一。两税法规定纳钱的部分就是户税,也是按户等高下征收的。

地税是计田亩征收的一个税目,即按亩交纳一定数量的谷物(与户税纳钱有别,所以可将户、地二税简单说成是"按户等收钱,据地亩纳粮")。唐承隋制,于贞观二年(628)在全国普遍设置义仓。后来规定自王公以下至于百姓每年根据(户)籍内之田造青苗簿,每亩纳粟(或稻、麦)二升于义仓,以备荒年赈灾之用。商贾户或其他无田、少田之户则按户等税粮。这种义仓征敛就是地税。以后由于"公私窘迫",国家遂贷用义仓存粮。至玄宗天宝(742—756)年中,地税收粮已成了国家几乎和丁租一样重要的税收[33]。至唐德宗建中元年行两税法,地税和户税一起便成了两税制的主要内容。

均田制的实施[34],肯定了土地的所有权和占有权,减少了田产纠纷,有利于无主荒地的开垦,因而对农业生产的恢复和发展起了积极作用。隋末大乱以后,唐王朝通过颁布田令,扶持了一批自耕农,承认他们占田为合法,增加了国家编户,保证了国家收入。此外,对有封爵、官品、功勋者授田,培植了新地主,同时抑制土地兼并(律令禁止狭乡"占田逾制")也有利于中、小地主的产生。这些对唐初皇权的提高和国力的强盛都有重要影响。

就租庸调而言,尽管对仅占有少量土地的中、下等户来说确实是一种很重的负担,但是与唐以前数百年内历朝赋役相比,唐初所定课敛还是较轻薄的。在长期"积重"之后,到唐初能够有所减轻,虽然有限,也还是收到了"除其苛烦而布其平惠"的实效。另外,作为国税的租庸调是地租的一个特殊部分。地租的历史发展趋势是由力役租转化为实物租,再由实物租转化为货币租。隋文帝在平陈之后,曾明令规定百姓年五十者可以"输庸、停役",当时便被称为"德政"。至唐初规定可输庸代役,加速了向实物租的转化,遂使劳动者基本上可以免除力役租这种最原始形态的剥削,有更多的可能把劳动投入生产。由于租庸调法的相对稳定,且限制法外诛求,这就使得大多数农户有可能扩大生产,使当时的社会经济能够逐步上升[35]。

然而,随着经济和社会的发展,生产的规模化要求生产资料迅速向经营者手中集中,均田制很快就被破坏而趋于弛废。农民失去土地,计丁征收的租庸调益形沉重,于是许多农民破产逃亡。尤其是安史之乱以后,由于民户大迁徙,导致国家编户大幅度减少,浮寄客户大量增加,土地所有权急剧转换,以及大量浮寄客户改业从事工商活动,使旧有以身丁为本的租庸调制已不适用,赋税制度的改革势在必行。天宝(742—756)年间,原来作为辅助税的户税和地税在国家岁入中所占份额已经越来越大。安史乱后,到代宗大历(766—779)年间,唐朝的赋税收入已逐渐变为以户、地税为主。大历十四年(779)五月,德宗继位,八月以杨炎为宰相。杨炎建议实行两税法,次年(建中元年)正月五日正式以赦诏形式公布[36]。

两税法不立田制,不限占田,其主要内容是:"凡百役之费,一钱之敛,先度其数而赋于人,量出以制入。户无土客[37],以见居为簿;人无丁中,以贫富为差。不居处而行商者,在所州县税三十之一,度所取与居者均,使无侥幸。居人之税,秋、夏两征之,俗有不便者正之。其租庸杂徭悉省,而丁额不废,申报出入如日式。"[38]两税法改税丁为税产,这是中国赋税史上的一个重大转变,此后各代统治者基本上都奉行这一税制原则。宋代的"两税"、明代的"一条鞭法"、清代的"摊丁入亩",都是唐代两税法的继续和发展[39]。两税法开初并不完善,因而遭到了各种势力的反对,"以为租庸令行数百年,不可轻改。帝不听,天下果利之。自是人不土断而地著,赋不加敛而增入,版籍不造而得其虚实,吏不诚而奸无所取,轻重之权始归朝廷矣"[40]。由于地主私有经济的发展趋势不可逆转,两税法有利于新形势下皇权的加强和提高,因而成了中国古代后半期的赋税定制。

唐代与私有制生产关系直接有关的土地经营方式主要有自营、自种和出租。以下主要讨论由出租而产生的租佃关系。

出租即出佃收租。吐鲁番地区发现了不少唐代前期的租佃契约,表明立契租佃制当时已经十分流行[41]。从吐鲁番出土的文书以及其他有关材料来看,租佃关系大约是在两晋隋唐时期逐步发展起来的。这种关系的初始阶段,情况颇为复杂。一种可能是,土地所有者将其耕作不了的若干亩土地租种出去,出租量不大,可以称之为小土地出租者。在这类小土地出租者中,也有因为家中缺乏劳动力,而将其全部土地租出去的。但还有这样一种情况,自己仅有一两亩薄田,耕则不足以养活自己,因而将其出租,而自己则另谋出路,但还保持这一小块土地的所有权。租佃关系大约直接导源于小地主阶层。这些小地主在两晋隋唐时期,独立于世族豪强庄园制经济体系之外,他们由于没有什么特权而列于"寒门""役门",承担国家的劳役,但在经济上,则将其较多的土地租给无地或少地的农民。由此逐渐发展为租佃关系,并在庄园制日益衰微的基础上兴盛起来,终于在唐中叶以后,历五代到北宋而跃居于主导地位,在广大地区流行。

吐鲁番出土契约的内容,大致有下列几项:

1. 出租的土地是民户的"已受田",包括永业田、口分田、菜园和葡萄园等。这说明户籍上所载的"已受田"是可以任意出租的。

2. 租期有短期和长期之分。短期的一般为一年,长期的一般是几年。在现有契约中,未发现有永久性的租佃,这说明当时还未出现后世租佃关系中的永久租佃权。

3. 地租形态主要是产品地租和货币地租。产品地租有的规定按当年实际收成对半均分,有的则是预付当年或几年的粮食。货币地租一般是预付绢或银钱。这就是说,当时的地租既有分成制,也有定额制。缴纳产品定额地租的,大约每亩是麦(粟)六斗至一石。缴纳货币定额地租的多为菜园、葡萄园,其租额比粮田高几倍。

4. 土地税和地主原有的差役,如高昌土地的"租殊(输)百役"一般规定是由田主承担;"渠破水滴",则由租佃人负责(图3-2)。

图3-2 高昌周隆海买地券

5. 契约一般都规定了土地交付佃种的期限和交租的时间。租佃一方违约,则要加倍罚钱或物,赔偿对方。有的契约甚至规定,租地人违期不纳地租,听任田主取其家资财物作抵,或由担保人代付。

租佃关系是一种法律关系。有关租佃关系的契约,也是法律文书,对缔约双方当事人是有约束力的,也受到法律的保障[42]。有的租田者为了避免纠纷还要求出租者取得官府的"公文",证明该户土地可以出租。如《唐永徽元年（650）严慈仁牒为转租田亩请给公文事》云："慈仁家贫,先来乏短,一身独立,更无兄弟,唯租上件田,得子以供候命。今春三月,粮食交无,逐（遂）将此田租与安横延。立卷（券）六年,作练八匹。田既出赁,前人从索公文,既无力自耕,不可停田受饿。谨以牒陈,请裁。"[43]可能由于严慈仁的土地是转租与人,故租佃者索要官府的"公文",以确保佃耕权益。这反映了在均田制施行时期,民户土地不仅可以契约方式出租,而且允许转租。

吐鲁番所见租佃契约主佃双方多为小农,他们往往因彼此受田隔越、经营不便而交错出赁土地,也有小农因家贫无力垦种或急等钱用而出租土地,即具有典当性质的立契租佃,但可以由此推断,隋唐时期一般地主庄田的出租,大致上也会与农民签订类似内容的契约。租佃关系采取契约形式,定额租的产生和流行,说明唐代佃客对地主的人身依附比此前有了明显的减轻。但也有农民"依富室为奴客,役罚峻于州县"[44];"依托强豪,以为私属,贷其种食,赁其田庐。终年服劳,无日休息。……有田之家,坐食租税,贫富悬绝。"[45]他们在人身上对地主有较强的依附关系。唐五代时期,地主除在本地占田外,还常在他县占地,称为寄田、寄庄。对这类庄田,有的地主除派奴仆管理外,还有许多是出租给农民耕种,征收所谓"庄租"的。寄田、寄庄在中唐以后有较大的发展,以租佃方式经营土地也多于雇工和使用奴仆的自营方式。这是隋唐五代地主土地私有制的基本发展趋势[46]。

宋代的土地关系和土地经营方式主要是地主的土地私有制及租佃关系,而且租佃关系较之唐代又有了更大的发展[47]。

宋代租佃关系的第一个特征,是土地出租者与租佃者之间广泛采取了一种契约形式。宋太宗太平兴国七年（982）"闰十二月诏:诸路州民户,……分给旷土,召集余夫,明立要契,举借粮种,及时种莳,俟收成依契约分,无致争讼"[48]。国家将其直接占有的土地出租时,也要按照民间体例,"明立要契",以便收成时按契约规定分配,从而使土地出租者即国家和租佃者两方共同遵守。这条材料指明了北宋早期国有土地出租时存在的租佃契约关系。此后很多材料说明,各种类型的土地关系也都是订立契约的。例如学田:"[吴县]全吴乡第五保等字号田叁拾贰亩,管纳糙米壹拾陆硕,邢诚佃。淳熙八年邢诚又佃末围裹田拾亩,管纳糙米八硕";"全吴乡第五保学田下脚泛涨滩涂肆亩贰角(按宋制一亩为四角,一角为六十步),管纳糙米九斗,宋小一佃。"[49]和唐代一样,庙产系寺院土地所有制,又是私有土地,也采用契约:"一契宝庆二年七月二十七日,前通判岳州李朝奉捨到成任乡……田伍亩叁角叁步,……内拨东际叁亩贰角。"[50]宋代土地租佃契约主要包括以下内容:(一)田亩坐落所在、四至和数量(田契也是如此);(二)田亩的类别,如水田、陆地、滩涂田、桑田、柴地、芦荡等等;(三)田亩的亩租数量,有的地区还表明量租时所用斗器的大小;(四)租佃者和出租者的姓名。一般地说,不仅国有土地,即使是庙产、地主土地,也只书写租佃者的姓名。因而所谓租佃契约关系,实际上是租佃者——无地少地农民按照契约的规定,承担耕作地主及国家的土地,以及保证缴纳所规定的地租罢了。否则,官府便要干预,强迫租佃者按契约办事,并以法律制裁作为执行契约的手段。这也是租佃关系同庄园制的一个重要区别,并成为租佃制的一个基本特征。

其次,在租佃制下,客户已经有了迁移的自由,这是宋代租佃关系的又一特征。宋仁宗天圣五年(1027)十一月诏江淮、两浙、荆湖、福建、广南州军:"旧条:私下分田客,非时不得起移,如主人发遣,给与凭由,方许别住,多被主人抑勒,不放起移。自今后客户起移,更不取主人凭由,须每田收田毕日,商量去住,各取稳便。即不得非时衷私起移,如是主人非理拦占,许经州县论详。"[51]这是有关宋代客户能够自由"起移"的最早的一道诏书,因而具有重要意义。诏书限于江淮等广大地区,北方诸路则没有提到。有材料证明,在两宋统治的上述地区,客户自从取得这种自由之后,基本保持了下来。王若叟在宋哲宗元祐元年(1086)的一道奏疏中说:"富民召客为佃户,每岁未收获间,借贷赒给,无所不至,一失抚存,明年必去而之他。"[52]这道奏疏是泛指南北各地区的情况的,"明年必去而之他",正好说明北宋晚期广大客户仍然保持了迁移的自由。租佃制下客户有了迁移的自由,其身份地位就同庄园制下的客户有了很大差别。宋代士大夫在谈到客户同主户的关系时,也与从前有很大不同。宋人总是强调这两者之间的同一性——相互依存,即客户离不开主户,主户离不开客户。朱熹对此问题谈论得尤为详尽,他说:"佃户既赖田主给佃生以养活家口,田主亦藉佃客耕田纳租以供赡家计,二者相须方能存立。今仰人户递相告诫,佃户不可侵犯田主,田主不可挠虐佃户。"〔53〕客户在生产中的地位既然提高,他们的社会身份、地位在法律上也必然有所变化。

以太湖流域为中心的两浙路以及江南东路和福建路的一些州县,是宋代生产最发达的地方。在这些地区,租佃关系更有进一步的发展。土地的所有权、佃权和使用权分离了。《华亭学田记》有这样一条记载:"菜字园田八亩,何田八佃,小四种",清楚地说明,"佃"和"种"是有明显区别的,是两个概念。所谓"佃"只是把这块土地从土地所有者手中佃过来,取得这块田的佃权,或称所有权。真正耕种这块田的是另一人,他拥有使用这块田的权利。这是一种全新的土地经营方式,昭示着后来明清时代土地关系方面的更大发展。

总之,唐宋之际,旧的土地关系和土地经营方式都有了很大的转变,随着均田制的逐渐破坏,庄园经济的衰落,地主土地私有制成为生产关系的主要形式,与之相适应的便是土地经营方式的改变。租佃制、雇佣制、契约制就是在这种背景下产生的。而且,订立契约的做法,在宋代是广泛地存在的,租佃土地固然要订立契约,租用耕牛,也要订立契约:"去年一涝失冬收,逋债于今尚未酬。偶为灼龟逢吉兆,再供租约赁耕牛。"〔54〕可以看出,宋代租赁契约,已不限于土地,而且还有其他生产工具,从而说明这种关系已经得到了广泛发展。

第三节　手工业生产技术的创新

陶瓷工艺的发展与名窑瓷器　冶金术的发展　城市建筑与桥梁工程:木构建筑与砖塔、赵州桥　建筑技术的总结:《营造法式》　水利及灌溉工程纺织技术

白瓷的大量生产,可说是唐代制瓷业的一大特色。1971 年河南安阳西北出土的北齐武平六年(575)范粹墓中的白瓷是有可靠纪年的早期白瓷。

白瓷是因瓷土的洗练而逐渐变为纯白,釉药中所含铁的成分减少了,瓷胎的白色反映在表面上而成。如果瓷土洗练不够纯白,便在瓷胎上敷上白色陶衣,再烧成白色。因为瓷土的认真洗练和施釉技术的提高,完成了青瓷向白瓷

的过渡[55]。唐代以邢州所产白瓷最为出名,与越州青瓷并称,所以人们通常又用"南青北白"来概括唐代瓷业的特点。

越窑青瓷与邢窑白瓷分别代表了南、北瓷业的最高成就,这是不争的事实(图3-3)。可事实上北方诸窑也兼烧青瓷、黄瓷、黑瓷、花瓷,甚至还有专烧黑瓷与花瓷的瓷窑。北方诸窑中,很多瓷窑烧瓷历史较短,无陈规可守,因而敢于做各种尝试和探索。其釉色不厌青、白、黄、黑、绿、花,制胎可以两色重叠拉坯形成纹理,不薄雅素,更喜富丽,代表了一种新的自信和进取的时代风格。长江以南也有烧制白瓷的,宋代赫赫有名的江西景德镇,在唐初便生产白瓷。《景德镇陶录》卷五《景德镇历代窑考·陶窑》略云:"唐初器也,土惟白壤,体稍薄,色素润,镇钟秀里人陶氏所烧造。唐武德

图3-3　唐代越窑青瓷八棱瓶

中,镇民陶玉者,载瓷入关中,称为假玉器,且贡于朝。"有人认为,这反映出生机勃勃的白瓷向趋于保守的青瓷进行冲击的迹象[56]。

陶瓷艺术最能表现所谓盛唐气象的莫过于唐三彩:三彩釉器绚丽斑斓,富于浪漫色彩;釉色的富丽热烈反映出唐人的生活意趣;骆驼俑和胡商乐舞形象是丝绸之路繁荣的象征(彩图5);而凤头壶、龙首杯这些有异邦色彩与趣味的新的器物造型,表现了唐人对异域文化广收博采的自信与气魄。实际上,三彩陶俑本身就是制造它的那个时代的艺术纪录,同时也是唐代长安和洛阳社会风习与生活情趣的风情画。丰腴的贵妇、射猎的贵族、恭谨的文吏与侍女、牵驼的胡商、负重的骆驼、挺立的骏马、威猛的武士与天王,等等等等,都记录了开天盛世的雍容与华贵、尊崇与豪放。

在制瓷工艺方面,唐人也有不少贡献。如岳州窑开始用匣钵和垫饼烧瓷,可以免除窑中烟火熏染瓷器,使色泽均匀。匣钵的创制使用可能早于唐,但大量使用并作为工艺常规则是在中唐以后。至唐末五代时更改用支钉支烧,实

为烧制方法的重要变化。寿州窑黄釉瓷施用白瓷衣，可以免除胎面的粗糙而又能衬托釉色的美观，乃是制瓷工艺的又一进步。1974 年长沙挖掘的铜官窑，器物为轮制，釉彩多为青中带黄，它在瓷器生产中首创釉下彩绘，使色彩从釉下呈现出来，能耐磨而不褪色[57]。唐代制瓷工艺的发展，为宋代名窑的出现准备了条件。

宋代是我国瓷业发展史上的高峰期。20 世纪后半叶，考古工作者在全国19 个省、市、自治区的 170 个县发现了古代瓷窑遗址，其中有宋窑的达 130 个县，占总数的 75%，充分反映出宋代瓷业的发达与普及。陶瓷史家通常用多种瓷窑体系的形成来概括宋代瓷业的发展。对窑系进行区分的根据主要是各窑产品工艺、釉色、造型与装饰的异同，由它们之间的这些差别可以看出宋代形成了八大窑系：北方的定窑、磁州窑、钧窑、耀窑；南方的景德镇窑、越窑、龙泉窑和建窑[58]。此外还有一些重要的瓷器生产基地，它们各具特色，彼此辉映，构成了瓷器工艺技术百花争艳的繁荣景象。宋代的制瓷工艺有很多革新与创造，努力提高产量和降低成本。如宋代瓷窑普遍应用"火照"检查烧制过程中窑炉的温度与气氛，以保证尽可能高的成品率。北宋中期的定窑，采用覆烧法将碗、盘之类的瓷器若干件，放置于由垫圈组合成的匣钵内进行烧制，一次可烧多件，能够充分利用窑炉空间，扩大批量生产以降低成本[59]（图3-4）。这种

图3-4 金代定窑盘

覆烧工艺后来也为其他瓷窑所采用。

宋代制瓷工艺在我国陶瓷史上的最大贡献是为陶瓷美学开辟了一个新的境界。钧窑的海棠红、玫瑰紫,艳如晚霞、化如行云的窑变色釉;汝窑汁水莹润如堆脂的质感;景德镇青白瓷的色质如玉;龙泉青瓷翠绿浸润的梅子青更是青瓷釉色之美的极致。

还有官窑的冰裂开片,那有意制作的缺陷美、瑕疵美;即使是黑瓷,宋人也烧出了油滴、兔毫、鹧鸪斑、玳瑁那样的结晶釉和乳浊釉。磁州窑的白釉釉下黑花器继承了唐代长沙窑青釉釉下彩的传统,直接为元代白瓷釉下青花器的出现提供了榜样。定瓷工整严谨的印花,耀瓷犀利潇洒的刻花,都是只知邢窑白瓷与越窑"千峰翠色""秘色""如冰似玉"的唐五代人所不及见、不及知和不可想象的新的仪态和风范。

宋瓷的美学风格属于沉静雅素一路,即如钧瓷灿如晚霞,也非唐三彩那种热烈华丽。宋瓷所创造的新的美学境界,主要在于宋瓷不仅重视釉色之美,而且更追求釉的质地之美。钧瓷、哥瓷、龙泉、黑瓷的油滴、兔毫、玳瑁等都不是普通浅薄浮露、一览无余的透明玻璃釉,而是可以展露质感美的乳浊釉和结晶釉。即使用玻璃釉如北宋的汝瓷和南宋的官窑、龙泉窑青瓷,其配方也改用黏稠的石灰碱釉,因而汝瓷"汁水莹润如堆脂";官窑及龙泉青瓷经多次施釉,形成凝重深沉的质感,使人感觉有观赏不尽的蕴蓄。唐人称赞越窑青瓷"如冰似玉",不过是一种修辞学上的比喻和理想,可宋人烧造龙泉青瓷和青白瓷却是巧夺天工的实际。宋瓷的这些成果是我国陶瓷史上的杰作与瑰宝,其仪态风范为后世陶瓷业所长期追求仿效,迄今仍然令人赞叹称绝,为之倾倒[60]。

唐代社会经济发达、国力强盛、文化繁荣,制造农具和兵器需要大量的钢铁,工程建筑中也经常灌注铁或铅以加强构件之间的连接。如唐高宗乾陵,墓道全用石条砌筑,石条之间用铁栓板固定并用铅灌注以加固缝隙。唐代商业贸易兴盛,货币需求量极大,唐王朝为此多次铸钱,大量用铜。巨大的金属需求量,促使冶金生产规模和产量都超过了前代。在技术方面,唐代炼炉和鼓风技术都有所进步,灌钢法得到普及推广,百炼钢技术由于生产效率较低已很少使用。据《唐会要》卷八九《泉货》,武德四年(621)废五铢行开元通宝,由大书法家欧阳询写钱文进蜡样,这是我国有关失蜡法铸造技术最早的文献记载。隋唐五代的大型铸件技术也很突出。1989年在山西永济出土了轰动海内外的四尊唐开元十二年(724)铸造的镇河大铁牛,每尊铁牛长2.64米,宽1.65米,高1.32米,据此推算每牛身实体在4立方米左右,重量约为25吨(包括连体铁山、铁柱在内)。

我国现存最大的古代铁铸件当数五代时期铸造的沧州大铁狮,高5.3米,长6.8米,宽约3米,上有铭文,重量估计在50吨以上。这些特大型铸件,都是使用多块泥范组合铸成的,反映出当时造范与合铸技术已经相当高明。这种特大型铸造技术,在宋代得到了进一步的发展[61]。宋代冶铁技术的进步,主要表现在灌钢技术的普及和使用,如沈括《梦溪笔谈》卷三载:"世间锻铁所谓'钢铁'者,用'柔铁'屈盘之,乃以'生铁'陷其间,泥封炼之,锻令相入,谓之团钢,亦谓之灌钢。"

现存的唐代金银器数量很多,其加工精巧,造型优美,一直为后人所赞颂[62](彩图6、彩图7)。这些玲珑剔透的金银器饰,不仅说明当时的切削、抛光以及焊接、铆、镀、刻凿等工艺技术已经达到较高水平,而且质地优良的银器的大量出现,也向人们显示了当时冶银术的进步。

根据对西安南郊何家村出土的银器冶炼遗址金属残渣的化验研究,得知唐代的冶银过程是将矿石击碎,挑选,冲去沙石,选出真矿;烧成含银成分高的铅坨,将它置于灰窠内;周围鼓风以燃炭火,熔化铅坨,铅入灰中,银则存于灰窠上,故称之为"灰吹法"。残渣中含银极少,反映出唐代冶银技术已具相当水平[63]。到了南宋,赵彦卫《云麓漫钞》卷二记载当时白银的采炼过程:"取银之法,每石壁上有黑路乃银脉,随脉凿穴而入,甫容人身,……所取银矿皆碎石,用臼捣碎,再上磨,以绢罗细,然后以水淘,黄者即石,弃去;黑者乃银,用面糊团入铅,以火煅为大片,……大抵六次过手,坑户谓之过池,曰过水池、铅池、灰池之类是也。"可见银的冶炼是比较复杂的。

关于铜的冶炼技术,唐代史籍所记并不多。《元和郡县图志》卷一四《河东道三》略云:"飞狐县三河冶,铜山约数十里,铜矿至多,去飞狐钱坊二十五里。两处共用拒马河水,以水斛销铜。"三河冶所用的冶铜之法,是否即是宋代之胆铜法,还不得而知。宋代文献记录胆水浸铜最早的,是乐史的《太平寰宇记》。其书卷一○七载:"跳珠泉在县西一里许,泉涌如珠,亦名小石井。又有胆泉出观音石,可浸铁为铜。"所谓的胆铜法,即是熔铁于胆矾中,使之游离以沉淀铜。《文献通考》卷一八《征榷考》五记载："浸铜,以生铁炼成薄片,置胆水槽中,浸渍数日。上生赤煤,取刮入炉,三炼成铜。大率用铁二斤四两得铜一斤。"新的冶铜技术,令铜的产量大大提高,使得宋代的铜器制造业较之前代,也有了明显进步。如茶具、铜镜的制作技术都比唐代有了提高。

冶金技术的发展,离不开冶炼燃料的改良。从现存史料来看,隋唐时期燃料仍以木炭为主。《唐会要》卷六六便记有"木炭使"一职,白居易《卖炭翁》说炭车为宫使掠去,可知宫廷所用依然为木炭。到了宋代,煤炭的使用才渐渐普及,进而带动了冶矿业的发展。宋代煤炭采掘地主要在北方诸路。《宋史》卷二八四《陈尧佐传》记:"(河东路)地寒民贫,仰石炭为生。"庄季裕的《鸡肋编》中载:"昔汴都数百万家尽仰石炭,无一家然薪者。"虽然有不免夸张之处,但至少也表明了在宋时煤炭已作为家庭燃料使用了。同时,冶铁业也开始大量使用煤炭。例如苏东坡《石炭行》记徐州以煤炼铁:"以冶铁作兵,犀利胜常云。"可见当时已知煤炭燃烧产生的高温是极利于冶炼的[64]。

唐代城市建筑的成绩,以长安城和洛阳城为代表[65]。长安、洛阳城内的宫殿,充分表现了唐代木构建筑的特色。《北史·宇文恺传》载:"梁武即位之后,移宋时太极殿以为明堂,无室,十二间。……平陈之后,臣得目观,遂量步数,记其尺丈。犹见焚烧残柱,毁破之余,入地一丈,俨然如旧。柱下以樟木为跗,长丈余,阔四尺许,两两相并,凡安数重。"这里讲到的刘宋时太极殿栽柱入地的做法,即是《营造法式》所说的"永定柱",其上可以建立平座和上部殿身木构。唐长安大明宫含元殿、麟德殿遗址中,还可见这种栽柱入地的做法。除了两京城内的宫殿,唐代各地也出现了一些规模宏伟的木构建筑,如滕王阁、黄鹤楼等。从宋人画的滕王阁、黄鹤楼中,可见到木平座构成的重台勾栏。虽然平座铺作于地栿,而不是永定柱上,但犹存一些遗意[66]。木构建筑又与雕塑、绘画结合,表现了丰富的艺术技巧。

留存至今的唐代木结构建筑,较完整的有山西五台山的南禅寺正殿和佛光寺正殿。南禅寺正殿建于唐德宗建中三年(782),其主要构架、斗拱和内部佛像基本上都是原物(图3-5)。

佛光寺正殿虽比南禅寺正殿晚建七十五年,但规模较大,而且在后来的修葺中改动极少,可以作为唐代木构殿堂建筑的范例。佛光寺正殿在创造佛殿

图 3-5　山西五台山唐代南禅寺正殿

建筑艺术方面,表现了结构和艺术的统一,也表现了在简单的平面里创造丰富的空间艺术的高度水平,这是中国古代建筑的优秀传统之一。该大殿面阔七间,进深四间,其柱网由内外两周柱组成,形成面阔五间、进深两间的内槽和一周外槽[67]。殿的内外柱列和梁枋互相连接,并以柱的侧角加强构架和榫卯结合,组成一个稳固的整体。殿的外檐斗拱使用下昂和横拱,形制显得雄壮有力,其中"昂"起着挑悬和檐部受力平衡的作用。内柱上使用偷心拱上承平阇(小方格式),使殿内整洁明亮。屋檐的翼角翘起以由中心柱向角柱逐渐增高的方法构成,屋顶的"举折"(曲线轮廓)由各层纵横的大小梁枋和檩条标高的变化形成[68]。顶上平缓,出檐深远,采用宏大的斗拱承托,表现出唐代建筑的稳健雄丽风格。佛光寺大殿具有一套明确完整的构架体系,反映出唐代木结构建筑技术已达到成熟的程度[69]。宋代则进一步将木结构构架形式归纳为殿堂型和厅堂型两大类,以及其他派生的形制,建筑工匠可以配合平面使用要求直接相应采用。现在虽然不能断定宋代是否掌握了材料力学的计算方法,但《营造法式》规定梁的截面尺寸高度比为3:2。这个比例正是从圆形木材中截锯出抗弯强度最大的矩形用材之最佳比例,至少可以证明宋代工匠对木材受力的性能有了充分的认识。

　　南北朝时期,塔是佛寺中的主要建筑。到了唐朝,塔已经不再位于佛寺组群的中心,但仍然是佛寺的一个重要组成部分。塔挺拔高耸的姿态,对佛寺组群和城市轮廓面貌都起着重要的作用。隋唐时代的许多木塔现已不复存在,现存这一时期的塔只有砖石塔,砖塔规模大,石塔体积小而且数量少。就塔的外形来说,大致可分为楼阁式、密檐式和单层三种类型。其平面大都呈方形,八角形较少。唐代砖塔都采用筒式结构,抗横剪力强,因而抗地震性能良好。塔外壁用砖砌成,各层采用木梁、木楼板,用木梯上下[70]。现存唐代楼阁式砖塔中,建于唐高宗总章二年(669)的西安兴教寺玄奘塔是一个重要的范例(图3-6)。此外

图3-6　西安兴教寺唐代玄奘塔

还有开耀元年(681)建造的香积寺善导塔和建于 8 世纪初的慈恩寺大雁塔。但大雁塔经过明代重修,已经不是原来的样子了。

玄奘塔就是中国佛教史上著名高僧唐玄奘的墓塔。该塔平面方形,高五层,约 21 米。每层檐下都用砖做成简单的斗拱,斗拱上面用斜角砌成"牙子",其上再加叠涩出檐。现在的第一层塔身经过后代修理为素面砖墙没有倚柱,以上四层则为用砖砌成的八角柱一半的倚柱,倚柱上再隐起额枋、斗拱。这座塔是中国现存楼阁式砖塔中年代最早且形制简练的代表作[71]。云南大理崇圣寺千寻塔建于南诏后期,是一座内楼阁、外密檐相结合的砖塔,方形,高 16 层,为现存最高的唐代砖塔之一。

隋代赵州安济桥的修建,代表了当时中国的桥梁建筑水平。它是我国现存最古的石拱桥,位于现在河北赵县南门外洨河上。唐人张嘉贞云:"赵郡洨河石桥,隋匠李春之迹也,制造奇特,人不知其所以为。观乎用石之妙,楞平砌,骈方版,促郁锹,穹隆崇,豁然无楹。吁可怪也。"[72]桥为单孔,圆弧,南北向,长 64.4 米,宽 9 米,由纵向并列的二十八个石拱筑成,净跨 37.02 米,跨度大而桥面平。大石拱两头又各建两个小拱,既减轻大拱和地脚的承重,又可达泄洪之效,构思精巧,为世界首创。桥上"有勾栏,皆石也。勾栏并为石狮子"[73]。既美观又实用(图 3-7)。

宋代出现了我国最早的一部建筑工程规范《营造法式》,它是北宋官修的有关建筑设计和施工的技术专著,元符三年(1100)成书。全书 34 卷,257 篇,3555 条。第一、二卷是"总释",第三卷是壕寨和石作制度,第四、五卷是大木作制度,第六卷至十一卷为小木作制度,第十二卷是包括雕作、旋作、锯作和竹作四种制度,十三卷是瓦作泥作制度,十四卷是彩画作制度,十五卷为砖作窑作制度,第十六至二十五卷是诸作的"功限"即各工种的劳动定额,二十六至二十八卷诸作"料例"规定了各作按构件等第大小所需的材料限量,第二十九至三十四卷是诸作图样。《营造法式》虽然是一部侧重于施工管理的著作,但书中涉及了建筑设计、结构、用料、制作和施工等各方面的内容,全面地反映了宋代建筑工程的技术和艺术水平。早在《营造法式》编修之前,已有北宋喻皓的《木经》,而且政府对于建筑工程的"程式"制度已经比较重视。不过某些制度的记载往往不太详细,只是在工匠中间多有流传,或直接在工程中体现出来。

图 3-7　隋代赵州桥

《营造法式》不但依据史书修立了条目,更重要的是把工匠中世代相传、经久行用之法归纳起来,形成了条文而加以推广,总结了工匠的实践经验。因此可说是中国古籍中最完善的一部建筑技术书籍,是研究中国古代建筑必不可少的参考著作。

　　唐宋时代另一项手工业技术的进步,表现在水利及灌溉工程方面,而且以江南农业最为受惠。圩田是改造利用低洼地的一种方法,中唐以后,圩田在南方迅速发展起来。据北宋郏亶《吴门水利书》等史料记载,当时的太湖圩田有着相当周密的规划和科学的布置,先在太湖平原上修了大量的浦塘作为水利工程,然后将浦塘之间开垦为圩田。有的圩田规模相当大,"每一圩方数十里,如大城",洪水则经浦塘辗转出海。沿江、滨海之处筑有江堤、海塘,通江入海的重要港浦设置堰闸,"旱则开闸引江水之利,潦则闭闸拒江水之害"。高地和低地之间也都设有斗门堰闸,实行分级、分区控制,以使高不旱、低不涝。圩内则沟渠四通八达,以备排灌、运输之用,圩岸遍植杨柳,堤下种植菱苇,用以护堤防浪。这样,整个圩田形成了圩堤、河渠、堤堰三位一体的水利灌溉系统工程,从而使太湖低洼区变成了号称"苏湖熟,天下足"的全国最重要的粮仓之一[74]。宋代灌溉工程又有了新的进步。首先是海塘修筑技术的改进。改变了以前"木桩竹笼"的护岸方法,而采用石岸护堤,并设计成斜坡形,减少海潮对护岸的冲击,人称"陂坨塘"。其次是增筑备塘、备河,减少海水渗透,保证农田有充足的淡水。再有就是广泛筑闸,使塘、浦、河、湖水调节系统起到更好的作用[75]。我国古代最宏大的水利工程大运河已另有论述,兹不赘述。

唐代,水车有了改进。《太平广记》卷二五〇记载:"唐邓玄挺入寺行香,与诸僧诣园观植蔬,见水车以木桶相连,汲于井中。乃曰:法师等自踏此车,当大辛苦。答曰:遣家人挽之。"可见已有脚踏水车从井中汲水。南方则出现了利用水流冲力旋转提水的筒车。同时,水车运用也得到了推广,《唐会要》卷八九"疏凿利人"条载唐代宗大历二年(767):"内出水车样,令京兆府造水车,散给沿郑、白渠百姓,以灌水田。"宋代又出现了翻车,翻车又称水车或龙骨车,有脚踏、畜力和水力三种。宋代文人的诗作对脚踏翻车多有描述,如王安石《元丰行示德逢》:"四山翛翛映赤日,田背坼如龟兆出。湖阴先生坐草室,看踏沟车望秋实。"《山田久欲坼》:"山田久欲坼,秋至尚求雨。妇女喜秋凉,踏车多笑语。"又如梅尧臣《水车》:"既如车轮转,又若川虹饮。能移霖雨功,自致禾苗稔。"元代王祯《农书》卷一八对水转翻车的构造做了说明。

唐代的纺织业,可以分为丝织、麻织、毛织和棉织四种,而以丝织业最具代表性。唐代丝织品的名称很多。《大唐六典》卷二二"织染署"条载:"凡织纴之作有十:一曰布二曰绢三曰绝四曰纱五曰绫六曰罗七曰锦八曰绮九曰绸十曰褐。"除了布与褐外,其他八种均是丝织品。锦的织作尤其重要。代宗大历六年(771)的一道诏书,为我们提供了当时织锦技术的一些情况:"纂组文绣,正害女红。今师旅未息,黎元空虚,岂可使淫巧之风,有亏常制。其绫锦花文所织盘龙、对凤、麒麟、狮子、天马、辟邪、孔雀、仙鹤、芝草、万字、双胜、透背及大䌷绵竭凿六破已上,并宜禁断。其长行高丽白锦、大小花绫锦,任依旧例织造。有司明行晓谕。"[76]从众多的花纹名称中,不难窥见唐代织锦技术的高超(彩图8)。

唐代前期,以河北山东地区的丝织品质量最好。如《新唐书》卷三九《地理志三》载:"定州博陵郡,上。本高阳郡,天宝元年更名。土贡:绫、绸、细绫、瑞绫、两窠绫、独窠绫、二包绫、熟线绫。"由中唐开始,江南的丝织业也有了明显的进步。《大唐六典》卷二〇"太府寺"条略云:"绢分八等,宋亳之绢第一等。"而德宗贞元元年(785)顾况说:"今江南缣帛胜于谯宋。"[77]自开元中至贞元只有短短五十年的时间,江南的绢帛生产水平便超过了北方。

关于唐代丝织技术的明确记载,现有的史料中很少记录。《唐语林》卷四"贤媛"条记载:"玄宗柳婕妤有才学,上甚重之。婕妤妹适赵氏,性巧慧,因使工镂板为杂花,象之而为夹缬。因婕妤生日,献王皇后一匹,上见而赏之,因敕宫中依样制之。当时甚秘,后渐出,遍于天下,乃为至贱所服。"现在出土的印花丝织品中,不少就有夹缬。它是用两块雕镂相同的图案花板,将布帛夹在中间,涂上防染剂,然后入染,成为色地白花的印染品;或在花板雕镂花处涂以染料,成为花纹。现在日本的正仓院还藏有不少唐代的夹缬品。

另外,从唐代一些名贵织品中,也可以证明唐代的丝织技术,确实已经达到了很高的水平。《旧唐书》卷三七《五行志》载:"中宗女安乐公主,有尚方织成毛裙,合百鸟毛,正看为一色,旁看为一色,日中为一色,影中为一色,百鸟之状,并见裙中。"

宋代的纺织业,仍是以丝织业为主。如河北路的定州,自唐以来便是丝织业的重地,到了宋代地位依然不变。另外两浙、江东、江西诸路的丝绫绡绢等的产量也有大幅度提高。产于京东路的"京绢"此时与蜀锦并称天下第一。故明代张应文《清秘藏》中说:"唐绢粗而厚,宋绢细而薄,元绢与宋绢相似而稍不匀净。"可知,宋代的纺织技巧以细密轻薄见长。宋代丝织技术另有刻丝工艺,而且各地因织法的不同又各有特色。例如定州的刻丝,《宋会要辑稿·职官》三六载:"不用大机,以熟色丝经于木争上,随所欲作花鸟禽兽状。以小梭织纬,先留其处,方以杂色线缀于经纬之上,合以成文,若不相连,承空视之,若雕镂之象,故名刻丝。"这项技术是唐代没有的。

宋代的棉纺织业也有了更大的发展。不仅自海南黎族地区跨海发展到两广路、福建路,而且自岭峤而向江南西路、两浙路发展。约在南宋晚期,棉纺织品已经成为江东西路、两浙路的著名土产了。元初正是在南宋发展的基础上进一步推广到江南诸路以及北方诸路的。

第四节　商品经济的发达

城市的繁荣　镇市与草市　信用关系的发展：世界上最早的纸币　行会的出现　海外贸易的兴盛：市舶司与外贸管理　外贸港口：泉州　扬州　广州

唐宋时期，中国古代城市经历了由封闭式的里坊制城市到开放式的街巷制城市的变化[78]。随着商业的发展，地方开始出现纯经济型城市，唐五代著名的商业城市有成都、幽州（今北京）、扬州、杭州、明州（今宁波）、泉州、广州等。中唐以后，津渡要口的草市日益发展扩大[79]，一些商业繁荣的城市出现了夜市，五代洛阳已正式允许临街设店，这些都影响了宋代城市结构的变化[80]。

唐代长安是政治、文化和经济的中心，商品交易活动集中在东、西二市。宋敏求《长安志》卷八略云："东市，隋曰都会市，南北居二坊之地……街市内货财二百二十行，四面立邸，四方珍奇皆所积集。"西市比东市更为繁华。同书卷一〇略云："西市，隋曰利人市，南北尽两坊之地。市内店肆如东市之制。"各地的珍奇商品均在这里出售，来自西域的珠宝、香料也可以在这里买到。盛唐时，长安是全国最大最繁荣的商业城市。唐代洛阳设有三个市：南市、北市和西市，比长安还要多一个，担当的经济角色也更为明显。三市中以南市最盛。《河南志》卷一载："唐之南市，隋曰丰都市，东西南北居两坊之地，其内一百二十行，三千余肆，四壁有四百余店，货贿山积。"洛阳城中的市多近漕渠，水路运输极其便利，因此商贸的发展日趋繁荣。长安、洛阳之外，唐代城市繁华称"扬一益二"。南方的一些城市，如苏州、杭州等地，也是商业繁荣的地区。曾任苏州刺史的白居易形容它："人稠过杨（扬）府，坊闹半长安。"而杭州地处大运河的终点，中唐以后日益繁华，"万商所聚，百货所殖，……骈樯二十里，开肆三万室"[81]。

中唐以后城市商品经济的新发展，首先值得注意的是：商业贸易的繁荣冲破了以前坊市制度所定的只能在"市"内交易的规定，商业活动的范围扩大了，其至在坊中也有了店铺。如《资治通鉴》卷二三五,德宗贞元十三年:"置白望数百人于两市及要闹坊曲,阅人所卖物,但称宫市,则敛手付与。"此外扬州、荆州江陵城等城市同样出现了在坊曲中贩卖的情形。其次,商业的发展不但突破了地点的限制,时间的限定也被打破。夜市的出现,令城市显得愈发繁荣。如王建诗中的汴梁:"水门向晚茶商闹,桥市通宵酒客行。"[82]扬州的夜市更有名,诚如诗人形容的那样:"夜市千灯照碧云,高楼红袖客纷纷。如今不似时平日,犹自笙歌彻晓闻。"[83]

北宋首都开封的商业街区分布和长安、洛阳明显不同,不再限定在"坊市"之内,而是分布全城,与住宅区混杂,沿街、沿河开设各种店铺,形成熙熙攘攘的商业街。最繁荣的商业街是宣德门东的潘楼街、土市子一带,州桥东的相国寺一带,东南角门到扬州门内、外一带。潘楼街一带是金融中心,《东京梦华录》载其地"并是金银彩帛交易之所,屋宇雄壮,门面广阔,望之森然。每一交易,动即千万,骇人闻见。"金银交易的发达和交子、会子等纸币的发达,正是北宋金融事业发达的标志。城内仍有集中交易的市。相国寺位于城市繁华区,正在汴河北岸,交通便利,因而形成很大的交易市场,每月五次开放万姓交易,其中又按地区分别进行各类货物交易。城内还有通宵营业的地方,形成夜市和晓市,如州桥夜市。朱雀门外御街一带的晓市,天不亮就开业,人称"鬼市"。许多饮食店、酒楼等也多通宵营业,以适应城市经济和市民阶层增长的需要。《清明上河图》描绘的街景就是在狭小的街道两旁尽是店面,有的张灯结彩,有的挂着名贵字画,有的建有欢楼(彩牌坊),有各种招牌。城内还有一种瓦子,集中着各种杂技、游艺、茶楼、酒馆,附近还有妓院。这种瓦子全城有五六处。开封城饭馆、酒楼非常多,全城有大酒楼72处,更多的是各具特色的饮食店和招待客商的邸店,这些都说明商业活动和流动人口的增加[84]。

除了城中的"市"以外,随着商品经济的发达,在唐宋时代还出现了镇市和草市。镇,开始建立的时候是军事性质的。如早在北魏时期的沃野镇便是如此。直到五代时期,镇的作用才有了一些转变。《册府元龟》卷四七五载后唐明宗长兴元年(930)王延奏:"一县之内,所管乡村而有割属镇务者,转为烦扰,益困生民,请直属县司,镇唯司盗贼。"到了宋代,由于商品经济的发展,镇市出现了。高承《事物纪原》卷一载:"民聚不成县而有税者,则为镇。"镇有监,"宋制诸镇监官掌巡逻、盗窃及火禁之事。兼征税榷酤,则掌其出纳会计"[85]。镇监已经负有掌管财政事物的职能了。宋代的一些镇,也正是以它的经济发展而出名,如景德镇和沙市镇。镇市自北宋初年以来便不断发展,到元丰年间全国镇市已发展到一千八百多个[86]。

草市是相对于官市而言的。《唐会要》卷八六载:"诸非州县之所不得置市。"草市便是一种在当时不合法的市集。草市之名,早见于东晋南朝时期[87],初设在城外,是一些定期或不定期的市集。由于商品经济的发展,商业交易的日益频繁,政府规定的市场如城中的"市"已不能满足商品交换的需要,最终市集成了经常性的草市,里面有了固定的商铺及以经营工商业为主的常住人口。唐代中后期,草市在南北均有很大的发展,犹以江南出现最多。这也从另一个方面反映出江南经济在唐代中后期的快速发展状况。王建在《汴路即事》一诗中写道:"千里河烟直,青槐夹岸长。天涯同此路,人语各殊方。草市迎江货,津桥税海商。回看故宫柳,憔悴不成行。"[88]这里写的是汴水渡口的一个草市,南来北往的商船,在此地聚集,商业之繁荣,不比城市逊色。而江南水道纵横,货运交通极为方便。因此在津渡码头,每有草市形成。故杜牧在《上李太尉论江贼书》中说:"(江贼)水劫不便,逢遇草市,泊舟津口,便行陆劫。……凡江淮草市,尽近水际,富室大户,多居其间。自十五年来,江南江北,凡名草市,劫杀皆遍。只有三年再劫者,无有五年获安者。"[89]可见江南草市为数众多。至五代时,北方地区草市也逐渐增多,成为政府税收的来源之一。后周太祖广顺二年(952)正月敕:"诸州镇郭下及草市见管属省店宅水碨,委本处常切管句,其征纳课利,不得亏失。"[90]到了宋代,一些相当繁盛的草市更是广泛分布在乡村中,成为政府最基层的税收单位。

金融市场在唐代也有了进一步发展。由于商品交换的日益频繁,传统的布帛、谷粟等实物货币已不能适应市场交换的要求,铜钱则越来越受欢迎。但铜钱的供应量,在唐代仍有不足。特别是实行两税法以后,规定夏税纳钱,对铜钱的需求更大了。因此在唐朝后期,出现了所谓的"钱荒"。"钱荒"从一个侧面显示了金属钱币在商品经济领域中的作用。但铜钱不便大量携带,作用局限于小额交易,大额贸易有时仍需使用绢帛。于是,价值较高的贵金属——白银便出现在流通领域,在某些方面发挥着货币的作用。唐后期甚至还出现了类似纸币的"便换""飞钱"[91]。赵璘《因话录》卷六《羽部》载："有士鬻产于外,得钱数百缗,惧川途之难赍也,祈所知纳于公藏,而持牒以归,世所谓便换者,置之衣囊。"《新唐书》卷五四《食货志》四载:"(元和初)时商贾至京师,委钱诸道进奏院及诸军、诸使富家,以轻装趋四方,合券乃取之,号'飞钱'。"这种汇兑好像钱在两地之间飞来飞去,故此得名。但是它不能用来购买商品,交纳赋税,所以还不是真正的货币。

唐末五代时期,古老的实物货币——绢帛、谷粟渐渐被淘汰,新兴的货币形态——白银,正在进入流通市场。到了宋代,更出现了世界上最早的纸币。这是我国货币体系和信用关系发生重大变革的时期。

《宋史·食货志》载:"太祖取唐飞钱故事,许民入钱京师,于诸州便换。……开宝三年(970)置便钱务。"可见宋初设置的汇兑机构也仿自唐代故事。真正可以称得上纸币的是北宋前期出现在川陕诸路的"交子"。它也是世界上最早出现的纸币。史载:"会子、交子之法,盖有取于唐之飞钱。真宗时张咏镇蜀,患蜀人铁钱重,不便贸易,设质剂之法,一交一缗。以三年为一界而换之,六十五年二十二界,谓之交子。富民十六户主之。"[92]交子之所以出现在川陕诸路,主要是此地区交易以铁钱为主,诸多不便,故有交子的出现。交子是以铁钱为本位的纸币。宋仁宗天圣元年(1023)设置益州交子务[93],北宋政府正式由官方管理交子事务。到了南宋,东南地区也开始使用交子。不过,早在官方使用交子之前,民间已经出现了便钱会子。如宋高宗绍兴初年,一些乡村便"民间皆是出会子,往来兑使。"[94]绍兴六年(1136)"依四川法造交子,与现缗并行"[95]。于临安府成立交子务。东南会子出现发行之后,到宋孝宗时又加以调整,先后在各个地区发行了地区性的会子,供当地流通。如关外的银会子,兴元府、金洋等州的铁钱会子,两淮州县的淮会等(图3-8)[96]。

商品生产与交换的日益发展,城市人口的集中与城市工商业的日趋活跃,导致了工商业行会的出现[97]。《长安志》说:"市内货财二百二十行,四面立邸。"虽然此"行"不一定就是后来的行会,但至少说明在唐代初期便已有了商业的分类组织。如韦述《两京新记》记西市"市署前有大衣行杂糅货卖之所,记言反说,不可解识。"行业内部特有的语言,外行人已难以明白了。行会是工商业者的组织,有手工业行会和商业行会。唐代手工业不仅分工日益发展,专

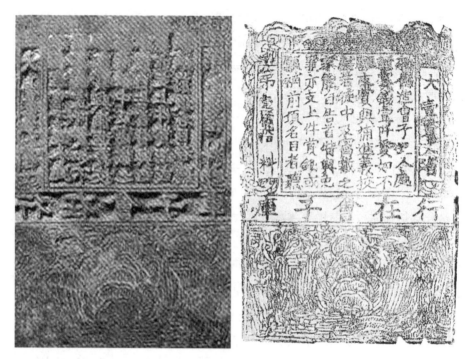

图 3-8　南宋印版会子

业化的程度也愈发细密。活跃的商品经济促使同类的手工业作坊联合起来，这有利于提高本行业的生产技术，而且对于保证各自行业的生产经营和产品销售都有积极作用，也有利于促进城市工商业的发展。如长安城通化门长店："多是车工之所居也，广备其材，募人集车，轮辕辐毂，皆有定价。……有奚乐山者，携持斧凿，诣门自售，视操度绳墨颇精。"[98]可见长安城内手工业不单分工精细，手工业者的技术也颇为娴熟。

　　唐代行会的数量及其具体组织情况由于史料的缺乏，目前颇难考究。但从一些石刻资料中，可以看到不少唐代行会的名称。如绫帛行、大绢行、小彩行、小绢行、丝绵行、绢行、米行、生铁行、炭行、磨行、肉行、油行、屠行、果子行、靴行、杂货行、染行、布行等等[99]。另外在出土的文书中也出现了诸如果子行、绫帛行、米面行等。可见唐代确实存在着一些工商业的分类组织。诸行设行头、行首。贾公彦《周礼注疏》卷九："肆长谓行头，亦是市中给徭役者。"同书卷一五载："肆长谓一肆立一长，使之检校一肆之事，若今行头者也。"行头的责任是配合政府维持市场秩序。有时行会还要协助官府平抑物价,稳定市场。《旧唐书·食货志》载:建中元年七月,敕:"夫常平者,常使谷价如一,大丰不为之减,大俭不为之加。虽遇灾荒,人无菜色。自今已后,忽米价贵时,宜量出官米十万石,麦十万石,每日量付两市行人下价粜货。"行会在此时起的作用是不容忽视的。

宋代"行"的数目和职能又比唐代有了发展。宋代的"行"也称作"团"。吴自牧《梦粱录》卷一三《团行》载:"市肆谓之团行者,盖因官府回买而立此名,不以物之大小,皆置为团行,虽医卜工役,亦有差使,则与当行同也。"宋代手工业的分工比前代更加细密。如纺织业中,有了独立的染坊。染色行业中,因为夹缬新工艺的出现,于是有了专门从事雕造花缬的技工。此外,还有刻丝、刺绣等新工艺行业的出现等[100]。日益细密的手工业分工,有力地推动了宋代商品经济的发展。行会的另一个重要职能是协调行内的各种关系,努力缩小行内的竞争和互相帮助。如车若水《脚气集》记载:"向在金陵,亲见小民有行院之说。且如有卖炊饼者,自别处来,未有其地与资,而一城卖饼诸家便与借市,某送炊具,某贷面料,百需皆裕,谓之护引。"商业行会也有类似的特点职能。前文已经提到,官府的回买是通过团行实现的,因此宋代的商行和唐代的一样,也要协助政府调节市场。

唐宋手工业商业行会的出现,正说明了随着城市经济的发展繁荣,城市工、商业者的人口比以前有了较大规模的增加,为了维护自身的利益和适应不断进步的商品经济关系,行会组织也就应运而生了。

唐宋时期,不仅仅陆地上的工商业发达,海外贸易也有了快速的发展。为管理日益繁荣的海外贸易,唐朝设立了市舶司主管对外港口的贸易活动。《唐会要》卷六六"少府监"条记:"显庆六年(661)二月十六日敕:南中有诸国舶,宜令所司每年四月以前,预支应须市物,委本道长史,舶到十日内,依数交付价值。市了,任百姓交易。其官市物送少府监简择进内。"可见高宗时虽然没有正式设立市舶司于外贸港口,但已有官员负责此类事宜。市舶司具体何时设置,史料并没有明确记录。据《册府元龟》卷一○一帝王部纳谏门记载:"开元二年(714)十二月,右威卫中郎将周庆立为岭南市舶使,与波斯僧广造奇巧,将以进内,监选使殿中侍御史柳泽上书谏,帝嘉纳之。"可知市舶司的设立至少在开元二年十二月以前。至于设立的地点,从"岭南市舶司"的名称来看,应是治广州[101]。唐代中后期的广州聚集了从各地特别是南洋诸国来的商人。"其海外杂国若躭浮罗、流求、毛人、夷亶之州,林邑、扶南、真腊、干陀利之属,东南际天地以万数,或时候风潮朝贡。蛮胡贾人,舶交海中。"[102]市舶司的设置,是为了加强对海外商人的管理、征税和为宫廷收购外来的奇珍异宝。文宗大和八年(834)二月诏:"比年长吏多务征求,嗟怨之声达于殊俗,……深虑远人未安,率税尤重,思有矜恤,以示绥怀。其岭南福建及扬州蕃客,宜委节度观察使常加存问,除舶脚收市进奉外,任其来往通流,自为交易,不得重加率税。"[103]文宗诏书所说"舶脚"即征收关税,"收市"即官府指定收购,"进奉"则指交纳贡品。

宋朝一开始就很重视海外贸易。987 年,太宗曾派内侍 8 人,带着国书、礼物和丝绸,分四批前往海外各国出使。每批使者还带着没填国名的皇帝亲笔信两封,准备在到达的地方看情况打听清楚了再填写递交,主旨是邀请外国商人来中国做生意。还不知道是哪个国家或地区,更不知道那个国家或地区的具体情况,就把使者派出去并发给空名信件放手让他们去经营,这种不惧风险开拓海外的做法与当年汉武帝派张骞通西域的做法何其相似! 1028 年,由于外国船只连年很少到广州,仁宗又下令地方官和朝廷派驻的转运使设法招引,给予优待,以便外国船多来一些。广州、泉州、明州(今宁波)、杭州、扬州在北宋都是对外贸易的主要口岸,政府在这些城市都设立了市舶司。市舶岁入约110 万缗,约占国库收入的 1/60。市舶司还负有接送外来海舶、保护和接待外商的使命。宋代泉州港市舶司官员每年都要会同地方官在西郊南安九日山麓的延福寺为中外海舶的安全航行举行祈风,祭海神通远王以祈求顺风。

南宋疆土缩小,财政困难,然而仅广州、泉州两处海港,每年市舶之利就达到 200 万缗,于是南宋政府更加重视市舶之利和招徕远人。1137 年,高宗在上谕中说:市舶收入特别多,如果管理得当,一年起码是上百万,难道不比取之于民更好吗! 1146 年,高宗在另一次上谕中又说:市舶收入特别有利于解决国家费用问题,应当依照从前的办法,招引邀请远方外国商人来中国,扩大经商,发展贸易。南宋赵汝适在《诸蕃志》(1225 年成书)自序中也说:在泉州、广州设置市舶司主持对外贸易,目的是想既减轻人民负担又增加国家财政收入,这与那种崇尚洋货、追求奢华的做法完全不同。南宋特别优待远方外国并鼓励中国商人到海外经商。绍兴六年（1136）泉州知州连南夫建议，市舶司纲首（领班）凡是能招引来外国货船，收取海关税达 5 万贯、10 万贯的，据其数额相应补官（提高级别待遇）。阿拉伯客商罗辛贩来乳香价值 30 万缗，纲首蔡景芳招徕外国船货，收税 98 万缗，都补了低级武阶官。泉州、广州市舶司的主管官员按税额折收乳香，每满 100 万两就升一级官。此外，到外国引客商或贩货回国，无论本人是否在职，均按这个标准奖赏。由于实行了这项政策，海商去外国接洽生意、引外商来华贸易以提高自己社会政治地位的越来越多。大食（今西亚一带，或指今马来半岛南部淡马锡 Tumasik）、真腊（今柬埔寨）、阇婆（今印尼爪哇岛）、占城（今越南南方）、勃泥（今文莱）、麻逸（今菲律宾南部）、三佛齐（今印尼苏门答腊岛）等国也有不少商人经南海到宋朝贸易。

　　唐宋时代，泉州是中国对外贸易的主要口岸之一。开元二十九年（741），泉州别驾赵颐贞为了发展对外贸易，大力整治港口，凿沟通舟楫，使海船可直达泉州城下。据 9 世纪中叶阿拉伯地理学家伊本·胡尔达兹比（Ibn Khurdadhbih）《道理与诸国志》记载，当时泉州和交州、广州、扬州同为中国对外四大贸易港，与阿拉伯、波斯和东南亚各国往来频繁。中唐以后，有很多外国人尤其是阿拉伯商人来泉州居住，以至出现了"船到城添外国人""市井十洲人"的盛况。来泉州的外国人包括使臣、商人和传教士，他们带了香料和珠宝，返回丝织品和瓷器等。五代时南唐灭闽，留从效据泉、漳二州，为了适应对外贸易的需要，扩建了泉州城，并在城周环植刺桐树，此后刺桐就成了泉州的别称。宋元时代外国商人、旅行家东来，常将刺桐城名写进其旅行日记，泉州以此驰名于世界。

　　扬州隋唐时代为东南水利交通枢纽，也是重要的国内外贸易都会。唐代扬州既是全国最大的物资转运站和集散地，又是工商业最发达的城市。手工业产品以铜镜最负盛名，丝织业、造船业也很发达。这里是中外富商大贾的聚集之地，都市生活极度发达，十里长街，市井相连，笙箫歌舞，通宵达旦。中唐以后，这里更成为中央政府倚办转输赋税的重镇。《唐会要》卷八六载："诸道节度观察使以广陵当南北大冲，百货所集，多以军储货贩，列置邸肆"；"扬州富庶甲天下，时人称扬一益二。"[104]

广州也是唐宋时代主要的对外贸易口岸之一。当时的海上对外贸易空前繁荣,"广州地当要会,俗号殷繁,交易之徒,素所奔凑"[105]。《岭表录异》卷下载:"每岁,广州常发铜船,过安南易货。"广州江面上停泊来自狮子国(今斯里兰卡)、波斯(今伊朗)、昆仑(今中印半岛南部及南洋诸岛一带)等处的"南海舶",不知其数。运来的是象牙、犀角、香料、铜锭、海贝和各种宝物,换去的是绫、绢、丝、绵、瓷器之类商品。广东著名的宋代潮州窑出土日用瓷、美术瓷中有高鼻卷发的西洋人头像和短脸、垂耳、矮身的西洋狗,显然都是作为外销而制作的,当然也要从广州起运。唐宋都在广州设置市舶司,专管对外贸易,征收舶脚税。外商则集中住在蕃坊,设蕃长主领其事。史载9世纪后期广州的伊斯兰教、景教、拜火教等教徒多达十二万,此数容有夸大,但外商人数很多却是可以肯定的。

第五节　南方经济的发展

南方经济的进一步发展及其地位的突出　东南沿海地区经济　南北各地经济发展的不平衡　南方经济的发展对文化的影响

隋及唐前期,我国经济重心仍然是黄河流域。但安史之乱严重破坏了北方的农业生产,直到唐末,北方的经济都未能完全复原。与此同时,南方的经济开始快速增长,并最终超过了北方。南方经济的进一步发展,首先表现在农业生产的发展。以唐代太湖流域(包括润、常、苏、杭、湖、睦等六州)为例,水利工程的修建为谷物的生产,特别是水稻的生产创造了良好的条件。太湖流域的农民在太湖东部低洼地区,把围田、筑塘、开浦、疏江四项工程结合起来,把治水与治田,治低田与治高田结合起来。加上耕作工具的改良,使水稻亩产比过去有了很大提高,"亩收倍钟",南方逐渐成为我国主要的水稻产地。除此之外,手工业与商业的发展也使得南方经济地位进一步突出。经济作物的种植、加工和农产品的商品化,带动了市场经济的发展,南方地区性的市场扩大了,草市与镇的不断出现说明市场经济在南方正扮演着愈来愈重要的社会角色。

经过宋元两代,最终于明清时期在太湖地区形成了一批著名城镇[106]。南方地区的经济地位,远远超过了北方。

从唐代中期开始,江南地区便担负起了较重的赋税[107]。《册府元龟》卷一六九《帝王部》载:"天下贡赋根本既出江淮,时江淮人甚困而聚敛不息。"其中尤以太湖地区所负担的赋税为重。如代宗大历时,每年自江南北调的粮食达一百一十万石,太湖地区所提供的就达二十至三十万石。安史乱前,唐朝的财赋重心在北方,尤倚重河北、河南、河东三道。安史乱后,河北全部、河南大部、河东一部,皆为藩镇割据,唐朝财赋重心遂南移江淮。这也从一个方面说明了江南经济在唐中期确实有了不俗的发展,否则,就不能承当起如此繁重的赋税。

东南沿海地区的经济,除了传统农业的进步、手工业商业的繁荣外,航运业的发达也是促进这一地区经济发展的重要原因。唐代江南的航运业已经很发达。荆南首府江陵,号称"全楚奥区,荆衡重地,凑舟车之都会,控湖岭之要冲"[108]。它的繁荣系于交通的发达,尤其是航运的发达。四方商贸因此而云集江陵,甚至在江陵城外形成市镇,如沙头市。岳州是洞庭湖与长江交汇之所,号称三湘咽喉,历来就是航运中心。五代初朱温曾因岳州为五岭、三湘水陆会合之地,"委输商贸,靡不由斯"[109],遂并力与吴争夺。当时扬州是对外贸易港口,许多物资从这里起运至日本。又据《新唐书·东夷传》"日本"条载:"新罗梗海道,更由明、越州朝贡。"可知明、越州也是海运港口。海运的兴盛,推动着整个地区经济的发展,具体表现在促进港口城市的繁荣与市镇的兴起,促使人口从农村向城镇转移,即农业人口转移到城镇从事商品生产、贸易、运输、服务各行业,推动社会分工的发展,促进区域性市场的形成。这种情况是当时北方所不能比的。

两宋航运业的繁荣,也引起了社会经济的发展变化。首先是加速了南粮北调,促进了江南农业的发展。据统计:北宋时期,政府在南方征收的米谷布帛和专卖收入,经运河运至京师每年达四五百万至一千余万石匹贯。大量粮食北调既是江南农业发展的结果,又继续促进了农业的发展。宋代江南,尤其浙江、江西、福建、湖南、广东这些地区的发展是非常迅速的。这昭示着经济重心向南方转移的态势加强了。南宋虽然偏安,政治也不清明,但农业经济的发展态势依然存在。其次,海外贸易的发展,更促进了沿海地区经济结构的变化。以福建为例,在海外贸易的刺激下,农业结构得到调整,在扩大水稻种植面积的同时扩大经济作物的种植。甘蔗种植面积扩大是因为制糖业发展和糖的出口需求增加,棉花种植亦因棉织业发展和棉织品出口而扩大。即使荔枝,也因出口到日本、新罗及国内销售的扩大而广泛栽种。由此可见,海外贸易的发展,引起了沿海地区社会经济结构的某些变化,适应海外贸易和城市经济的生产部门纷纷出现,东南沿海地区的经济发展,比前代有了长足的进步[110]。

中国古代经济重心的南移是一个漫长的历史发展过程。自古以来,中国南北经济的发展便极不平衡。经济发展的水平,不完全取决于人口的多寡,还要看劳动生产率的高低。其中,农业劳动生产率的意义尤为重要。到了宋代单位面积产量有了较大幅度的增长。两浙路、太湖流域、江东路圩田区是当时稳产高产田集中地,亩产量从北宋时的米三石发展到南宋时的五六石或六七石,高达六七百斤。南方农业劳动生产率之所以提高较快,和南方生产广度与深度超过北方有关。就广度而言,南方如福建充分利用劳动力,开垦荒地,及至山谷峻岭。梯田在南方丘陵、山区比比皆是。南方农业的部门众多,因地制宜,发展生产,如桑、麻、茶、果、药、花的种植和水产、海产资源的开发利用,北方都大不如南方。尽管南方人均耕地少,生活资料却比北方丰富。就深度而言,南方精耕细作的水平也超过北方。吴、越、闽等地从唐末以来发展起来的两作制,亦即双季稻、稻麦连作等方式,到宋代有更大的推广。而且南方农品商品化程度也高于北方。宋代南方商业性农业和多种经营呈现相当繁荣的景象,桑树、苎麻、棉花、茶树、桐树、荔枝、龙眼、甘蔗、大豆等的种植,已使部分农民以商品生产为生,他们与市场的联系比传统的自然经济下的农民更加频繁。以农产品为原料的手工业生产,如丝织、麻织、棉织、榨糖、榨油等行业,随着农业商业化和多种经营的发展而进步。其他手工行业,如制盐、冶铁、制瓷等,也因农业生产的发展而发展。南方还拥有许多北方所没有的经济作物,它们的商品率大大高于粮食作物,茶叶就是显著的例子。据估计,宋代每年投放市场的茶叶总值达 100 万贯,仅此一项,就使北方的经济作物及其加工业相形见绌。对北宋至道、天禧和熙宁元丰三个时期政府工商税收的统计表明,其增长幅度是很大的(当然不能排除征收政策的调整),而其中盐、茶、银、铜的税收又占了相当大的比重。这四项手工业产品大部或全部都产自南方。

北宋时南方经济的发展不仅持续到南宋,而且这种发展在南宋时又进一步深化了。元、明、清三代南方经济的发展仍然有增无减,相形之下北方的发展是缓慢的。近代以前,中国经济发展南高北低的格局再也没有逆转过。江南经济区不仅完全取代了原先北方经济区所具有的地位,而且使得国家的政治中心对它的依赖程度不断提高。中国古代南方经济最终超过北方,归根结底是由三种情况所决定的。首先,掌握比较先进的生产技术的劳动者大量增加(主要是历次由北方南徙的移民),使南方生产力构成中的主导力量大大增强。对江南水田农业超过华北旱田农业起关键性作用的育秧、移秧技术,很可能就是从原先北方的水稻移植技术演变而来的,而这种技术的导入南方,自然是与北方移民的南徙分不开的。其次,先进的生产工具(主要是南朝以后发展起来的优质钢铁工具)的广泛使用,使林莽丛生的广大丘陵山区的大规模开发成为可能。南方优越的自然条件一经与先进的生产工具相结合,便会产生出超乎北方之上的生产能力。最后,南方气候温湿,各类作物与北方相比一般具有生长期短、产量高的优点,从而使南方农业具备生产周期短、生产率高的优越性。此外,许多不宜在北方生长的经济作物,在南方却能得以广泛种植,茶叶就是显著的例子[111]。

南方经济的发展,也带动了南方地区文化的进步。经济实力的增强,使得商人的地位有所提高。唐朝前期,虽然工商列入士农工商四民之中,取得了良人的身份,但直到开元末年,仍然维持了"工商之家,不得预于士"[112]的规定。这一情况到唐代后期有所改变。已经有工商子弟应举及第了。开成、会昌年间进士及第的陈会,《北梦琐言》卷三记载:"家以当垆为业,为不扫街,官吏殴之。其母甚贤,勉以修进,不许归乡,以成名为期。"及第后,剑南节度使李固言"览报状,处分厢界,收下酒旆,阖其户。家人犹拒之,逡巡贺登第。"此外,盐商子弟也有应举入仕的。如大和六年(832)进士及第的毕諴,咸通六年(865)及第的江陵盐商之子常修和咸通十五年(874)进士及第的顾云等[113]。可见经济的发展和社会分工的扩大,使许多农民从农业中分离或半分离出来,从事工商业活动,再加上还有不少的官僚经商,士农和工商已很难严格区分。工商子弟正是在这种背景下,进入仕途的。南方商品经济发达,在这方面的进步尤其明显。

　　南方经济的发展,使得江南地区的政治实力也有所增强。唐代前期的政治人物,大多数是北方人,江南道也出现了不少,多集中在润、苏、常三州,也就是前面所说的太湖流域地区[114]。唐朝后期,情况也有了变化。润、苏、常三州进士及第的人数增加了,前期没有出过进士的一些地区也出现了进士。及第增长幅度最大的是福建、江西和湖南。据徐松《登科记考》,从贞元四年至十七年(788—801),福建科举及第者就有十人。元和元年(806)至光启二年(886)的八十年间,进士及第者又有三十三人[115]。这显然也是和江南经济的发展分不开的。吴宗国在其《唐代科举制度研究》一书中说:"虽然从及第人数来看,在总数中比重仍然很小,但是作为一种起步,一种趋势,却是值得注意的。这不仅反映了这些地区的经济进入了一个新的阶段,也预示着南方政治人才群体的兴起。……五代十国时南方各国的统治者不尽是本地人,而当地的士人始终是一支活跃的政治力量。到北宋终于出现了大批出生于江西、福建、苏南等南方各地的政治人物。其中包括苏州人范仲淹、抚州临川人王安石、吉州永丰人欧阳修、泉州晋江人曾公亮等著名的政治家。"入宋以后,南方士人在政治上扮演的角色愈来愈重要。在王安石变法中,参与变法的也大都是江南人士。江南地主集团的崛起及成为政治的中坚,也正说明了中国社会文化中南方比重的增强。

注　释

〔1〕唐长孺、吴宗国等编:《汪篯隋唐史论稿》,中国社会科学出版社,1981 年,第 37—38 页。

〔2〕《通典》卷七《食货七·历代盛衰户口·丁中》,中华书局,1988 年。

〔3〕参见费省:《唐代人口地理》,西北大学出版社,1996 年,第 39 页。

〔4〕参见史念海:《论唐代贞观十道和开元十五道》,收入氏著《唐代历史地理研究》,中国社会科学出版社,1998 年,第 373—467 页;宁可主编:《中国经济通史·隋唐五代经济卷》,经济日报出版社,2000 年,第 6—9 页。中国地理上的南北界线习惯上取秦岭、淮河一线,本文同此,参见葛剑雄著:《中国人口发展史》,福建人民出版社,1991 年,第 341—343 页。

〔5〕参见葛剑雄:《中国人口发展史》,福建人民出版社,1991 年,第 343—344 页。

〔6〕同上,第 344—345 页。

〔7〕　《文献通考》卷一一《户口考二》，商务印书馆，1936 年。

〔8〕　参见郭文韬编著：《中国古代的农作制和耕作法》，农业出版社，1982 年，第 11—13 页。

〔9〕　参见郑学檬：《中国古代经济重心南移和唐宋江南经济研究》，岳麓书社，1996 年，第 42—46 页。

〔10〕　参见考李伯重：《唐代江南农业的发展》，农业出版社，1990 年，第 95—98 页。

〔11〕　《全唐文》卷三一四，李华《润州丹阳县复练塘颂并序》，中华书局，1983 年。

〔12〕　《通典》卷二《食货二·田制下》，中华书局，1988 年。

〔13〕　《汪篯隋唐史论稿》，中国社会科学出版社，1981 年，第 40—69 页。

〔14〕　《新唐书》卷一六六《杜佑传》，中华书局排印本，1975 年，第 5088 页。

〔15〕　沈括：《长兴集》卷二《万春圩田记》。

〔16〕　参见漆侠：《中国经济通史·宋代经济卷》上册，经济日报出版社，2000 年，第 63—65 页。

〔17〕　华林甫：《唐代粟麦生产的地域分布初探》，载《中国农史》1990 年 2、3 期。

〔18〕　牟发松：《唐代长江中游的经济与社会》，武汉大学出版社，1989 年，第 31—39 页。

〔19〕　韩愈：《送陆歙州诗序》，见《韩昌黎文集校注》第四卷，上海古籍出版社，1986 年，第 231 页。

〔20〕　参见桑原骘藏：《历史上所见的南北中国》，收入《日本学者研究中国史论著选译》第一卷，中华书局，1992 年，第 61 页注〔68〕。

〔21〕　参见孙敬之主编：《中国经济地理概论》，商务印书馆，1986 年，第 285—286 页。

〔22〕　《唐代江南农业的发展》，农业出版社，1990 年，第 87—90 页。

〔23〕　近年张传玺先生的研究表明，对曲辕犁（即江东犁）的作用及在历史上的普及程度不宜估计过高，参见氏著《秦汉问题研究》，北京大学出版社，1985 年，第 266—270 页。

〔24〕　有学者认为秧马是起秧工具。参见《中国古代经济重心南移和唐宋江南经济研究》，岳麓书社，1996 年，第 96 页。

〔25〕　参见《唐代江南农业的发展》，农业出版社，1990 年，第 121—122 页。

〔26〕　《全唐诗》卷六一一，皮日休《茶中杂咏·茶人》，中华书局，1960 年。

〔27〕　参见《中国经济通史·宋代经济卷》上册，经济日报出版社，2000 年，第 169—189 页。

〔28〕　《旧唐书》卷四八《食货志》上，"丁男"下有"中男"二字，中华书局，1975 年，第 2088 页。参见《唐令拾遗》田令第二十二，汉译本第 540—541 页。

〔29〕　关于均田制与租庸调法的关系，请参见邓广铭《唐代租庸调法研究》，收入《邓广铭学术论著自选集》，首都师范大学出版社，1994 年。

〔30〕 据《唐六典》卷三,"户部郎中员外郎"条:受田悉足之处为宽乡,不足者为狭乡。见中华书局,2005年。

〔31〕 参见《唐六典》卷三,"户部郎中员外郎"条;《中国大百科全书·中国历史·隋唐五代史》,"户税"条,第192页。

〔32〕 参见《唐律疏议》卷一三《户婚律》,"差科赋役违法"条律疏引《赋役令》,第251页。

〔33〕 参见陈寅恪:《隋唐制度渊源略论稿》,中华书局,1977年,第150—151页;胡如雷:《唐(618—907)》,《中国大百科全书·中国历史·隋唐五代史》特长条,第35页;《中国大百科全书·中国历史·隋唐五代史》,"地税"条,第135页。

〔34〕 对唐代均田制的实施与否,学界一直有两种不同的意见:肯定的意见具见上述,并请参见唐长孺:《魏晋南北朝隋唐史三论》,第259—260页;否定的意见参见邓广铭:《唐代租庸调法研究》及附记、傅筑夫:《中国封建社会经济史》等。

〔35〕 参见邓广铭:《唐代租庸调法研究》,见《邓广铭学术论著自选集》,首都师范大学出版社,1994年,第29—31页。

〔36〕 参见《唐会要》卷八三《租税》上所收建中元年正月五日敕文,同年二月十一日起请条,其年(当为大历十四年)八月宰相杨炎上疏,中华书局,1955年,第1535—1537页。

〔37〕 《旧唐书》卷一一八《杨炎传》作"主客",中华书局,1975年,第3421页。参见唐长孺:《唐代的客户》,收入《山居存稿》,中华书局,1989年,第129—165页。

〔38〕 《唐会要》卷八三《租税》上,中华书局,1955年,第1536页。

〔39〕 参见胡如雷:《唐(618—907)》,《中国大百科全书·中国历史·隋唐五代史》特长条,第86页。

〔40〕 《新唐书》卷一四五《杨炎传》,中华书局,1975年,第4724页。

〔41〕 参见张传玺:《中国历代契约会编考释》(上),北京大学出版社,1995年,第274页以下。

〔42〕 参见张传玺:《秦汉问题研究》,北京大学出版社,1985年,第116—117页。

〔43〕 《吐鲁番出土文书》第6册,文物出版社,1985年,第223页。

〔44〕 《新唐书》卷五二《食货志》二,中华书局,1975年,第1361页。

〔45〕 《陆宣公集》卷二二《均节赋税恤百姓第六条——论兼并之家私敛重于公税》,浙江古籍出版社,1988年。

〔46〕 参见《中国经济通史·隋唐五代经济卷》,经济日报出版社,2000年,第167—180页。

〔47〕 参见《中国经济通史·宋代经济卷》上册,经济日报出版社,2000年,第234—260页。

〔48〕 《宋会要辑稿·食货》六三之一六二,中华书局影印本,1957年。

〔49〕《江苏金石志》卷一三《呈学粮田籍记》二,台北:新文丰出版公司,1982 年。

〔50〕《江苏金石志》卷一五,台北:新文丰出版公司,1982 年。

〔51〕《宋会要辑稿·食货》一之二四,中华书局影印本,1957 年。

〔52〕《宋会要辑稿·食货》十三之二一,中华书局影印本,1957 年。

〔53〕朱熹:《晦庵先生朱文公文集》卷一〇〇《劝农文》,四部丛刊初编本。

〔54〕毛珝:《吾竹小薹·吴门田家十咏》。

〔55〕参见张泽咸:《唐代工商业》,中国社会科学出版社,1995 年,第 135—136 页。

〔56〕中国硅酸盐学会主编:《中国陶瓷史》,文物出版社,1987 年,第 181 页。本节以下有
关陶瓷工艺与瓷器的介绍,除特别注明外,主要参见了该书。

〔57〕参见张泽咸:《唐代工商业》,中国社会科学出版社,1995 年,第 134—135 页。

〔58〕参见杜石然等编著:《中国科学技术史稿》下册,科学出版社,1984 年,第 73 页。另
一种说法是六大窑系,不包括越窑和建窑,参见《中国陶瓷史》,第 229 页。

〔59〕参见《中国经济通史·宋代经济卷》下册,经济日报出版社,2000 年,第 773—
780 页。

〔60〕参见《中国陶瓷史》,文物出版社,1987 年,第 228—231 页。

〔61〕参见《中国科学技术史稿》上册,科学出版社,1982 年,第 301—302 页。

〔62〕参见齐东方:《唐代金银器研究》,中国社会科学出版社,1999 年。

〔63〕参见《唐代工商业》,中国社会科学出版社,1995 年,第 18 页。

〔64〕郑学檬:《中国古代经济重心南移和唐宋江南经济研究》一书认为木炭炼出的铁更
好,岳麓书社,1996 年,第 133—134 页。

〔65〕参见宿白:《隋唐长安城和洛阳城》,载《考古》1978 年 6 期,第 409—425 页。

〔66〕参见中国社会科学院自然科学史研究所主编:《中国古代建筑技术史》,科学出版
社,2000 年,第 67—73 页。

〔67〕参见刘敦桢主编:《中国古代建筑史》(第二版),中国建筑工业出版社,1987 年,第
128—134 页。

〔68〕参见《中国科学技术史稿》上册,科学出版社,1982 年,第 311 页。

〔69〕参见《中国古代建筑史》(第二版),中国建筑工业出版社,1987 年,第 138 页。

〔70〕参见《中国古代建筑史》(第二版),中国建筑工业出版社,1987 年,第 138 页;《中国
科学技术史稿》上册,科学出版社,1982 年,第 312 页。

〔71〕参见《中国古代建筑史》(第二版),中国建筑工业出版社,1987 年,第 141—143 页。

〔72〕《全唐文》卷一九九,张嘉贞《石桥铭序》,中华书局,1983 年。

〔73〕张鷟:《朝野佥载》卷五,中华书局,1979 年。

〔74〕 参见《中国科学技术史稿》上册,科学出版社,1982 年,第 297—298 页。

〔75〕 参见《中国古代经济重心南移和唐宋江南经济研究》,第 81—84 页。

〔76〕 《旧唐书》卷一一《代宗本纪》,中华书局,1975 年,第 298 页。

〔77〕 《文苑英华》卷九七三,中华书局,1966 年。

〔78〕 参见徐苹芳:《关于中国古代城市考古的几个问题》,北京大学中国传统文化研究中心编:《文化的馈赠——汉学研究国际会议论文集·考古学卷》,北京大学出版社,1998 年,第 38 页。

〔79〕 参见宫崎市定:《东洋的近世》,译文收在《日本学者研究中国史论著选译》第一卷,中华书局,1992 年,第 174—175 页;唐长孺:《魏晋南北朝隋唐史三论》,武汉大学出版社,1992 年,第 317—320 页。

〔80〕 参见《中国古代建筑史》(第二版),中国建筑工业出版社,1987 年,第 116 页。

〔81〕 《文苑英华》卷八〇〇,李华《杭州刺史厅壁记》,中华书局,1966 年。

〔82〕 《全唐诗》卷三〇〇,《寄汴州令狐相公》,中华书局,1960 年。

〔83〕 《全唐诗》卷三〇一,王建《夜看扬州市》,中华书局,1960 年。

〔84〕 参见董鉴泓主编:《中国城市建设史》,中国建筑工业出版社,1989 年,第 62—63 页。

〔85〕 《文献通考》卷六三《职官一七》,商务印书馆,1936 年。

〔86〕 见《中国经济通史·宋代经济卷》下册,经济日报出版社,2000 年,第 1071 页。

〔87〕 参见〔日〕加藤繁:《唐宋时代的草市及其发展》,译文收在《中国经济史考证》第一卷,商务印书馆,1962 年,第 315—317 页;唐长孺:《魏晋南北朝隋唐史三论》,第 133 页。

〔88〕 《全唐诗》卷二九九,中华书局,1960 年。

〔89〕 《全唐文》卷七五一,中华书局,1983 年。

〔90〕 《五代会要》卷一五"户部"条,上海古籍出版社,1978 年。

〔91〕 参见《中国经济通史·隋唐五代经济卷》,第 429—431 页。但张泽咸在其《唐代工商业》一书中认为,"飞钱"并不是在货币经济发展基础上出现的,也并不是商业繁荣的成果,见该书第 356 页。

〔92〕 《宋史》卷一八一《食货志下》三,中华书局,1977 年,第 4403 页。

〔93〕 《文献通考》卷九《钱币二》,商务印书馆,1936 年。

〔94〕 洪適:《盘洲集拾遗·户部乞免发见钱札子》。

〔95〕 李心传:《建炎以来系年要录》卷九八,绍兴六年二月甲辰记事。

〔96〕 《中国经济通史·宋代经济卷》下册,第 1229—1230 页。

〔97〕 参见《唐代工商业》,第 345—351 页。

〔98〕 《太平广记》卷八四"奚乐山"条,上海古籍出版社,1990年。

〔99〕 参见《房山石经题记汇编》,书目文献出版社,1987年。

〔100〕 参见《中国经济通史·宋代经济卷》下册,第821—829页。

〔101〕 关于唐代市舶司的设立地点释疑,可参见《唐代工商业》第490页注〔2〕。

〔102〕 《韩昌黎文集校注》第四卷《送郑尚书序》,上海古籍出版社,1986年,第284页。

〔103〕 《全唐文》卷七五,文宗《太和八年疾愈德音》,中华书局,1983年。

〔104〕 《资治通鉴》卷二五九,昭宗景福元年,中华书局,1956年。

〔105〕 《陆宣公集》卷一八《论岭南请于安南置市舶中使状》。

〔106〕 参见《中国古代经济重心南移和唐宋江南经济研究》,第139—149页。

〔107〕 有学者认为这是藩镇割据引起,北方赋税多被本地藩镇截留,见郑学檬:《中国古代经济重心南移和唐宋江南经济研究》,岳麓书社,1996年,第10—12页。

〔108〕 《全唐文》卷八三《授裴休荆南节度使制》,中华书局,1983年。

〔109〕 《旧五代史》卷四《太祖纪》,中华书局,1976年。

〔110〕 参见《中国古代经济重心南移和唐宋江南经济研究》,第128—130页。

〔111〕 同上,第13—19页。

〔112〕 《大唐六典》卷三"户部郎中员外郎"条,三秦出版社,1991年。

〔113〕 吴宗国:《唐代科举制度研究》,辽宁大学出版社,1997年,第270—273页。

〔114〕 参见史念海:《两〈唐书〉列传人物本贯的地理分布》,收入其《唐代历史地理研究》,第373—467页。

〔115〕 参见吴宗国:《唐代科举制度研究》,辽宁大学出版社,1997年,第275—277页。

第四章　科举制度的发展与新型士人的出现

科举是隋唐时期以来新兴的通过考试选拔官员的制度。在中国历史上，科举制度前后施行了 1300 年之久。这一制度曾经长期影响着帝制时期文官队伍的建设，影响着中国社会的政治文化面貌，也影响着知识分子对于生活道路的选择，影响着他们的精神风习和情感形态。

隋唐至宋，通过科举入仕者并不占官僚队伍中的多数；但自唐代中期以后，他们在官僚体系中所处的位置日益重要。正因为如此，选拔的原则，就成为涉及国家政治趋向的根本性问题；而科举取士的过程，也成为朝野内外关注的焦点。

"开放性"与"严密化"是科举制度运行过程中相辅相成的两个主要趋势。

第一节　科举制度与统治基础的扩大

从察举到科举　"开放"与"严密"　官僚来源及统治阶层成分的变化
时文与八股

隋唐时期的科举制度，应该说，是脱胎于汉魏以来察举制度的母体之中的。作为一种推荐选官的程序，察举强调"选贤任能"的原则，强调候选人在某一方面的优秀素质，而不完全考虑其家世、身份或者特权。这一制度在一定程度上有助于改变世卿世禄的传统，抑制贵族集团的膨胀，发挥过积极的作用。但也遗留下不少问题，如察举在制度程式上过于简单粗糙：一方面，其中心环节是长官举贤，如何确保长官本人公正而有识鉴，如何确保适宜的被举者引起长官注意,成为亟待解决的问题;另一方面,察举的多元标准(德行、吏能、经术、功劳、名望等等),缺乏客观、精确与划一的衡量尺度,不能适应官僚行政所需要的严密化、规范化、易于把握、便于操作的制度程式[1]。

为了解决相关的问题,举荐与考试结合起来,考试逐渐纳入了选官的程序。考试与选官的结合,最终导致了科举制度的产生。

科举制度产生于隋而确立于唐。因为有多种科目,"分科举人"[2],故名科举[3]。与重点在于推荐的察举相比,科举制度的特点在于:考生可以"怀牒自列于州县",自由报考;而且"取士不问家世","一切以程文为去留"[4],没有如"人门兼美"一类的附加条件,在一定程度上体现出"开放"与"公平竞争"的特色。

在中国古代历史上,科举制度取代察举制度,有其历史的必然性。但是,相对合理并不意味着尽善尽美。从科举制度的特点,我们可以看出,它重视士人的知识才能,与注重整体素质的察举制相比,其取士标准较为单一。单一则易于操作,易于检验,容易符合程序公平的原则;而就社会的实际需求而言,又显得过于简单。较之于察举制,科举制打破了与"德""名"相关联的门第背景的限制,是一个重大的历史进步;但它完全按考试成绩选拔人才,显然亦非一切方面都优于察举。

科举制在隋和唐前期仅仅是初步成型,其后从制度规范、录取规模到任用方式等方面都获得了长足的发展。

科举考试原则上"取士不问家世"[5],允许自由报考,但对于应举人也有一定的条件限制,例如德行、职业身份、身体状况等等,都在审核的范围之内;宋代以后的一些时期,对于学历也曾有所要求。但总的来看,限制并不苛刻,且呈逐渐放宽的趋势[6]。

唐代贡举不仅是考试成绩的比较,而且存留着察举制的明显痕迹。每年应举的四方士子涌入长安,"麻衣如雪,纷然满于九衢"[7],选拔方式成为重要的问题。当时的取士原则事实上兼顾着士子的平日才学与科场表现,若仅就考试规则而言,则尚不周严。考试之前,士子往往向达官贵人或者闻士名流投呈作品,称为"投卷"或"行卷"[8],希望博得赞赏,以便先声夺人;数日后如无动静,则再次去送,即为"温卷"。也允许官员向选举机关推荐,称为"公荐"。

唐代的行卷,投贽者与受纳者皆不讳言。李翱《感知己赋序》、白居易《与陈给事书》都记录了"行卷"的对象与过程。为给主考官或潜在的推荐者留下深刻印象,举子们绞尽脑汁。形形色色的记载,勾画出唐代举子之众生相:

> 天下之士,什什伍伍,戴破帽,骑蹇驴,未到门百步,辄下马奉币刺,再拜以谒于典客者,投其所为之文,名之曰"求知己"。如是而不问,则再如前所为者,名之曰"温卷"。如是而又不问,则有执贽于马前,自赞曰"某人上谒"者。[9]

由于"投卷"与"公荐"的影响,唐代科举中请托奔竞之风盛行[10];而主考官与中举者之间也容易结为特殊的"座主""门生"关系。

宋代对于科举取士全过程的控制日趋严密,在各个环节上强化了对于举子与考官双方的防范。

宋代确立了三级考试制度,地方主持的选拔初试称之为"乡试"或曰"解试"[11]。解试合格,向中央递送、参加高一级考试者,称为"乡贡进士"。为防止考试作弊,考官的亲属、门客等另外组织考试,称作"别头试"[12]。下层官员参加考试,也另行组织,称为"锁厅试"。全国性的选拔考试,由皇帝临时任命主考官,这一层次的考试,唐代曾经先后由尚书省吏部、礼部主持,故称之为"省试"(明代以后称为"会试")。皇帝亲自主持的殿廷复试,称之为"殿试"[13](彩图9),经殿试而最终录取者,即为"天子门生"。解试第一名称"解元",省试第一名为"省元"(或"会元"),殿试第一名为"状元"[14]。仁宗皇祐元年(1049),冯京"举进士,自乡举、礼部以至廷试,皆第一"[15],被称誉为"连中三元"。

考试之前,被指定的考官全部进入贡院,考试期间不得私自外出或会见亲友。这种做法,当时称之为"锁院"。我们今天看到的欧阳修《答圣俞莫登楼》诗,题注云"在礼部贡院锁试进士",自此以下《答圣俞莫饮酒》《戏答公仪》等几首古诗[16],都是他嘉祐二年(1057)知贡举时与同在贡院中的群僚应和之作[17]。欧阳修多年间"以复古道自任",此刻更决心借助知贡举的机会,"期以丕变文格"[18]。他所主持的这次贡举,所取进士中,包括苏轼、苏辙、曾巩以及程颢、张载等杰出人才;这对于提倡经世而质厚之文风,推进北宋古文运动起

着关键性的作用。《宋史》卷一五五《选举志一》说:

> 时进士益相习为奇僻,钩章棘句,浸失浑淳。欧阳修知贡举,尤以为患,痛裁抑之,仍严禁挟书者。既而试榜出,时所推誉,皆不在选。浇薄之士,候修晨朝,群聚诋斥之,街司逻卒不能止,至为祭文投其家,……然自是文体亦少变。

科举录取时显示的倾向性,历来是读书人关注的焦点。此后不数年间,宋代的文风即有了明显的变化。

为杜绝请托舞弊,宋代不仅禁止考前的"行卷"与"公荐",而且自真宗朝始,各级考试的试卷一律"封弥"[19]"誊录"[20],省试不仅有知贡举总其责,更专设参与出题、阅卷的点检试卷官、参详官,负责程序监督的编排试卷官、封弥官、誊录官、对读官乃至监门官、巡铺官等。试卷经由点检试卷官、参详官及知贡举官员三级核定成绩后,方能拆封,公布等第。殿试中也实行初考、复考、详定三级评定制度。从投状、行卷到封弥、誊录,科举取士在其程序环节的处理方式上发生了重大的变化。这一过程虽然不能确保公平,但偏爱某一考生确实不很容易。苏轼十分赏识其门生李廌,但当他主持贡举之时,李廌举而未中。陆游在其《老学庵笔记》中记叙此事说:"东坡素知李廌方叔。方叔赴省试,东坡知举,得一卷子大喜,手批数十字,且语黄鲁直曰:'是必吾李廌也。'及拆号,则章持致平,而廌乃见黜。"考官即便有意拔擢某一考生,也只能凭借往日对其行文风格之了解;考官个人的主观取舍意愿,受到了极大的限制。苏轼自贡院归来后,为此抱憾不已,他赋诗送别李廌,称"余与李廌方叔相知久矣,领贡举事,而李不得第,愧甚,作诗送之",诗中有"与君相从非一日,笔势翩翩疑可识。平生谩说古战场,过眼终迷日五色"句[21],即指此事。而黄庭坚和诗亦云:"今年持橐佐春官,遂失此人难塞责。"[22]南宋后期,魏了翁《跋苏文忠墨迹》谈及此事时称"终不以一时之愧,易万世之所甚愧,此先正行己之大方也。使士大夫常负苏公之愧,古道其庶几乎!"

省试录取名额是否按地区分配,是一个极为敏感的问题。北宋中期,欧阳修、司马光等人曾经就此进行过激烈的辩论[23]。当时南北学风不一,东南之人长于文章,应进士举得心应手;而西北之人质朴无华,长于经学;有些边远路分更罕有进士及第者。司马光主张照顾地区差异,按照一定份额"逐路取人"。而欧阳修则认为,应该按照考生的绝对成绩"惟材是择",以防"缪滥"。争议的双方都承认科举取士奉行"无偏无党,王道荡荡"的原则,而如何算是"公平",则彼此认识大相径庭。这一争论,表面上看,不过是科举之"公平"应当落实于地区抑或落实于个人的差异,实则反映了更深刻的问题:一方面,与唐代中期以来经济文化重心的南移过程相应,具有"开新与激进的气味"的"南方智识分子"开风气之先的势头已经无可遏止[24];另一方面,由于科举与选官相连,录取名额的分配关系到不同地区所享有的政治资源之多寡[25]。

科举对于整个官僚制度的影响,是随着取士人数的增多以及进士在高级官员中比重的上升,逐渐显现出来的。据学者统计,唐代 290 年,共取进士 6603 人。唐高宗及武则天时期,科举录取名额扩大,及第者受到重视;到玄宗时,"四海晏清,士无贤不肖,耻不以文章达"[26],而"开元、天宝之中,一岁贡举,凡有数千"[27];进士科已经被一般士人视为入仕与闻达的主要途径。经过数十年间的发展与曲折,到贞元、元和之际,在当时的改革浪潮推动下,大批经世治国之材自进士科涌现出来,进士科逐渐成为高级官吏的主要来源[28]。有学者认为,这在中国古代的选举制度史与职官制度史上,具有划时代的意义[29]。

在宋代,科举出身的官员成为文职官僚队伍中的核心力量。两宋 310 年,仅正奏名[30]进士即达 43000 人之多[31],就其规模而言,远远超过了前后各代。当时的 135 位宰相中,90% 以上是通过科举以及太学三舍考选等途径获得出身的[32]。在直接参与决策的上层群体中所占比例如此之高,是前朝无法相比的。正是在此基础之上,宋代的官僚队伍就其整体而言,素质有了明显的提高。

随着科举考试重要性的提高,作为录取主要依据的"程文"在士子心目中愈益受到重视。正是在科场文化的影响之下,产生了应用于贡举与学校考试之中的特定文体——"时文"。"时文"有相对固定的章法、格式,最初行用于科举中对于"论"的考试,熙宁四年(1071)后扩大至"经义"考试[33],当时的中书门下曾经颁行"大义式",作为可供参考的答卷标准,以配合当时的贡举改革[34]。到南宋宁宗时，散文的章法句法、骈文的排比对偶、近体诗的格律，三者进一步结合，形成了新的时文体式。在新体式形成的过程中，学问广博、写作经验丰富的吕祖谦、陈傅良、杨万里等人，都曾阐述作文规范，甚至亲自编写《古文关键》之类的书，指点行文应试的路径[35]（图 4-1）。南宋后期，为满足士人应举需要，民间出现了多种程文汇编性质的书籍，指导时文写作的专书《论学绳尺》[36]也应运而生。该书在笺解文字中，已经将论述文字中句式相同、两两相对的散体长联称之为“股”。几经变化的时文发展至此，从破题到结尾，大致定型为十段文体，“篇篇按此次序”[37]，且多用对偶文句。这一文体在其形成的过程中，便暴露出注重作文章法而忽略思想见识的弊端。但它对于主考与应试双方而言，都提供着一条可以依循的“便捷”路径：对于考生，有文史知识方面的要求与基本文法的引导；对于考官，则提供了可供比照的标准框架，测评应试士人有了相对客观的依据。这显然适应了贡举制度发展本身对于命题、定等“标准化”与“客观化”的要求[38]。这样的文体及规范技巧，实际上开

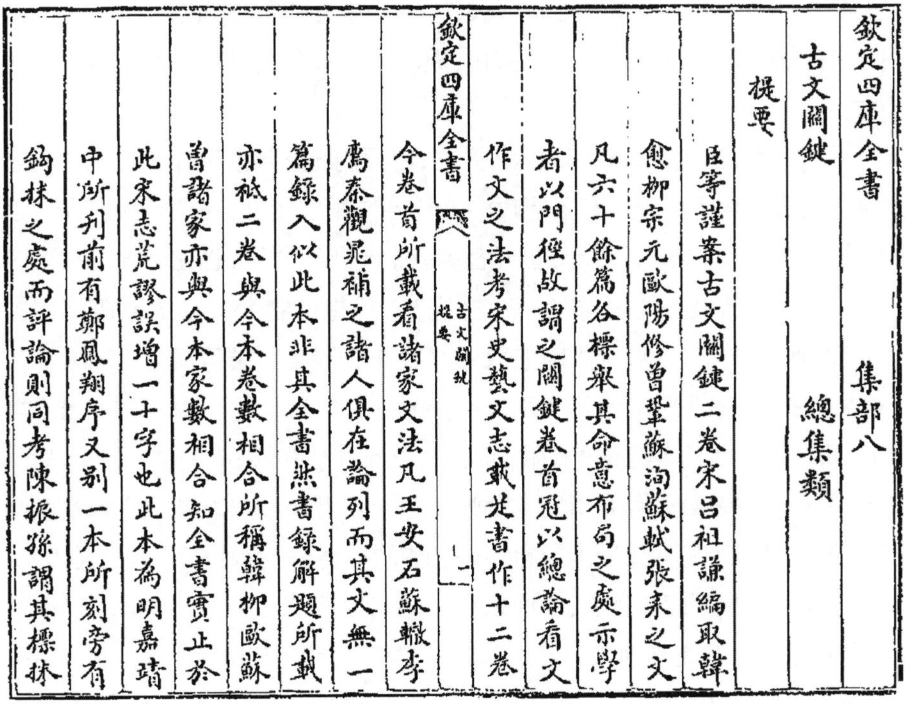
欽定四庫全書　集部八
古文關鍵　總集類
提要
臣等謹案古文關鍵二卷宋呂祖謙編取韓愈柳宗元歐陽修曾鞏蘇洵蘇軾張耒之文凡六十餘篇各標舉其命意布局之處示學者以門徑故謂之關鍵卷首冠以總論看文作文之法考宋史藝文志載是書作十二卷
欽定四庫全書　古文關鍵 提要　一
今卷首所載看諸家文法凡王安石蘇轍李廌秦觀晁補之諸人俱在論列而其文無一篇錄入似此本非其全書然書錄解題所載亦祇二卷與今本卷數相合所稱韓柳歐蘇曾諸家亦與今本家數相合知全書實止於此宋志荒謬誤增一十字也此本為明嘉靖中所刊前有鄭鳳翔序又别一本所刻旁有鈎抹之處而評論則同考陳振孫謂其標抹

图 4-1　《古文关键》书影

了明清时期八股文之先河。

第二节　选拔机制与社会流动

公平与择优　新型士人群体的出现　"士族"含义的改变　社会阶层间的流动　士人交游圈

科举制度发展到宋代,产生了重要而突出的变化。着眼于防范弊端、保护"公平竞争"的考虑,势必导致法规至上的做法;为此而设计的考试程序及规则,"一切以程文为去留"的选才方式,从根本上模糊了儒家重视个人品德及才行的理想标准,并且最终发展为束缚人才的桎梏[39]。这使人们注意到终极目标与应用手段之间的深刻矛盾。罢公荐、废公卷之后,取士过程中以"封弥""誊录"等技术手段为代表的处理方式,适用于应试的时文体式的出现,无不体现出官僚制度运作过程中对于严密化、规范化、可把握、易操作的制度程式之要求。

另一方面,宋代科举制度的运行方式,使我们注意到当时对于"公正"问题的突出关心。科举作为具有重要政治与社会作用的制度,其权威来自程序上的"公正"性;其意义不仅在于选拔统治者需要的人才[40],也在于通过它来笼络士人[41],昭示"公平"考选、竞争"择优"的理想机制[42]。正如欧阳修在其《论逐路取人札子》中所说:"国家取士之制,比于前世,最号至公。盖累圣留心,讲求曲尽,以谓王者无外,天下一家。……故议者谓国家科场之制,虽未复古法,而便于今世。其无情如造化,至公如权衡,祖宗以来不可易之制也。"[43]政府采取的诸多措置背后,事实上反映着数十百万应试士人维护自身权益的强烈要求,从一个侧面体现出走向"平民化"的社会与"士大夫政治"之特点。

伴随着科举制度的发展,中唐以后至北宋前期,新型士人群体逐渐形成。所谓"新型士人",是与魏晋南北朝以来的士人与士族相对而言的。

作为一个历史过程,门阀士族的消亡,一方面是政治因素导致的结果:既有唐朝政权自李世民、武则天以来目的不尽相同、却皆致力于抑制旧门阀的努力,也有唐末黄巢义军"天街踏尽公卿骨"式的荡涤;另一方面,又是社会文化心理导致的结果:挑战门阀与羡慕门阀的浪潮,共同终结了"门阀"在社会上的影响,原来意义上的士族被淹没在无数新起士人家族甚至假冒门阀的汪洋之中。

伴随着旧士族消亡过程的,是新型士人阶层的成长。科举培育出一种意义深远的"文士文化"。唐代王勃、王维、颜真卿、陆贽、韩愈、柳宗元、白居易等许多著名人物,都是进士出身。9世纪前中期,进士科已经成为向上流动最重要的可靠通道,成为唐朝高级官吏的主要来源,也成为士子入仕的唯一"正途"。不及而立之年即一举登第的白居易,豪迈之情溢于言表,"慈恩塔下题名处,十七人中最少年"的诗句,涵括着他无尽的自我期冀与壮志雄心(图4-2)。

图 4-2　西安唐代慈恩寺大雁塔

一个通过考试竞争形成的、具有特殊优越感与自我意识的新阶层崭露头角。科举到此时才真正成为既具有政治意义又具有深远社会影响的制度。

科举制施行的重要结果之一，是造就了一种新的社会结构。科举取士的发展，改变了周隋以来所崇尚的仕进道路，也改变着原有的价值观念。唐代后期，"阙下科名出，乡中赋籍除"[44]，科第成为确定一部分人的社会等级和政治经济特权的依据。魏晋以来传统的门阀士族观念被突破，所谓"士族"，再不是与"庶族"高下悬绝的社会阶层，这一称谓被注入了新的社会内容：或用以称呼作为读书人的"士子"群体，或用以特指科举及第或从事举业者的家族[45]。"贡举人"作为一个新的社会群体、活跃的社会力量，出现在平民与做官人之间。邓之诚《中华二千年史》指出：

> 自魏晋以来，造成门阀之九品中正制度，至是始完全废除。且科举盛行，白衣及第，得通婚于世宦，而门第之风亦衰。此实为中古社会上一大变革也。

社会阶层之间流动的可能性，通常被视为衡量社会开放程度的标志之一。半个世纪以来，海内外不少学者从科举制度的角度来讨论这一问题[46]。研究者指出，科举制度的积极意义不仅在于它所促成的"上升"型流动，也在于其"下降"流动。上升，使得少数在竞争中脱颖而出的下层士人得以参政，影响到文官队伍的整体素质与结构；下降，则使居官者得不到世代承袭的保障。在宋代科举制度牵动下所造就的，是一个多达数百万人的读书人阶层；而通过考试录取的绝对人数则相对稳定，因此实际录取比率呈下降趋势。士人社会的界域周围形成了相当宽的"边缘地带"。这一过渡带的实际存在及其成员的出入流动，使得获取成就比以往任何时候都更加重要。这种经常性的竞争压力，无疑给当时社会的发展注入了活力，它一方面激励士人奋力向上，同时促使社会角色的选择趋于多样化，另一方面也使得士人们更加关心自身的命运[47]。一般来说，科举的落第者们更贴近下层民众，他们或聚徒讲学，或影响公众事务，成为乡里文化的普及者、基层社会活动的组织者。

就其原则而言，科举制度以追求人才资质的"择优"与选拔程序的"公平"

为目标；而在其长达千年之久的运行过程中，无尽的矛盾、冲突、调整与反复，正围绕着"择优"与"公平"二者展开。"尊贤使能，俊杰在位"的目标，体现着儒家的传统政治理想；但"程文"考试偏重于知识能力的考察，难以考察士子的德行。科举制度的权威本应靠其运作过程中的"公正性"来保证，而事实上，不仅科场舞弊屡禁不止，即便是规则与裁决公正，也无法解决更深层次的问题。一方面，政治趋向与社会网络等因素无疑给取士实践以强烈的影响[48]；另一方面，要求长期学养修习与视域拓展的科举，显然为以往具备政治经验与经济文化积累的家族和个人提供着显示优势的更多机会[49]（图4-3）。

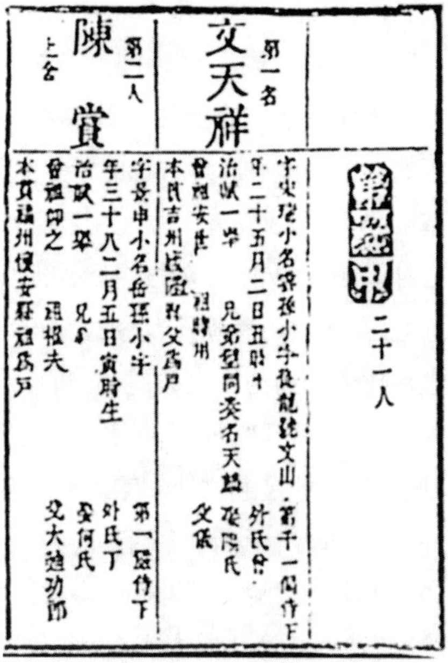

图4-3　宋宝祐四年登科录

宋代的士大夫们在不同性质的交往中建立起不同层面的关系。尽管帝王对于士人们结党立派深存戒心，却无意亦无理由去干预士人间的广泛交往。科举制度为新的"关系网"的形成创造了前所未有的便利条件，社会地位的流动迁转、政治风云的变幻无常，更促使士人们积极构筑种种非"先赋性"的关系网络。当时的士人交际范围广泛、关系活跃，联结他们的纽带是多元的：其中既有带家世背景的往来，有姻戚之间的关联，又有因同学、同年、同僚、同乡以至同道之类关系而结成的交谊。士人对于自己身份的共识，主要建立在道德文化修养的基础之上。就其主流而言，他们评价人物注重气节学问，仕途的浮沉并不构成人们相互交往中的重大障碍。曾经科举成功、仕途得意而归乡者，通常是地方士人圈的核心人物；而仕途偃蹇或科举不第者，亦可能凭借其德行学识而闻达于一方[50]。换言之，当时生活于地方的士人们，在"择群"时所看重的，不只是对方以往或目前的仕宦身份以及一时的"穷达"，而比较注重其本人的社会文化背景。正因为如此，退休回到地方的朝廷命官，一般并不高自标识，反而有意表示谦抑，"日与乡间耆旧相过从，遨游江湖，处布衣野老间无辨也"。以期"求同"于周围士人[51]。

居住于地方的士人，亦即被统称为"缙绅"者，是朝廷及地方官员关注与倚重的对象。他们与地方上的"豪右"既有关联又有所区别："缙绅"们是活跃于基层的头面人物，有可能利用自身影响干预州县事务乃至横行乡里，事实上以一种体制外的非规范方式制约着地方行政；另一方面，他们又比较接近礼义伦理之说，比较熟悉朝廷政令的发布运作方式，因而是地方"教化兴行"之表率，也是政令畅通与否之关键。同时，他们中的许多人是官僚队伍的准成员或候补成员，是朝廷"访闻"消息、采撷"风谣"的主要信息渠道；地方官员的治绩与勤惰，部分地是通过他们辗转反映至中央的。地方士人之所以具有影响作用，并不完全取决于其个人活动能力，在很大程度上，这是士人交游圈内群体影响力的结果。了解了缙绅们的多重地位与身份，便不难理解地方官员逢迎、结交乃至表彰士人及其家族的努力[52]。举荐辖区士人，是地方官责任之一。宋初丁谓、谢涛等人的早年成名，即与知县王禹偁、罗处约的大力举荐直接相关。反过来，被举荐者也利用适当的机会称扬这些官员；他们已有的名气、他们与大小交游圈内诸多士大夫的良好关系，即成为这些地方官课绩晋升时有用的砝码。显然，地方官与本地缙绅之间，既有利害一致之处，又有矛盾抵牾之处；这两类人物中，既有徇私枉法者，又有秉公处事者。但总体上说，他们都致力于编织四通八达的关系网络：与朝廷、与监司、与邻郡、与僚属，也与部内的士人。作为地方区域社会核心人物的"缙绅"，各以不同的方式，实际参与着当地的治理。

无形的社会关系，实际上无所不在，十分具体；它渗透于社会生活的各个方面，直接或间接地形成一种不容忽视的社会力量，影响着诸多事物的运行过程。独立的个人，凭借其多层面的关系连结为群体、划分为派系，纵横蔓延为种种关系网络。宋代的许多重大历史事件、事件中风云人物的种种表现，都潜藏着群体利害关系的作用力。

宋代的民间区域社会，显然是士人们进退回旋的广阔天地。一些曾经活跃于国家政坛的士大夫，不得志于朝廷之际，往往返归乡里，暂且压抑自己对于国家政事的深切关心，转而致力于讲谈性理、读书吟咏、教掖后学，以求"达则兼济天下,穷则独善其身"之境界。而"以忠谏去国"者,往往更加受到周围士人的敬重。这些人谨慎地与朝政保持着距离,却对地方"教化"予以关注,通常与地方官员维持着良好而密切的关系;地方官员亦往往以获交于这一群体为荣。即便在宋代政争最为酷烈的时候,民间仍然活跃着志趣卓然、特立独行的大批士人。他们探究道德义理之说,有独立于党派斗争之外的自身事业与追求;他们的活动基础、经济依托在其乡里,从而不因一时的政治风潮而沉浮。从他们的交游关系可以看出,当时各个政治派别之间关系错综复杂,即使变革派与传统派之间亦非壁垒森严;党争的旋涡,卷入了在朝的大批官僚士大夫,而在野士人却依旧作为讲谈学术、关注国是的群体力量,顽强地存留下来。

第三节 "共治天下"与"共定国是"

综合型官僚群体的成长 "欲复二帝三代"的努力 "与士大夫治天下"

在中国传统社会中,儒家文化虽然一直占主导地位,但直到 11 世纪前后的北宋时代,儒家知识分子才作为一个群体在政事活动中起决定性的作用[53]。这一局面的形成,是多种因素作用的结果。

宋代社会开放程度较高,"家不尚谱牒,身不重乡贯",涌现出大批庶族精英。加之"千年田换八百主"[54],各阶层间上下流动的机会明显地较前代增多。"贫富无定势"[55]的社会现实,促使人们的价值观念发生着深刻的变化。赵宋统治者出自戒惕内患、巩固集权的需要,鼓励敞开言路[56];对于民间文化、经济事业、社会生活等方面,未予过多干预。较为宽松的政治环境,为士大夫群体力量的形成提供了适宜的外部条件。与此同时,儒家文化传统的熏陶与"济世"精神的复振,使士大夫们致力于追求"自得""独见",批判意识、参与意识空前高涨,孕育为渗透于政治、思想、文化等各个层面的时代精神。

在晚唐五代激剧的社会变革过程中,士人中"清流""浊流""文学""吏干""文章""经术"之类传统分野受到了强烈冲击。动乱年代中,饶于吏能、举重若轻的官僚大行其道。北宋时期,教育日益普及,科举入仕者逐渐增多,对于文官队伍知识结构、能力素质之改变产生了深远的影响。新儒学思潮的振兴，对于"内圣外王"的追求，促使"治学"与"从政"的沟通蔚为风气。以善断大事著称的寇准，入相之际，其挚友张咏劝告他说："《霍光传》不可不读也。"寇准"归取其传读之，至'不学无术'"，笑曰道："此张公谓我矣。"[57]饱学多才，被苏轼称之为"论大道似韩愈，论事似陆贽，记事似司马迁，诗赋似李白"[58]的欧阳修，被贬夷陵时，讲到当时的情况：

> 无以自遣，因取旧案反复观之，见其枉直乖错不可胜数，于是仰天叹曰："以荒远小邑且如此，天下固可知。"自尔遇事不敢忽也。学者求见，所与言，未尝及文章，惟谈吏事，谓文章止于润身，政事可以及物。凡历数郡，不见治迹，不求声誉，宽简而不扰，故所至民便之。[59]

当时的士大夫们普遍意识到，"士之所宜学者，天下国家之用也"；"夫圣人之术，修其身，治天下国家，在于安危治乱，不在章句名数焉而已。"[60]王安石在其《取材》一文中，曾经论及理想人才的知识与能力结构，他认为，文吏不仅应该尚文辞，还要通古今、习礼法，晓达天文人事、政教更张，以详乎政体；儒生不仅习句读，也要明悉制度与时政沿袭，以缘饰治道[61]。各有所长而相互兼通，这正反映出宋代士人群体的整体追求。

多种因素的交汇，使宋代士人的总体学术水平及个人修养达到了空前的高度。杜甫自矜"读书破万卷"[62]，在当时属于博学之士；而宋代如范仲淹、欧阳修、王安石、苏轼等，都有经学或史学方面的不凡著述（图4-4），都是学者型的文学大家，同时又都在政坛上有过重要的影响。就能力素质而言，他们是一批兼擅文章、经术与吏干的综合型士人[63]。他们的知识结构较前人更为淹博，格局更为宏阔；他们讲求操守，个性洒脱而不放浪；他们对于国家命运的思考，也较其前人更为深刻。

公元11世纪的前中期，赵宋王朝的统治已经稳定下来，北宋君臣已经有机会不仅从实际运作的层面，而且从价值省思的层面来总结晚唐五代的教训与本朝的经验。他们对于政权巩固问题的认识，不止来自于五代政权倏忽兴亡的殷鉴，更来自大唐帝国由盛变衰所提供的警示。

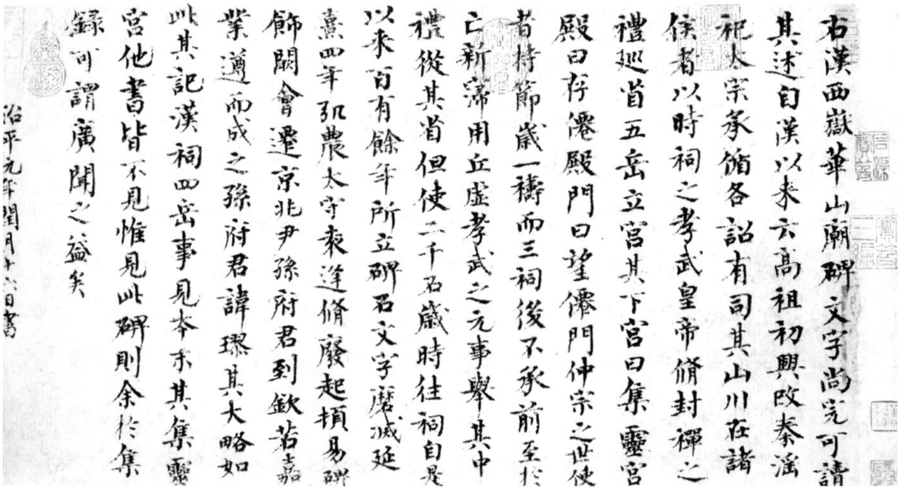
右漢西嶽華山廟碑文字尚完可讀其述自漢以來云高祖初興改秦淫祀太宗承循各詔有司其山川在諸侯者以時祠之孝武皇帝脩封禪之禮巡省五岳立宮其下宮曰集靈宮殿曰存僊殿門曰望僊門仲宗之世使者持節歲一禱而三祠後不承前至於亡新寖用丘虛孝武之元事舉其中禮從其省但使二千石歲時往祠自是以來百有餘年所立碑石文字磨滅延熹四年弘農太守袁逢脩廢起頓易碑飾闕會遷京兆尹孫府君到欽若嘉業遵而成之孫府君諱璆其大略如此其記漢祠四岳事見本末其集靈宮他書皆不見惟見此碑則余於集錄可謂廣聞之益矣

治平元年閏月十六日書

图 4-4　北宋欧阳修手迹《集古录跋尾》局部

仁宗朝，被称为“宋初三先生”之一的石介，既作宋太祖、太宗、真宗《三朝圣政录》，又作《唐鉴》。无独有偶，与他同时期的孙甫，既“按祖宗故实，校当世之治有所不逮者，论述以为讽谏，名《三圣政范》”，又“著《唐史记》七十五卷，每言唐君臣行事，以推见当时治乱”[64]。总结治乱之经验教训，以警示当世，这正是石介、孙甫乃至其后的范祖禹等人评述唐史之目的。在《文中子》一诗中，石介曾经批评“可惜唐家三百载，声明文物愧宗周”[65]。这使我们不禁想起元代史臣写在《宋史・太祖本纪》后面的赞语：

> 三代而降，考论声明文物之治，道德仁义之风，宋于汉、唐，盖无让焉。[66]

所谓“声明文物”，实际上是指以尧舜三代为楷模的教化文明与典章制度。用邵雍的话说，“五帝之时似日中，声明文物正融融”[67]。比拟汉唐乃至超越汉唐而追慕尧舜三代，这是当时士大夫们普遍的想法[68]。早在太宗统治前期，宋代的士人就已经有“国家兴儒，追风三代”[69]的说法；以讲习为业、自称“退士”的种放，著《嗣禹说》等诸篇，“人颇称之”[70]。真宗时，“以尽规献替为己任”的田锡，采经史要切之言进上，“所冀圣德日新，与尧、舜、禹、汤、文、武比隆也"[71]。至仁宗朝,更有如石介、李觏等一般人物,志在恢复"圣人之道",行"先王之法,三代之制"[72]。"貌厚而气完,学笃而志大"的石介,"所谓尧、舜、禹、汤、文、武、周公、孔子、孟轲、扬雄、韩愈氏者,未尝一日不诵于口,思与天下之士皆为周、孔之徒,以致其君为尧舜之君,民为尧舜之民,亦未尝一日少忘于心"[73]。"经明行修,道德沉纯"的李觏,"用则任公卿,尸教化;而不用,(则)以夫子之道教授学者",使其门人"得尧、舜、禹、汤、文、武、周公、孔子之事甚详"[74],意在拯振斯文,兴衰救敝[75]。南宋大儒朱熹与其学生"因看《种明逸集》",回顾宋初以来的这段历史,说:"国初人便已崇礼义,尊经术,欲复二帝三代,已自胜如唐人。"[76]

当时这些士人之所以"夙夜讨论文、武、周公、孔子之遗文旧制",目标十分明确,即在于"明乎当世之务"[77]。李觏曾经说:"三代王而粹,汉唐王而驳者也。"[78]所谓"追复三代",实际上反映着他们心目中"超越汉唐"的两方面政治理念:一、建立"君君臣臣父父子子"上下尊卑名分井然的理想社会政治秩序;二、为保证理想秩序的建立,必须"致其君为尧舜之君"[79]。这两方面理念就其内在关系而言,显然是并行不悖、相辅相成的。如研究者所指出,宋代专制君权与忠君观念皆处在逐渐强化的过程之中,而与此同时,限制君权的制衡程序同样在增强,这两种趋势构成为一种"张力"[80];同时也需要看到,"追复三代"的理念在当时所起的重要作用,主要地并不体现于具体制度的"回归",而表现为对君主政体的权力目标所做的思考与反省[81]。出现于这一背景之下的张力,无疑正是由士大夫与君主双方各自的努力所共同塑就。

在宋代士大夫的心目中,"天下者"乃"天下之天下,非一人之私有"[82]。范仲淹等人"先天下之忧而忧,后天下之乐而乐"的高远境界,正与这种"天下观"有直接的关系。北宋末年的翰林学士许翰,理直气壮地对钦宗皇帝说,天下事"虽天子不得而私也,而后天下之大公立"[83];南宋高宗时,监察御史方庭实曾经上言指出:"天下者,中国之天下,祖宗之天下,群臣、万姓、三军之天下,非陛下之天下"[84];而身为君主,宋孝宗也承认"天下是天下之天下"[85]。产生于百家争鸣的先秦时期的"乐以天下,忧以天下"的认识[86],在士大夫思想活跃的宋代再度发扬光大。

处理各类国家事务之际,士大夫们亦往往从这一理念出发,敢于负责而直抒己见。宋朝建国之初,针对皇帝黜陟不公的事件,太祖的亲密谋臣赵普批评道:"刑赏,天下之刑赏,非陛下之刑赏,岂得以喜怒专之!"[87] 南宋时,吕祖谦也有类似的说法:"赏罚虽在君,实天寄之。而人君亦何尝可自专哉!"[88] 寻根究底,他们所谓"天下",所谓"天",其实是指"公议""人心"。北宋哲宗时,刘安世曾说:"公议即天道也";南宋宁宗时,真德秀也曾经正气凛然地指出:"天下有不可泯灭之理,根本于人心,万世犹一日者,公议是也。"[89]

以"天下"为胸怀的士大夫们,以"天道""公议"为旗帜,作为凝聚群体的号召、制约君主的力量,坦坦荡荡地宣布自身之政治权利,参与治理国家政事。北宋中期的熙宁(1068—1077)年间,神宗与其宰辅大臣们就"变革更张"问题进行过多次激烈的讨论,枢密使文彦博提出了"与士大夫治天下"的说法[90]。尽管殿廷上的争论针锋相对,但争议的双方皆未就此提出丝毫异议。可见在当时,这一说法基本上反映着当政者与士人们的共识。所谓"共治天下",并非"共天下"。它所强调的,不是对于天下利益及国家权力的分享,而是君臣"共定国是"。君臣共治的类似说法并非始见于北宋中期。例如汉宣帝元康二年(公元前64年)正月诏书中,即有"与士大夫厉精更始"[91]的提法;宣帝明确指出,欲安定庶民、政平讼理,"与我共此者,其唯良二千石乎!"[92] 唐太宗对其贵臣表示"朕与公辈共理天下"[93]。宋太宗亦曾对其臣僚说:"天下广大,卿等与朕共理。"[94] 然而,从汉唐到宋初,所谓"共治""共理",多自帝王口中居高临下地说出,而很少由士大夫为强调自身的地位而堂堂正正地做此宣告。帝王所谓"共治""共理",就其实质内容而言,通常是指通过士大夫、借助于士大夫的能力来治理天下。但当时政治的主导权握于帝王手中,朝政的走势很大程度上取决于君主个人的好恶,缺乏限制君主行为的合理方式与可行手段。这种状况,随着北宋统治的稳定、士大夫阶层的成长、制度规程的建设,自11世纪前期开始,发生着深刻的转变。这种"转变"的主要表征,是"共定国是"原则的出现。而其背后的牵动力量,一是赵宋统治者所倚重的文官队伍,他们在"尊王"的同时,"以天下自任","欲复二帝三代";二是赵宋帝王感受到维持长治久安的沉重压力,也需要在更大的程度上倚仗这批有责任感的士大夫。

"共定国是"原则的形成,体现为一个渐进的过程。真宗时期,这种趋向已经显露端倪。不仅英迈锋锐的寇准在关键时刻能够挺身而出,"左右天子,如山不动,天下谓之大忠"[95];即便是"居位缜密而动遵条制",以"镇静"著称的宰相李沆、王旦等人,亦能"识大体"[96],敢于决断。宋真宗决计立所宠刘氏为贵妃,亲自写成手诏,遣使交给宰相李沆。李沆看后,当着使者"引烛焚诏",说:"但道臣沆以为不可",其议遂寝[97]。历史上重臣进谏虽然并非罕见,但这种果决简捷、不容商量的态度,却不寻常。这不仅反映出李沆个人对于帝王形象的着意维护,也反映出作为外朝领袖人物敢于担当的气魄。自赵宋建国以来,为保证王朝长治久安,有意激励言者积极性,从未由于言事而责罚言官,"纵有薄责,旋即超升"[98],因而养育成就了言者之锐气。职司监察的机构,俨然成为朝廷的又一政治督励中心。所谓"宋之立国,元气在台谏"[99],正是指这种情形而言。

可以说,士人主体意识的觉醒是通贯宋代政治文化史的一条主要线索。在谈到神宗熙宁变法时期的政治时,有学者指出,这一期间"是士大夫作为政治主体在权力世界正式发挥功能的时期"。士大夫开始自觉主导国家政治的方向,君臣之间形成"共治天下"的格局。尽管就权力结构而言,治理天下的权力仍然握在皇帝的手上,但至少在理论上,治权的方向("国是")已由皇帝与士大夫共同决定,治权的行使更多地划归以宰相为首的士大夫执政集团了。皇帝必须与士大夫"共定国是",成为君臣双方所共同承认的原则——"这是北宋政治史上一项具有突破性的大原则"[100]。

参与政治谋议的群体扩大,是赵宋"与士大夫共治天下"的突出特点。宰相、执政大臣构成为决策核心,而侍从官[101]以上的高层臣僚也都得以参与决策。居于"言路"的台谏官员也直接参与批评政事,"风采所系,不问尊卑。言及乘舆,则天子改容;事关廊庙,则宰相待罪"[102]。宋代"资献纳,备顾问"的翰林学士,不仅掌管文辞,也"谋议政事,参决疑难"[103];职任"讲读"的经筵官员,不仅解释经义,亦可讥刺时政,"备顾问应对"。其他系列中的官员臣属,也都有机会参议朝政得失。自庆历时始,宋代的太学即成为台谏之外的又一个政论发动地。社会上流传着两句"太学古语",称其为"有发头陀寺,无官御史台"[104]。太学生们生活清苦而立身鲠亮,"国有大事,鲠论间发。言侍从之所不敢言,攻台谏之所不敢攻"[105],身无一官半职,而为国为民壮怀激烈。

当时的士大夫充分意识到参与谋议的群体扩大的重要性,宋仁宗宝元元年(1038),叶清臣批评皇帝燕居深处,忙碌于日常事务,却未能"延召多士""讲议大政"[106];英宗即位初期,知制诰郑獬也曾批评皇帝"所与共政者七八大臣而已,焉能尽天下之聪明哉?"[107]便是具有代表性的言论。南宋后期,有人总结赵宋一朝进言途径之广及参与议政者之众,不无炫耀地说:"盖无一日而不可对,无一人而不可言也。"[108]

在中国历史上,士人阶层自身的演化与历史的演进有着密切的互动关系。与唐代中叶以来的社会变迁过程相伴随,新型士人开始出现,至北宋中期而有士人群体之觉醒。一方面,儒学复兴旗帜的高扬,为学术思想的整合提供了契机;另一方面,作为文化传承者的北宋士人,兼长经术、文章而又施之于经世致用之目的,在他们身上,体现着鲜明的时代特征。这一群体的认识及其行为,通常倾向于维护中央集权;而其力量的崛起,客观上又构成了对于君主专制的制约因素。士大夫与君主"共治""共政"的理念与政治格局,构成为宋代政治文化的中心内容;并由此而生发出宋代文官制度的一系列特征。

第四节　庙堂之高与江湖之远

"以天下为己任"　强烈的使命感与忧患意识　范仲淹与王安石

北宋中期,士大夫鉴前代士人之失,矫厉尚风节:"诸贤以直言谠论倡于朝,于是中外缙绅知以名节相高,廉耻相尚,尽去五季之陋矣。"[109]他们讲求"内圣外王",将个人修养与天下国家之兴亡联系起来,强化了社会所需的理性价值体系;他们在内心开掘个体生命的意义,将自我道德名节的完善视为最终目标,不懈地追求人格精神的自由。他们"以天下为己任"的精神与实践,继承着先秦两汉以来"士不可以不弘毅"的精神,但又有明显的超越。从范仲淹、欧阳修到胡瑗、孙复等人皆起自"寒畯",他们与曾经活跃在六朝隋唐的士族知识分子在生活经历与出身背景方面有巨大的差异,其政治态度、伦理主张、文化品格与思想倾向亦与以往的士大夫领袖们有明显的不同[110]。

特定的时代氛围,鼓励了士大夫们参与政治的积极性。儒家知识分子的批判意识空前高涨,成为表现在政治和社会文化各方面的时代精神[111],"宋人好议论"之特性正由此而生发。这样一批具有综合型特征的新官僚,不再如他们的前辈那般甘于俯首"奉行圣旨"[112],而是"毅然以天下是非为己任"[113],既关心学术文化又关心政治时务,求学问则往还辨析、切磋琢磨,临时事则争抒己见,意气风发。不仅台谏官员身居言路,风采灼然;而其他士大夫们亦多"以天下自任,议论褒贬,无所顾避"[114]。他们在学术上"是非自相攻,去取在勇断"[115];政治上"开口揽时事,论议争煌煌"[116],在一定程度上左右着世风与时局的趋向。

参与议政时能够无所顾避、直言不隐的官员,往往受到时人与后代的尊崇。仁宗朝,陆轸面对皇帝,"举笏指御榻曰:'天下奸雄睥睨此座者多矣,陛下须好作,乃可长保。'"仁宗并不以为忤悖,第二天"以语告大臣曰:'陆某淳直如此'"[117]。南宋名臣陆游更因其高祖陆轸的事迹而感到自豪,将其载入了《家世旧闻》。有"殿上虎"之称的元祐谏官刘安世,在接受朝廷任命之前,对母亲表示:"倘居其官,须明目张胆,以身任责"而不得畏避,受命之后,他"正色立朝,扶持公道",勇于面折廷争,"一时无不敬惮"[118]。风采所系,不问尊卑;"明目张胆,以身任责。"这片言只语,足以使人们体悟到盈溢于这些士大夫胸中的强烈政治责任感。在《国史大纲》中,钱穆先生激情洋溢地说:

> 终于有一辈以天下为己任的秀才们出来,带着宗教性的热忱,要求对此现实世界大展抱负。于是上下呼应,宋朝的变法运动,遂如风起浪涌般不可遏抑。[119]

以范仲淹、欧阳修、王安石、司马光、苏轼等人为代表的宋代士大夫,尽管政治主张颇不相同,在变法运动中的态度更非一致;却都执着地致力于道义德操的完善[120],都"以兴起斯文为己任"[121],都追求学业境界的广大精微[122],都具有"为天地立心,为生民立命,为往圣继绝学,为万世开太平"[123]的志向与胆魄。即便是曾经作为政敌的王安石与司马光,就其对于国家的责任感、对于道德的孜孜追求、对于学术的不倦探讨而言,其共同之处较其不同之处也更多且更为深刻[124]。

为维护"共定国是"的原则，无论王安石、司马光还是二程兄弟等人，都坚持"以道进退"，以去就力争。朱熹在解释《论语·先进》篇中"子曰：'所谓大臣者，以道事君，不可则止'"一句时说："以道事君者，不从君之欲；不可则止者，必行己之志。"〔125〕解释孟子"臣之视君如寇雠"之说时，他又说："孟子说得来怪差，却是那时说得。……而今却是只有进退，无有去之之理，只得退去。"〔126〕这一方面反映出专制政体下君权以及"忠君"思想的强化；一方面却也使我们看到，这些士大夫的"进退"，正是为了坚持心中的理念。而他们心目中的"忠臣"，就其实质而言，是"从义而不从君"的。这正如范祖禹《唐鉴》中所说：

> ……忠臣则不然：从义而不从君，从道而不从父，使君不陷于非义，父不入于非道。故虽有所不从其命，将以处君父于安也。君有不义，不从也；而况于权臣乎！父有不义，不从也，而况于他人乎！〔127〕

对于范祖禹的《唐鉴》，程颐和朱熹都曾给予相当高的评价。据说元祐年间，"客有见伊川者，几案间无他书，惟印行《唐鉴》一部。先生曰：'近方见此书。三代以后，无此议论。'"〔128〕欧阳修曾经称道石介说：

> 先生貌厚而气完，学笃而志大。虽在畎亩，不忘天下之忧。以谓时无不可为，为之无不至。不在其位，则行其言：吾言用，功利施于天下，不必出乎己；吾言不用，虽获祸咎，至死而不悔。其遇事发愤，作为文章，极陈古今治乱成败，以指切当世，贤愚善恶，是是非非，无所讳忌。〔129〕

这一番话，实际上是对活跃于当时的一批新型士人之精神风貌的勾勒与概括。他们"先天下之忧而忧，后天下之乐而乐"：在朝即"以天下自任"〔130〕，在外则"求民疾于一方，分国忧于千里"〔131〕，在下而"位卑未敢忘忧国"〔132〕，离官亦"虽在畎亩，不忘天下之忧"〔133〕。范仲淹所谓"居庙堂之高则忧其民，处江湖之远则忧其君"〔134〕，这种深沉而难以化解的忧患意识，不同于斤斤于个人得失的怅惘郁懑，反映着宋代士人对于天下国家以及人的生存价值的深切关怀。

从范仲淹和王安石身上，我们可以清楚地看到宋代士人的特点。

图4-5 范仲淹像

范仲淹(989—1052),字希文,苏州吴县(今江苏苏州市)人(图4-5)。他两岁时父亲病逝,后随母改嫁,青少年时期曾经"断齑划粥",苦读于僧舍书院,少有大节,"慨然有志于天下"[135]。他自称"长白一寒儒"[136],大中祥符八年(1015)考中进士,进入仕途。在其近四十年仕宦生涯中,曾经辗转郡县,也曾权知开封;曾经在朝抗言谏诤,也曾经略陕西军政。他历任枢密副使、参知政事,宋仁宗庆历三年(1043),上《答手诏条陈十事疏》,揭举"法制有立,纲纪再振"的旗帜,提出了革新政治的纲领,并且受命主持新政。庆历新政夭折后,他再度离开朝廷,任职地方。范仲淹的一生,充溢着对于政治、学术、道德理念的责任感与不懈追求;他的所作所为,凸显着士大夫参与治国治天下的自觉意识。在北宋前期的政坛上,他是融通"治学"与"从政"的突出代表。在朝而关心国计民生,锐意更革;在外则注重吏事,政绩播于民心。在思想学术界,范仲淹著述颇丰,是开宋学风气之先的领袖人物。他自身经学、文学修养深厚,致力于兴学育才,带动了一代文化事业的发展。范仲淹作为宋代士大夫中道德情操的完美典范,呈现在人们面前。千百年来脍炙人口的《岳阳楼记》中,"先天下之忧而忧,后天下之乐而乐","不以物喜,不以己悲"的词句,正是他博大襟怀的切实展现。他为人淡泊和易,"于富贵贫贱、毁誉欢戚,不一动其心"[137];他铮铮硬骨,气节刚劲,面对弊政"宁鸣而死,不默而生"[138]。他曾经说,"作官,公罪不可无,私罪不可有"[139];选用人才,他也是多取气节而阔略细故。范仲淹一生身体力行,振作士气,"每感激论天下事,奋不顾身,一时士大夫矫厉尚风节,自仲淹倡之"[140]。南宋大儒朱熹对此感触颇深,他曾经对学生们说:"本朝忠义之风,却是自范文正公作成起来也。"[141]

王安石(1021—1086),字介甫,抚州临川(今江西临川)人(图4-6)。他曾经任职于地方州县,也曾经做到中央朝廷的宰相。他在任期间主持的以富国

强兵为目标的变法运动,是宋代政治史上的
重要事件。在推进变法的过程中,王安石所
表现出来的见识、气度和胆魄,给时人、后人
乃至今人留下了极其深刻的印象。北宋中
期,社会上积弊日深,"内则不能无以社稷为
忧,外则不能无惧于夷狄"而"天下之财力日
以困穷"[142],"世之名士常患法之不变"[143]。
嘉祐年间王安石在《上仁宗皇帝万言书》中,
首次提出其"改易更革"的系列主张。宋神
宗即位后,"独负天下大名三十余年"[144]的
王安石,受命主持变法。在回答神宗"卿所
施设以何为先"的问题时,他说:"变风俗,立
法度,方今所急也。"[145]

图 4-6　王安石像

相对于庆历新政,熙丰新法更加形成体系:其中既有冠以"法规"之名正式
推出的,又有陆续推行的配套办法。财政赋役、军队编制、人事调整、学校科
举、管理待遇……方方面面同时推开,并且派专使四出督促。改革的涉及面如
此之广,而且推展迅疾,牵动着上下多方的利益,在社会上激起了强烈的冲
击波。

熙宁三年(1070)春,北宋中央政府的官员中流行着一种传言,说王安石提
出三句口号,即:

天变不足畏,祖宗不足法,流俗之言不足恤。[146]

"三不足"之说,无论是否曾经直接出自王安石之口,确实反映出王安石所追
求、所倡导的精神。这一思想原则,成为支持王安石从事变法的精神支柱;但
与此同时,又不可避免地使他成为在当时条件下脱离政治现实、脱离所在的士
大夫阶层的悲剧性人物[147]。超越汉唐而"追风三代",是宋代士大夫普遍的
愿望。而王安石,显然是他们之中眼光更高远、意志力更强韧的一个。他曾在
《登飞来峰》一诗中写道:"飞来山上千寻塔,闻说鸡鸣见日升。不畏浮云遮望

眼,自缘身在最高层。"[148]尽管庆历新政与王安石变法(熙丰新法)没有取得最终的成功,但改革者以身任天下事的精神、推进改革的顽强努力以及改革过程中的经验教训,都留给后世丰富的启示。

注 释

〔1〕 参见阎步克:《察举制度变迁史稿》,辽宁大学出版社,1991 年,第 321—325 页。

〔2〕 察举亦分科目,例如强调操行的贤良方正、直言极谏;强调人品资质的秀才、孝廉;强调某一方面能力的明经、明法、"能治河""知兵法";强调治效的尤异、廉吏等等。

〔3〕 "科举"之名,事实上始于宋代。隋唐时期通常将这一制度称为"贡举",宋代则或称"贡举"或称"科举"。由于隋唐以来的贡举已经具备了科举制度的基本特征,本文将其通称为"科举"。

〔4〕 所谓"程文",是指按照一定规程、格式所作的文字。特别在考试经义时,为便于主考官员判定等第,以程式化、标准化的方式对答卷内容进行限制。

〔5〕 郑樵:《通志》卷二五《氏族略第一》,中华书局,1987 年影印本。

〔6〕 参见张希清:《中国科举考试制度》,新华出版社,1993 年,第 25—31 页。

〔7〕 牛希济:《荐士论》,《全唐文》卷八四六,中华书局,1983 年。

〔8〕 行卷的内容一般要求多种文体俱备,能吸引人,以便受到赏识,因而经常是情节生动、散韵结合,有叙述有议论的传奇类作品。唐代的《幽怪录》《传奇》《续玄怪录》等,就是"江湖举子投进之行卷",见陈寅恪:《顺宗实录与续玄怪录》(《金明馆丛稿二编》,上海古籍出版社,1980 年)。元稹的《莺莺传》也在这种风气影响下写成。

〔9〕 《文献通考》卷二九《选举二》引项安世语,商务印书馆,1936 年。

〔10〕 参见吴宗国:《唐代科举制度研究》第十章《请托行卷的盛行》,辽宁大学出版社,1992 年。

〔11〕 "解"指发送到京的文状;"解"有额度,称之为"解额"。

〔12〕 唐代即已经创行了对于考试官员亲戚另外选官"别试"的做法,但尚未形成严格的定制。

〔13〕 从《芦浦笔记》卷五所载"赵清献公充御试官日记"来看,嘉祐六年的殿试全过程,从命官准备到选定赐第,持续了 13 天之久。

〔14〕 二名称作"榜眼",三名称为"探花",这种说法至南宋末年才确定下来。唐及北宋时期,称之第者中年龄最少者为"探花"。

〔15〕 《宋史》卷三一七《冯京传》,中华书局标点本 1977 年,第 10338 页。

〔16〕　《欧阳修全集·居士集》卷六《古诗》，中国书店影印本，1986年。

〔17〕　又如苏轼元祐三年知贡举，亦有《次韵黄鲁直画马试院中作》等诗篇传世。

〔18〕　《桯史》卷九，中华书局，1981年。

〔19〕　即"糊名"。宋代科举考试为防范录取中作弊，在收纳考生试卷后，密封卷头姓名、乡贯等，编为字号。

〔20〕　为避免辨识字迹，科举考试中的试卷在密封、编号之后，发送誊录院，由书手在官员监督下抄录为副本，据以考校等第。

〔21〕　《苏轼诗集》卷三〇，中华书局，1982年，第1568、1570页。

〔22〕　《山谷集》卷四《次韵子瞻送李豸》。

〔23〕　参见《欧阳修全集·奏议集》卷一七《论逐路取人札子》，中国书店影印本，1986年，第894—896页；《司马光奏议》卷一五《贡院乞逐路取人状》，山西人民出版社，1986年，第160—163页。

〔24〕　钱穆：《国史大纲》修订本，商务印书馆，1997年，第586页。

〔25〕　宋代"解额"的分配，也是突出的问题。宋代在地方上得"解"至中央参加省试，被淘汰的比率相当之高，因而"得解"并不意味着可以得到制度所规定的政治权力；但即便是省试落第的"乡贡进士"，在地方上仍然有明显的影响力（参见李弘祺：《宋代的举人》，《国际宋史研讨会论文集》，台北：中国文化大学，1988年，第297—313页）。明清以后，科举考试中分配定额的做法进而在中央一级的会试中实行，更加直接地反映出国家有关地缘政治方面的考虑。

〔26〕　《通典》卷一五《选举三·历代制下》，中华书局，1988年。

〔27〕　同上，卷一八《选举六·杂议论下》。

〔28〕　唐代前中期通过文学诗赋考试选拔出来的进士，往往欠缺应付政务的实际才能，因而在政治舞台的上层屈居下风；这种状况到代宗、德宗时发生了根本性的变化。在强大改革浪潮的推动下，考试中策问所占分量增重，内容兼及"古今理体"及"当时要务"，解决问题的才能受到重视。这一调整带来的影响，至宪宗时充分显现出来。见吴宗国：《唐代科举制度研究》，辽宁大学出版社，1992年，第174—184页。

〔29〕　参见吴宗国：《唐代科举制度研究》，辽宁大学出版社，1992年，第165—182页。

〔30〕　宋代科举考试录取时，分"正奏名"与"特奏名"两类。经过中央省试合格的举人，称"正奏名"；因多次落第且年高而在殿试时另立名册、受到特殊照顾者，称"特奏名"。整个宋代特奏名录取数目，大约占全体录取数的45%。这是宋代历史上特有的现象。

〔31〕　参见张希清：《中国科举考试制度》，吉林文史出版社，1997年，第114—117页；另据

朱瑞熙统计,"整个宋代,进士科登第者共 39721 人",见氏著《中国政治制度通史·宋代》,人民出版社,1996 年,第 636 页。

〔32〕 参见苗书梅:《宋代官员选任和管理制度》,河南大学出版社,1996 年,第 106 页。

〔33〕 宋代进士科的考试内容,有诗、赋、经义及论、策。

〔34〕 熙宁四年(1071)贡举改革,进士罢试诗赋、帖经、墨义,而改为试经术大义、论与时务策,见《续资治通鉴长编》卷二二〇,"熙宁四年二月丁巳朔"条。

〔35〕 例如吕祖谦:《古文关键·总论·论作文法》,陈傅良:《论学绳尺·论诀·诸先辈论行文法》,杨万里:《诚斋集》卷九一《程试论》等。

〔36〕 魏天应编选、林子长笺解。

〔37〕 倪士毅:《作文要诀》,北京图书馆出版社,2006 年。

〔38〕 有关宋代时文的论述与分析,参见朱瑞熙:《宋元的时文——八股文的雏形》,《历史研究》1990 年 3 期。

〔39〕 参见阎步克:《察举制度变迁史稿》,辽宁大学出版社,1991 年;吴宗国:《唐代科举制度研究》,辽宁大学出版社,1992 年;李弘祺:《宋代官学教育与科举》,台北:联经出版事业公司,1994 年中译本;贾志扬(John Chaffee):《宋代科举》,台北:东大图书股份有限公司,1995 年中译本。

〔40〕 能够通过科举考试、通过官方正常程序改变地位的平民,事实上数量相当有限。

〔41〕 例如特奏名制度的设立,即寓含着一种"天无绝人之路"的宣示。

〔42〕 对于"公正"与"平等"的区别,李弘祺在其《宋代官学教育与科举》一书中有所讨论,见该书第 231 页。

〔43〕 《欧阳修全集·奏议集》卷一七,中华书局,2001 年。

〔44〕 《姚少监诗集》卷一《送喻凫校书归毗陵》,上海古籍出版社,1994 年。

〔45〕 参见吴宗国:《唐代科举制度研究》十四《科举与社会等级再编制》。

〔46〕 李弘祺认为,科举考试制度首先是政治制度,"出现在宋代由科举而为官者中的高度社会流动率,与其将它视为中国社会内的流动,不如将它理解为是宋代官僚队伍不稳定的一种表现"。见氏著《宋代官学教育与科举》,第 245 页。

〔47〕 参见贾志扬:《宋代科举》,台北:东大图书股份有限公司,1995 年中译本。

〔48〕 此外,也有研究指出,不同地区考生的录取数与考官的地域背景有关。参见冈元司:《关于南宋科举考官的地域性——以浙东出身者的定位为中心》,见《宋代社会的网络》,汲古书院,1998 年。

〔49〕 相对而言,官僚子弟获取科举出身的机会更多。高级官吏的子弟有被赐进士出身的特殊途径,"别头试"的录取比例也比较高。而且,有条件长期在京游学者,耳目渐

染所及,解时风好尚,考试中容易出人头地。

〔50〕 参见邓小南:《北宋苏州的士人家族及其交游圈》,《国学研究》第五卷,北京大学出版社,1996 年。

〔51〕 《宋景文集》卷九八《叶府君墓志铭》;《苏魏公文集》卷五二《太子少保元章简公神道碑》,中华书局,1988 年,第 786 页。

〔52〕 参见邓小南:《北宋苏州的士人家族及其交游圈》,《国学研究》第五卷,1996 年。梁庚尧:《豪横与长者:南宋官户与士人居乡的两种形象》,《新史学》4 卷 4 期,1993 年12 月。

〔53〕 参见陈植锷:《北宋文化史述论》第一章,中国社会科学出版社,1992 年。

〔54〕 辛弃疾:《最高楼(吾拟乞归,犬子以田产未置止我,赋此骂之)》。

〔55〕 《袁氏世范》卷下《富家置产当存仁心》,天津古籍出版社,1995 年,第 162 页。

〔56〕 《苏轼文集》卷二五《上神宗皇帝书》中说:"自建隆以来,未尝罪一言者。"见中华书局点校本,1986 年,第 740 页。

〔57〕 《宋史》卷二八一《寇准传》,中华书局,1977 年,第 9533—9534 页。

〔58〕 《苏轼文集》卷一〇《六一居士集叙》,第 316 页。

〔59〕 《宋史》卷三一九《欧阳修传》,中华书局,1977 年,第 10380—10381 页。

〔60〕 《王文公文集》卷一《上皇帝万言书》、卷八《答姚辟书》,上海人民出版社,1974 年。

〔61〕 《王文公文集》卷三二《取材》。

〔62〕 《杜诗详注》卷一《奉赠韦左丞丈二十二韵》,中华书局,1979 年,第 74 页。

〔63〕 有学者称之为"集官僚、文士、学者三位于一身的复合型人才",见王水照:《宋代文学通论》,河南大学出版社,1996 年,第 27 页。

〔64〕 《宋史》卷二九五《孙甫传》,中华书局,1977 年,第 9841—9842 页。

〔65〕 《徂徕石先生文集》卷四《文中子二首》,中华书局点校本,1984 年,第 56 页。

〔66〕 《宋史》卷三《太祖本纪三》,中华书局,1977 年,第 51 页。

〔67〕 《伊川击壤集》"五帝"。

〔68〕 余英时先生在其《朱子文集》序《谈宋代政治文化的三个阶段》中强调了宋代儒学领袖人物们"回向三代"的政治理想,见《万象》第二卷九期,第 1—13 页,辽宁教育出版社,2000 年 9 月。

〔69〕 《宋史》卷二九六《梁颢传》,中华书局,1977 年,第 9863 页。

〔70〕 《宋史》卷四五七《种放传》,中华书局,1977 年,第 13423 页。

〔71〕 《上真宗进经史子集要语》,见《宋朝诸臣奏议》卷六《君道门·帝学中》,上海古籍出版社校点本,1999 年。

〔72〕《徂徕石先生文集》卷五《杂著五篇·明禁》，第67页。

〔73〕《欧阳修全集·居士集》卷三四《徂徕石先生墓志铭(并序)》，第507页。

〔74〕《李觏集·外集》卷三《门人陈次公撰先生墓志铭(并序)》，中华书局校点本，1981年，第487页。

〔75〕祖无择：《直讲李先生文集序》，见《李觏集》卷首。

〔76〕《朱子语类》卷一二九《本朝三·自国初至熙宁人物》，中华书局校点本，1986年，第3085页。

〔77〕《直讲李先生文集序》。

〔78〕《李觏集》卷三四《常语(下)》，第373页。

〔79〕《四书章句集注·孟子集注》(中华书局，1983年)卷八《离娄章句下》"孟子告齐宣王曰：'君之视臣如手足，则臣视君如腹心；君之视臣如犬马，则臣视君如国人；君之视臣如土芥，则臣视君如寇雠。'"句后，朱熹引杨氏语曰："君臣以义合者也。故孟子为齐王深言报施之道，使知为君者不可不以礼遇其臣耳。若君子之自处，则岂处其薄乎？孟子曰：'王庶几改之，予日望之'。君子之言盖如此。"这段注文也反映出宋儒对于君臣互动关系之理解。

〔80〕参见姚大力：《论蒙元王朝的皇权》，载《学术集林》卷一五，上海远东出版社，1999年，第282—341页；张帆：《论蒙元王朝的家天下政治特征》，载《北大史学》第八期，北京大学出版社，2001年。

〔81〕宋人承认，"我朝有唐虞三代之治体、制度，而无汉唐之国势"(《类编皇朝大事记讲义》卷一《序论·国势论》)；或许正因为如此，他们希望另寻出路，以求长治久安，故尤其强调"本朝之治，与三代同风，此祖宗家法也"(《宋史》卷三九六《史浩传》，第12068页)。

〔82〕朱熹：《孟子集注》卷九《万章章句上》。这一思想早见于先秦时期，如《吕氏春秋·贵公》中即有"天下，非一人之天下也，天下之天下也"的说法。

〔83〕《历代名臣奏议》卷二一三《法令》，上海古籍出版社，1989年。

〔84〕《皇宋中兴两朝圣政》卷二四，"绍兴八年十二月癸酉"条，江苏古籍出版社，1988年。

〔85〕张端义：《贵耳集》卷上，商务印书馆，1937年。

〔86〕例如孟轲曾说："乐民之乐者，民亦乐其乐；忧民之忧者，民亦忧其忧。乐以天下，忧以天下，然而不王者，未之有也。"见《孟子·梁惠王下》。

〔87〕《宋史》卷二五六《赵普传》，第8940页。

〔88〕《吕东莱先生文集》卷一九《史说》。

〔89〕 《西山先生真文忠公文集》卷二《庚午六月十五日轮对奏札二》。

〔90〕 当时神宗提出:"更张法制,于士大夫诚多不悦,然于百姓何所不便?"文彦博的回答
　　　　是:"为与士大夫治天下,非与百姓治天下也。"见《续资治通鉴长编》卷二二一,"熙
　　　　宁四年三月戊子"条。文彦博以"士大夫"与"百姓"分立对举,值得再做分析。

〔91〕 《汉书》卷八《宣帝纪》,中华书局标点本,第255页。

〔92〕 《汉书》卷八九《循吏传》,第3624页。

〔93〕 《历代名臣奏议》卷二七《治道》。

〔94〕 《续资治通鉴长编》卷二六,"雍熙二年十二月"。

〔95〕 《范文正公集》卷五《杨文公写真赞》,参见《宋史全文续资治通鉴》卷五。

〔96〕 《宋史》卷二八二《李沆传》,中华书局标点本,第9541页。

〔97〕 同上,第9538页。

〔98〕 《苏轼文集》卷二五《上神宗皇帝书》,中华书局标点本,第740页。

〔99〕 《宋史》卷三九〇"论",第11963页。

〔100〕 参见余英时:《谈宋代政治文化的三个阶段》,第5页。

〔101〕 宋朝称殿阁学士、直学士、待制与翰林学士、给事中、六部尚书、侍郎等为"侍从"。

〔102〕 《苏轼文集》卷二五《上神宗皇帝书》,第740页。

〔103〕 《古今源流至论》后集卷二。

〔104〕 《鹤林玉露》丙编卷二《无官御史》,中华书局标点本,1983年,第271页。

〔105〕 同上。

〔106〕 《续资治通鉴长编》卷一二一,"宝元元年正月丁卯"条。

〔107〕 《宋史》卷三二一《郑獬传》,第10418页。

〔108〕 参见《鹤山先生大全文集》卷一八《应诏封事》,《类编皇朝大事记讲义》卷二。

〔109〕 《宋史》卷四四六《忠义传》序,第13149页。

〔110〕 东汉的士大夫领袖如李膺等人"以天下风教是非为己任",他们"风格秀整,高自标
　　　　持"(《后汉纪·桓帝纪》),在后进之士面前居高临下,居于道德世界价值裁判者
　　　　之地位;而北宋中期的范仲淹等人则方正平易,"以天下为己任"的理念蕴涵着他
　　　　们直接参与国家事务的自觉意识。参见余英时:《朱熹的历史世界——宋代士大
　　　　夫政治文化的研究》,三联书店2004年,第210—212页。

〔111〕 参见陈植锷:《北宋文化史述论》,中国社会科学出版社,1992年,第51—52页。

〔112〕 参见《续资治通鉴长编》卷三六,"淳化五年五月戊寅"条。

〔113〕 《四库全书总目·集部·别集类》五《徂徕集》提要,中华书局,1965年。

〔114〕 《二程集》附《伊川先生年谱》,中华书局,1981年,第343页。

〔115〕《欧阳修全集·居士集》卷九《古诗·读书》，第 61 页。

〔116〕同上，卷二《镇阳读书》，第 14 页。

〔117〕陆游：《家世旧闻》卷上，中华书局校点本，1993 年，第 177 页。

〔118〕《宋史》卷三四五《刘安世传》，第 10954 页。

〔119〕《国史大纲》，第 561 页。

〔120〕如周敦颐，在其《通书·师友》中强调"天地间至尊者道，至贵者德而已矣"。

〔121〕《宋史》卷四二七《道学一·程颢传》，第 12717 页。

〔122〕邓广铭先生在其《略谈宋学》中指出：因为要"致广大"，所以要经世致用，都有其治
国平天下的抱负；因为要"尽精微"，所以都要对儒家学说的义理进行深入的探索。
这二者，可以概括为宋学家们所都具有的特点。见《邓广铭治史丛稿》，北京大学
出版社，1997 年。

〔123〕《张子全书》卷一四《近思录拾遗》。

〔124〕在宋代看似水火不容的士大夫对立派别之间，往往具有比人们意料中更多的共通
之处。无论是王安石或是司马光、程颐，都追求"一道德"的理想境界；他们在实际
诠解"道德"之际，都未脱出"君子""小人"的判分模式；都具有依事划线的主观倾
向。这种一致性，实际上是当时士大夫共同信念与认识局限的反映。

〔125〕《论语集注》卷六《先进第十一》，中华书局点校本，1988 年，第 128 页。

〔126〕《朱子语类》卷一三《力行》，中华书局，1994 年，第 233—234 页。

〔127〕范祖禹：《唐鉴》卷三，贞观十六年，上海古籍出版社，1984 年，第 6 页。

〔128〕《二程集·河南程氏外书》卷一二《传闻杂记》引《晁氏客语》，中华书局，1981 年，
第 443 页。

〔129〕《欧阳修全集·居士集》卷三四《徂徕先生墓志铭》，第 239 页。

〔130〕《二程集》附《伊川先生年谱》，第 343 页。

〔131〕《范文正公集·邓州谢上表》。

〔132〕陆游：《剑南诗稿》卷《病起书怀》，上海古籍出版社，1985 年。

〔133〕《欧阳修全集·居士集》卷三四《徂徕先生墓志铭》，第 239 页。

〔134〕范仲淹：《岳阳楼记》。

〔135〕《欧阳修全集·居士集》卷二〇《文正范公神道碑铭》，第 144 页。

〔136〕《渑水燕谈录》卷七，中华书局校点本，1981 年，第 89 页。

〔137〕《欧阳修全集·居士集》卷二〇《文正范公神道碑铭》，第 144 页。

〔138〕《范文正公集》卷一《灵乌赋》。

〔139〕《晁氏客语》，岳麓书社，2005 年版。

〔140〕《宋史》卷三一四《范仲淹传》,第 10268 页。

〔141〕《朱子语类》卷四七,第 1188 页。

〔142〕《王文公文集》卷一《上仁宗皇帝万言书》,上海人民出版社,1974 年,第 1 页。

〔143〕《陈亮集》(增订本)卷一二《铨选资格》,中华书局,1987 年,第 132 页。

〔144〕《司马文正公传家集》卷六〇《与王介甫书》,商务印书馆,1937 年。

〔145〕《续资治通鉴长编纪事本末》卷五九《王安石事迹(上)》。

〔146〕 同上。

〔147〕 参见邓广铭:《北宋政治改革家王安石·序言》,人民出版社,1997 年。

〔148〕《临川先生文集》卷三四,商务印书馆,1929 年。

第五章　文官制度的完善

宋代的士大夫们总结晚唐五代的教训,认识到"道德仁义,所以为治;而法制纲纪,亦所以维持之也","善为天下虑者,不敢忽于微,而常杜其渐也"[1]。宋代的官僚政治及其制度,与前代相比,其特点即在于更加注重完善法制纲纪,加强防微杜渐的措施。一方面政治运作更有理性,过程更为开放;另一方面制度设计更趋精致,运作程序也更加严密。宋代所建立的一整套完善的文官制度,是中国古代政治文明的重要组成部分。

第一节　制衡原则的充分运用

"事为之防,曲为之制"　职权分立格局　"任人"与"任法"

北宋建国以来采取的一系列措置,促成新的开国气象。北宋的统治阶层及士人们对此都怀着很高的历史成就感。对于立足于防范事端、化解矛盾的"祖宗之法"的体味、概括与认定,也就产生于这一过程之中。

开宝九年(976)十月二十日,宋太祖赵匡胤突然去世。他的弟弟宋太宗赵光义在其即位诏书中郑重宣告:

先皇帝创业垂二十年,事为之防,曲为之制,纪律已定,物有其常。谨当遵承,不敢逾越。[2]

这是宋太宗及其辅佐臣僚们对历史经验概括提炼之后的精心表述。"事为之防,曲为之制",强调保持对于意外事变的戒惕心态,以确保政治与社会的稳定。这八个字所体现的预设防范、周密制约的精神,正反映出宋人常说的赵宋"祖宗家法"的实质。

元祐(1086—1093)年间,宰相吕大防向年轻的哲宗皇帝"推广祖宗家法以进",说:"自三代以后,唯本朝百二十年中外无事,盖由祖宗所立家法最善。"他将"祖宗家法"分解为事亲之法、事长之法、治内之法、待外戚之法、尚俭之法、勤身之法、尚礼之法、宽仁之法八项,并且强调了虚己纳谏、不尚奢华;进而说:"此皆祖宗家法,所以致太平者。陛下不须远法前代,但尽行家法,足以为天下。"[3]这里所说的,主要是在赵宋历史上累积形成的一套调整皇族内部关系、限制宗室外戚权势的法则,其中也涉及皇帝如何处理与臣僚关系的内容。

在中国传统社会中,"家者,国之则也","家正则天下定矣"[4]。帝王的"家法"在一定程度上即是"国法"。赵宋的"祖宗家法",沟通着当时的"正家"与"治国"方式,也体现着"人治"与"法治"的互补与折衷。它的立足点、落实处是规矩法度;而与此同时,又突出着作为家族尊长、人治象征的"祖宗"之导向与决定作用。从这一意义上,或许可以说,作为根本性治国原则的"祖宗家法",既是对于"人治"的限制与规范,又是"人治"的延伸,是寓含一定理性精神的"人治"。有学者认为,"祖宗之法"及其体现的制衡原则,反映着赵宋统治阶级的政治智慧[5]。

追念祖宗之世、推崇祖宗之法,是宋代突出的历史现象。从宋代的政治实践来看,所谓"祖宗之法",并非静止不变的一整套固有法规,而是长期以来动态形成的调整内外关系准则之通称。它所体现的以"中外无事"为目标的"防弊"精神,渗透于社会政治生活的方方面面。赵宋"祖宗家法"的总结与提炼,在很大程度上寄寓着宋代士大夫对于"正家—治国"模式的追求。它是统治阶层对于社会现实与政治现实的反应,但作为一种原则、一种理念,它又不等同于赵宋王朝实际的政治行为与制度设施。

作为"祖宗之法"的精髓,"事为之防,曲为之制"的精神,在防范纤悉、有效保证政局相对平稳的同时,对于两宋官僚政治的发展,也产生着深刻的负面影响。在士大夫中受到广泛应和的"利不百,不变法"的主张,对于"变更祖宗法度"的疑虑与抵制、始终被密切关注的文武制衡关系乃至南宋在强敌当前之际的收武将兵权问题、北宋中后期以来长期困扰政治生活的党争问题，无不与宋代的立国之策有直接的关联。

然而，"事为之防，曲为之制"仍不乏积极的意义，这尤其反映在行政管理的层面上充分运用制衡原则。

宋朝的中枢决策系统，是以皇帝为中心，由宰执、侍从、台谏共同构成的。其设官分职的鲜明特点主要体现在两个方面：一是国家决策群体的扩充；二是职能分工的明确以及国家政务重点的突出。宋朝中枢政权机构的设置，在宋神宗"元丰改制"之前与其后有着明显的差异。

北宋前期的中枢权力机构设置，并非全盘新创，而基本上是整理、更革前代设施的产物。更革的思路是在北宋初期的政治实践中逐步明朗化的，它清楚地体现着权力制衡的精神，同时使政权机构之职能分工更为明确、责任更为集中。马端临《文献通考》卷四七《官制总序》中说到北宋前期的中枢机构设置："宋朝设官之制，名号品秩一切袭用唐旧。然三师、三公不常置，宰相不专用三省长官。中书、门下并列于外，又别置中书于禁中，是谓政事堂，与枢密院对掌大政。天下财赋、内廷诸中外管库，悉隶三司。"当时最为突出的特点，在于中书门下（简称"中书"）、枢密院与三司分理民政、军政、财政，原则上各自行使独立职权。中书门下，是正副宰相集体处理政事的最高行政机构。其办公处设在禁中，亦称政事堂（图5-1）。宋代一般以同中书门下平章事为宰相，太祖乾德年间（963—967）设立参知政事作为副宰相，既是宰相之辅佐，又起着分散、牵制相权之作用。

枢密院统揽全国军务，是国家的最高军政机构。长官称作枢密使或知枢密院事，副长官是枢密副使或同知枢密院事。就枢密院而言，自唐末朱温改以亲吏取代宦官担任枢密使起，就开始了该机构走出内廷的过程[6]。五代时期，国家政治体制的运转，一定程度上以军机要事为中心；皇帝最为亲信、器重的官员，往往担任枢密使一职。"宰相之外复有宰相，三省之外复有一省"[7]的状况，正反映出当时枢密院长官不仅"参谋议于中"，而且"专行事于外"的现象。这不仅出自皇权制约相权的需要，也是出于提高快速反应效率，以应付复杂局面的需要。枢密使不仅掌机要、备顾问，且直接施政；这一方面使其权势急剧膨胀，另一方面却也使形式上处于巅峰状态的枢密使有可能自帝王身边疏离，

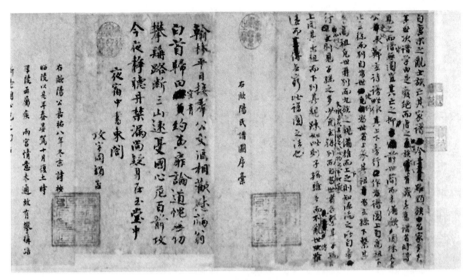

图 5-1　北宋欧阳修手迹《夜宿中书东阁》诗

促使枢密院向外廷机构转化。枢密与中书"对掌大政"的分工,即产生于这一转化过程之中。

中书与枢密院依其在宫城中的位置,称为东、西二府。二府之间,有分工配合,也有牵制掣肘,形成"互相维制"的格局[8]。枢密主兵,而兵权亦不专掌于枢密院。国家的正规部队禁军分别由殿前都指挥使司、侍卫亲军马军都指挥使司、侍卫亲军步军都指挥使司(即"三衙")统领管理。正如靖康年间(1126—1127)李纲所说:"祖宗旧法,兵符出于密院而不得统其众,兵众隶于三衙而不得专其制",其结果是"各有分守,所以维持军政,万世不易之法"[9]。

北宋前期的三司,由前代掌管中央财政的盐铁、度支、户部三个部门合并而成,总领国计及四方贡赋,在当时财政集权中居于核心与主导的位置[10]。宰相虽然共议财政大计,却不直接调度财政事务。三司使直接向皇帝负责,其地位仅次于两府长官,号称"计相"。财政为国家命脉所系,在盛唐以降使职系统发展的基础之上,三司固定为常设理财机构,其职权、其治事效率皆远非过去之尚书户部可比。

此时中枢部门的分立,主要由其处理的政务范围不同所决定,而不取决于或出令、或审覆、或执行的程序环节分工。宋代官僚政治制度中对于效率与制衡的追求,并非体现于运作流程的分割与制约;而基本上是按照所处理政务的范围——民政、军政、财政,以"依事系任"为原则进行事权分割。在有关事任的管辖权限之内,决策、执行一体化;而由纵横交错的考察系统对于执行过程实施策励与监督。这种设官分职方式,在"丛脞芜杂"的表象背后,突出了国家政务的几方面核心内容,职责与事权明确集中,官员的专业化程度较高。

北宋前期,中书门下、枢密院与三司尽管形成了"中书主民,枢密主兵,三司主财"[11]的鼎立局面,但并非互相隔绝。事干国体军国大计,皆须宰执共同讨论,真宗即有"中书总文武大政"之说[12];涉及国计民生之财政方针的制定实施,宰相亦皆预知。特定政治形势下,更随着客观机遇、宰执识见及其他互动因素的不同,而产生种种因应事变之举措。庆历年间用兵西夏,宰相吕夷简兼判枢密院事,而章得象则兼枢密使。熙宁变法,王安石在三司之外,另设主持制定有关财政经济新法的机构"制置三司条例司",力图通过法规条例的订立与推行,将三司的财政活动置于政府的直接调控之下。

御史台和谏院,是宋代主要的监察机构。台谏官作为皇帝的耳目,得以"风闻言事",监督朝政运转。作为对于政府施政的主要外在督核力量,宋代台谏地位明显上升。

国家决策机制的运转,是一个复杂的过程。就最高层次的决策程序而言,国家的政治、军事、财政要事,朝廷诸司百官进呈的奏章,奏报皇帝裁决。事关大政方针,皇帝通常与宰执近臣反复讨论,或个别咨询,或集体商议;有时即在视朝听政时经君臣商讨后决策。一般事务,由宰执提出初步意见,以札子进呈,皇帝批复同意,然后施行。遇有重大事件或制度更革,有时会召百官集议,讨论处置方式,供最高决策层考虑[13]。

皇帝拥有最终决策权力;但是,皇帝的指令,原则上也须经由二府颁布诏敕施行[14]。直接自宫内颁出的皇帝批示(即所谓"内降指挥"),经常受到臣僚的批评与抵制。仁宗自己也曾经表示:

> 措置天下事,正不欲专从朕出。若自朕出,皆是则可,有一不然,难以遽改。不若付之公议,令宰相行之。行之而天下不以为便,则台谏公言其失,改之则易。[15]

仁宗朝是宋代士大夫政治发展史上的关键时期。一方面,士大夫"以天下为己任"已成为践履的信条;另一方面,"共定国是"也已成为君臣双方的共同选择。这番话正反映出当时的帝王对于"与士大夫共治天下"原则的肯定,以及对于"共治"方式的理性思考[16],这在其后引起了积极的反响:陈亮称之为"祖宗上下相维之法";而作《宋大事记讲义》的吕中更称"此言真为万世法"[17]。

宋神宗元丰五年(1082),在"以实正名"的口号下,系统地改革了中枢行政设置。仿效唐制恢复了中书省、门下省和尚书省,国家政事"中书省揆而议之,门下省审而覆之,尚书省承而行之";事实上从议事运作程序上分割了原属中书门下的权力(图5-2)。新官制以尚书左仆射兼门下侍郎、尚书右仆射兼中书侍郎为宰相,以门下侍郎、中书侍郎、尚书左丞、尚书右丞为副宰相,共同处理政事。这种安排,把宰相与三省职权紧密地联系在一起。两位宰相依政务

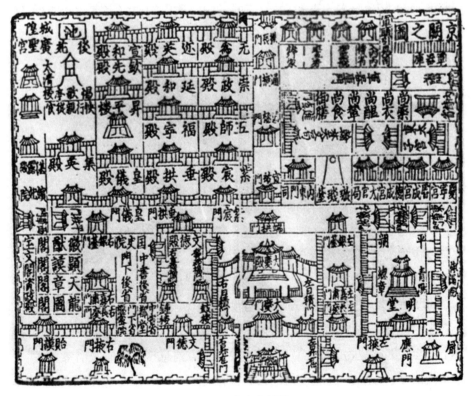

图5-2　北宋官阙图

处理的程序分工,分掌出令、审覆,决策过程中出现了不同的角度与立场,使得决策权力的运用更为慎重;而宰相、执政共掌行政实施权,又使其有莅临政务与协调处置的充足机会。元丰改制之后,尚书省成为政务运行的重心所在,宰执议事即在尚书都堂进行。元丰改制以《唐六典》记载的唐代前期官制作为参照,但更革之后的制度并非唐制翻版,而有着明显的时代特点。

首先,取代中书门下作为国家最高决策、行政机构的三省,改制后仍与枢密院"对举文武大政";一仍旧贯地维持着赵宋祖宗设法立制之"深意"。其次,新的曹司设置,也突破了以往整齐划一而失之于机械僵化的六部二十四司建制,根据职能事任的繁简程度增加(或减少)各部曹司设置,从而拓宽了六部制度的伸缩余地。

元丰改制是宋代国家行政体制的一次重大变革,一定程度上减少了机构重叠的状况。力求名实相副、责权分明,突出制衡机制。这些做法一方面体现了整齐制度、防范弊端的需要,另一方面却由于政事的拟议审定迂回曲折,使行政效率受到影响。兼总尚书省事务的宰相,事必躬亲,未能达到注重决策的目的。

宋哲宗即位后,宰臣吕公著、司马光等人再三提议调整三省关系,以便行遣简径,政事归一。此后,三省逐渐恢复同班奏事,共同取旨。靖康军兴之后,机速事务大增,遂于建炎三年(1129)将中书、门下二省合一,尚书左、右仆射复以"同中书门下平章事"入衔,理事于都堂,成为南宋朝廷的宰相。

就中枢核心机构的变化而言,自北宋前期之制,经元丰改制、元祐变更至建炎调整,经历了一条曲折的路程,重新实现了决策、行政事权的一体化。

两宋时期,设官分职体制中的理性化精神,相当充分地显现出来。不仅中央官僚机构的设置,形成相互维系的态势;在官僚政治事务的运作方面,也形成了一整套制度化的做法。追求"公平""择优"的考试录用方式,以"依资序迁"为准绳的官僚选任原则;人事管理、财务审计、刑狱鞫谳、考察磨勘等诸多事务中对于文书档案以及多途复核的重视;一系列技术性实施手段的完善,各环节产生人为弊端的可能之减少;从中央到地方信息搜集渠道的增多、内外信息交流的频繁,以及一定程度上的信息公开;士大夫们对于行政运作程序及其内容的密切关注⋯⋯凡此种种,无不反映出官僚政治较高的理性化程度。

宋代立法活动频繁,法典种类众多,除《刑统》《编敕》之外,还有《令式》《格式》《断例》《条贯》以及《条法事类》等等,条目细密繁复(图5-3)。宋代在刑事司法活动中贯彻明确的鞫谳分司原则,狱讼审讯与检法断刑分别处理,以期二者制衡,减少冤滥。从地方到中央,既有常规专职的不同层次审判与复核机构,又有临时设立的审断组织;一方面是司法监察体系趋于完密,另方面又是中央行政机构对于司法的干预增多[18]。这种特点,显然与其政治上恪求防弊的根本精神直接相关。

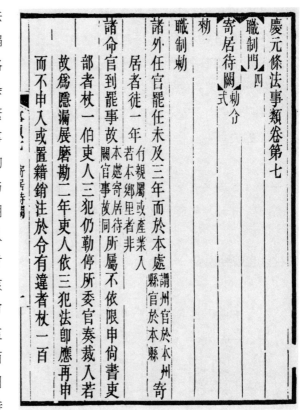

图5-3　《庆元条法事类》书影

在各类行政法度的制定与执行过程中,面对矛盾丛集的社会现实,老于世故的各级执法官僚,更强调法规准绳在裁定是非方面的重要作用;而凭借"道德、文章"入仕、更多执持理想主义观念者,则倾向于增加制度弹性空间,赋予执法人员以较多的自主权力。这两派议论,并非严格地以固定人群为其载体,而更多地因时机事任而转移。主张"任法"的一派,以"公平"为追求目标,希图借助制度的严密来排除人为因素的干扰;主张"任人"的一方,注重执法过程中人的创见与能动因素,强调积极提高执法者素质。

宋代自神宗以来"取士兼习律令,故儒者以经术润饰吏事,举能其官"[19],可以说在"任法"方面进入了一个新的阶段。吏事的实施,本须借助律令的强制推行;原以文章经术见长而疏于任事的儒者,在铨选考试制度刺激下,转而重视修习法律。以科举、铨选考试取士为"龙头",通过考试内容的革新,促使经术、律令与吏事更为紧密地结合起来。这一措施,体现出宋廷对于治事效率的追求,也意味着将道德教化传统渗透入各类行政事务、缓冲各类社会矛盾的努力。

在新儒学复兴的背景之下,"法"与"道"、"法"与"理"的关系,成为当时讨论的议题之一。王安石在其《周礼新义序》中,曾经谈到"道"与"政事"、"法"与"人"的关系:

> 惟道之在政事,其贵贱有位,其后先有序,其多寡有数,其迟(数)[速]有时。制而用之存乎法,推而行之存乎人。[20]

宋神宗也曾经说:

> 法出于道。人能体道,则立法足以尽事;立法而不足以尽事,非事不可以立法也,盖立法者未善耳。[21]

活跃在南宋前中期的道学家吕祖谦、朱熹等人,都重视法制的作用,而且在自己任内身体力行。在吕祖谦看来,"法"充溢着儆恶劝善的"仁义之气",实际上是"人情物理所在"[22]。

"任人"与"任法"的关系问题,始终是宋朝士大夫争论的热点之一。"任人"还是"任法",实际上是"人治"抑或"法治"的问题。作为共识,时人承认"任法而不任人,则法有不通,无以尽万变之情;任人而不任法,则人各有意,无以定一成之论"[23]。而在复杂多变的社会现实中,"人"与"法"理想的配合融通经常面临着实际的困惑。

第二节 官僚的任用与管理

独具特色的品级制度 多元化的选任方式 "循名责实"的努力 资格制度的发展 纵横交错的考察机制

　　宋代设官分职的主要特点,在于其官、职、差遣的分离。用《宋史·职官志》总序中的话来说,就是"官以寓禄秩、叙位著,职以待文学之选,而别为差遣以治内外之事"[24]。在这里,"官"指本官或曰寄禄官,"职"指授予较高级文臣的清高名衔,"差遣"则是指官员所担任的实际职务[25]。

　　唐代中叶以来,在纷纭扰攘的政治局面之下,设官分职之制中,形成了使职差遣普遍化、职事官阶官化的局面。原有的职事官体制在很大程度上脱离了固定职事,而临时指派的差遣职任尚未经过系统的整理,未能发育为成熟的体制。这种状况反映在当时的人事制度中,出现了"双轨制"的现象:一方面,"职事官"有员额有品秩,却不一定有事权;另一方面,拥有治事权力的"差遣"职务,却由于本属权宜设置,令典规章无可稽寻,因而既无员额又无品秩。

　　职事官体制与使职差遣体制的交叉,给官员管理工作带来了诸多不便。当时,整理任官制度的思路,归结起来,是希望恢复(而非另建一套)以职事官为中心,把官称、员额、品秩、事任联系在一起的设官分职方式。然而,面对日益复杂的现实政治情势,类似的努力终于收效甚微,而临时差遣职任的增多无可阻遏。五代后期的官僚士大夫们,开始寻求其他出路。他们已经意识到充分利用原职事官系统的稳定、调节作用,而另建一套差遣治事系统的可能性与必要性。

　　北宋的决策人物们继承了前代遗留的既成局面,却从原有的窠臼中超脱出来,舍弃了以"职事官"为中心的调整思路,不再把"官复其职"作为整顿的目标,而索性以原省部寺监官阶组成为官员迁转的不同序列,以此寓示人们各自不同的出身、经历、流品等背景内容。与此同时,因势利导,以"所任之事"为中心,对以往分散而互不统属的差遣职任加以整理,建立起一套精干而有效能的行政体系(图5-4)。

　　宋初在整理任官制度的过程中,体现出浓厚的务实色彩,比较妥帖地解决了长期积累的矛盾,顺利平稳地实现了人事权力的转移;以往的职事官称被纳入此时标志官员基本身份的"本官"阶次序列之中,"本官"与"差遣"各成系统,从而自根本上解开了原职官系统运转不灵而"令外设官"管理不便的扣结。

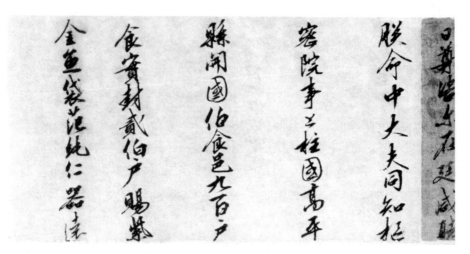

图5-4 《范纯仁告身》局部

唐代"掌务而授俸者,惟系于职事一官"[26];宋代的设官分职方式,却突出地将作为"授俸"基准的本官与"掌务"之差遣区分开来,标志基本待遇、地位的身份层级("品位")系统和负责内外事务的实际职任("职位")系统分立为二。官僚个人的基本身份有了相对独立而稳定的参照衡量标准。"本官"与"差遣"既相分离,又相联系。其分离,使得宋代的官僚选任制度亦相应分为两途:一为改转寄禄官品阶的磨勘叙迁之制,一为以资序为依据的差遣除授之制;其联系,反映在二者之间维持着一种互补与大致的对应关系。本官(寄禄官)与差遣的分离,使得朝廷对于官员的任用更为灵活,有了更大的回旋余地。宋廷运用多种手段策励群臣效力:或升差遣而本官如故,或迁本官而差遣照常;有二者同步迁降者,也有降黜差遣而升陟本官阶秩以示抚慰者。北宋前期发展成熟的这类进退办法,极大地丰富了人事制度中的应变处置方式,形成了多方位、多层次的奖惩激扬体制[27]。

北宋前期的本官阶秩系统,利用了唐代原职事官的称谓头衔,"官"与"差遣"的分离,表现为原职事官名衔与其职事的分离,因而造成了官制中纷繁复杂、名实不侔的现象。在赵宋统治稳定后不久,这种状况即受到朝野人士的强烈批评。要求"正名"的呼声,终于导致神宗时期进行改制,自改变诸司官员名衔与其实职的分离状况入手,全面调整中央官僚设施,更易名称,划分权限。一方面"领空名者一切罢去"[28],台省寺监的职事官实典其职,名实相副;一方面将原有散官名称加以改造,形成新的一套寄禄阶称谓,用以取代原来借用的职事官称。唐代中叶至此三百余年间,设官分职制度屡经冲击、变革与整理,走过了一个回旋式的曲折历程。

元丰以后,寄禄阶体制又有多次调整,但其立意未变。寄禄阶次的名称与设置形式,与唐代的散官相仿佛;其远较差遣职事稳定的性质,也与唐之"本品"(即散官品阶)颇有类似之处。然而,它毕竟自北宋前期"寓禄秩、叙位著"的本官系统发展而来,而并非唐代散官制度的简单翻版。二者在官员选任制度中的意义、叙进的条件与方式,都有着显著的差别。

宋代文官制度,实行多元化的选任方式。科举取士、学校考选、恩荫补官、吏员出职、杂色补官以及摄官转正等,都是进入仕途的路径[29]。当时的大多数官员,是通过科举考试或恩荫补官入仕的。作为特权选官的主要方式,通过恩荫入仕的官员较科举入仕者数量为多;但相对于进士出身者,这些人在宋代被认为"无出身",在出官、转迁等方面都受到种种限制,最终能够跻身于高层官僚队伍者为数寥寥。这无疑反映出一个时代的风尚。

宋廷对于在任官员的考核(当时称之为"考课"或"课绩"),原则上是对于官员品德操守及才干绩效的综合评定;以"循名责实"为目标;而以对其德行、才能、劳效的综合检验为主要内容。这种考核既是对于官员业绩的检查与督励,也是朝廷多方获取信息的途径之一(图5-5)。课绩条目是否合理切实而容易查验,是考核制度能否取得成效的关键。在考课令文中,对于"德行"的考核被置于重要地位,"德义有闻""清慎明著""公平可称""恪勤匪懈"构成为"四善"。从"四善"的内容来看,它是体现官吏道德修养与操行素质的"软性指标":"德义有闻""清慎明著"侧重于道德修养标准,而"公平可称""恪勤匪懈"则偏重于莅政治国精神。这实际上是儒家"修身齐家治国平天下"理念在官员考核中的具体运用。而正是由于"四善"的设计过于理念化,评估标准含混而不确切,考核时不易操作,为统治者所强调的这一套"德行"标准在现实政治生活中并没有起到预期的作用。

在课绩中比较重视对于才能的核验。唐代根据各个职能部门责任性质的不同,将其概括为二十七类,各有衡量绩效的原则标准,称作"二十七最",即:

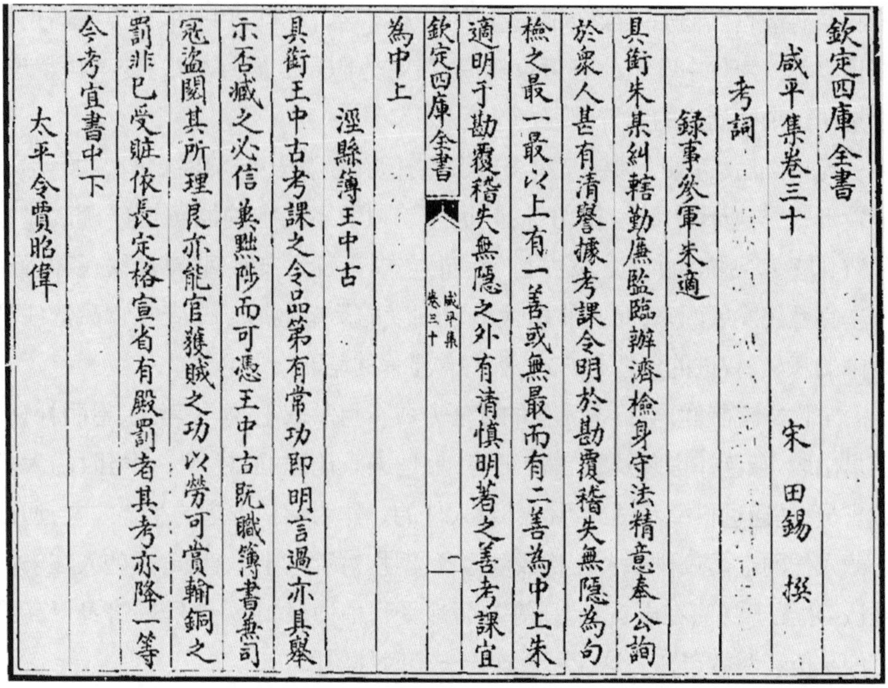

图 5-5　宋代考词

会考宜书中下

太平令贾昭偉

罰非已受贓依長定格宣省有殿罰者其考亦隆一等
冠盜闕其所理良亦能官獲賊之功以勞可賞翰銅之
示否臧之必信衆黜陟而可憑王中古既職簿書焉司
具銜王中古考課之令品第有常功即明言過亦具舉

涇縣簿王中古

為中上

適明于勘覆稽失無隱之外有清慎明著之善考課宜
檢之最一最以上有一善或無最而有二善為中上朱
於衆人甚有清譽據考課令明於勘覆稽失無隱為句
具銜朱某糾轄勤廉監臨辨濟檢身守法精意奉公詢

錄事參軍朱適

考詞

咸平集卷三十

欽定四庫全書

宋 田錫 撰

　　一曰献替可否、拾遗补阙，为近侍之最；二曰铨衡人物、擢尽才良，为选司之最；三曰扬清激浊、褒贬必当，为考校之最；四曰礼制仪式、动合经典，为礼官之最；五曰音律克谐、不失节奏，为乐官之最；六曰决断不滞、与夺合理，为判事之最；七曰部统有方、警守无失，为宿卫之最；八曰兵士调集、戎装充备，为督领之最；九曰推鞫得情、处断平允，为法官之最；十曰雠校精审、明于刊定，为校正之最；十一曰承旨敷奏、吐纳明敏，为宣纳之最；十二曰训导有方、生徒充业，为学官之最；十三曰赏罚严明、攻战必胜，为将帅之最；十四曰礼义兴行、肃清所部，为政教之最；十五曰详录典正、词理兼举，为文史之最；十六曰访察精审、弹举必当，为纠正之最；十七曰明于勘覆、稽失无隐，为句检之最；十八曰职事修理、供承强济，为监掌之最；十九曰功课皆充、丁匠无怨，为役使之最；二十曰耕耨以时、收获剩课，为屯官之最；二十一曰谨于盖藏、明于出纳，为仓库之最；二十二曰推步盈虚、究理精密，为历官之最；二十三曰占候医卜、效验居多，为方术之最；二

十四日讥察有方、行旅无壅,为关津之最;二十五日市廛不扰、奸滥不行,为市肆之最;二十六日牧养肥硕、蕃息孳多,为牧官之最;二十七日边境肃清、城隍修理,为镇防之最。[30]

唐代主持考课的官员在确定被考人等第时,握有比较大的主动权。这与课"最"标准简要、伸缩余地大有着直接的关系。这样一套课绩标准,直至五代、宋初,依然被引为考核官员的依据。但是,"二十七最"在比较整齐稳定的同时,显然不可能覆盖方方面面。因此,自唐代始,在课绩制度的实施过程中,针对不同职任,在不同时期即曾有对于"善"与"最"具体的诠释准则。高宗、武则天时期,将对于善状的考查集中于"清白"一项;在"清白"与"才干"之间,人事部门把握着一种临界平衡点。评定考第之际,官员的治事绩效("最状",而非"善状")起着关键的作用。朝廷采取较为务实的方式,把握总体比例,简化课绩等第分层,重点突出地实施考核,以保证主要目标得以实现。

在宋代决策者看来,笼统的课绩标准至少容易带来两方面不利影响:一是标准抽象而不易比对,难免导致误差、形成纠纷,甚至影响吏治的澄清;二是会给校考官员留下过大的活动空间,使其主观意向在课绩中占据主导地位,进而造成政治上的严重后果。因此,当时所致力于制定的,是务实而又谨密具体、易于衡量的"善""最"标准,力求做到"凡职皆有课,凡课皆责实"。宋廷要求在申报课绩时填写非常具体的"实迹""实绩",以便日后核对。在存留至今的宋代考课令式中,我们看到,地方官员要逐年申报任内业绩,例如"劝农桑"一项,需要填写的内容"如增垦田亩或创修堤防水利或修整隳废、劝课栽植桑柘枣之类",如果栽植了树木,要分别说明桑柘枣各若干[31],并且曾经要求"开具于是何去处栽植,有无妨碍稼穑,见今有无青活"[32]等项内容,希望借行政强制的方式,迫使虚报课绩者承担相应的风险。

就令文规定来讲,宋代继承汉唐制度,以九等考第评价官员任内表现。然而,大量材料表明,宋廷考核(特别是特诏考查)各级官吏时,基本是实行"三等考第"之制。为便于排序比较,有时在中等之内复分等次;此外,有些时候在原有的"上""下"考以外,另加"优""劣"二等,以特行升黜。

就宋代考课法的实施而言,其严密之处,在于"官给历纸,验考批书"[33]。

"印纸"即官员功过的明细登录单,"批书"即由负责部门核验填报的内容,是课绩定等的主要依据之一。对文档资料的充分重视,一方面使得主管部门头绪繁多的工作有所依凭;另一方面也使得考核出现了程式化的倾向,过分倚靠字面记载,无从真正掌握官员之德行、才干与劳效。

课绩制度在其施行过程中,日渐发展起程式化的倾向。这主要是高度集权的人事制度带来的负面效应。依工作性质、地位高低而非个人绩效书考,唐代中期以后形成惯例;各类官员皆因其职任不同而有了所谓的"常考"。从宋代的考词中我们可以看出,当时的课绩定等通常是根据职务高低要冗等既定因素而非实际表现,对绝大多数官员书以固定的"常考"。能力、绩效互异,考第却无不同。这就从根本上违背了"黜陟能否"的精神,全然失去了针对性与激励意义。从这里,我们注意到考课法中"务实"精神的极大局限性:考课法规的制定者,是人事部门的行家里手;他们所制定的具体施行方式,往往充分考虑到了中央与地方人事部门的实际处理能力,而不是真正从基层社会状况与官员绩效的现实出发的。把考第区分绝对化,留给课绩主持者的评判空间相当狭窄,这在减轻了主考官员压力、减少了作弊机会的同时,牺牲了"循名责实"的原则,助长了主考与被考双方敷衍塞责的因循习气。

施行三等考第,减少了定等时的繁复纷争;而增加了区分轩轾、奖惩黜陟的困难。为了解决这一问题,北宋中期形成了一套实用易行的考评排序办法。人事部门将所有官员的功劳、过犯、服务年限及其应得奖惩的程度,逐一折合成可供比较的"量化"分数,自"肆拾分"至"壹分"不等,从而有效地把各级、各类不同功过、不同年资的官员彼此拉开了档次。这样做的结果,将活生生的面孔转化为硬邦邦的数字,把铨选工作面对的千头万绪拧成一条准绳,既通过类似于度量化、标准化的方式,减少了人事部门繁杂不堪的负荷量;又以这一冷冰冰的量化标准为客观屏障,有效地阻遏了形形色色的纠葛与怨尤。

在历史发展的不同时期中,人事选任所侧重的条件大不相同,既有由门第决定的"门资",又有由年劳决定的"年资",等等。"资"与官员的劳考、仕宦经历结合起来,并且随之确立了"依资递迁"的原则,是漫长的发展演化过程的结果。

唐宋以来铨选制度中的"资格",主要指治事年月与功效的累积;就其内涵而言,是十分复杂的综合体。从广义上说,它由官员的"出身"(即进入仕途的途径)、履历、职任的剧易、品级的高低、任职的久暂、课绩的记录,乃至推荐者的身份与人数等多种因素所决定。而在诸多因素之中,官员的履历与年劳(二者亦即"资历")显然占有突出的地位。

在宋代,与"本官""差遣"分离的设官分职制度相应,构成为官员资格的,大致有两方面内容,即反映本官阶秩高低的"资"(或曰"官资")以及决定差遣职位的"资序"。资序亦即资历,其内容包括差遣职务的高低和任数。资序是除授差遣时衡量官员身份、确定职任类型的基准,因而在官僚选任过程中受到待拟人与铨司双方的一贯重视。宋代铨选中有关资序的规定很多,而且经常处于调整之中。这主要是为了相对顺利地完成官员("员")与职位("阙"或曰"缺")的对应组合,以期达到"为官择人"的目标。以差遣职事为中心,寄禄阶、职名、资序皆围绕运作,这是宋代人事选任制度的重要特点。

完全合丝对缝、秩序井然的原则规定,在复杂多变的官僚场上,很难不折不扣地照样实施。为保证根据需求及时派遣,必须采用一种上下衔接、纵横贯通、此出彼入而富于弹性的资序与差遣对应方式。这套体系,是在人事选任工作的长期实践中,在矛盾、平衡的反复运作中,逐渐丰富起来的。它能够适应变化的条件,或"折资"或"超资",或者通过调整职任的称谓(例如在职衔前加"权"或"权发遣"字样)等方式,实现以资序为基轴的、相对灵活的差遣除授。这种"灵活",既是对资序条文一定程度上的背离,又体现着资序原则的制约。宋代的资序体制,正是以这种方式发挥其作用的。

资序来自差遣,资序的叙理与差遣的除授有直接的对应关系;但是,资序又不等同于差遣,作为铨司授任时的文档依据,资序远较差遣整齐而少变。国家的人事部门,为建立平稳的选官秩序,努力使资序与差遣的搭配趋于稳定、凝固化,而这样一来,资序又成为中央集权所需要的灵活任使的羁绊。

隋唐以来,官僚人事工作中实行高度的中央集权,官不分内外,职不问高低,事不论巨细,都纷纷攘攘汇聚到朝廷。铨选中很难以候选者千人千面的品德操守、能力素质、政绩表现为依据,而只能取一律以裁万端,资深者序进,格到者递迁。这一总体背景,极大地限制着"选贤任能""循名责实"原则所能够发挥的作用。人事部门为保证自身工作的顺利进行,需要硬性划一的衡量尺度。这正如陈亮所说,"上下之间每以法为恃者,乐其有准绳也"[34]。资格之法,正是在这种情形下扩展开来的。

"资历至上"的原则之所以长期行用不衰,绝不是偶然的。首先,它产生于门阀士族政治彻底衰落的背景之下,从一个侧面体现着历史的进步,体现着更为平等、开放的趋势。强调资历,有其合理性:它在一定程度上促使官吏重视基层实践,使具有治事经验的人得以充实到中上层官僚队伍中来;它奉"资历至上"为信条,可以部分地限制请托,阻遏达官贵人子弟的过快升迁。其次,资格之法是铨选制度中实行高度中央集权的必然产物。唐宋时期,社会开放程度尚不充分,社会制度造成的知识分子出路狭窄,使他们成批涌入仕途,窒息在比肩待选的漫长岁月之中。官阙有常额而候选者无限量,这一矛盾激剧而又突出。统治集团一方面增设职位,扩大政权容量;一方面对候选人资格的审查日益严格。资格之法的内容随之而不断丰富,这正是时代的产物。

此外,"铨法简而任重"的状况,在统治者心目中,绝不是维护最高权力的理想状态。朝廷为防范掌管人事工作的官员以权营私,宁肯一切按照常规定法运行。而且,较之一元化的"资次",多元的"才德"缺乏客观标准,显然不易把握,更难得到人们共同的承认。候选的士人们,一方面深受繁琐程序之苦,一方面权衡利弊,又祈求详尽具体的拟注条格,希望铨司不越规矩。正是由于多方势力出自不同原因的共同维护,使得循守资格的原则弥漫开来。

重视资格的原则着眼于官僚队伍的大多数,贯彻着国家对于官吏的起码要求;与此同时,朝廷另辟蹊径,通过制举、科目选、荐举等多种方式选用贤能,从而建立起相对合理的官员选任机制,大体上可以满足国家对于不同层次人才的基本需求,从而保证统治机能的正常运行。

"循名责实"原则在其实施过程中,受到"依资序迁"原则强有力的牵制。前者为历代有识之士所倡导、所呼吁;后者却在多数场合下悄无声息地起着调谐作用。作为两种原则冲突折中的结果,"限年校功"(也就是排比年限、核验绩效)的做法[35]为大多数人所接受。帝国的人事制度逐渐走向标准化的管理方式。

在宋代,较之规矩呆板的层级式的常规考核,监察制度的实施相对活跃而有针对性。尽管就制度规定而言,课绩、监察各为独立系统,但在现实政治活动中,却非判然两途,而是关系密切、效应互补。正是在二者紧密结合的基础之上，纵横交错多层多途的考察制度充分发展起来，成为督励百官尽职尽责的主要机制。

宋廷对于官吏的考察通过多条途径进行：纵向考察中，基本上定期进行的常规考课与因事因时进行的特诏巡查、随时随地进行的监督稽核并行互补；中央业务部门对于地方相应机构的专业性考核，以及内部审计复核系统的稽查勘验并行互补。横向的常规考察，主要是诸司、诸州之间的互查互申。除此之外，下级官员对上级的检举、同级官员之间的揭发、后任官员对于前任绩效的检验，都是考察网络的组成内容。在常规考察渠道之外，还有朝廷派专使进行的考察、台谏系统的监督及参与等等。考察方式多样：有批书印纸、课绩定等，有廉访会问、他司覆按。考察中动员了多层多类机构及官员参与，考察的结果向官员本人公开，以求得多种信息来源的互验互证，求得考察中相对的准确与公平。

中国古代官僚管理制度的运作流程，使我们看到一帧多维的立体画面：一方面，官员们置身于纵横交错的国家考察网络之下；另一方面，与考察网络交叉互动的，又有形形色色、四通八达的个人关系网络。前者调动着官僚体制下几乎全部的力量，组织浩繁，声势恢宏，却仍然难以确知官员的"实绩"，难以确保政令的畅通；后者不露声色，却在传统社会中发挥着无所不在的作用。

制度的字面规定，与其在实施过程中的执行状况，往往有很大的差距。这不仅是由于无孔不入的营私舞弊，更是由于不正当的干预、多方面的牵制、恶劣的官场风习乃至政治的腐败等因素造成的。不过，从总体状况来看，与前朝相比，摆脱了封闭的世族体制背景的宋代官僚选任制度，无疑是更为开放了，并且形成了更为精密的运作程序，以其独特的努力进行着解决官僚选任工作中固有矛盾的尝试。这一体制，以恢宏的气度，吸引了无数社会各阶层有才识的精英作为中坚，揽了曾从不同方面为政权的安定与巩固做出过贡献的人，也容纳了大批无特殊才能及贡献之辈，以换取他们所属的社会集团对于赵宋王朝尽心竭力的支持。就其设官分职达到的相互维系、牵制之功能及缓解员阙冲突、依次发遣的平稳程度而言，这套安排是成功的；就其致力的重点以及达到的行政效率来看，却呈现出保守拘谨的态势，给后人遗留下一系列值得深思的问题[36]。

第三节　中央与地方关系的加强

从监察区到行政区　分权基础上的集权　上传下达的信息渠道

在中国古代历史上,从秦汉到唐宋,地方上基本实行郡(州)县二级制。中央经常派出监察官员对地方进行督劾;并且经常在地方建制之上设置监察区。地方监察区划的设立,成为中央控制地方的有效方式。

唐代前期,根据山川形势将全国划分为诸道,在各道设置黜陟、按察、采访等使,代表中央监察地方,考察地方官员的政绩。玄宗后期,按规定只应“察访善恶,举其大纲”[37]的诸道采访使,却逐渐超越职权,介入地方事务的处理,出现了监察区向地方行政区过渡的倾向。安史之乱后,职在监察的诸道观察使往往与掌管军政的节度使合二而一,实际上成为阻隔于中央与诸州之间的一级行政机构,州与中央的联系随之削弱。唐代后期的藩镇割据局面,正与这种状况直接相关。

宋代重新实行州县二级建制。州县长官(知州、知县等)都由中央直接派遣官员担任。同时,全国划分为若干路(图5-6)。诸路作为朝廷派出机构,辖区相对稳定,长官有固定的治所,拥有常设机关,具有信息搜集职能与一定的临事决断权力。路级机构主要有安抚使司、转运使司、提点刑狱使司与提举常平司,亦即“帅、漕、宪、仓”四司,漕、宪、仓司亦被称之为“监司”。安抚使司首长由本路内重要州府的长官担任,过问一路之军政;转运司经度财赋,刺举官吏;提刑司掌刑狱,兼管保甲、军器、河渠等诸多事务;提举常平官员负责常平仓、农田水利、差役及茶盐等事。诸司既有专门事任,又具监察职能。机构内部各置属员,依管理目标、对象的不同而有职能划分,开始向管理部门专业化的方向发展。

在宋代,诸县事务如有不能裁定者,申报于州,由诸州长官“总而治之”;“又不能决,则禀于所隶监司及申省部”。也就是说,诸县统属于州;诸州在一定程度上受本路监司的节制,同时亦得以专达于朝廷;中央的诏敕批状,直下

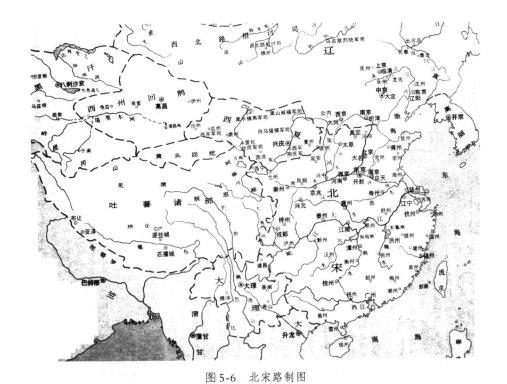

图 5-6　北宋路制图

诸路、诸州,政令通常由路级机构监督诸州执行。

诸路监司的施政方式主要是定期巡历视察,对于州县治理中存在的问题,不仅要向中央条陈汇报,还应根据实际情势过问处理。除此之外,监司经常通过移文下达行政指令,督促下属执行公务。从地方行政关系来看,路级处于承上启下的重要位置[38]。路级诸司职任有交叉而各不统属、互异互补、互申互察。这种做法,突出地反映着权力制衡原则的实施。在着意建设监察网络、成功地防范长官专权的同时,也造成了运行机制滞缓等严重问题。

综上所述,宋代路制的主要特点在于:一、诸路始终作为中央的派出机构,代表中央实施对于地方的监察职能;路与州县之间没有明确的隶属关系,诸州直属中央,且得以监督路级长官。二、路级不设统一的领导机构,不专任单一的长官,从而杜绝了专权割据的可能性。三、路级长官都负有监察地方官员的责任,同时又分领财政、刑狱、军政等事务,兼有行政与监察的职能。凡此种种,体现出路级区划自监察区向行政区过渡的趋势。

汉唐以来,高层政区的演化,有一个不断自监察区向行政区转变,又不断设置新的监察区的过程。这一过程集中地体现着中央集权与地方分权两种倾向的此消彼长。

宋廷充分吸取前代历史教训,力图将地方兵权、财权、人事权一概收归中央。但实际上,在广阔的疆域之内,在国家事务运转的实践中,由于技术手段的限制,集权只能建立在地方一定程度分权的基础之上。以宋代的地方财政支配权为例,原则上由中央直接控制,周转移易,调其有余而补其不足。国家财政管理体制视全国为一整体,以中央三司、朝廷的派出机构转运司、地方州郡为财赋分配管理的支度系统,可以保证中央与地方以及地方州郡之间的均济调拨。然而,宋代税收制度的更革落后于财政开支增长的速度,国家财政来源长期紧张,这对于各级政府之间的财赋分配关系产生了深刻的影响。其主要后果之一,即要求地方优先保证中央需求,"上供"钱物不容亏欠;地方上的用度差额,则主要不靠区域间的融通措置解决,而由地方财政取足于本辖区内的赋税收入。这样,就制度规定而言,"举四海之大,而一毫之用必会于三司"[39],中央财政事无不统;事实上却是以一地之资,供一地之费。中央所掌握的,只是地方"上供"部分,以及地方的财政预算额度("岁计");对于各州郡的实际财政状况,中央财政并不一一过问。这实际上意味着中央已经放弃了对于地方财政的直接控制,或者说失去了调剂融通地方财政的能力。随着政府的权力责任向地方转移,地方必然会以体制外的非规范行为,去扩大自己实际的财政自主权;而地方之自主行为只要不超越一定的限度,朝廷亦会予以容忍。

由此看来,宋朝所施行的中央集权,并非表现在事无巨细一决于中央,而是反映于在权利分配方面中央所占据的决定性地位,反映于"自下而奉上"原则的实施。而地方在一定自主范围内的措置,事实上缓解了朝廷所面临的矛盾,从根本上讲有益于中央集权的稳定[40]。

君主专制确立后,最高统治者希望尽量加强中央集权,而弱化地方权力;尽量简化行政层级,而不设高级政区(无法简化时,即尽量使之不享有完全权力,成为"不完善的政权形态")。但是,由于国家事务的繁多,经济、文化、地理环境等方面的差异,控驭手段的有限,事实上中央集权往往与地方分权主次兴替,相间而存^[41]。即便在理想状态下,中央集权也不得不建立在地方适度分权的基础之上。中央政府与地方政府作为统治主体的两端,牵动着中央与地方关系的走势。表面上看,中央政府似乎居于主动驾驭的地位,实际上地方政府更为贴近基层社会,就信息分布的不均衡状态所造成的对比态势来看,地方政府及其官员所享有的灵活程度显然是中央政府望尘莫及的。

众所周知,就其广度而言,宋代所完成的,事实上并不是真正意义上的统一;然而,其统治所达到的纵深层面,却是前朝难以比拟的。

讨论特定历史时期内中央与地方的关系,首先涉及的,应该是当时连接双方的信息渠道问题。是否能够及时掌握充足可靠的基层信息、了解地方动向,是否能够及时下达朝廷意向、保证政令畅通,直接关系到中央集权政体的效能,关系到是否有可能自上而下把握住国家的统治命脉,无疑至关重要。

宋廷从制度设施、运作举措两方面入手,致力于疏通信息来源,建立信息网络:以行政、监察机构为主,业务部门投入,建立各自相对独立、多层多途错落纵横的沟通渠道;中央随时调动制度外的手段,作为已有信息来源的补充,并且不时加以整理,纳入正规信息渠道。宋代设立了通进司、银台司及都进奏院等一组专门机构,负责处理信息的集散问题,以保障上传下达渠道的畅通。其中,都进奏院是衔接中央与地方的关键性枢纽。各地送交中央的文书,由都进奏院汇聚转送;宋廷发布的诏敕政令、人事变更、官员章奏、重大案件等消息由都进奏院"播告四方"。都进奏院抄录有关上述消息的文字,编行《邸报》,送发诸路州军监司,是当时"播告四方"的主要方式之一^[42]。

就常规途径而言,宋廷主要通过群臣直接间接奏事、诏求直言、地方统计账籍与报告、业务部门专项审核汇总等方式搜集信息。专司监察的台谏系统,监督并且积极直接地参与着信息传递的运行过程。受理吏民词讼的登闻鼓院、登闻检院、理检院,也成为朝廷查访地方吏治的孔道。经常性的群臣奏事包括:在朝百官直接面见皇帝奏事或向政事堂奏事,以及内外官员进呈章疏奏事。除去较高级别官员的经常性进奏以外,其他官员也可以通过轮对、请对、召对等方式向皇帝进奏。凡有关时政得失、措置利弊、军机要事等,都可以进奏;而官员们所能了解到的地方政务、基层动向乃至社情民意,更是朝廷所关注的内容。真宗咸平(998—1003)景德(1004—1007)年间,群臣上书言事者,日不下百余封,皇帝往往催促阁门令疾速进入,而且委派专人详定以闻[43]。

地方长官赴任后,须尽量全面地调查辖区情况,及时向中央申报。对于朝廷颁布的诏敕政令,贯彻之后要做出汇报;有异议者,可以根据本地区状况上奏请示。每逢年终,地方机构照例须就本地财政收支、户口增损、农桑垦殖等情形进行统计,并将账历呈报中央有关部门勘验;官员当年政绩,亦须总结申报,待官员离任时呈监司复核、吏部审查。

宋代的中央业务部门都肩负着核验资料、汇报信息的责任。地方上报的公文,经中央诸司核查汇总。以对财务账籍的审核(时称"磨勘勾检")为例,既有财务部门的内部复验审计系统,又有独立于财经系统之外的审计机关。元丰官制改革前,三司专门的审计机构是勾院和都磨勘司,而都凭由司、理欠司、勾凿司、催驱司,都不同程度地介入对于财务簿籍的复核;朝廷还阶段性地设立过一些临时机构,清查账目。元丰以后,刑部中的比部司,专门"勾覆中外帐籍",钩考隐昧[44]。

御史台与谏院,在宋代被称之为"言路"。台谏官通过搜集采访、接收公私文状、分析官署公文、被命巡察鞫狱等途径,将掌握的信息随时向皇帝奏报。由于御史台职在"纠察官邪,肃正纲纪"[45],谏官"职在拾遗补阙,凡朝政缺失,悉许论奏"[46],因此,台谏官员呈递的信息,总以弹劾弊滥为主。我们今天在《宋会要辑稿》"职官"类"黜降"门所见到的惩处缘由,大多是由被称作"言者"的台谏官员所揭发。

宋代帝王长期以来一直致力于寻求较常规渠道更为直接的信息来源,自北宋初期即采用前代行之有效的办法,时常派遣专人充任采访使、按察使、察访使等,不定期却经常性地巡访诸路,观望民情,廉察官吏清浊能否。在一定时期中,宋廷还经常派出重点察验专项法令执行状况的专使。熙宁变法期间,中央派出察访使检查诸路对于常平、农田水利、义勇保甲等新法的执行情况。政和年间,尚书省曾经差官往某些路分按察盐茶事。而这些专使并非仅只察验专项法令,"州县、监司职事并许按察"。南宋初年,兵荒马乱,宋高宗专门设立了抚谕使"慰安存问"士庶民众,"且令按察官吏,伸民冤抑"[47]。此外,又有诸路"走马承受公事",替皇帝了解探察各地的"物情人事";后改称廉访使者,"一路事无巨细,皆所按刺;朝廷耳目之任,寄委非轻"。他们虽然不能直接干预地方事务,却受命按察监司,并且享有径直快捷向皇帝禀报消息的权力[48]。

特使巡行,在有可能了解到官情民隐的同时,也有可能产生许多其他的负面效应。对于朝廷派遣特使出外巡察的举措,宋代的官僚士大夫们反应不一,宋廷对特使们也存有戒备之心。熙宁末年,朝廷曾经下诏说,在出外察访的特使中,如果有人任意违法,允许被巡察路分的监司"觉察闻奏"[49],反映出宋廷"使用"与"防范"并举,不专任某一系统、不专信某一按察官员的做法。多途访察,信息互核,正是这一原则指导下的安排。

在宋代,搜集士民反应,成为当时条件下可能的信息反馈途径之一。朝廷对于地方状况的了解,除基层报至主管部门、有据可查的账籍、印历外,不少是自监司、台谏、特使等各类官员的巡行见闻中得来的。所谓"见闻",既有亲历亲见者,更多的是通过"廉访"得来的消息。当时,在各州县,都有很多乡居缙绅。他们之中,有退休或待任寄居的准官僚,也有长期以来活跃于地方、或经营或耕读于乡里的士人。他们往往能够左右当地舆论,形成有影响力的区域性士绅群体。这些人与各级官员有着千丝万缕的关系,他们谈论时事,关注吏治,是朝廷使者调查地方治绩的主要信息来源。元丰年间,长期居于乡里的苏州著名士人朱长文、方惟深等人,朝野交游颇广,名声蔼然。当时就任于两浙、苏州的郡守、监司官员,奉命巡视的朝廷使者,莫不登门造访,请教商谈政事方针;途经此地的官僚士大夫,也争先恐后奔走于其门前[50]。类似情形在宋代州郡中相当普遍。当时,也有不少乡居士大夫结交官府、武断乡里。一些地方官员乃至朝廷使者,曲意迎合这些往日权要,所询访之地方事实"真相"难免发生扭曲。朝廷及其使者对于乡居士人的格外重视,与当时政府对地方的统治能力不足有关。士大夫们由于其经济条件的充裕、组织经验的丰富、人际关系的熟悉而在乡里有着广阔的活动空间。他们因其文化素质较高,对政府行为有一定理解力,而得以在政令推行、"教化"普及过程中占据优势地位。国家权力向基层社会的延伸,事实上有赖于这类"地方精英"的配合[51]。

至于来自普通民庶的反应以及发生在他们当中的问题,求访消息的大员们主要是通过接受人户投书、递入词状了解的[52];此外,百姓中的传言、"谣谚",也是经常被搜集的对象。民间舆论的褒贬,通常观点鲜明。通过各种途径流传到京城的民间风谣,其内容有时会引起朝廷注意,成为了解官员任内表现的佐证。包拯知开封府,人称"关节不到,有阎罗包老";王觌知苏州,"民歌咏其政,有'吏行冰上,人在镜心'之语"。相反,北宋徽宗时期,为避自身名讳,使吏民将"放灯"称作"放火"的知州田登,则因朝官进言,说他"守郡轻脱,人所嗤鄙",终至免任[53]。

宋廷对于信息渠道的重视与经营,增加了合理决策的可能性。不同系统的众多机构、相互交错的多条途径,自不同角度提供情况报告,主要目的在于减少消息虚假、来源梗阻等问题。发现问题时,宋廷经常布置诸司协同"会问",注意多层面的"点检"、上下级间或者不同隶属关系之间的"体量",甚至特派专使进行"勘验",以便多方位复核所掌握信息之可靠程度。

宋代的诸多信息搜集传递系统是相对独立运作的。多途信息渠道的最高协调机构,主要是执掌中央政务权力的政事堂;而信息搜集的最终汇聚点,是君主所在的"御前";对于国家大事最终的处断裁决,原则上也出自皇帝。这恰恰是宋代防范周至的"祖宗之法"所要求的。

注 释

〔1〕《新五代史》卷四六《王建立传》赞语,中华书局标点本,1974 年,第 514 页。

〔2〕《续资治通鉴长编》卷一七,"开宝九年十一月乙卯"条,中华书局标点本,1979 年,第 382 页。

〔3〕《宋史》卷三四〇《吕大防传》,中华书局标点本,1977 年,第 10842—10843 页。

〔4〕《伊川易传》卷三《家人》,上海古籍出版社,1989 年。

〔5〕 王水照主编:《宋代文学通论》《绪论:宋型文化与宋代文学》,河南大学出版社,1997 年,第 1—42 页。

〔6〕 这里所谓"内廷""外廷",是就其职任性质而言,而不是指其官署位置在禁中与否。

〔7〕《文献通考》卷五八《职官考十二》,中华书局,1986 年。

〔8〕《续资治通鉴长编》卷三二〇,中华书局标点本,1990 年,第 7725 页。

〔9〕《梁溪全集》卷四三《辞免知枢密院事札子》;《宋史》卷一六二《职官志二》,第 3799 页;参见龚延明:《宋史职官志补正》,浙江古籍出版社,1991 年,第 53 页。

〔10〕 参见汪圣铎:《两宋财政史》,中华书局,1995 年,第 8 页。

〔11〕《宋史》卷三三七《范镇传》,中华书局,1977 年,第 10784 页。

〔12〕《续资治通鉴长编》卷五七,中华书局标点本,1980 年,第 1257 页。

〔13〕　参见朱瑞熙:《中国政治制度通史·宋代》第三章《中央决策体制》,人民出版社,
　　　　1996 年,第 98—191 页。

〔14〕　《宋朝诸臣奏议》卷四七,蔡承禧:《上神宗论除授不经二府》,上海古籍出版社,1999
　　　　年,第 499—500 页。

〔15〕　《陈亮集》(增订本)卷二《中兴论·论执要之道》,中华书局,1987 年,第 28 页。

〔16〕　当然,措置一概"付之公议"、以便宜于"天下"为目标的理想状况,在帝国政治体制
　　　　下,实际上难以维持为常态。北宋后期,内降指挥、御笔手诏大行其道,成为帝王乃
　　　　至权臣推行个人意志的便利途径。

〔17〕　《宋大事记讲义》卷二二《徽宗皇帝·小人创御笔之令》。

〔18〕　参见郭东旭:《宋代法制研究》,河北大学出版社,1997 年。

〔19〕　《宋史》卷三三〇《传论》,中华书局,1977 年,第 10638 页。

〔20〕　《王文公文集》卷三六,上海人民出版社,1974 年,第 426 页。

〔21〕　《宋会要辑稿·职官》二之七,中华书局影印本,1957 年。

〔22〕　《吕东莱文集·杂说》卷二〇,中华书局,1985 年,第 457 页。

〔23〕　《苏轼文集》卷三九《制敕》"王振大理少卿",中华书局标点本,1986 年,第 1121 页。

〔24〕　《宋史》卷一六一《职官志一·总序》,中华书局,1977 年,第 3768 页。

〔25〕　参见梅原郁:《宋代官僚制度研究》,同朋舍,1985 年;朱瑞熙:《复杂多变的宋代官
　　　　制》,《中国古代官制讲座》第 13 章,中华书局,1992 年,第 234—236 页。

〔26〕　《陆宣公翰苑集》卷四《又论进瓜果人拟官状》,《四部丛刊》本。

〔27〕　参见邓小南:《宋代文官选任制度诸层面》,河北教育出版社,1993 年,第 22 页。

〔28〕　《宋大诏令集》卷一六二《改官制诏》,中华书局,1962 年,第 616 页。

〔29〕　参见苗书梅:《宋代官员选任和管理制度》第一章《选官制度》,河南大学出版社,
　　　　1996 年,第 1—135 页。

〔30〕　《唐六典》卷二,"考功郎中"条,中华书局,1992 年,第 42—43 页。

〔31〕　《庆元条法事类》卷五《考课》。

〔32〕　《宋会要辑稿·职官》五九之一四。

〔33〕　《宋史》卷一五五《选举志序》,中华书局,1977 年,第 3604 页。

〔34〕　《陈亮集》(增订本)卷一二《铨选资格》,中华书局,1987 年,第 133 页。

〔35〕　这一做法,用苏颂的话来说,是"率以法计其岁月、功过而序迁之"。这正表明,磨勘
　　　　法的实质是课绩与年资的结合、岁月对功效的凌驾。见《苏魏公集》卷三四《承制以
　　　　上磨勘词》,中华书局标点本,1988 年,第 505 页。

〔36〕　参见邓小南:《宋代文官选任制度诸层面》,河北教育出版社,1993 年,第 245 页。

〔37〕《唐会要》卷七八《采访处置使》，上海古籍出版社，1991 年，第 1681 页。

〔38〕《宋会要辑稿·职官》四七之一二；《司马光奏议》卷四〇《乞合两省为一札子》，山西人民出版社，1986 年，第 437—439 页。参见李治安主编：《唐宋元明清中央与地方关系研究》第三章，南开大学出版社，1996 年。

〔39〕《栾城集》卷二一《上皇帝书》，中华书局标点本，1987 年，第 466 页。

〔40〕参见包伟民：《从宋代的财政实践看中国传统中央集权体制的特征》，《徐规教授从事教学科研工作五十周年纪念文集》，杭州大学出版社，1995 年。

〔41〕参见周振鹤：《地方行政制度志》，上海人民出版社，1998 年，第 253—259 页；李治安主编：《唐宋元明清中央与地方关系研究》，第 433—435 页。

〔42〕《宋会要辑稿·职官》二之五一，中华书局影印本，1957 年。

〔43〕《司马光奏议》卷一九《乞转对札子》，第 210 页。

〔44〕《宋史》卷一六三《职官志三》，中华书局，1977 年，第 3861 页。

〔45〕《宋史》卷一六四《职官志四》，中华书局，1977 年，第 3869 页。

〔46〕《宋会要辑稿·职官》一七之一六，中华书局影印本，1957 年。

〔47〕《宋会要辑稿·职官》四二之六二、四五之八，中华书局影印本，1957 年；《宋史》卷一六七《职官志七》，中华书局，1977 年。

〔48〕《宋会要辑稿·职官》四一之一二〇、一三一，中华书局影印本，1957 年。

〔49〕《宋朝诸臣奏议》卷六六《上神宗乞重使者之任》，上海古籍出版社校点本，1999 年，第 735 页。

〔50〕《宝晋英光集》卷七《朱乐圃墓表》；《中吴纪闻》卷三《方子通》，上海古籍出版社，1986 年，第 71 页。

〔51〕参见王曾瑜：《宋朝的吏户》，《新史学》4 卷 1 期，1993 年，第 43—106 页；梁庚尧：《豪横与长者：南宋官户与士人居乡的两种形象》，《新史学》4 卷 4 期，1993 年，第 45—95 页。

〔52〕《历代名臣奏议》卷一六九；《名公书判清明集》卷一《劝谕事件于后》，中华书局校点本，1987 年，第 9—16 页。

〔53〕《古谣谚》卷一三，中华书局，1958 年，第 246 页；《姑苏志》卷三九《宦迹》三；《老学庵笔记》卷五，中华书局标点本，1979 年，第 61 页；《宋会要辑稿·职官》六九之一〇。

第六章　儒学与宗教的新开展

由隋唐至宋元,至明前期,是中国宗教和儒学发展的重要时期。唐代社会在思想文化上的开放,使宗教文化呈现出空前的繁荣和多样化。

两汉之际传入中国的佛教,至此已完全融入到了中国本土文化之中。隋唐时期先后创立的中国佛教宗派,创造性地发展了印度佛教,并成为中国传统思想文化中不可或缺的有机组成部分。

由于李唐王朝的攀附和宋元明当政者的推崇,道教也获得了极有利的发展机遇,宗派纷呈,无论在外丹内丹理论上,还是在修证实践上都有崭新的开展,取得了足以与儒、佛鼎足而立的文化地位。

此外,唐代还新传入了多种值得注意的外来宗教,如"景教"(基督教聂斯托利派)、"祆教"(拜火教)、"明教"(摩尼教)、"一赐乐业教"(犹太教)、伊斯兰教等。其中,基督教在元代仍在传播,称"也里可温"。特别是伊斯兰教,到元代有了更大的发展,至明则进一步与传统儒学融会,成为中国传统宗教中的重要组成部分。

从唐代中后期开始酝酿的儒学复兴运动,经过北宋时期一批理学家的奠基,至南宋,经元明,终于蔚为大观。丰富细致的理学理论和实践体系,在吸收佛、道两家的营养后,极大地深化了传统的儒学,进一步巩固和凸显了它在中国传统文化中的主体地位。同时,理学先后传入朝鲜半岛和日本,对两国的思想文化发生了极其深刻和深远的影响。

第一节　儒学的复兴与宋明理学的理论贡献

理学的先驱　北宋五子　理学的集大成者朱熹　陆九渊与王阳明　永嘉

事功之学

　　经过唐末五代的割据、动荡之后,随着宋朝的建立,中国又一次走向统一。唐代文化,受域外文化影响很大,儒释道三教融合的潮流十分强劲。反映到社会生活方面,除了国家典章制度和社会基本道德准则之外,士大夫的思想好尚和生活趣味趋于佛道二教。另外,由于寺院经济的发展已经到了与民争利,阻碍国家经济发展的地步,一些学者呼吁重新确立儒学的统治地位,打击和削弱佛道二教。韩愈和李翱是这一思想运动的著名代表。

　　韩愈(768—824)字退之,唐代著名散文家、诗人,古文运动的领导者之一。苏轼称赞他"文起八代之衰,道济天下之溺",肯定他在思想史上的崇高地位。韩愈以孟子距杨墨为榜样,排斥佛教与道教,提出儒家"道统",抬高《大学》的地位,为儒学的复兴扫清思想上的障碍。他指出,儒家之道不同于佛、道所谓道。儒家之道的内容是仁与义;仁与义是社会普遍遵循的准则。佛、道所谓道,没有仁与义的内容,是一家之私言。儒家之道自尧舜创立后,代代相传,由孔子发扬光大。孔子传给孟子,孟子死后道统就断绝了。儒家之道的载体是经书,其精神价值是君臣、父子、师友、昆弟等道德原则。儒家之法是治理国家的礼乐刑政。韩愈并且依据《公羊春秋》的"尊王攘夷",斥佛教为"夷狄之教",提出拆毁寺观成为民居,使僧、道还俗为劳动者,烧毁佛道典籍勿使传习的极端主张。韩愈提出的在政治、经济、文化上对佛道进行打击的主张并没有得到当权者的采纳,并因谏迎佛骨而遭到贬谪。

　　韩愈的学生李翱继承了韩愈排佛的立场,他的理论贡献是,反思儒学的理论薄弱点,深化了儒家关于性情关系的理论,提出了抑情复性的主张。李翱认为,成就理想人格的内在根据是性,而迷惑性的是情,情的内容是喜怒哀惧爱恶欲七者。情昏沉,性就被障蔽。就像水之性本来清澈,泥沙使本清之水浑浊。久而不动,泥沙自然沉淀,水复清澈。情虽是迷惑、障蔽性的,但情的根据在性,没有情,性也就不能彰显。修养的目的在于达到寂然不动的境地,这样虽有情,但情不能戕害性。这就是诚的境界。修养方法在于寂静,但寂静不是闭目塞听,心如槁木死灰,而是物来感而心不为之动。若能寂静不息,则"止而不息必诚,诚而不息必明。明与诚终岁不违,则能终身矣"[1]。

李翱在韩愈之后,明确指出了儒学的修养纲领:复性,以及复性的具体方法:寂静而至诚明。他的修养目的是儒家的,他提出的复性的方法却吸收了佛教心性论的基本主张"情染性净"说,他的不动心的方法吸取了禅学的"无念为宗"及华严宗的"妄尽还源",以至于韩愈也说他的《复性书》中的思想"杂佛老而言者也"。

韩愈与李翱在思想史上的另一贡献是推尊《大学》与《中庸》。韩愈认为,《大学》的三纲领八条目是儒学的基本内容,其特点是入世有为。而佛教则"治其心而外天下国家,灭其天常。子焉而不父其父,臣焉而不君其君,民焉而不事其事",是"夷狄之法"。李翱也说自己的《复性书》中的义理来自《中庸》,并用《中庸》的"诚明"融合《易传》的"天下何思何虑""天下之动,贞夫一者也""《易》无思也,无为也,寂然不动,感而遂通天下之故"等思想。韩愈、李翱抨击佛、道,推崇《大学》《中庸》,为此后宋明理学的诞生做了扫清基盘,树立典范的工作。韩愈提出的道统,为后来的理学家普遍接受,理学中的有力人物皆以接续道统为己任。

"宋初三先生"胡瑗、孙复、石介也是宋代儒学复兴的奠基人。

胡瑗(993—1059)字翼之,江苏如皋人,学者称安定先生。以经术教授吴中,受到范仲淹的器重,聘为苏州府学教授。仁宗景祐初年,朝廷定雅乐,由范仲淹推荐,召对崇正殿。后转任湖州府学教授,立"经义""治事"两斋,"经义"讲明六经,"治事"则学习武备、水利、历算等具体技艺。以此教授二十余年,称为"苏湖教法"。庆历时,诏令取其法行于太学,时称其学"明体达用"。后为国子监直讲,曾以"颜子所好何学论"试太学生,识程伊川于诸生中。胡瑗弟子众多,当时礼部所得士,胡瑗弟子居十之四五。故宋神宗问胡瑗与王安石谁的功绩更大时,其弟子刘彝回答说:"臣师瑗当宝元、明道之间,尤病其失,遂以明体达用之学授诸生,夙夜勤瘁二十余年,专切学校。始于苏、湖,终于太学,出其门者,无虑数千余人。故今学者明夫圣人体用,以为政教之本,皆臣师之功,非安石比也。"[2]其学风、士风对当时影响极大。

孙复(992—1057)字明复,晋州平阳人。长于《春秋》学,讲学泰山中,学者称泰山先生。《宋元学案》开篇即有"安定沉潜,泰山高明;安定笃实,泰山刚健"之语。著《春秋尊王发微》,倡"尊王攘夷",批评佛道,表彰儒学。尤称道孔子、孟子、荀子、扬雄、董仲舒。认为当时的取士之法继承了隋唐旧制,专以词赋取人,天下士皆致力于声韵对仗之工,探索圣贤之道者百无一人。故挺身而出,力图扭转此种学风。在儒家经学上,孙复抨击专守一经的风气,重视独立钻研,有得于心,认为专宗《左氏》《公羊》《榖梁》及杜预、何休、范宁之说,不能得《春秋》之实。

石介(1005—1045)字守道,兖州奉符人,孙复弟子,因讲学徂徕山下,学者称徂徕先生。以《春秋》与《易》教授弟子。除继承孙复,盛张其"尊王攘夷"论之外,石介耸动当时的事是作《怪说》三篇,抨击佛老和以杨亿为首的西昆体诗文。他以佛教为一大怪,并从政治上以夷变夏、经济上与民争利、文化上废弃儒家礼乐道德方面抨击佛教:"夫中国,圣人之所常治也,四民之所常居也,衣冠之所常聚也。而髡发左衽,不士不农,不工不商,为夷者半中国,可怪也! 夫中国,道德之所治也,礼乐之所施也,五常之所被也,而汗漫不经之教行焉,妖诞幻惑之说满焉,可怪也!"[3]并作《中国论》,认为佛教自西来,道教自胡来,皆以夷人而入中国,各以其道其俗其教其书改易中国文化。所以,排击佛道是关系到中国文化能否继续居于主导地位的大问题。他对"西昆体"的代表人物杨亿进行抨击,目的也在维护儒家之道。他认为西昆体过分讲究形式,轻视内容,背离了儒家文以载道的传统。他批评杨亿"远袭唐李义山之体,作为新制。然破碎大道,雕刻元质,非化成之文,而古风遂变"。他主张:"读书不取其言辞,直以根本乎圣人之道;为文不尚其浮华,直以宗树乎圣人之教!"[4]

胡瑗、孙复、石介在北宋初期佛道昌炽、文风浮艳的情况下,抨击佛道,批评西昆体,为"北宋五子"的出现铺平了道路。从这个意义上说,"宋初三先生"既是理学的先驱,也是中国文化史上开时代风气的人物。南宋理学家黄震曾说:"宋兴八十年,安定胡先生、泰山孙先生、徂徕石先生,始以师道明正学,继而濂洛兴矣。故本朝理学虽至伊洛而精,实自三先生而始,故晦庵有'伊川不敢忘三先生'之语。"[5]这个评论是切合实际的。

理学的实际完成者是"北宋五子"。北宋五子是指北宋中期以前五个著名的理学思想家周敦颐、张载、邵雍及程颢、程颐兄弟。他们在唐末以来排击佛老,倡导儒学的风气影响下,探索儒学发展的新形式,同时又出入佛老,吸取其理论营养,使这个时期的儒学呈现出综合《易经》、"四书"的思想理论和概念范畴,重视天道与人道的统一,着重抉发心性理论,重视修养方法等特点。

周敦颐(1017—1073)字茂叔,道州营道人。因他筑于庐山莲花峰下的书堂名"濂溪书堂",后人称为濂溪先生,他所创立的学派称为"濂学"。著作有《太极图说》《通书》及少量诗文。这些著作都很短,但内容极为丰富。二程曾受业周敦颐门下,后以其学传朱熹,集理学之大成,所以周敦颐可称为理学开山。《太极图》吸收道家《太极先天图》,加以改造,以之解说天地万物的发生。周敦颐认为,万物皆始于太极,而太极本身是无声无臭的,故"无极而太极"。他所说的太极指天地未判之时的混沌之气。此气含有运动的潜能,故动而生阳,静而生阴,形成天地。气在运动中生成水火木金土五种质,名曰五行。五行各有其性质,由五行形成万物。五行归结为阴阳,阴阳源于太极,太极源于虚无。所以周敦颐的思想中有道家"有生于无"的宇宙发生论的影响。人是天地万物中最灵秀的,人有形和神两部分,人受外界的影响而发生精神活动,其中最重要的是有善恶判断的伦理活动。圣人给人确定了中正仁义的标准和主静的修养方法。人的修养极致是与天为一。

周敦颐还继承了《中庸》和《易传》中所讲的诚,以诚为天地万物之本。诚既是天道,也是人道,能做到诚,则与天地万物的自然本性一致。诚在人的德行上表现为仁、义、礼、智、信五常。具体修养道路是"志伊尹之所志,学颜子之所学",并用礼乐加以熏陶,渐进于善。他还提出"无欲"的修养方法:"无欲则静虚动直,静虚则明,明则通;动直则公,公则溥。明通公溥,庶矣乎。"[6]

周敦颐在极为简略的文字中提出了理学的主要方面天道、人性、修养目标和修养方法等,奠定了理学的基本格局,对后来理学的发展具有开创之功。故黄宗羲之子黄百家在《宋元学案·濂溪学案》中说:"孔孟而后,汉儒止有传经之学,性道微言之绝久矣。元公崛起,二程嗣之,又复横渠诸大儒辈出,圣学大昌。故安定、徂徕卓乎有儒者之矩范,然仅可谓有开之必先。若论阐发心性义理之精微,端数元公之破暗也。"[7]

张载(1020—1077)字子厚,陕西眉县人,因在眉县横渠镇讲学,学者称横渠先生,他所开创的学派被称为"关学"。关学以"知礼成性"为修养进路,把宇宙人生等形上学问题和有关国计民生的实际问题结合起来。张载青年时喜读兵书,曾上书谒见时任陕西经略副使的范仲淹。范仲淹劝他读《中庸》。张载不以此为足,泛滥于诸家,出入佛老者有年,最后返于六经。主要著作有读书札记类编《正蒙》及《横渠易说》《经学理窟》《张子语录》等。

张载以天道的性质和运行规律为思考重点,提出了许多深刻的哲学命题,如太和之道、太虚即气、一物两体、心统性情等。认为宇宙的本原是气,所谓太虚,是气散而未聚的本然状态。可以经验的事物,是气的聚集。气的本然状态也叫太和,它含有浮沉、升降、动静相感的本性,由此产生阴阳二种势用的对立及融合。气分而为二又合而为一,"一"所以神妙不测,"二"所以运动变化。对于气的这种既统一又分化既神妙又具体的性质,只有德盛仁熟,洞彻天地造化之妙的人才能体会得到。张载并以此为根据批评了佛教视万物为太虚中浮现的幻象和道教虚能生气的理论,斥前者为"语寂灭者往而不反",后者为"殉生执有者物而不化"。

张载在人性论上认为,太虚和阴阳二气表现在人身上就是天地之性和气质之性。天地之性的根据是太虚的清通湛一的本性,气质之性的根据是气的摩荡攻取之性。二者统一于心。不以嗜欲累害其心,则天地之性存。在知识的来源上,张载区分了德性之知和见闻之知,见闻之知是通过耳目闻见得到的知识,德性之知是达到一定的修养境界之后对天道诚明等形上领域的体会。"大心"以超越经验知识的局限,是得到以上体会的前提。他的《西铭》提出了人在宇宙中的地位、人对万物的义务和对富贵贫贱、生死寿夭应有的态度,深得后世赞赏,朱熹并为之注解。张载以"为天地立心,为生民立命,为往圣继绝学,为万世开太平"的志愿,从各方面论证了理学的重要问题,对理学的发展产生了很大影响。

理学的实际完成者是程颢、程颐兄弟。程颢(1032—1085)字伯淳,学者称明道先生。程颐(1033—1107)字正叔,学者称伊川先生。二程因长期在洛阳讲学,由他们开创的学派被称为"洛学"。他们的著作现编为《二程集》,其中大多数是程颐的著作。程颐和程颢虽是兄弟且生年只差一岁,但二人在性格、待人接物的风格上有较大不同。程颢宽厚和易,程颐严毅庄重。二人的学术面貌和学说趋向也不同,程颢注重发挥自己心中的仁义本性,主张"学者须先识仁,仁者浑然与物同体,义礼知信皆仁也。识得此理,以诚敬存之而已,不须防检,不须穷索"[8]。修养方法则在定心:"所谓定,动亦定,静亦定,无将迎,无内外……故君子之学,莫若廓然而大公,物来而顺应。"[9]在人性论方面,程颢主张就人生来的气禀论性,注重后天变化气质,特别强调用经书中的义理陶养气禀之性。

程颐则注重作为天地万物的根据和法则的"理",强调"天下物皆可以理照,有物必有则,一物须有一理"[10]。"万物皆是一理,至如一物一事,虽小,皆有是理。"[11]同时又认为,具体事物之理,就是宇宙根本之理,理从总体说是一,从具体事物说是多,故提出"理一分殊"之说。程颢多就事物的总体运化着眼,程颐则多就具体事物着眼,所以特别强调格物穷理:"凡一物上有一理,须是穷致其理。穷理亦多端,或读书,讲明义理;或论古今人物,别其是非;或应事接物,而处其当,皆穷理也。"[12]此说后来被朱熹大大地发挥了,并且作为《大学》格物一章的注解。程颢不甚注重形而上下的区别,程颐则对二者区分甚为明确,认为形而下的是气,形而上的是理,气是构成事物的物质基元,理则是一事物的根据和法则,二者是不离不杂的关系:"离了阴阳更无道。所以阴阳者是道也。阴阳,气也。气是形而下者,道是形而上者。"[13]程颐在人性论上主张"性即理",认为人性是天理天道在人心的内化,人性与天理归根结底是同一的:"在天为命,在人为性,论其所主为心,其实只是一个道。"[14]道与性的内容无非仁义礼智等伦理法则。程颐的"性即理"与后来陆九渊的"心即理"之间的对立,是理学与心学的根本分歧所在。程颐在修养方法上提出"涵养须用敬,进学则在致知"的纲领,注重致知和涵养两个方面,对后来朱熹的修养功夫论影响很大。

二程继承了唐五代以来重视经学的传统。程颢虽无专门的经学著作,但讲学中多掇取经书中的文句以说己意,表明他对经书用功颇深,经书中的文句义理烂熟胸中。程颐则有《周易程氏传》《易说·系辞》《书解》《诗解》《春秋传》等经学著作。这些著作是他的理学的重要部分。二程重视经学的传统和治经的方法直接影响到朱熹。

程氏兄弟和唐五代以来的大多数儒士一样,对佛教既吸收其义理,又加以批评。二程一生排佛语甚多,其义理集中在"圣人本天,释氏本心"一语,及所谓公私之辨:天理实,人心空。天理可以措之于事业,故公;心空只为一己之超出轮回,故私。此为唐以来排佛常涉及的道理,并无新奇之处。后来明朝初年的名僧道衍(姚广孝)作《道余录》,对二程排佛语逐条加以批驳,但这些批驳遭到许多人甚至包括他的亲姊的反对,这说明理学对世人影响之深。

邵雍(1011—1077)字尧夫。30岁游河南,隐居苏门山之百源山,人称百源先生。死后谥康节,又称康节先生。嘉祐、熙宁时,屡授官职,皆辞疾不就。著作有《皇极经世书》《伊川击壤集》等。邵雍称自己的学问为"先天学",意思是,他所构造的宇宙图式超越一切具体事物。但天地万物、古今人物事变,皆不违背这些图式所昭示的原理。这些图式是人心的创设,所以说"先天之学,心法也。故图皆自中起,万化万事生乎心也。图虽无文,吾终日言而未尝离乎是,盖天地万物之理尽在其中矣"[15]。其中《八卦次序图》和《六十四卦次序图》所用原理为"加一倍法",即由太极、两仪、四象、八卦到六十四卦。《八卦方位图》以八经卦配四方及四隅。六十四卦圆图和方图中卦的排列皆据阴阳消长顺逆之理。邵雍的这些图及解说,遭到后世学者黄宗羲、黄宗炎、胡渭、毛奇龄等的驳斥。

邵雍并以他的先天法构造天地动植之数,如他以元、会、运、世刻画宇宙由始到终的变化周期。他的方法是,一年十二月,一月三十日,一日十二时辰,一时辰三十分。故一元有十二会,一会有三十运,一运有十二世,一世有三十年。一元共十二万九千六百年。又用太阳、太阴、少阳、少阴、太刚、太柔、少刚、少柔之体数,用数计量日月星辰、水火土石、动植物之数等。这些都是阴阳术数家言,不足为凭。但邵雍的这种"数学"方法,对宋易中的图书学派影响甚大。一般认为,邵雍的先天卦图传自北宋初著名道士陈抟,但具体推算方法出于自得。

对邵雍之学的评价,二程先后有不同的说法,如程颢表扬邵雍超然物外,不为名利所动的精神,但明确表示不愿学邵雍的数学。伊川以义理方法解《易》,反对邵雍的象数易学,故虽与邵雍相处半世,世间事无所不谈,但未尝有一语及于"数学"。朱熹亦推服邵雍的修养境界,说他神闲气定,不动声色,看得天下事理精明。但又批评他过于韬晦,陷入道家者流。对他的"看天下事皆成四片"的术数方法也有批评。

靖康之后宋室南渡,理学的中心移至南方,南宋理学主要是朱熹为首的闽学,胡宏、张栻为首的湖湘之学和陆九渊兄弟的江西之学。湖湘学派曾就"未发已发""察识涵养"等问题和朱熹进行辩论,促成朱熹"中和"学说的确立。张栻死后,其弟子多归朱熹和永嘉事功之学的陈傅良。

朱熹(1130—1200)字元晦,一字仲晦,别号晦庵、晦翁、沧州病叟、遯翁等。祖籍徽州婺源,出生于福建南剑州尤溪县。朱熹是理学集大成的人物,他吸收了周敦颐、张载、二程(特别是程颐)的学说,在深入钻研经学、史学、文学的基础上加以扩充,创造了一个庞大的思想体系(图6-1)。他一生为官时间不长,"仕于外者仅九考,立于朝者四十日"[16],其余四十年,皆靠微薄的祠禄过着讲学著书的学者生活。朱熹著作很多,最重要的有《朱文公文集》《朱子语类》《四书章句集注》《周易本义》等。

图6-1　朱熹信札

朱熹初从李侗问学,侗教以反求诸心。后又研读儒家经典,旁及释老,对二程及其弟子的学说用功尤深。朱熹思想对后世影响最大的在理气、心性、修养功夫方面。他的理气观分为两个层面,从理气同为构成事物的不可或缺的因素说,理气二者皆为本原,不可分先后;从事物构成的逻辑、从决定一事物的要素的不同重要性来说,理在气先,理更根本,因为理是事物存在和运动的根据及体现在事物上的价值准则。具体事物的理各不相同,但都是同一的宇宙法则的不同体现,这就是"理一分殊"。宇宙法则又叫太极,它体现于一切事物。故物物有一太极,人人有一太极。朱熹的这一说法,吸收了禅宗学者永嘉玄觉的《证道歌》:"一月普现一切水,一切水月一月摄。"朱熹讲解理一分殊时,常举此为喻。

朱熹的人性论吸收了周敦颐、二程、张载的说法,既讲天地之性,又讲气质之性。天地之性又叫天命之性、义理之性,它是宇宙根本法则在人性上的体现,它的内容是仁义理智,而仁又包摄其他三者。气质之性是落实于、包裹于气质中的天地之性。气质之性中,理与气二者不离不杂。朱熹也主张"心统性情",这里的统有包括和主宰等意思。心包括性和情两个方面的内容,性是体,情是用;性是仁义理智,情是恻隐、羞恶、辞让、是非"四端"。喜怒哀惧等"七情",在朱熹这里也叫情,不过四端发于性,七情发于气。这一点后来在朝鲜李朝学者中引起了很大的辩论,即所谓"四端七情"之争。朱熹又有人心道心之分,道心是"知觉得天理的",人心是"知觉得声色臭味的"。前者需要操存涵养,后者需要省察克制,故朱熹提倡"静时涵养,动时省察"。

在修养功夫上,朱熹继承了程颐的"涵养须用敬,进学则在致知"而加以改造,特别强调格物致知。格物致知即就具体事物考察其理,使自己的知识能力充其极。格物的途径很多:"或考之事为之著,或察之念虑之微,或求之文字之中,或索之讲论之际。"[17]内容极为广泛。所穷之理既多,最后豁然贯通。这个贯通之理既是知识上的事物原理,又是价值上的伦理法则。在知识和行为二者的关系上,朱熹主张论先后,知为先;论轻重,行为重,二者交养互发。

朱熹于佛道二教摄取颇多,他自述他之所以得中进士,就是因为在答卷中糅进了佛理。而他赴京赶考,随身携带的只有大慧宗杲的语录。他的成学道路,也是始于儒家经典,中间泛滥释老,最后归本孔孟这许多理学家共由的道路。但他成学后,对佛、道有很多批评和攻击的言论,对二程弟子受佛教影响的地方,他一一指摘,加以批评。对江西陆九渊兄弟的学说,批评尤为严厉,斥为"禅学"。这反映了朱熹既吸取佛教、道教的思想营养又要维护儒学的纯粹性这种精神趋向。

与朱熹同时的陆九渊兄弟当时称为"三陆子"，在江西贵溪一带讲学，弟子众多。三陆中陆九渊尤其明敏颖悟。陆九渊（1139—1193）字子静，学者称象山先生，著作有《象山先生全集》。他的学说上承孟子，以"发明本心"为宗旨。"本心"即心中本有的道德意识。陆九渊认为，宇宙间有理，心中的道德意识也是理，二者根本上是同一的，这就是他说的"心即理"："心，一心也；理，一理也。至当归一，精义无二，此心此理实不容有二。"[18]既然二者是同一的，与其向外格物穷理，不如向内明心中本有之理。心中本有之理是宇宙根本法则在人身上的体现，所以"宇宙内事，是己分内事；己分内事，是宇宙内事"[19]。陆九渊与朱熹为学路径不同，朱熹主张向外格物穷理，他所谓理主要是事物的法则、规律等。而陆九渊所说的理主要是道德意识、道德情感，二者偏重有所不同。陆九渊更重视内省，更重视人本身的自主性、能动性，所以主张："收拾精神，自做主宰，万物皆备于我，有何欠缺？"[20]以此无欠缺之心应接事物，就能"当恻隐时自然恻隐，当羞恶时自然羞恶"。他把自己这种修养路径称为"先立其大"，认为"先立其大"有大本一立，旁情不可夺，及单刀直入，不假阶级，自信本心，自尊自立等品格。故后人多以"尊德性"为心学最主要的性质，而以"道问学"属朱子。

陆九渊的修养功夫主要在"剥落物欲"。他认为，虽然本心即理，心中之理本无少欠，但由于气禀物欲的遮蔽，需要用功夫洗涤刮磨："人心有病，须是剥落，剥落得一番，即一番清明……须剥落得净尽方是。"[21]他认为朱熹的向外格物穷理是"增担"，他的向内用功夫是"减担"，故说自己的学问为"简易之学"。

陆九渊之学与朱熹不合，曾多次致书辩论，宋孝宗淳熙二年（1175），吕祖谦邀约朱熹与陆氏兄弟会于江西上饶之鹅湖寺，史称"鹅湖之会"（图6-2）。鹅湖之会主要辩论"为学之方"，陆九渊讥讽朱熹教人泛观博览是"支离事业"，朱熹则讥讽陆九渊的发明本心是禅学。这次会面很不融洽，不欢而散。朱陆之间又通信辩论过无极太极问题。后双方弟子争口舌之胜，互相攻击，使学术之争逐渐变为意气之争，朱熹和陆九渊的关系也逐渐恶化。朱熹后来虽然请陆九渊在白鹿洞书院讲授《论语》，并将其中的警辟语句刻石，但二人间的嫌隙终未能弥合。朱陆之争反映的是理学与心学两种不同学术方向、不同功

图6-2 江西上饶鹅湖寺

夫进路,甚至不同性格癖好的差异,是不能没有也无须调和的。这两种最主要理学派别的斗争贯穿整个理学史,对此后的学术影响甚大。

陆九渊说自己的学术是因读《孟子》而自得于心,后来王阳明也说陆九渊之学是孟氏之学。但自朱熹指责陆子之学为禅,后人多认为,陆九渊的"心即理"与禅宗的"即心即佛"、陆九渊的"切己自反"与禅宗的"道莫外求"、陆九渊的"发明本心"与禅宗的"明心见性"有相当多的一致性,甚至说陆九渊的心与禅宗所说的心不论在术语上还是在具体内涵方面,几乎毫无二致。如果超出表面的比附和连类,应该说,陆九渊之学虽然吸收了禅宗的修养方法,但它仍是儒学。他的学说主体是孟子学,是儒学在反求心性时的自然推展。吸收儒家之外的思想充实自己,或在讲学中引用佛、道语句是当时理学家的普遍做法。朱子说"陆子禅"很大程度上是激于意气,后来人应对此加以考察,不应笼统地沿用前人的说法。

王阳明(1472—1528)本名王守仁,浙江余姚人,是明代最著名的理学家,也是中国哲学的代表人物之一,其著作现编为《王阳明全集》(图6-3)。传统上王阳明与陆九渊并称为"陆王心学",实际王阳明并不是直接继承陆九渊之学,而是从朱子学入手,发觉扞格不通,才转到心学立场上来的。王阳明的心学与陆九渊有较大不同,他也指出陆九渊之学比较粗浅,并且不免于沿袭之累。王阳明的学说以良知即天理、心外无物、知行合一、致良知等为中心,他的学说是在深刻的理论探索和惊心动魄的实际生活中体悟出来的,具有很强的实践色彩。

图6-3 王阳明像

王阳明认为"心"这个概念太笼统,所以他多用"良知"概念。"良知"取自孟子,在阳明这里主要有以下三方面的意思。良知首先指性体在心中的显现,他叫"所性之觉"。良知人人皆有:"见父自然知孝,见兄自然知悌,见孺子入井自然知恻隐,此便是良知。"[22]良知同时是道德判断的准则:"知善知恶是良知。"人只依自己的良知,除此之外不能有别的判断准则。良知又是天地万物的根本原理在人心中的表现,所以"良知是造化的精灵","良知即天"。

"知行合一"说认为,知与行就如鸟之两翼,车之两轮,缺一不可。知与行不是两个不同的行为,而是一个行为的两个方面。说知就逻辑地包含行,说行就逻辑地包含知,知行不能割裂,也不能偏废。就致良知说,良知是知,致良知是行,致良知即知行合一。阳明提出知行合一是为了纠正朱子学确立为学术主流以后学者重知轻行、重书本轻实践的强大积习。

"心外无理"命题是要强调,任何行为都应当在良知的统驭和规范之下,不出于良知、没有良知贯彻其中的行为没有道德价值。以诚意为目的,在诚意的带动下的格物致知才是正确的方向。所以格物不是穷究外物之理,而是改正自己心中不正的念头："格者,正也,正其不正以归于正之谓也。"[23]

阳明晚年提出"致良知"概括他一生学问宗旨。致良知就是把自己的良知推致于具体行为中,使具体行为处于良知的范导之下,同时也使自己的良知充其极。这就是他说的"致知格物者,致吾心之良知于事事物物也。吾心之良知即所谓天理也,致吾心良知之天理于事事物物,则事事物物皆得其理矣"[24]。王阳明晚年用"致良知"解释《大学》的三纲领八条目,甚至把它推广到儒学的一切方面,"累千百言,不出此三字为传注"。致良知是王阳明一生学术的概括和总结。

王阳明一生波澜壮阔,有多次性命交关、生死搏斗的大事变,这是促使他提出致良知宗旨的主要缘由。他早年喜好仙佛,对佛道思想充满兴趣。晚年在家乡讲学,通过与弟子的辩难切磋,他的理论越来越深刻,也越来越圆融贯通。在征思田前夕,他提出了概括他一生学问宗旨的四句话:"无善无恶心之体,有善有恶意之动,知善知恶是良知,为善去恶是格物。"史称"四句教"。四句教是阳明去世之后到终明之世王门弟子反复讨论的问题,对四句教的不同理解是王门派分的根据。王阳明死后,他的弟子通过讲学活动将王学推展至大半个中国,《明儒学案》将王门分成浙中、江右、闽粤、南中、楚中、泰州、北方等派别,其中的代表人物有王艮、王畿、钱德洪、黄绾、邹守益、欧阳德、聂豹、罗洪先、罗汝芳、耿定向、焦竑等人。特别是泰州学派,提倡"百姓日用即道",出了一些"赤手以搏龙蛇"的人物,他们在"良知即道""放手行去""狂者胸次"等口号下,出现了径任本性,忽视功夫;强调先天本有,忽视后天扩充等流弊,后来的东林学派和蕺山学派就是针对阳明后学的流弊展开其理论的。泰州学派还有一些人到乡村讲学,使儒学深入到下层劳动者中间,这也是理学发展史中有意义的事件。

与朱熹同时的著名思想家还有陈亮和叶适。陈亮和叶适是当时以功利相号召的永嘉学派的代表人物。

永嘉学派,全祖望溯源于二程后学袁溉,袁溉传其学于薛季宣,薛季宣之学主张形而上之道必以形而下之器为其表现;圣人心法,表现于儒家经书,由经书以趣理义,是儒家正法。其学主要在考求礼乐制度,以求见之事功。故凡井田、王制、兵法、术数等涉于实用者,无不习学求通。

　　薛季宣传其学于陈傅良,陈傅良特别推崇《周礼》一书,认为是圣人致治之具。但郑玄等大儒对《周礼》的注解,只注重其中的名物度数、设官分职等,而关于国运盛衰的大问题反而隐晦不彰。汉魏以来的礼乐制度多采用《周礼》,但不过舆服、官名,《周礼》所代表的王道则缺焉。薛季宣、陈傅良皆"以经制言事功",反对专向内省察克制。

　　陈亮(1143—1194)字同甫,号龙川,浙江永康人,其著作今编为《陈亮集》。陈亮继承了薛季宣的思想,认为道非出于形气之外,而是常行于事物之中,以此反对朱熹所说的"千五百年间,尧舜三王周公孔子所传之道,未尝一日得行于天地之间"的说法。他与朱熹辩论"王霸义利",反对朱熹三代专以天理行,汉唐专以人欲行;其做得好的,只是与天理暗合的说法,认为汉唐之君治国有方,汉唐的功业就证明汉唐体现了道。他也反对程颢所谓三代以道治天下,汉唐以智力把持天下的说法,主张道德不能脱离事功;专讲道德动机,不讲事功是片面的道理,并批评当时的一些理学家轻视关于具体事物的知识,动辄以天地之理为言是"风痹不知痛痒之人",提出学问应以适用为主。

　　叶適(1150—1223)字正则,号水心,浙江永嘉人,著作有《叶適集》和《习学记言序目》。叶適是永嘉之学"以经制言事功"的典型,他的思想的一个特色是恢复儒家以经学为主,以经学带动道德修养和经世致用这一传统,批评当时理学家专言正心诚意,抛弃了经学中重视实际事物的传统。他指出,尧舜禹三王之道虽也有关于心的内容,如"人心惟危,道心惟微"之类,但更为重要、更为大量的是关于实际事物的学问。如尧舜重视天象,"乃命羲和,历象日用星辰,敬授人时"。禹重视水土,《尚书·洪范》乃治水经验的总结。皋陶"观天道以开人治",而人治的内容是授之以实事。周公治教并行,礼刑并举,"自尧舜以来,圣贤继作,措于事物,其该括演畅,皆不得如周公"[25],这就是儒家的"道统",这个道统的旨趣在实用。孔子的功绩在于,在周道既坏,三代之道放失,诸子蜂起的情况下,搜补上古遗文坠典,加以删述,成为后来儒家乃至整个民族的精神方向。这些经典的内容仍主要在实用。叶適并且认为,由于年代久远,世事因革,三代之旧不能尽复,必须根据当时之务加以变通,而主张复古违背儒家随时变易之义。当时的道学家背离了经书的实用之旨,竞相言正心诚意,此皆失经学之本。他批评后世儒者"行仲舒之论,既无功利,则道义者乃无用之虚语耳"[26]。并以此批评专意主静的周敦颐、强调尽心知性的孟子,更反对主张"道先天地生"的老子和专意心性精微的佛教,认为它们都背离了他以上所说的儒家道统。重视经学以治事,这是叶適不同于陈亮的地方,但二人皆重视功利,倡言道德不能离开事功,道德目的必须实现为一定的物质利益。这是永嘉事功派的根本特点。

第二节　佛教宗派的创立与佛教的本土化

佛教宗派的创立　天台宗的止观双修　华严宗的无尽缘起　禅宗的见性成佛　净土宗的念佛往生　宋代佛教与儒学的融合　佛教在民间社会的传播

进入隋唐,中国佛教发展到了圆熟的黄金时代。隋朝的政治统一、唐代的清宁富庶,为佛教的全面移植与繁荣奠定了良好的社会基础与政治环境。这一时期,高僧辈出,义学宏富,中国佛教具备了独立发展与自我更新的能力,创立了具有中国本土特色的佛教宗派,主要包括今天所讲的八大宗派:天台宗、三论宗、禅宗、华严宗、净土宗、律宗、唯识宗、密宗[27],佛教从一种外来的宗教逐渐演变为中国本土的宗教。宋代以后,佛教义学的发展变缓,但它与中国社会的关系到了近乎水乳交融的地步,无论是在知识精英还是在庶民大众中间,佛教的思想与文化,都渗透到中国人的日常生活与思维习惯里。经历了从隋唐到明代的发展与变化,佛教最终成为中华文明不可或缺的有机组成部分,与中国本土的儒家与道家思想相融合,构成今天通常所说的"儒释道"三足鼎立的中国传统文化。

与印度佛教的渐次展开不同,中国佛教从一开始就同时面对大小乘佛典。因此,甄别大小乘不同的佛教经论,从中国思想文化的角度融会贯通其中的佛学义理,一直是中国僧人弘扬佛法的前提与基础。在讲经注疏、撰述立言之余,他们要么判释佛陀一代的说教,即"判教",要么编撰传法谱系,即"祖统"或"灯统",总结以往的修持方法与义学理论,确立自己在佛法传承中的地位,从而揭橥一种在他们看来是最圆满的佛法,用来代表最正统、最契时机的佛教。天台宗认为《法华经》的思想最为圆满，称为"法华圆教"；华严宗认为《华严经》的思想最为究竟，自称是"教内别传"；禅宗则声称自己的禅法属于"教外别传"，不同凡响；净土宗认为念佛法门最为契机，舍此无他。这些佛教宗派没有完全因循汉译印度佛典的思想传统，而是有选择地继承与阐发他们心目中的佛法了义，有时候甚至是高僧大德在"说己心中所行法门"[28]。他们虽然有其异说纷争的方面，但总的来说，都是为了追求一种圆教了义。

天台宗，又称"法华宗""止观宗"，是最早成立的中国

图6-4　智颛像

佛教宗派，因其发祥于浙江天台山而得名。这个宗派认为，《法华经》会通三乘（声闻乘、缘觉乘、菩萨乘）归于一佛乘的思想，属于大乘究竟义理。他们构建了一套以止观双修为中心的佛学体系，即"摩诃止观"或"圆顿止观"。在具体的禅修过程中，这种止观可以简化为"一心三观"，即在观照当下的一念心时，能同时从空性、假名与中道实相这三个角度去观察一念心及其呈现的一切现象：万法都是因缘和合而生，因此是"空"；诸法虽空，却有显现的相状，因此有其假名；这些假名虽有，但不离空性，法尔自然，即是中道实相。三谛圆融、一念三千，则是天台宗所要证得的最高深的止观境界。陈隋之际的智颛（538—598）是实际的创宗大师，俗姓陈氏，生于荆州华容（今湖北潜江县南、监利县西北）（图6-4）。他在年轻时北上求学，学成以后又回南方弘法。当时，南北方佛教有所谓"南义北禅"的区别，即南方注重佛学义理，而北方偏重坐禅实修。

智顗因此提出要"破斥南北、禅义均弘",要求学佛的人既要注重禅定功夫,又要加强佛教知识学习,这一想法凝结在他的止观学说里,主张止观双修。止指止息散心,观指专注一处,在印度佛教里原是两种具体的禅法。但在智顗看来,"止是禅定之胜因,观是智慧之由藉"(《童蒙止观》),止观双修亦即定慧双修;而且止观相即不二,止即是观,观即是止,若以"圆顿"为其特点,那么,"法性寂然名止,寂而常照名观。虽言初后,无二无别,是名圆顿止观"(《摩诃止观》卷一上)。天台宗是中国历史上最为盛行的宗派之一,天台传人迄今绵延不绝。中唐的荆溪湛然(711—782)、北宋初年的四明知礼(960—1028)、明末的蕅益智旭(1599—1655)等,曾对天台宗的思想发展做过重要贡献。这个宗派的止观学说,对于充实与丰富儒家的心性论起了直接的推动作用。唐代士大夫梁肃(753—793)是湛然的弟子,他把天台的止观实践看成是儒家所说的"穷理尽性",是为了"导万法之理而复于实际"(《天台止观统例》),而佛教的"实际",在他看来,也就是儒家的"性之本"。

华严宗把《华严经》看作佛说的最高阶段,因此得名。这个宗派构建了一套独特的宇宙观、世界观,主张"无尽缘起",认为世界上的一切事物互为条件,犹如一滴海水含具百川之味那样,彼此互相依赖、互相包容、互相圆融,处在无穷无尽、无限复杂的普遍联系之中。六相圆融、十玄无尽,是华严宗用来解释无尽缘起的两个重要概念。法藏(643—712)是这一宗派的实际创始人,武则天(684—704年在位)曾赐号"贤首",该宗因此又称"贤首宗"。法藏,祖籍西域康居(今乌兹别克一带),年轻时专心研读《华严经》,试图包容天台宗、唯识宗等的思想,创立最为圆满的大乘圆教。他认为,《法华经》所讲的道理,可以贯通于三乘与一佛乘,属于"同教一乘",而《华严经》的道理最高明、最圆满,专属于一佛乘,即"别教一乘"或"教内别传"。这个别传的道理,就是无尽缘起。《大乘起信论》认为一切事物都是如来藏的变现,但在他看来,这不过是"理事无碍法界",现象与本体虽有一体不二的关系,却还有理事、体用的分别。只有认识到一切事物各自有体有用,各随因缘而起,又能各守自性,事与事看似互为相对,却又能互为相应,彼此互相交涉,自在无碍而无尽,万物相融无碍,这才是最圆满的"事事无碍法界"。法藏之后,清凉澄观(738—839)、圭峰宗密(780—841)是弘传华严教义的著名高僧。此后,华严宗的传承就不甚兴盛,北宋初年虽有复兴的迹象,但终究没有像天台宗那样中兴重振。反倒是在北方的辽国(916—1125),直接承续晚唐佛教的余绪,华严教义与密宗的融合,蔚然成风,出现了像道殿、法悟这样的高僧。华严宗这套精致的缘起论,影响了后世儒家的宇宙论。宋儒论述天理、天道,辨别理气关系,提出"理一分殊""体用一源、显微无间",无疑是受到了华严思想的启发。

禅宗是以修禅为宗的宗派,主张"教外别传,不立文字,直指人心,见性成佛",因此又称"别传宗";直传佛祖的心印,以心传心,因此也称"佛心宗"。这个宗派淡化佛经之于解脱的意义,反对盲目的坐禅,这是佛教思想史上的一场革命。它的创始人相传是菩提达摩(约卒于529年)[29],被认为是释迦牟尼的第二十八代传人、禅宗初祖。不过,实际的创立者应是六祖慧能(638—713)。达摩下传慧可(487—593)、僧璨(?—606)、道信(580—651),至五祖弘忍(602—675)下分为南宗慧能、北宗神秀(606—706)。慧能之前的禅宗祖师,历史上被称为楞伽师,尊奉四卷本《楞伽经》,递为心要,主张"借教悟宗""守心看净"。从慧能开始,认为"但持《金刚经》一卷,即得见性,直了成佛"(《坛经》),反对楞伽师拘泥于静坐入定,重在"但行直心,不着法相",行住坐卧,道法流通,如《金刚经》所说,"应无所住而生其心"。神秀与慧能之间的斗法,正是反映了这样的禅学转变。慧能,俗姓卢,生于岭南新州(今广东新兴县东),他的《坛经》不仅是禅宗的纲领,而且也是唯一一部被称为"经"的中国佛教撰述(图6-5)。相传弘忍为了考验大家的禅解,要求各人作偈呈验。神秀偈云:"身是菩提树,心如明镜台,时时勤拂拭,莫使惹尘埃。"慧能这位目不识丁的僧人,听后以为不究竟,请人题偈:"菩提本无树,明镜亦非台;本来无一物[30],何处有尘埃!"他的主旨是识心见性,顿悟成佛。慧能说:"佛是自性作,莫向身外求。自性迷,佛即是众生;自性悟,众生即是佛"(《坛经》)。在他看来,"迷即渐劝,悟人顿修","顿渐皆立无念为宗、无相为体、无住为本"(《坛经》)。因此,慧能禅法的根本精神贯穿着无念、无相、无住,主张顿修顿悟,与神秀一系所说的渐修法门"凝心入定、住心看净、起心外照、摄心内证"格格不入。不过,慧能在接法之后回到韶州(治今韶关)曹溪,并没有太大的社会影响,而神秀被立为六祖,北宗受到帝王的支持。约在慧能死后二十年,他的弟子荷泽神会(668—760)北上弘法,认为只有慧能得了真传,堪称六祖[31]。神会在北方楷定南宗的宗旨以后,慧能的思想才在北方占据主流,南宗成为禅门正统,北宗逐渐退出历史。

在中唐以后,禅宗分化出许多支脉,即"五家七宗":沩仰宗、临济宗、云门宗、曹洞宗、法眼宗,临济宗还在宋代发展出杨歧宗与黄龙宗二支。南宋以后也只剩下临济、曹洞两家,而临济势力最盛。特别是在晚唐五代,禅门兴旺,人才济济。他们充分演绎慧能的顿悟思想,外离相即禅,内不乱即定,把禅门修行融入日常生活之中,随缘任运。马祖道一(709—788)说:"平常心是道"(《景

图6-5 慧能像

德传灯录·道一禅师语》)。临济义玄(?—867)说:"佛法无用功处,只是平常无事,屙屎送尿,着衣吃饭,困来即卧"(《临济录》)。这些大德在接引学人开悟时,总能因材施教,或棒喝交施,或机锋话头,甚至呵佛骂祖,不一而足,留下了许多脍炙人口的禅门公案故事。这些故事后被编成各种语录或灯录,如《祖堂集》《景德传灯录》《古尊宿语录》《五灯会元》等,宋代禅师因此还借这些现成的公案去参悟古人的禅心禅法,形成了所谓的"文字禅""看话禅"等。

禅宗是在中国影响最大的佛教宗派,渗透到了中国人的生存方式与思维模式,特别是对中国的文学艺术、士大夫的审美情趣影响深远。禅门人物任运自在,常为世人仿效,如庞居士"不变儒形,心游象外,旷情而行符真趣;浑迹而卓越人间,溶玄学之儒流,乃在家之菩萨"(《祖堂集》卷一五)。禅僧常以诗偈问答,诗与偈不分,禅趣与诗情交融,有些诗僧,如皎然、齐己等,名噪一时。

"诗禅一致,等无差别"(王士禛《带经堂诗话》卷三),道出了诗歌与禅之间的关系。像白居易、苏轼这样的大诗人熟谙禅语,写出了许多酷似禅偈的诗作;素有"诗佛"之称的王维(701—761),他的山水诗涵蕴禅味,意境灵动神妙,变化从心,无迹可求。中国诗歌的繁荣与禅宗的兴盛无疑有着某种内在的关联。不仅如此,大量的禅门公案、各种的语录偈颂,本身就是中国文学史的重要组成部分,影响了一代又一代的作家文豪,甚至还被认为是开创了现代白话文的先河。

净土宗主张念佛往生,创立的时间颇难确定,通常认为唐代的道绰(562—645)和善导(613—681)是真正的创始人(图6-6)。他们承继北魏昙鸾(476—542)的净土思想,尊崇《阿弥陀经》与《观无量寿经》,认为在末法时代,众生要依靠阿弥陀佛的救助往生西方极乐世界,只有念佛往生才是众生得救的唯一法门,"当今末法,现是五浊恶世,唯有净土一门"(道绰《安乐集》)。这种主要依靠他力的净土法门被称作"易行道",他力易行,犹如水路乘船,而其他需要自力修持的法门则被称为"难行道",犹如陆路步行。只要口念阿弥陀佛,便可往生净土,这种简便易行的念佛法门,备受民间欢迎。早在中唐时期,此风已盛,白居易的晚年诗作就说"行也阿弥陀,坐也阿弥陀。……且夕清净心,但念阿弥陀。"宋元之后,念佛往生的风气尤为炽烈,乃至乡野村夫见面皆称"阿弥陀佛"。念佛最后成了各宗共修的方便法门,禅宗、天台宗等兼用净土思想,主张"禅净双修"或"台净合一"。

天台、华严、禅宗、净土四宗,一向被认为是最有中国特色的佛教宗派。其他宗派虽没有它们那样富有创造力,但也能独树一帜,一度颇有声势。三论宗发挥三论的中观思想,实际上是东晋以来般若学研究的延续和总结,吉藏(549—623)则是集大成者。三论指《中论》《百论》和《十二门论》,属于大乘中观学的基本经典。这一宗派采用"破而不立""归于无得"的方法批判一切,破邪显正,不留任何的执着。三论宗在唐代贞观(649)以后逐渐衰弱。唯识宗由玄奘(600—664)及其弟子窥基(632—682)创立,提出"唯识无境",认为一切外部事物都是在人的意识中变现出来的假象。玄奘西行求法前后十七年,"唐僧西游"的民间故事即以他为原型。回国以后,玄奘受到唐太宗的礼遇,奉诏翻译佛典,广收门徒。不过,这一宗派此后长期不受人重视,明末清初则因西

图 6-6 西安香积寺善导塔

学、耶教的传入而有过短暂的复兴。戒律是佛教的根本,戒住则法住,律宗研究传授小乘各部戒律,纲纪僧团,尤以道宣(596—667)创立的南山宗最为著名。中唐以后,随着佛教本土化的进程,在原有戒律的基础上,根据中国寺院和僧团的实际生活情况,建立起了一套中国式的寺院组织管理系统——丛林清规。公元 8 世纪,禅宗的马祖道一提倡农禅结合,门徒散居南方山林,自谋生计,他的弟子百丈怀海(720—814)重整佛戒清规,创立了延续至今的"丛林制度",史称"马祖创丛林,百丈立清规"。密宗认为依靠结手印、念咒、观想等方法,可以即身成佛。唐玄宗开元年间(713—741),印度密教的根本经典得以翻译,不空(705—774)等人创立了汉地自成一体的密宗。但该宗仪轨与中国的儒家伦理相悖,北宋以后渐趋衰微,只在契丹族统治的北方辽国延续了一段唐代密宗遗风,直至金国灭辽(1125)。

作为一种外来的宗教,佛教不断地遇到各种反对与排斥,历史上"三武一宗"(北魏太武帝、北周武帝、唐武宗、后周世宗)的法难,即是这方面的极端事例。所以,佛教的本土化从未间断,始终想与占据主流意识形态的儒学融会贯通。从佛教的立场来说,儒佛之间并没有实质的冲突,各有各的功能,儒佛一致。佛教徒一方面阐述佛教了脱生死的宗教优越感,另一方面又百般解释佛教"有助王化",充分肯定儒家的纲常伦理。他们以佛教的内容比附儒家的名词概念,譬如把佛教的"五戒"与儒家的"五常"相配,分别以"仁、智、义、礼、信"解释"不杀、不盗、不邪淫、不饮酒、不妄语"。隋唐出现的佛教宗派,也经常援引儒家思想诠释佛教,如华严学者李通玄(635—730)以《周易》解释《华严经》。所以,佛教的本土化,同时也意味着佛教与儒学的融合。

但从儒家的立场来说,这种融合在隋唐之后多半是出于不得已,是出于复兴儒学的需要而援佛入儒。儒家很早就被庄子批评为"明于礼义而暗于知人心",佛家也学会了用这句话挖苦儒生。隋唐佛教的空前繁荣,更是让后来的儒生发出了"儒门淡泊"的感喟。他们既要排斥佛学,又不得不借鉴佛教义学,特别是用佛家的心性理论来充实儒家的身心修养论,阐发传统儒学所罕言的性与天道思想。

在唐代大文豪韩愈(768—824)看来,佛教的危害程度要超过孟子当年的杨朱、墨子。他想恢复儒学在人们生活中的核心地位,接续从尧一直到孟子的"道统",因此竭力排斥佛教,在《论佛骨表》里斥责佛陀"不知君臣之义,父子之情",与"先王之道"不合,要求把佛骨"投诸水火,永绝根本"。这篇文章给他惹了大祸,唐宪宗(806—820年在位)盛怒之下把他贬为潮州(今广东潮阳)刺史。韩愈的弟子李翱(772—841)则采用援佛入儒、取长补短的做法,反倒收效显著。他认为,"佛法论心术则不异于中土"(《再请停修寺观钱状》),受天台止观思想的影响,提出"复性说",认为只要去掉迷惑人性的"情",就可以恢复人性。他把《中庸》说成是儒家的"性命之书",认为其中有孔子的"尽性命之道"。其实,由于佛教宗派已对中印思想有所折衷会通,思想上的援佛入儒,在中唐以后也已水到渠成。

宋明理学的出现,在一定意义上是援佛入儒的结果。宋代儒家与佛教的关系,基本上是排斥与吸收的双重变奏。他们一方面沿用传统的儒家思想排斥佛教,如孙复的《儒辱》、石介的《怪说》、李觏的《潜书》、欧阳修的《本论》等,都是其代表之作;另一方面则又出入佛老,从中汲取有益的思想资源。理学家虽然力辟佛教,但在他们的言行之间浸透了佛教的影响。相传北宋的程颢(1032—1085)、程颐(1033—1107)是半日读经、半日静坐,无疑是仿效佛门的坐禅静虑;南宋陆九渊、明代王阳明的心学思想,公认是受了禅宗的启发;理学家近乎白话文的语录,也是直接继承了禅宗语录的文字风格。他们用佛家的理论提升传统儒学的心性论、修养论,构造了一套有别于以往的新儒学体系。

相对于宋儒的矛盾心态,当时的佛教界倒是意见颇为一致,大多主张儒释道三教一致。宋仁宗明道年间(1032—1033),针对儒生的排佛之论,禅门大德契嵩(1007—1072)撰写了《辅教篇》阐明儒佛一贯的思想,认为两家都是教人为善,有相资善世之用。他盛赞儒家五经,提出"孝为戒先"。他还作《中庸解》,宣扬中庸之道。他说:"儒、佛者,圣人之教也。其所出虽不同,而同归于治。……故治世者,非儒不可也;治出世,非佛亦不可也。"儒、佛相辅而成,互不可缺。张商英(1043—1121)的《护法论》,批评韩愈、欧阳修等人没有细读佛书,把佛教说成是"中国大患"毫无根据。非但如此,他认为,佛教与儒家、道教一样,在教化民众方面亦有所长,彼此可以相辅相成,都是医病的良药。他说:"儒者使之求为君子者,治皮肤之疾也;道书使之日损,损之又损者,治血脉之疾也;释氏直指本根,不存枝叶者,治骨髓之疾也。"又说,儒者言性,而佛者见性;儒者劳心,佛者安心;儒者贪著,佛者解脱;儒者有为,佛者无为;儒者分别,佛者平等;儒者治外,佛者治内。元代刘谧(生卒不详)的《三教平心论》说:"三教之意,无非欲人之归于善耳。"[32]

所以,宋代佛教与儒学的融合,在佛教徒看来主要是因为佛教劝善导俗的社会教化功能,他们的论证前提是"儒者治外"与"佛者治内"的社会分工。但是,宋明理学家并不认可这样的分工,他们认为儒家"尊德性而道问学",兼备内圣与外王之学。援佛入儒的做法,无非是要借佛教充实儒家,以利于更好地破斥佛教。不过,理学家虽有辟佛的动机,但他们出入佛老的事实,客观上使得佛教理论融入了儒家的思想主流。这是知识精英在意识形态的层面上实现儒佛的融合。对于庶民百姓来说,佛教首先是一种能够支配或改变他们生活的信仰方式。宋代以后的民间社会,佛教遍及了庶民百姓社会生活的方方面面。

　　流传在社会底层的佛教,通常被称为"庶民佛教"或"民俗佛教",有别于佛门大德、士大夫所持的佛教观。这种多少属于非正统的、带有迷信与庸俗意识的佛教,其实是宋代以后中国佛教的真实面貌。佛教认为,诵经有种种功德,礼忏可消除罪业。所以,请出家人诵经礼忏,成了庶民百姓日常生活的一部分。各种各样的佛事法会,既是寺院僧人的主要经济来源,同时也为民众提供了礼敬佛法的机会。死者葬仪、年忌节庆、祈福禳灾,往往会有虔诚的弟子去赶经忏。而念佛劝善、烧香许愿,更是寻常百姓不经意间流露出来的生活实态。原本只是佛教内部的节日,逐渐成了全社会的民俗节日,如农历四月初八的浴佛节、纪念佛陀成道的腊八节等,在宋代以后的民间社会都是极为重要的节日。流风所及,民间的秘密宗教结社,也往往打着佛教的旗号进行。白莲教,最初是出于仰慕庐山慧远的白莲结社,以菜食为旨不吃葱乳、不饮酒、不杀生等规约结成的庶民念佛会。后来是因为它有反政府的政治企图,才被看成是"事魔邪党""妖妄惑众"。

　　由此而言,佛教在民间社会已变成一股真实的社会整合力量,它渐渐成为普通的中国人用来理解周围世界、解释人生得失的世界观与人生观。这种现实生活层面的儒佛会通,最终使佛教在中国社会扎下了根,变成了在中国人心目中完全属于自己的宗教。

第三节　道教的全盛与内丹学的发展

道教与老子　重玄　新道教　全真道　净明道　内丹学　精、气、神　性命双修　三教归一　《道藏》《长春真人西游记》

隋唐道教的发展有个显著的特点,即是道教前所未有地得到上层统治者的崇奉和大力扶持。在政治和宗教双重因素的推动下,道教逐渐走向全盛。大体上说,隋、唐两朝的皇帝都尊崇道教,隋朝所施行的基本是以崇佛为主、佛道并重的宗教政策,至唐初太宗皇帝,则使道教成为国家宗教,并凌驾在佛教之上。

道教在隋、唐两代的鼎革之际,以及在唐太宗夺取皇位继承权的争斗中,都曾经有人向新兴起的统治者献计献策,特别是编造谶言、符命,借此结盟于统治者,换取他们对道教的支持。这些故事一向为道教中人所乐道,也常被视为是隋唐时期道教受崇奉的主要原因之一。不过,道教所受的尊崇是在太宗、玄宗两朝达到顶点,而这两个时期尊崇道教都主要是基于李唐立国之后的社会政治原因。

唐初尊崇道教,有深远的政教意义。早在武德八年,唐高祖即下诏为三教排定座次:"老教、孔教,此土先宗,释教后兴,宜崇客礼,令老先、孔次、末后释。"[33]贞观十一年,太宗在诏书中也明确指出,道教为源远流长的中华之教,佛教则为东汉始入的外来之教,所以道教优于佛教,应在佛教之上。可见这是唐初已经确定的政策,将道教置于佛教之上,在政教上表示了以唐代隋的鼎革变化。傅奕曾经上《废佛法事十一条》,力主扫清隋杨的佞佛风气,虽然未能实行,但也可以看出唐初的政教变革之趋势。后来武则天称帝,转奉佛教,[34]玄宗继位后,立即改为崇道抑佛,即是回复到高宗、太宗的一贯传统上来。太宗在诏书中宣称:"朕之本系,起自柱下。"[35]这一宗族上的认定更是唐室尊奉道教的基石,主要是借道教来辅助皇权、彰显皇权的神圣性。道教毕竟是一种本土自生的宗教,且北魏时曾经成为过国教,因此比佛教更适合承担这样的角色。李唐追认老子为祖先,可能还有另外的政治意图。魏晋南北朝以来,政治上最重世族门阀,李唐先世出于汉胡混处的地区,却自称其祖先是陇西人,高祖李熙是北魏武川镇将,祖父李虎是西魏北周八柱国之一,即是抬高自己的门第[36]。太宗在著名道士王远知等人的影响下,复将世系追溯到老子,可能不仅是出于门第上的考虑,也许是想通过强调自己与道教的最密切关系,以笼络道教各派,以及那些家传道教的士大夫和隐逸之士[37]。这对于唐初政治来说,是至关重要的。

唐代各朝皇帝崇道,基本上是围绕老子这一核心的(图6-7)。太宗以后,高宗追号老子为"太上玄元皇帝"。玄宗则变本加厉,一方面,不断神化老子其人,多次加封,下令全国各地都要修玄元皇帝庙;另一方面,神化老子之书,他规定《道德经》为诸经之首,亲自注释老子的《道德经》,颁行天下。玄宗崇道有一个很特别的举措是设立崇玄馆以及道举制度,道教被延入国家教育和考试当中。玄宗还下令搜集和整理道教书籍,修订道教礼仪,规定了道教节日,在天下广修道观。这些措施对于道教来说都是颇有功德的,但是在实际政治和社会生活中,则流弊日显。

图6-7　唐开元七年(719年)赵思礼造常阳天尊像

在隋、唐尊崇道教的时期,道教得到了很大的发展。在道教教派方面,一个突出的表现是道教的南北融合。由隋代开始的天下统一局面,使南方的茅山宗得以北上和北方的楼观道结合,道教的上清派和天师道汇合在一起。唐初,茅山道士王远知成了南北道教的领袖,其后,潘师正、司马承祯等先后领导道教,贞观时所建的茅山太平观是最重要的道教中心,有"茅山为天下道学所宗"的声誉,茅山上清派逐渐成为唐代道教的主流。

魏晋以来,受玄学的影响,道家传统中的老庄之学在道教中越来越受重视,至唐代,老庄著作被列为《道藏》"太玄部"之首,成为流传最广、影响最大的道经。在道教中逐渐出现了发挥老庄思想、继承玄学的道教义学,其思想的核心即是"重玄"。据五代杜光庭记述:"梁道士孟智周、臧玄静,陈朝道士诸柔,隋朝道士刘进喜,唐朝道士成玄英、蔡子晃、黄玄颐、李荣、车玄弼、张惠超、黎元兴,皆明重玄之旨。"[38]这一道教思想上的传承系统,被后人称为

"重玄派"〔39〕。

　　所谓"重玄",本于老子所说"玄之又玄","重玄派"的道教学者在吸收和借鉴魏晋玄学、佛教思想之后,对这一文句做了新的解释。在魏晋玄学中,贵无、崇有的争论是个核心问题,后来道教和佛教也都试图解答这一问题,其中道教葛洪提出的解决方案即是将有、无二者归之于"玄"。《抱朴子》一书,首标"畅玄",葛洪以为,"玄者自然之始祖,而万殊之大宗也。"这个"玄"是最根本的,有、无二者只是"玄"的不同体现,"因兆类而为有,托潜寂而为无"〔40〕。葛洪论"玄"还只是单一的一层,后来的道教学者在他的基础上又进了一步,提出了"重玄"的思想,即"玄之又玄",为二层。唐初成玄英在《老子义疏》中对"重玄"所做的解释最有代表性,他说:"有欲之人唯滞于有,无欲之人又滞于无,故说一玄,以遣双执。又恐行者滞于此玄,今说又玄,更祛后病。既而非但不滞于滞,亦乃不滞于不滞,此则遣之又遣,故曰玄之又玄。"〔41〕这种解释,为唐代"重玄派"诸家所沿袭。道教的两部重要类书《玄门大义》和《道教义枢》中都吸收了"重玄"思想,使之成为道教的基本教义。

　　唐代道教对老子和《道德经》的尊崇是道教史的一个重要环节。与李唐尊奉老子相协同,道教中逐渐出现了以道教、老子、《道德经》为三位一体的新的信仰体系〔42〕。在唐初道教与佛教的论争中,道教学者开始杜撰老子的神像,把老子神格化,从古代圣贤变成了像佛陀一样供人膜拜的大神。在敦煌遗籍中有成玄英的《老子道德经开题》,其中把老子尊奉为道教教主,把《道德经》置于道教的中心经典的地位,明确将道教、老子和《道德经》视为三位一体的关系〔43〕。他还详尽论明老子名号、姓名、出生地、历代变现以及老子法体特征。这些都是在强化道教信仰,完全是宗教性的建设。

　　从隋、唐开始,道教的全面建设逐步展开,在道教神仙谱系、道教经典、道教礼仪、道教宫观等等各个方面都有新的进展。由于统治者的扶持,唐代道教有国家道教的特点,而此后的五代道教则逐渐庶民化,教法的重点移向了依靠咒法治病、驱邪、除灾、役鬼一类的现实宗教活动〔44〕。北宋时,统治者也曾经仿效李唐,册封圣祖赵玄朗,把赵氏皇室和道教神祇联在一起,还降过几次天书,但总的说是承唐代的余绪。在思想与意识形态方面,理学的兴起提升了儒家的地位,道教和佛教都受到一定程度的排斥。道教在社会生活上的影响依然很大,而在国家政教上的作用则不如以前。

　　道教的另一个兴盛时期是南宋、金、元时期,出现了新道教诸派,从而形成唐代之后道教发展的又一高峰。在这一时期,因为南北割据,道教分为丹鼎清修的北派和符箓斋醮的南派。新道教诸派主要是在北方兴起的,先有萧抱珍于金天眷年间创立的太一教,刘德仁创立的真大道教,随后则有王重阳所创立的全真道。北方的这三派新道教,都受到了金、元二朝的礼遇,不过后来则主要是全真道发展壮大,成为北方的代表教派。全真道的创始者王喆生于陕西,生活坎坷,48 岁时自称甘河镇遇仙,遂出家修行,于金大定年间创立全真道。其后到山东传教,收了马钰、谭处端、刘处玄、丘处机、王处一、郝大通、孙不二等七大弟子。全真道的影响逐渐从山东扩大至河南、河北、陕西等北方地区。在南宋亡国后,复传播到了江南。全真道以三教合一为号召,以成仙证真为信仰,以修习内丹为法门,要求道士出家住宫观,遵守严格的戒律,过简朴的生活,从而使道教的面貌为之一新。

　　在同一时期,南方的符箓各派逐渐融入天师道,汇合成了正一道,与全真道南北并峙。在正一道的范围中,又以元初创派的净明道,以融合道教、儒家为特色,在道教各派中独树一帜。净明道是在江西南昌兴起的,由道教灵宝派分衍而成,尊奉西晋时的许逊为祖师,其真正的创始人是西山道士刘玉。净明道的基本宗旨是"净明忠孝",刘玉说:"净明只是正心诚意,忠孝只是扶植纲常。"[45]净明道融合儒家思想,有浓郁的伦理色彩,在教法上不提倡符咒、斋醮,而是提倡用"日知录""功过格"一类善书规范自己的日常行为,希图通过恪守道德而成仙得道。这种重视道德修养的新道教很容易和程朱、陆王的主流儒学相协调,作为一种宗教,它兼有很强的社会教化功能,在社会生活上影响深远。

　　对于道教的历史来说,各派新道教的兴起是一次重大的宗教变革。其宗教变革的意义有几个方面。首先,改变了道教信仰的基本意向,心性追求逐渐超过原来的成仙愿望,内丹术成为主要的修炼方式,外丹术和符箓则退居次要的地位。其次,道教顺应了三教合一的新趋势,新道教各派都主张三教归一,借三教平等,提振道教在三教中的劣势。道教在三教中最能兼容并蓄,擅长吸取别人的长处。再次,重新以民众为基础,在宋、金、元社会动荡的年代,新道教给北方的汉族知识分子和苦难的民众提供了宗教抚慰与庇护,道教不再一味寻求统治者的支持,而是以身作则,传道自养,逐步汇聚成庞大的教团,招致无数的信众。最后,重新形成了道教宗派的格局。在新的全真、正一等大道派发展的同时,原有的天师派、上清派、灵宝派等小道派也延续不断,新旧道派、大小道派之间有往来、融合的趋势。此后很长一段历史中,道教一直是发展最活跃的宗教,左右着中国宗教史发展的基本动向[46]。

在南宋、金、元时期,道教最突出的思想贡献是内丹学。自哲学的角度看,儒、道、释三教自魏晋以后都经历了一个由本体论向心性论转变的发展过程,而儒家的"心性说"、佛教的"佛性说"、道教的"内丹说"则分别是这一发展过程的思想成果[47]。

大体上说,道教内丹学是从外丹学转化而来的。隋、唐两代,道教的外丹术非常兴盛,在晚唐、五代以后,渐变为以钟离权、吕洞宾为道宗的内丹道。从钟、吕开始,内丹学的基本宗旨即被确定为"性命双修",无论是单修性还是单修命,都会导致偏颇,修性不修命,"万劫阴灵难入圣",修命不修性,"恰如鉴容无宝镜",只有性命双修,才能成就正果[48]。后世的内丹诸家都信守"性命双修"这一基本宗旨,只是对性命的解说有些歧义,在性命双修的次第、方法上有所不同。入宋以后,内丹道传到张伯端,开创了紫阳派,称为内丹南宗。张伯端著有《悟真篇》,是北宋内丹学的集大成者。内丹道传到王重阳、马钰,融入了全真道,又称内丹北宗。历代全真道都以内丹修炼为主,自王重阳以降,关于内丹学的著作代有创作,尤以元代李道纯的《中和集》最为有名。

张伯端的内丹学,有调和道教内丹与佛教禅宗的特点。在《悟真篇》中,张伯端论述了内丹三宝——精、气、神,以及"炼精化气""炼气化神""炼神还虚"三个阶段。在"性命双修"的基本宗旨之下,具体的修炼则按照先命后性的步骤。张伯端认为,道教的内丹学精于炼精、炼气,在三教中最擅长修命,但在修性上尚逊禅宗一筹,因此在由命转性的炼神的阶段,要参究佛教禅宗,以便了彻性源。内丹与禅宗由此被结合在一起。

全真道的北宗内丹学与南宗在修炼次序上正相反,主张先性后命,先要求得真心,然后在真心中生真意,循序炼化精、气、神。按照南宗的丹法,明心见性是最高的目标,而按照北宗,则只是一个必要的基础。二者都吸收了禅宗思想,但在内丹功法中的安排不太一样。一般说,全真道有比较鲜明的出世色彩,以成仙证真为主要信仰,其对佛教的借鉴,一方面借鉴了禅宗现世化的"见性成佛"思想,但另一方面复把信仰引向更远的彼岸。全真道在修行上主张禁欲、苦行、忍辱,要求道士出家,这些都体现了强烈的宗教性。

元代全真道传播到江南,使内丹学的南北二宗也融合到一起,其代表即是李道纯。李道纯仿效禅宗,将内丹分为渐法和最上一乘。一般中下根器的修习者要沿着先命后性的渐道,上等根器的至士则可以直接修炼最上一乘,不经修命,直接见性,与道合真。性命先后的难题被他巧妙地化解了。李道纯的内丹学有很强的哲学性,他将内丹学提升到道教哲学的本体论的高度,他说:"释曰圆觉,道曰金丹,儒曰太极。"〔49〕又说:"金者坚也,丹者元也。释氏喻之为圆觉,儒家喻之为太极,初非别物,只是本来一灵而已。本来真性永劫不坏,如金之坚,如丹之圆,愈炼愈明。"〔50〕李道纯运用理学家的概念体系,系统论述了内丹学的哲学意义,他参照周敦颐的《太极图》重新解释了金丹大道的变化过程,又从传统的精、气、神中引申出了心、性、身、念、意、虚诸范畴,从而形成了与理学、禅宗相互融通,又和而不同的道教哲学体系〔51〕。

渊源久远而在宋、金、元时期大放异彩的道教内丹学,是中国文化的宝贵成果。从思想的层面说,道教内丹学最突出地体现了中国文化中身心一如、形神合一的思想传统。从道教的历史来看,长生与成仙,一直是道教信仰的主要目标,尽管后来经历了几次道教的革新运动,但这一基本信仰目标并没有彻底改变。要实现长生与成仙,首先要养护好生命,而生命作为一个整体,其中的身心、形神是被有机地结合在一起的,它们没有被截然地割裂为二。作为一种宗教信仰,对身心、形神的整体修炼,是道教的一大特色。宋、金、元时期的新道教诸派,是在这一基本信仰的基础上更加精微化的发展,无论是在本体论还是在心性论的路线上,都维持了信仰的统一。新道教诸派的内丹学作为一种哲学,丰富和发展了中国哲学的大传统:一方面,它吸收了佛教、儒家的思想,另一方面,它的思想也影响了佛教和儒家哲学。道教与佛教、儒家在三教合一的大格局中共同发展。

明代统治者在夺取政权和巩固政权的过程中,也都曾利用道教为他们服务。因而在明中叶以前,道教仍继续处于兴盛时期,到嘉靖年间(1522—1565)

达到高潮,此后开始走向衰落。由于明初太祖朱元璋和成祖朱棣的推崇,明代道教正一教得到了极大的发展,朱元璋、朱棣都曾声称,他们在获取政权的过程中得到过玄武真人率天兵天将的帮助,因此便特别尊奉玄武神。朱棣还曾撰《真武庙碑》以歌颂其功德,并于京城及武当山营建宫观供奉,其中武当山的营建规模最为庞大,成为中国著名的道教圣地之一。

在道教的发展过程中附带产生出很多科学成果,有学者指出:"道教之外丹黄白术为化学之前身,内丹气法为生理卫生学之前身。"[52] 外丹术、内丹术中都包含了丰富的生命科学知识,为传统医学、药学及气功所吸收。在宋代以前,道教外丹术和传统医药学关系密切,历代著名的外丹家也都是著名的医药学家,唐代的孙思邈是突出代表。孙思邈隐居在太白山学道,采制药物,为人治病。其所著《千金要方》《千金翼方》记载方论数千首,集唐代医药学之大成,对传统医药学影响巨大。宋代之后,随着内丹术的兴盛,医学中的行气、导引、气血、经络、穴位、腑脏等方面都有相应的进步。内丹学认为的生命根于精、气、神,人体是一个小天地,这些观念都被吸纳到医学理论当中,而从具体的丹法中转变出了各种气功术和养生术。

隋、唐以来道教发展的一大文化成就即是《道藏》的编纂。从隋、唐、五代直到宋、元、明,历朝对《道藏》的编修达十余次之多,所形成的著名《道藏》有唐开元时的《三洞琼纲》、北宋张君房的《天宫宝藏》、宋徽宗的《万寿道藏》、金、元的《玄都宝藏》、明英宗的《正统道藏》和神宗时的《续道藏》等等。《道藏》汇集了博大精深的道教文化,也成为中国文化的一大宝库。

在篇帙浩繁的《道藏》中,有一本小书饶有兴味,即是《长春真人西游记》。《长春真人西游记》记录了全真道道士丘处机应成吉思汗之召,于太祖十五至十九年西行数万里到大雪山(今阿富汗兴都库什山)成吉思汗行宫的经历。该书不仅记录了这次历史性的会面,还记录了沿途的风土人情和自然景色,以及丘处机吟咏的诗词七十首。后人称赞这本书足以和晋代法显的《佛国记》、唐玄奘的《大唐西域记》相媲美,既是一部珍贵的历史、地理文献,又是一部古代游记文学的杰作。

注　释

〔1〕《复性书》中,《李文公集》卷二。

〔2〕《宋元学案》,中华书局,1986 年,第 25 页。

〔3〕《徂徕石先生文集》,中华书局,1984 年,第 60 页。

〔4〕同上书,第 241 页。

〔5〕《宋元学案》,第 2899 页。

〔6〕《通书·圣学第二十章》,《周元公集》卷一。

〔7〕《宋元学案》,第 482 页。

〔8〕《二程遗书》卷二上。

〔9〕《答横渠先生定性书》,《二程文集》卷三。

〔10〕《二程遗书》卷一八。

〔11〕《二程遗书》卷一五。

〔12〕《二程遗书》卷一八。

〔13〕《二程遗书》卷一五。

〔14〕《二程遗书》卷一八。

〔15〕《皇极经世书·观物外篇》。

〔16〕《朱先生行状》,《黄勉斋先生文集》卷八,《丛书集成初编》本。

〔17〕《四书或问》卷二《大学或问》,《朱子遗书》。

〔18〕《与曾宅之书》,《陆九渊集》卷一,中华书局,1980 年。

〔19〕《杂说》,《陆九渊集》卷二二。

〔20〕同上。

〔21〕《语录》,《陆九渊集》卷三五。

〔22〕《传习录》上,《王文成全书》卷一。

〔23〕同上。

〔24〕《传习录》中,《王文成全书》卷二。

〔25〕《总述讲学大旨》,《宋元学案》,第 1746 页。

〔26〕《习学记言序目》,中华书局,1997 年,第 324 页。

〔27〕隋唐佛教宗派的数目,一般有"八宗""十宗""十三宗"等说法。日本凝然(1240—1321)《八宗纲要》提到三论、天台、华严、法相、律、真言、成实、俱舍,但在书末又加禅宗、净土宗,故成"十宗"。他还撰有《三国佛法传通缘起》,里面提到了十三宗:毗昙宗、成实宗、律宗、三论宗、涅槃宗、地论宗、净土宗、禅宗、摄论宗、天台宗、华严宗、法相宗、真言宗。凝然十宗说在我国学术界一度相当流行。汤用彤《论中国佛教无

"十宗"），予以反驳。《成实》《俱舍》两论系属小乘，现在通行的说法是讲八宗。

〔28〕 天台宗五祖灌顶(561—632)评论乃师智𫗧的止观学说前所未有，是他自己在"说己心中所行法门"。参见《摩诃止观》卷一上《缘起》。

〔29〕 一说达摩卒年是公元 530 年(胡适:《楞伽宗考》)，一说达摩卒于 536 年(陈垣:《释氏疑年录》)，今据吕澂:《中国佛学源流略讲》。

〔30〕 敦煌本《坛经》作"佛性常清净"。

〔31〕 《菩提达摩南宗定是非论》(独孤沛撰)记载了神会在北方的弘法辩论。神会说，达摩之后，一代只许一人，代代相承以传衣为信，而传法袈裟在韶州慧能处，因此他说："能禅师是得传授付嘱人。"

〔32〕 三教一致的思想，早在隋代就已出现。隋文帝说"佛法深妙，道教虚融"，允许三教同时存在。当时的大儒王通(580—617)认为，三教各有其弊，各有其用。他说："《诗》《书》盛而秦(周)世灭，非仲尼之罪也；虚玄长而晋室乱，非老庄之罪也；斋戒修而梁国亡，非释迦之罪也。《易》不云乎，苟非其人，道不虚行"(《中说·周公篇》)。因此，王通明确说"三教于是乎可一矣"(《中说·问易篇》)。

〔33〕 参见《续高僧传》卷第二十四《释慧乘传》，《历代高僧传》，上海书店，1989 年。

〔34〕 可参考陈寅恪:《武𫟹与佛教》一文，陈氏指出武后与隋室之关系，并皆崇信佛教。《金明馆丛稿二编》，上海古籍出版社，1980 年。

〔35〕 参见《令道士在僧前诏》，《全唐文》，中华书局，1982 年，第 73 页。

〔36〕 可参考陈寅恪:《李唐氏族之推测》等文的考证。《金明馆丛稿二编》。

〔37〕 在两晋南北朝时期，道教向上层化发展，传播于世胄高门，大批士族成为道教信徒，且家传道教。陈寅恪:《天师道与滨海地域之关系》一文考证过南北朝时期的天师道世家。李唐兴起的山西地区亦是天师道的地盘。

〔38〕 参见杜光庭:《道德真经广圣义》卷五，《道藏》第十四册，文物出版社、上海书店、天津古籍出版社联合影印，1988 年。

〔39〕 "重玄派"起先由日本道教学者砂山稔等人所称，其名不见于道书，亦非实际的道教宗派，只是一种思想上的传承，或可以"重玄学"目之。

〔40〕 参见葛洪:《抱朴子》内篇，畅玄卷第一，《诸子集成》第八册，中华书局，1954 年。

〔41〕 参见蒙文通辑:《老子成玄英疏》，四川省立图书馆印行，1946 年。

〔42〕 参见〔日〕砂山稔:《道教与老子》，《道教》第二卷，上海古籍出版社，1992 年，第 29 页。

〔43〕 同上书，第 31 页。

〔44〕 参见〔日〕秋月观暎:《道教史》，《道教》第一卷，第 49 页。

〔45〕　参见《玉真先生语录》,《净明忠孝全书》,《道藏》第二十四册。

〔46〕　参见〔日〕秋月观瑛:《道教史》,《道教》第一卷,第 55 页。

〔47〕　参见任继愈:《中国道教史序》,《中国道教史》,上海人民出版社,1990 年。

〔48〕　参见吕洞宾:《敲爻歌》,并参考《中国道教》第三册《内丹》,知识出版社,1994 年,第 333 页。

〔49〕　参见《中和集》卷一《玄门宗旨》,《道藏》第六册。

〔50〕　参见《清庵莹蟾子语录》卷六《黄中理惑》,《道藏》第二十三册。

〔51〕　关于李道纯的道教哲学可以参见王家祐:《论李道纯的内丹学说》一文,张广保:《金元全真道内丹心性学》一书中《后期江南全真道性命双修心性论》章。王氏侧重阐释李道纯的"真性本体论",张氏侧重阐释"内丹心性论",二者相得益彰。

〔52〕　参见陈国符:《道藏源流考增订版序》,《道教源流考》上册,中华书局,1963 年,第 2 页。

第七章 学术领域的拓展与教育的繁荣

　　唐宋时期在学术与教育领域的继承与创新是中华文明的盛事之一。在学术上，以丰厚的积累为根基，唐代的经学继承汉代严谨学风，在去伪存真方面日臻细密，并在整理典籍的规模上显现恢弘气象。宋代学风一变而为六经注我之义理之学，以经学为依傍发展出影响后世至深至远的新儒家哲学——理学。与经学的学风相对应，唐宋时期的治史之学也经历了风格的转变。唐代史学著述繁富，发展了史学注疏学，并经由《史通》和《通典》对既往史学和历代制度进行了系统的总结研究。宋代学者则秉持以史通今、古为今用的新观念，以《资治通鉴》为代表发展出评论与资治并重的新史学。与学术的继承与创新相呼应，唐宋在官私教育体制改革和发展教育规模方面取得了巨大的突破。在承续隋朝体制、推进教育事业、完善科举制的同时，唐代形成了多样化的官学教育和独立的教育行政部门。宋初兴起复兴儒学传统、追求"文治"的教育观念和体制。其后历经北宋中后期的三次兴学，在理念上提倡培养"经世致用"人才，在科举制度、官方教育的内容和方法以及学校建设等方面进行了教育制度创新运动，如三舍法、普设地方官学等。在南宋，书院教育与理学思想共同成熟起来。与此同步的私学的发展、蒙学教育的扩展和蒙学教材体例的完备，以及印刷术与造纸术的革新与发展等等，不但从整体上提高了广大民众的文化素质，并且极大地强化了普及教育的观念与"尊师重教"的风尚，其影响至今犹存。

　　经由学术与教育的同步发展、互补与互动，在学术上促进了创新，在教育上复兴了儒家价值观并扩大了儒家教育的社会影响力。

第一节　经学与史学:继承与创新

隋唐经学的复兴　宋初经学　义理经学的潮流　官私史学　金石学　地方志　类书的编纂　目录学

儒家经学发展至隋唐,成为儒学教育的一个组成部分。隋文帝统一中国以后,以儒学为国学,为教育核心。但经过魏晋南北朝经学的演变,诸子立说,呈纷纭多头;加之南北学风差异,形成一种亟待整合的格局。北人笃守汉学,南人善谈名理。当时主要儒家学者,大多由北方出身而兼赅南北之学,其结果演变为"经学统一之后,有南学,无北学"(皮锡瑞:《经学历史·经学统一时代》)。

唐代重视儒学,在教育制度上创建科举考试,统一对儒家经典的解释,成为朝野上下的共识。从唐太宗开始,在儒家经书尤其是"五经"的文字校勘和注疏方面,取得了显著的进展。其一,唐太宗令颜师古于秘书省考订"五经",勘正文字。其二,陆德明从陈朝开始,历几十年完成《经典释文》三十卷,除注释"五经"以外,还包括《孝经》《论语》《老子》等书。《经典释文》音义与传注并重,取得了显著成就。其三,唐太宗又诏令孔颖达与颜师古编撰《五经正义》,包括完成《毛诗正义》四十卷、《尚书正义》二十卷、《礼记正义》七十卷、《周易正义》十六卷、《春秋正义》三十六卷等共一百八十卷。《五经正义》对旧注进行甄别,博采众说,严格从经,疏不破注,总体上反映了汉儒以来的注疏及其他经说研究成果,确立了经学上汉注的地位。《五经正义》其后被确定为官私学教育的教材。此外,其他如贾公彦、杨士勋等经学研究学者的注疏也具有很高的价值。

宋代文教事业发达,士人阶层热衷学术文化与教育事业,在三教融合的思想环境下,吸收学术传统中的精华,为深化儒家经学思想的把握,独辟蹊径。与唐代主流经学沿袭汉儒章句传注方法不同,宋代经学整体上重视经学中义理的发挥。虽然在渊源上有中晚唐一些学者开风气之先,但宋代的经学却普遍以获取义理为宗旨,形成了新的经学时期。

宋初三先生胡瑗、孙复和石介开辟自己解经、创立义理之学的传统[1]。王安石与司马光在义理经学方面推波助澜,形成了北宋自主阐释义理的风格。特别是王安石于熙宁年间废除唐制之诗赋及明经,而以自己主持编撰的《三经新义》(王安石亲自训释《周礼》,并为其他两书撰写序言)作为统一教材试士,大开衍释义理之风。其取士议论之法成为元、明经义时文之滥觞(《经学历史·经学统一时代》)。与此同时,力主发挥道统的理学家虽与王安石在观点上对立,在方法上却并无二致。如此,宋人治经取法义理之风气蔚为潮流。

宋代学者治经,尤其重视《易》《周礼》和《春秋》。理学家尤其注重易理与其哲学的融会贯通。据《四库全书》经部收录,宋代学者注释易类 56 部 605 卷;春秋类 38 部 689 卷,礼类周礼 10 部 208 卷,占全部三类经注三分之一至半数[2]。与此同时,北宋太宗时组织学者在“五经”的基础上对《春秋》二传(《穀梁传》和《公羊传》),《礼》中的二礼(《周礼》和《仪礼》)、《孝经》《论语》《尔雅》等进行义疏,加上其后《孟子》入经,形成“十三经”。程朱学者重视《小戴礼记》一书中的《大学》《中庸》两篇及《论语》《孟子》,南宋朱熹更把《大学》和《中庸》抽取出来,与《论语》和《孟子》合为“四书”,并花费毕生心血加以注释为《四书集注》。《四书集注》在元代以后成为科举教材,影响至为深远。

自隋唐至宋元,史学方面取得了突出的成就。隋统一全国之后,随着皇权政治的强化,对思想文化的控制也严密起来。隋文帝开皇十三年(593)“五月癸亥,诏人间有撰集国史、臧否人物者,皆令禁绝”[3]。从此,国史只准皇家指派专人掌修,任何私人都不得擅自撰写。由于这道禁令,国史的修撰成了皇权的专利。禁绝民间撰集国史、臧否人物,不仅限制了隋代史学的发展,而且对后来的史学产生了重大影响:一方面推动了后来由国史馆专修国史制度的确立,并成为由政府组织官修前代纪传体正史的先声[4];另一方面,迫使私家修史转向开拓更广的史学领域,从而创立新的史著体裁。

唐初,令狐德棻向高祖建言:“窃见近代以来,多无正史,梁、陈及齐,犹有文籍。至周、隋遭大业离乱,多有遗阙。当今耳目犹接,尚有可凭,如更十数年后,恐事迹湮没。陛下既受禅于隋,复承周氏历数,国家二祖(指追尊之太祖李虎、世祖李昞。——引者)功业,并在周时。如文史不存,何以贻鉴今古?如臣愚见,并请修之。”高祖然其奏,然而,“历数年,竟不能就而罢”。贞观三年

(629)，太宗敕德棻与岑文本修周史，李百药修齐史，姚思廉修梁、陈史，魏徵修隋史，与房玄龄总监诸代史。德棻又奏引崔仁师佐修周史，仍总知类会(即统一体例)[5]。至贞观十年合为《五代纪传》，高宗显庆元年(656)才最后修成《五代史志》(即今《隋书》诸志)。唐初修撰完成"五代史"在中国史学发展史上的重要意义至少有四点：(1)它标志着纪传体前代史的修撰完成了由私修到官修的过渡。此后，除了《南史》《北史》略有反复，《新五代史》破例之外，纪传体前代正史的撰修完全掌握在帝国政府手中，并且进一步制度化，从而形成了接续不断的中国史书系列——二十四史。(2)促使了专门修史机构的建立。《唐会要》卷六三《史馆上·修前代史》明确记载："至贞观三年，于中书置秘书内省，以修五代史。"同年闰十二月，就在禁中建立了常设的修史机构——史馆，并逐渐建立起纂集起居注、时政记、日历、实录、国史等一整套修史程序。从此，设史馆纂集实录、国史等当代史成为传统。(3)《隋书·经籍志》列史部仅次于经部，确定了史部在古典经籍四部分类中的重要地位。(4)《隋书·经籍志》以纪传体为正史。从此，纪传体取代了"古史记之正法"的编年体而成为正史独尊，结束了魏晋以来四百余年"班、荀二体，角力争先"的局面[6]。

　　应当指出，唐朝确立的由宰相监修正史(包括前代史和本朝史即国史)的制度，是我国古代修史制度上的一个重大变化，从此以后，纪传体正史的编撰权就牢牢控制在了专制国家手中。这一制度从唐朝一直延续到清朝，对后世的史学发展产生了深刻的影响。然而这一制度在唐朝就暴露出不少弊端。其一，史馆在监修宰相的控制下，个人难以充分发挥才能和作用，以致影响修史效率。唐代著名史学家刘知几对此感受颇深。为此，他坚决退出史馆，"私撰《史通》，以见其志"[7]。其次，许多监修官难以名副其实。后来的监修官，"凡居斯职者，必恩幸贵臣，凡庸贱品，饱食安步，坐啸画诺，若斯而已矣"[8]。监修官任非其人，必然要影响史书的质量。

　　除"五代史"外，唐初还有一部官修前代史即《晋书》。加上李延寿私修的南、北二史，唐初共修正史八部，占了"二十四史"的1/3，可谓古典史学的辉煌时代。然而，由于作者史识有高下之分，搜集资料有偏全、真伪之别，观点有正误之异，史才有优劣之差，因而史书质量参差不齐，存在不少问题。在客观上，这就需要做总结性的评论工作，以"辨其指归，殚其体统"。中国古代史学按其功能曾先后发展起了鉴戒史学、经世史学和教化史学等不同流派或趋向,司马迁"究天人之际,通古今之变,成一家之言"是第一阶段,即鉴戒史学最具代表性的观点,而盛唐刘知几的《史通》,则可以说是对史学发展第一阶段的总结。《史通》出现于盛唐时代,适应了史学进一步向前发展的要求。它的任务就是要在前人所做史学评论的基础上,全面总结我国古代社会前期千余年的史学实践,品评历代史书得失,以便开创史学未来。

《史通》全书共二十卷,分内篇和外篇两部分,各十卷。内篇主要阐述史书的源流、体例和编撰方法,外篇主要论述史官建置、沿革和史书得失。刘知几对于中国古代史学的贡献主要是:(1)系统总结了讫至盛唐的史书体例,使纪传体史书的编纂更加规范、严谨和程式化。(2)系统考察了讫至盛唐的史官制度和史书编纂,开史学史研究之先河。(3)提出编写史书的"实录直书"原则。在《直书》《曲笔》这两篇中,刘知几认为,一部好的史书"以实录直书为贵";记载史事应该"善恶必书","不掩恶,不虚美",不能"饰非文过","曲笔诬书"。(4)提出史家学识修养的标准,后来成为历代所普遍接受的一种人才观,即所谓"史家三长论":史学,是历史知识;史识,是历史见解;史才,是研究能力和表达技巧。(5)提出了一整套修史的方法和要求,推进了史书修撰的完善。

天宝十四载(755)爆发的"安史之乱"宣告了唐朝盛世的结束,强烈的社会反差刺激知识精英进行反思,促使他们从政治得失的角度去探求历史变动的原因,并从历史经验的角度来寻求政治上的复兴。而要真正将这两种思考结合起来,从研究中得出对实践有启发甚至指导意义的结论,就必须要有"问题意识",从而树立一种讲求实际、"经邦""致用"的学风。唐代中期,倡导并致力于经世之学已经成为当时有识之士的一种倾向。《通典》的作者杜佑(735—812)正是这种倾向在史学领域里的先驱和代表人物。从《通典》以及《理道要诀》的序和上书表(见《玉海》卷五一)可以看出,杜佑史学思想的核心是要把史学和政治实践结合起来,意在发挥史学在经世致用方面的社会功能。所以,《通典》可以说是开了中国史学史上经世史学的先河。盛唐刘知几总结的史学六家、二体格局也被《通典》创立的史书典制体(或政书体)所突破。

《通典》在编纂上的特点被归纳为三个方面[9]:(1)主会通。《通典》主要取材于历代正史书志,将有关内容融会贯通,整为一编,成为独立的典章制度通史,从而在"以典故为纪纲""统前史之书志"和"会通古今"等方面取得了重大成就。(2)立分门。将《通典》分门与正史书志立目相比较,可以看出,《通典》作者更注重那些跟现实社会生活有直接关系的典章制度,如增加了选举、兵、边防等门类,却未列五行、祥瑞、舆服甚至天文、律历等内容。这正是贯彻其"征诸人事,将施有政"撰述宗旨的反映。(3)重论议。这一特点反映了《通典》在记事、记言二体结合上所取得的成功。《通典》中论议名目有序、论、说、议、评、按等,散见于各门各卷,成为提挈全书的纲领。其内容多着眼于从政治上总结历史上得失成败的经验,并结合现实阐发作者的见解和主张,往往反映出作者的撰述旨趣以及政治观点和历史观。梁启超曾说:"有《通鉴》而政事通,有《通典》而政制通",认为作史"所贵在会通古今"(《中国历史研究法补编》第二章《过去之中国史学界》)。《通典》创立了中国史书的典制体,后来形成"十通",为发扬中国古代史学"通史家风"做出了重要贡献。

学者认为,中唐以后出现了以史治心,即用历史进行伦理纲常教化的倾向。啖助学派主张"因史制经,以明王道",即"尊王室、正陵僭、举三纲、提五常";韩愈提出"治心"为"正心","正心"是为齐家、治国、平天下进行个人修养。这些主张在倡导"文以载道"的古文运动推动下,很快形成社会思潮,其影响远远超过以史经世的主张。史学由探讨治乱兴衰、引以为戒,渐渐转向注重伦理说教和个人的内心自省,其教化功用被空前地强化了起来。于是,编年体史书大兴,通史之风骤起,史书编纂强调褒贬,讲究义例,形成古代社会后期史学发展的基本格局。其他史籍(图经地志、历史笔记、诏令集、会要等)伴着"文之将史"的趋向,与文集一道,愈益受到重视[10]。

降至宋元时期,司马光《资治通鉴》、郑樵《通志》和马端临《文献通考》是具有代表性的史学著作。司马光主编的《资治通鉴》是我国第一部编年体通史,全书共294卷,叙述了自周威烈王二十三年至后周世宗显德六年(前403—959)共计1362年的史事。参加编写的有刘攽、刘恕、范祖禹等,各人分工明确,又均有史官之才,故《资治通鉴》一书体例严谨,取材审慎,内容翔实,考订精确,在史学史上产生了极大的影响。这种经过改进的编年史体被称为"通鉴体",成为后来编年史的通用体裁。之后又派生出了更多的史书体裁:南宋袁枢据此书编成了《通鉴纪事本末》,首创将史事别立条目,独立成篇,各篇按时间顺序编写的纪事本末体;朱熹亦编成了《通鉴纲目》,创立了纲以大字提要,目以小字叙事的纲目体。宋元之际则有胡三省的《通鉴音注》,为《资治通鉴》一书作注释。在《资治通鉴》一书的影响下,还有续作之著。如南宋李焘的《续资治通鉴长编》及李心传的《建炎以来系年要录》,均是仿《通鉴》体裁之史著。《续资治通鉴长编》980 卷,对众多官私史料进行考订辨伪,是《通鉴》之后第一部出色的当代编年通史,也是中国古代卷帙最庞大的私修编年史。

南宋高宗绍兴三十一年(1161),郑樵完成《通志》一书,共 200 卷,是一部纪传体通史。其中《二十略》占全书的 1/4,是全书精华之所在。郑樵也是主张会通,即"会"各种学术文化,"通"古今之变,强调核实,反对任情褒贬。元成宗大德十一年(1307)马端临撰成了《文献通考》一书,是继《通典》之后又一部典制体通史。该书 348 卷,分为二十四考,内容因《通典》而广之,天宝以前加以补充,天宝以后续写至南宋宁宗嘉定末,分类较细。《通考》与《通典》《通志》合称为"三通",后世续成为"十通"。这些典制体通史与专记某一朝代各项政治、经济及社会制度的会要体史书,如《唐会要》《五代会要》等又统称为政书。

古代地理学至唐有很大进步,李吉甫《元和郡县图志》具有承前启后的意义。宋代方志的著述达到了前所未有的水平,体例已臻完备,后代方志在体例上大致未脱宋方志的窠臼。宋朝有多种地理总志记载统治区域概貌,专记州、县、镇的地方志也大量出现。宋初乐史撰《太平寰宇记》,增设风俗、人物、土产等门。后来王存的《元丰九域志》,分路记载州、县户口,乡镇、土贡数额等,可供考核史实。南宋王象之《舆地纪胜》记山川名胜,所引文献资料多为他书所未见。其他州、县、镇志留存至今的尚有二十多种,少则数卷,多至百卷。北宋宋敏求《长安志》记述尚嫌简略,至南宋范成大《吴郡志》、陈耆卿《嘉定赤城志》、周应合《景定建康志》、潜说友《咸淳临安志》等,内容丰富,体例完备,显示出地理志编撰的重大进步。孟元老《东京梦华录》、周密《武林旧事》、吴自牧《梦梁录》分记北宋末开封和南宋临安的繁华境况,为研究宋代城市生活提供了丰富的资料。南宋常棠《澉水志》为浙江澉浦镇镇志,镇志的出现,反映了宋代社会经济发展的新情况。元代,则有官修的《大元一统志》。

金石学是中国考古学的前身,形成于北宋时期[11]。唐人张籍诗云:"不曾浪出谒公侯,唯向花间水畔游。每着新衣看药灶,多收古器在书楼"(《赠王秘书》）。朱庆余则曰："唯爱图书兼古器，在官犹自未离贫。更闻县去青山近，称与诗人作主人"（《寄刘少府》）。可见唐代文人即好收集古器物。然而五代以前，无专治金石以为学问者[12]。北宋曾巩的《金石录》（书今不传）最早使用"金石"一词。对宋代金石学具开山作用的是刘原父（敞，1019—1068），他首先将家藏的 11 件古器使工摹其文、图其像、刻之于石，名为《先秦古器图碑》（已佚）；又在《先秦古器记》自序中提出了攻究古器之法，即"礼家明其制度，小学正其文字，谱牒次其世谥"。传世古器之名大都为宋人所定，专家认为其首创之功当推刘原父、杨元明二人[13]。

元祐七年（1092）成书的吕大临《考古图》及《释文》，著录古代铜、玉器二百多件，绘图形、款识，载尺寸、重量等，记出土地及收藏处所，创著录古器物体例，是现存最早而较有系统的古器物图录。北宋末年王黼《宣和博古图》，著录古铜器达八百多件，亦绘图形等，考证精审，对铜器的分类和定名有很大贡献。北宋欧阳修《集古录》，是现存最早研究石刻文字的专书。赵明诚《金石录》，著录金石拓本两千种，并作辨正，有宋代初刻本存世。南宋洪适《隶释》和《隶续》，为传世最早的集录汉魏石刻文字专书，对有关史事进行了考释。此外，钱币方面有洪遵《泉志》等书传世，玺印有若干谱录留存，铜镜、画像石和砖瓦等物也有著录。郑樵作《通志》，以金石别立一门，并立于《二十略》之列，于是金石学一科开始在中国成为专门之学。

宋代金石学诸书为研究五代以前，尤其是研究商周秦汉史，提供了宝贵的参考资料。相形之下，元明两代金石学成就稍显逊色。值得一提的是元初入仕中国的色目人葛逻禄乃贤著《河朔访古记》，据自己实地考察记录参验文献记载撰成，突破了一般金石学家闭门考证铭刻的学风。元朱德润《古玉图》是现存年代最早的一部专录玉器的著作，潘昂霄《金石例》则开碑志义例研究之先。

将各种文献内容分门别类重新辑录汇编而成的书叫类书，其优点是便于查检，可以说是传统时代的百科全书。古代限于技术，影响书籍流传，类书因而又有保存资料的作用。中国古代文化发达，很早形成了编辑类书的传统[14]。隋代编辑的类书主要有《长洲玉镜》《北堂书钞》《玄门宝海》等[15]。据《新唐书·艺文志三》的著录，《长洲玉镜》为虞绰等编，238 卷。杜宝《大业杂记》记载隋炀帝曾与秘书监柳顾言议论《长洲玉镜》，炀帝指出该书蓝本为南朝梁所编《华林遍略》，“然无复可加，事当典要”。柳顾言对曰：“今文籍又富梁朝，是以取事多于《遍略》。然梁朝学士取事，意各不同，至如宝剑出自昆吾溪，照人如照水，切玉如切泥，序剑者尽录为剑事，序溪者亦取为溪事，撰玉者亦编为玉事，以此重出，是以卷多，至于《玉镜》则不然。”[16]这表明该书的编纂采事弘富，却无《华林遍略》重复之弊。虞世南《北堂书钞》现有影印本行世。诸葛颍《玄门宝海》120 卷，隋、唐志均有著录，姚振宗《隋书经籍志考证》卷三〇（《二十五史补编》）怀疑其为隋代《道藏》目录。

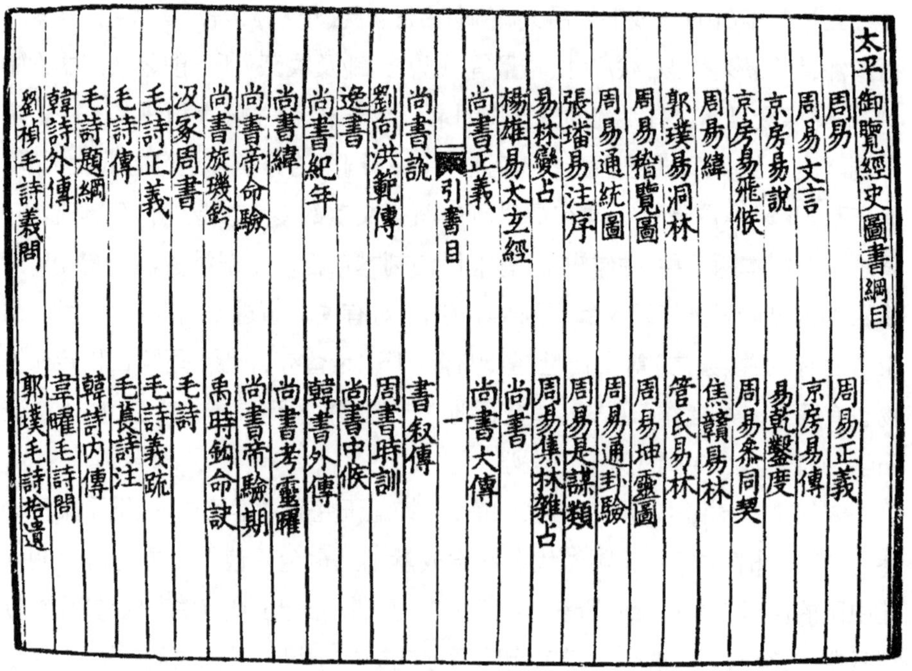
太平御覽經史圖書綱目
周易　周易正義
周易文言　京房易傳
京房易說　易乾鑿度
京房易飛候　周易參同契
周易緯　焦贛易林
郭璞易洞林　管氏易林
周易稽覽圖　周易坤靈圖
周易通統圖　周易通卦驗
張璠易注序　周易是謀類
易林變占　周易集林雜占
楊雄易太玄經　尚書
尚書正義　尚書大傳
引書目　一
尚書說　書敘傳
劉向洪範傳　周書時訓
逸書　尚書中候
尚書紀年　韓書外傳
尚書緯　尚書考靈曜
尚書帝命驗　尚書帝驗期
尚書旋璣鈐　禹時鉤命訣
汲冢周書　毛詩
毛詩正義　毛詩義疏
毛詩傳　毛萇詩注
毛詩題綱　韓詩內傳
韓詩外傳　韋曜毛詩問
劉楨毛詩義問　郭璞毛詩拾遺

图 7-1　上海涵芬楼影印宋本《太平御览》书影

降至唐宋时代，类书编纂又有长足发展。唐自开国至盛唐，除中、睿乱世（705—712）外，历朝都有官修类书，如高祖时有《艺文类聚》100 卷（题欧阳询等撰），太宗时有《文思博要》1200 卷并《目》12 卷（题高士廉等撰），高宗时有《瑶山玉彩》500 卷、《累璧》400 卷并《目录》4 卷（均题许敬宗等撰）[17]，武后时有《玄览》100 卷（旧志题天后撰）、《三教珠英》1300 卷并《目》13 卷（题张昌宗等撰)，玄宗时有《事类》130 卷[18]、《初学记》30 卷(题徐坚等撰)。迄今尚存者有《艺文类聚》《初学记》两书。唐代还有不少文士私家编辑类书，以为诗文撰作备查。现在唯有白居易《白氏六帖事类集》传世，与《艺文类聚》《初学记》并称为唐代三大类书。此外，敦煌石室曾发现《兔园策》(即《兔园策府》或《兔园册府》)及于立政《类林》，均为唐代类书残卷。唐玄宗开元(713—741)中毋煚编《古今书录》，首次将类书在子部里单辟为一类，类书于是脱离杂家类而独自成了一家[19]。

宋朝结束五代十国分裂局面，厉行文治。宋初太宗时代，政府以国家的力量，连续编成了几部大书，即属于百科性质的类书《太平御览》1000 卷(图7-1)，小说类编的《太平广记》500 卷，文体类集的《文苑英华》1000 卷，以及随后真宗时代编成的政治史专门类书《册府元龟》1000 卷(图7-2)。前三部的编者题为李昉，后一部的编者题为王钦若，后来合称之为"宋代四大类书"[20]，迄今均完整存世。《宋太宗实录》说《太平御览》是以前代《修文殿御览》《艺文类聚》《文思博要》及诸书编纂而成，故其所引用书籍，宋初未必尚存。但《修文殿御

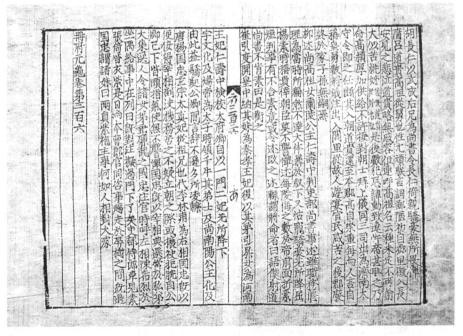

图 7-2　宋版《册府元龟》书影

览》《文思博要》已失传，《艺文类聚》只有百卷，因而《太平御览》就成为现存古代最大的类书。《册府元龟》征引宏富，部、门之下以编年胪列资料，颇便利用。唐五代史事部分是其精华所在，不少史料为所仅见，有很高的辑佚和校勘价值。北宋时个人所辑类书以太宗时吴淑《事类赋》30 卷、真宗时晏殊《类要》100 卷最著名。然《类要》自明以来传本甚罕，而《事类赋》则在清代的辑佚校勘工作中被频繁使用。

南宋著名的类书有王应麟编的《玉海》200 卷，以及祝穆的《事文类聚》、章如愚的《山堂考索》、谢维新的《古今合璧事类备要》、高承的《事物纪原》等。金、元两朝类书的编纂较少，而且大都亡佚。金章宗泰和四年（1204）曾命完颜纲等编辑《编类陈言文字》20 卷，分类辑录有关宫廷、大臣以及省台六部故事。元文宗时则曾编纂过《经世大典》880 卷，其实是仿照唐宋会要体例编成的。但前者已经不传，后者亦大部分散佚[21]。

目录学的基本功能是对文献进行分类、编目，从而"辨章学术，考镜源流"。中国古书目录，最早为西汉刘向《别录》及其子刘歆《七略》，分图书为六类：六艺略、诸子略、诗赋略、兵书略、术数略、方技略。向、歆书不传，其内容可由东汉班固所撰《汉书·艺文志》得窥一斑。至西晋荀勖《中经新簿》始改目录为甲、乙、丙、丁四部，内容分别为经、子、史、集四类。东晋李充作《四部书目》更换子、史次序，乙部为史，丙部为子。到唐初修《隋书·经籍志》才确定用经、史、子、集这种名称和顺序，《隋志》四卷正应经、史、子、集四部，其分类及次序遂为后代沿用。中国图书著录，自《汉书·艺文志》之后，到《隋书·经籍志》为又一大结集。据《隋志》总序的说法，当时著录图书有 14466 部，89666 卷之多。《隋志》类例整齐，条理具备，尤其是每部类之后各系以小序，究学术得失，考流别变迁，不啻为一汉魏六朝学案。隋唐以前典籍十九散亡，后来学者考源流、辨真伪端赖《隋志》，其功也大矣[22]。

唐玄宗开元九年（721），元行冲、毋煚等受诏修成《群书四部录》200 卷，凡著录 53915 卷；而唐代学者自撰之书又有 28469 卷，共 82384 卷，故世传"藏书之盛，莫盛于开元"[23]。《群书四部录》"所用书序，咸取魏文贞；所分书类，皆据隋《经籍志》"，编者之一毋煚惩此"常有遗恨，窃思追雪。乃与类同契，积思潜心，审正旧疑，详开新制。永徽新集，神龙近书，则释而附也。未详名氏，不知部伍,则论而补也。空张之目,则检获便增。未允之序,则详宜别作。纰缪咸正,混杂必刊"[24],又成《古今书录》40卷,著录图书3060部,51852卷。这是唐代官修目录中的两部巨著。至于私家目录,则有吴兢的《吴氏西斋书目》1卷,录其家藏凡13468卷[25]。唐官私目录今均不传,可借两唐志尤其宋欧阳修《新唐书·艺文志》窥其一斑。

专科目录在隋唐时期也有很大发展,如佛教经录,隋有费长房《历代三宝记》(一名《开皇三宝录》)15卷,著录佛典1076部3292卷;唐有道宣《大唐内典录》10卷。尤其是智升《开元释教录》20卷,其分部编号为以后《大藏经》编目所遵循。

宋朝右文,太宗太平兴国三年(978)建崇文院,称三馆(昭文、集贤、史馆)新修书院,有书正副本凡八万卷。后又于崇文院中堂建秘阁,合称四馆。仁宗景祐元年(1034)诏翰林学士王尧臣等以四馆所藏校正条目,讨论撰次,仿唐开元《群书四部录》详加著录。庆历元年(1041)书成奏上,赐名《崇文总目》,凡64卷,分45类,收书30669卷。原书于每条之下撰有叙释(提要),后来的晁公武、陈振孙等目录均曾取法于此。中国目录学至此发展成了完备的分类、编目、校雠和提要功能。然宋室南渡后《崇文总目》叙释因故全亡,唯遗书目1卷[26]。现存为清人钱侗、秦鉴等搜求而成的《崇文总目辑释》5卷、《补遗》1卷、《附录》1卷。南宋官修目录最著者为宁宗时陈骙等所撰之《中兴馆阁书目》30卷(《宋史·艺文志》作70卷、叙例1卷),著录44486卷;后又有张攀等撰《馆阁续书目》30卷,凡得14943卷,合正续两目,可知宋末馆阁共有书59429卷[27]。

中国史学发达,史志是目录传承的主要形式之一。然宋室南渡后删改官修书目,以致元修《宋史·艺文志》纰漏颠倒、瑕隙百出而无从谠正[28]。幸赖郑樵于南宋初即撰成《通志》,书中《艺文略》8卷尤为其一生精力所注。该书原称《群书会记》单行,后并入《通志·二十略》。郑樵编《通志》,本意是要囊括古今、备录无遗,故《艺文略》的编写参考吸收了前述汉、隋、两唐志以及《崇文总目》等,共收录图书10912种,101972卷,区分部类也突破了七略、四部的成规。宋元之际马端临作《文献通考》,其中《经籍考》76卷最为繁富,唯其取材则全据晁公武、陈振孙两目。

宋代私家目录以南宋晁公武《郡斋读书志》和陈振孙《直斋书录解题》最

具代表性。如前所述,两目于每条书名下均有解题,晁志更在每部之前撰有总论,多数类目前有小序。《郡斋读书志》20 卷,成于绍兴二十一年(1151),是我国现存最早的有解题的私家藏书目录。据近人研究,该书共著录书 1496 部,除去重见者,为 1492 部,基本上包括了南宋以前我国古代各类重要著作,尤以唐、宋(迄南宋初)文献较为完备。其所著录有些当时已属罕见,因而可补史志之阙;还有不少今天已经残缺或亡佚,有些则仅见于该书著录,想要了解,舍其莫属。更可贵的是,《郡斋读书志》著录各书,都是晁公武的实际收藏,因此所介绍的书名、卷数、篇目、篇数、编次以及转录的有关序跋,都可凭据,这是那些丛钞旧目而成的目录所不能比拟的[29]。陈振孙《直斋书录解题》成于南宋末,体例大体规仿晁志,原本 56 卷已佚,今所传乃清代四库馆臣从《永乐大典》中辑出,厘为 22 卷[30]。此外宋代私目存世者尚有尤袤《遂初堂书目》,其目但记书名不具解题,然一书兼载数本,则又开后世版本学之先河。

第二节　教育的发展

　　唐宋教育概观　官学的发展　国子监　范仲淹与王安石　蒙学的发展教育的发展与文明的演变

　　隋朝重视儒学,开创科举制,对唐代教育制度产生了很大的影响。由于唐代继承并发展了科举制,并把读书、选拔人才(做官)相结合,因而极大地促进了教育的发展[31]。

　　唐代从立国起就非常重视教育。唐高祖李渊于武德七年(624)发布《兴学敕》,提出自古为政,莫不以学为先,大力提倡办学。其后各朝也基本上都比较重视教育。唐代在唐太宗贞观之治和唐玄宗开元之治期间,掀起了两次兴办官学的高潮。唐太宗时,中央"六学二馆"(国子学、太学、四门学、书学、算学、律学;弘文馆、崇文馆)的学生总数最高曾达八千人。唐代学校教育的种类繁多,是古代最完备的学制体系之一。除中央官学之外,地方官学也获得了很大的发展,制度远较前代周备。由于文教政策比较宽容,文化繁盛,加上科举考试的刺激,私人讲学也获得了一定的生存空间。安史之乱以后,官学教育开始衰微,私人讲学之风逐渐浓厚起来。

宋代统治者接受唐五代战乱的教训,深知文教的社会功能,积极发展教育。宋太宗说:"王者虽以武功克定,终须用文德致治。"(《续资治通鉴》卷一一)在政治上突出文治的同时,进一步强化和完善科举制,学校教育与科举制的联系日益紧密。特别是完善人才选拔的科举制度,对教育发展起到积极的鼓励和刺激作用。尽管宋初教育比较萧条,但从范仲淹发动庆历改革时就开始大力振兴发展官办教育。在王安石改革期间,再次兴学。王安石并以创立三舍法闻名。徽宗时,蔡京再次推动三舍法。在发展官学的同时,一些有志之士,特别是儒家士大夫深感教育的重要性,投身到社会教育当中,把学问与教育密切结合起来。因此,公学与私学教育一时都兴盛起来。在私学方面,理学家也积极办学,开展以伦理教育为内容的人文高等教育和书院教育。书院教育成为一种新颖的教育形式,对当时和后世产生了深远的影响。

唐宋时期的官学教育大大超越了前代。唐代立国,在李渊高祖朝,复兴了国子学、太学和四门学,并诏令州县兴学。李世民贞观期间,官学教育掀起了高潮,同时兴办了书学、律学和算学(其后还包括医学等)等专门之学。唐代的官学可以分为中央官学和地方官学两个部分。中央官学包括以贵胄子弟为对象的崇文馆、弘文馆和国子学,以及以一般官宦子弟和普通庶民为对象的太学、四门学和广文馆,其中四门学也招收 800 名"庶人之俊异者"。地方则分为县学、州学和府学(由低及高)系统。"地方学校的学生除参加科举考试外,还可以通过地方官员选拔而进入国子监中的四门学学习,使得地方学校不仅成为科举考试对象的重要来源,也成为与国子监教育相关联的一种教育。"[32] 除贵胄子弟学校崇文馆隶属东宫,弘文馆隶属门下省外,中央官学由最高教育机构国子监管理。唐代最高教育长官名为祭酒,副长官名司业。教育行政长官的选拔很严格,显示对教育的重视。中央官学的教师,有博士、助教和直讲三种,都是朝廷命官。对教师有考课制度,由考课结果确定升迁奖惩。教师都是专门讲授:"诸博士、助教,皆分经教授学者,每授一经,必令终讲。所讲未终,不得改业。"[33] 普通官学教育内容以"五经"(图 7-3)、《论语》《孝经》、文字语言学等为主。教育经费由政府全额支付(免学费)。

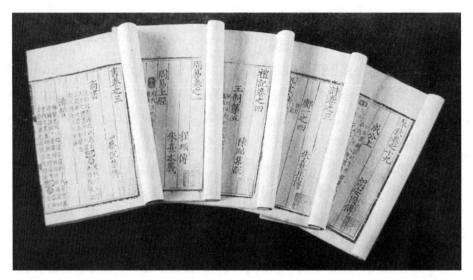

图7-3 "五经"书影

宋代的官学系统较唐代更为完备。在教学内容上更注重儒家伦理的教育,在教学方法上也做了许多新的探索。例如,范仲淹任参知政事后,实施兴学政策,并向仁宗推荐胡瑗教学法"苏湖教法"作为太学教学标准。"苏湖教法"的核心内容是分斋教学,分斋即分科,其精神在于因材施教,并注意学生学习过程中主科与副科兼修,培养"专""博"结合的人才。同时,对于儒家经典的学习,胡瑗要求"明体达用",将儒家思想贯彻于社会实践。范仲淹在奏议中说:"臣窃见前密州观察推官胡瑗,志穷坟典,力行礼义,见在湖州郡学教授,聚徒百余人,不惟讲论经旨,著撰词业,而常教以孝弟,习以礼法,人人向善,闾里叹伏。此实助陛下之声教,为一代美事"(《全宋文》三百七十五卷《奏为荐胡瑗李觏充学官》)。建议太学对胡瑗教育方法予以采用,并被仁宗采纳。这种教学内容和方法,对改变太学空疏的学风起到了积极的作用。宋代在教育改革方面取得了卓著的成就,包括王安石创立的"三舍法"也是其中典型的代表。王安石在神宗熙宁和元丰年间两次为相,发动改革,对教育也实行改革。他重视实学内容和实际能力的培养,并在太学中推行"三舍法"。与王安石"三舍法"相关内容详后,此不赘述。

国子监是教育制度发展的标志之一。隋朝设立国子寺(607年改为国子监,该名称一直沿用到清朝),统管中央官学系统,包括国子学、太学、四门学、书学和算学。唐代继承了隋朝的官学系统,设立国子监,掌管中央官学的"六学一馆"(国子学、太学、四门学、书学、算学、律学、广文馆)。唐太宗时,除国人外,包括四邻如高丽、百济、新罗、高昌等国,相继派遣子弟入国子学。宋朝国子监是国家最高教育行政管理机构,其职能主要有:管理各类学校、管理图书典籍、主管各类考试等等。同时,国子监统领广文馆、四门学、国子学、小学、太学、武学和律学。国子学招收京朝官七品以上子孙。太学招收八品以下子弟和庶人之俊异者,它是中央官学的核心。最高太学生总数(崇宁元年,1102)达到 3800 人,其时还创设了分校——辟雍。王安石创立的太学三舍法,对提高太学教育水平做出了积极的贡献。三舍法又称三舍选察升补法或三舍考选法。它在太学内部通过积分制把学生按成绩由低到高分别编入外舍、内舍和上舍,学习成绩优秀的上舍生可不经科考直接授官。这种通过考核积分使学生逐次升舍或"留级"的制度,有利于好的人才脱颖而出,同时,太学的学风也大为改善。元代的国子学分为三个,即普通国子学、蒙古国子学和回回国子学。普通国子学招生不分种族,资格限于官宦子弟。蒙古国子学以蒙古子弟为主,兼少数汉人百官子弟等,回回国子学则培养译员。元代国子学仿"苏湖教法",分六斋教学,在管理上采取"升斋积分法"和"贡生制"。教学内容以儒家经学为主。明代国子监是设于京师的最高学府,因先后迁都之故,原先于南京建立的国子监保留下来,因此形成南京国子监(称为南雍)和京师国子监(称为北雍)并存的局面。国子监生员分官生和民生。官生包括品官子弟、土司子弟、海外学生。官生由皇帝指派分发,出自特恩;民生则由地方保送。采用"积分法"考核学习成绩。

唐宋时期涌现了许多杰出的推动教育改革与教育实践的教育家,如王通、韩愈、柳宗元、李翱、胡瑗、范仲淹、王安石以及以朱熹为代表的理学家。理学家在发展私学方面居功甚伟。而范仲淹与王安石是宋代重要的政治家和教育改革家,对推动宋代教育发展做出了积极贡献。

范仲淹做地方官时就重视教育,知苏州时大力推进苏州州学的建设。仁宗庆历三年(1043),范仲淹任参知政事,对朝政实行改革,即"庆历新政"。翌年,宋仁宗采纳范仲淹的建议,颁布了兴学诏令。范仲淹的教育思想具体体现于"庆历新政"时他所推行的各项教育改革实践中。他从当地方官起就重视学校教育,主张振兴学校,广育人才。范仲淹认为,政府应当重视教育,重视培养人才,而不能存有不劳而获之心。特别是当太平之世,更应当抓住时机开展教育活动。在范仲淹的推动下,宋仁宗于庆历四年下诏"诸路、州、军、监各令立学,学者二百人以上,许更置县学"(《宋史·职官志七》)。自此,州学、府学、军学普遍设立。另外,范仲淹在兴学过程中规定,参加科举考试者应接受过一定时间的学校教育。认为"士须在学习业三百日",曾应试者也须在学一百日以上。范仲淹注重考查学生运用知识的能力,强调学思并重。在改革中,强调科考侧重以策论取士,罢贴经等较为死板的考试形式。在教育内容上,范仲淹提倡和鼓励学与行、智与德并重,重视经世济民人才的培养。针对当时教育"不可以为国家之用",范仲淹积极推广胡瑗所创"苏湖教法",将"苏湖教法"贯彻于教学践履当中,而且,"常教以孝弟,习以礼法,人人向善,闾里叹伏"(《范文正公文集·政府奏议卷》)。在范仲淹的努力下,"苏湖教法"为太学所采纳。

范仲淹的教育思想和实践对后来王安石"熙宁兴学"也产生了很大的影响,许多教育政策被后者所沿用。"熙宁变法"是一次社会改革运动。王安石在"熙宁兴学"中的改革实践是为北宋政权在政治、经济和军事等各方面兴利除弊服务的。王安石认为,要想"遇事而事治,画策而利害得,治国而国安利",必须培养出"为天下国家之用"的人才。因此,他的教育思想以培养"经世"之才为目标。在变法中,王安石重视实用的教育思想体现于"熙宁兴学"的各项措施中。在教学内容上,王安石不满意章句之学,希望学以致用,认为"苟不可以为天下国家之用,则不教也。苟可以为天下国家之用者,则无不在于学"。对于儒家经学,王安石视其为"经事物"之学而非空谈"性理"之学;对于礼乐刑政之事,王安石认为这是为官的基本条件;对于武事,王安石在《上仁宗皇帝言事书》中认为,"士之才,有可以为公卿大夫,有可以为士。其才之大小、宜不宜则有矣,至于武事,则随其才之大小,未有不学者也"[34]。另外,除政治人才培养外,王安石于熙宁六年(1073)创立律学,复办中央的医学,并提倡州县医学。可见,王安石在重视治国人才的同时,也注意到要培养社会所需的各方面专业人才。在教材的使用上,熙宁八年,在王安石主持下修撰的《三经新义》"颁于学官",成为官定统一教材、科举考试的内容和标准答案。这一方面改变了"谈经人人殊"的局面,统一了思想;另一方面,王安石借助兴学,并通过教材的编定,使自己的改革思想传播于天下。另外,《三经新义》对结束"章句传经"之学起了重要作用。在考核机制上,王安石也进行了改革。首先,在太学学生学习状况的考核上,王安石创立了三舍法,将学生平时成绩和考试成绩结合起来,全面考察学习效果;他还改善太学生的生活条件,使他们安心学习。其次,熙宁四年,王安石主持科考制度改革,下令废除明经诸科;进士科考取消诗赋,废止贴经、墨义等死板的考试方式。除了以上这几个方面外,王安石在《上仁宗皇帝言事书》中,提及人才的"取之之道",认为选拔人才"必于乡党,必于庠序,使众人推其所谓贤能,书之以告于上而察之"[35]。也就是说,人才可否必须得到社会的认可。同时更需要"问以行"以"审知其德","问以言"以"审知其才","得其言行,则试之以事"。可见,王安石通过教育改革为人才的产生创造条件,而成才的标准是能否经世致用。可以说,王安石的教育思想最终是由"用于世"这一经世目的决定的。总之,王安石的教育改革与政治改革一样,充满着与不同对手思想观念的冲突与政治斗争,在教育上的改革也未能最终确立起选拔务实经世人才的机制。

　　私学的发展是唐宋时期教育的重大成果。隋唐时期,私学获得了极大的发展。隋朝时期,著名学者王通为儒学世家,他继承父志,从 20 岁开始就从事私人讲学。其他如刘焯,也以优游讲学扬名。唐朝则明文鼓励私人办学。许多名流学者如韩愈和柳宗元等,也都勤于传道授业。此外,启蒙性质的私学也得到发展。

　　宋代的私学较隋唐又有发展。宋初统治者出于巩固政权、稳定局势之需,发展经济是头等大事,无暇顾及教育。与此同时,政府对官吏的需求日渐增大,士人求学只有进入私学,故私学应运而兴。三次兴学期间,中央官学的扩充和地方官学的普设,抑制了高、中级私学的发展,除一部分为成人设置的研究学问或为应考做准备的私学外,层次较低的蒙学因满足了普遍向学的社会心理和适应了蒙童、少年就近入学,不宜过早离开家庭的特点,而未受到明显影响。更由于科举的强化和读书人的增多,许多落第举子纷纷选择以教书谋生,解决了师资不足的问题,因此,若总论此期的私学与书院,确实表现得相对消沉;若仅论此期的蒙学,却在宋初的基础上有了较大的发展。"南渡"以后,官学一蹶不振,科举也日趋腐败。南宋的蒙学不仅依旧兴盛,而且精舍、精庐等类似于书院的高级私学又再次复兴。如朱熹所创办的"沧州精舍"、陆九渊所办的"应天山精舍",影响均很大;另有硕彦名儒如张栻、吕祖谦、陈亮、叶适等,也均办有这一类的以高深学问为指归的私学。此外,南宋的蒙学已开始分化出村学、义学、族塾和冬学等各种形式。总之,南宋是私家教学的又一高潮。元代官学不振,民间对私学需求较大,私学也因此呈现兴旺局面。以汉语汉文教授儒家经籍的私学仍为主流,而少数民族和西域诸族中也有了私学的兴办。"明代私学教育始终未曾停辍,一直根据官学盈亏情况作'曲线运动':兵荒马乱时,它显得相对稳定;在社学遍置时,它成为官学教育的补充;科举盛嚣时,它也成为考试的预备机关。"[36]

　　在私学的发展中,蒙学的发展特点最为分明。"可以说,中国古代的蒙养教育,几乎完全是在程度较为低级的私学中完成的,无论是王公贵戚的保傅宫廷教育还是民间的家族、学塾教育,其性质均属私家教育的形式。"[37]唐代蒙学较前代有所发展,主要以诗文见长。同时,在教材方面,除讲授《论语》《孝经》等儒家经典外,还编辑出了适合儿童特点的教材,如李瀚的《蒙求》《太公家教》(作者未详)和杜嗣先的《兔园册府》等。宋代官学大体只有中、高两级。进入地方官学之前,首先需接受相应的初等、蒙学教育,打下识字、写字的扎实基础。宋代虽有专门小学之设,但设立时间不长,且很不普遍,故蒙学性质的私学因填补了这一空白而相对繁盛。应该说,蒙学在两汉时期就已初步发达,然而相较于经馆和精舍,其地位不显;由于宋代的高级私学多为书院所取代,故蒙学表现为盛极一时。

　　蒙养性质的私学的入学年龄为7—15岁。教学内容为初步的道德行为训练及基础知识的教学。教学目的多为日后应付科考奠定基础。宋代蒙学有诸多特点,包括编写了许多新的识字和伦理教材,理学家积极参与蒙学教学内容引导等。

　　从教材的类别上看,种类齐全,包括综合性的蒙学教材——可以相传为王应麟所编的《三字经》为代表。《三字经》在编写技巧上,文字简练,概括性较强;三字一句,句句成韵;通俗易懂,便于记诵。其内容包括历史知识、名物常识、读书次序、人生哲理、勤勉好学等,熔识字、知识、道德教育于一炉。类似的教材还有《百家姓》《千字文》,二者与《三字经》合称"三百千"(图7-4)。伦理道德类的蒙学教材——可以朱熹弟子陈淳《启蒙初诵》和程端礼的《性理字训》为代表。《启蒙初诵》以伦理内容为主，如开篇"天地性，人为贵，无不善，万物备。仁义实，礼智端，圣与我，心同然"，以及如"进以礼，退以义，不声色，不货利"（《北溪大全集》卷一六）等[38]。《性理字训》全文仅30条，言简意赅、浅近易懂地揭示了性理精蕴。

图7-4　《三字经》《千字文》和《百家姓》书影

后来，此模式繁衍出《小儿语》《续小儿语》《名贤集》和《增广昔时贤文》等。另外，宋代以后，还出现了为女子编写的启蒙读物，主要有《闺训千字文》和康熙年间王相编辑、笺注的《女四书》（包括《女诫》《女论语》《内训》和《女范捷录》），此类其他读物还有《蒙学女儿经》等。此类书以道德教育为主，以此使女孩沿着符合儒家伦理规范要求的方向成长。历史类的教材——如王令的《十七史蒙求》、胡寅的《叙古千文》、朱熹的《小学》、吕本中的《童蒙训》、吕祖谦的《少仪外传》等，均以历史故事为中心内容，编写技巧上多"参为对偶，联以音韵"，使学生获得有关的历史知识。诗歌类的教材有朱熹的《训蒙诗》、陈淳的《小学诗札》等。流传极久远的此类读物有《千家诗》《神童诗》等。此外，还有名物常识类的教材——如方逢辰的《名物蒙求》等，以介绍天地万物自然知识为主，也兼及纲常名教[39]。

宋代蒙学教材特点很分明，一是注意突出儿童特点，即使是识字教材，也注意其趣味性；二是句式短，句子结构简单；三是注重对偶押韵，便于记诵；四是将知识性、教育性和趣味性融于一体；五是修养类教材比较多，既识字也能够增强修养。

在教学上，宋代蒙学十分注重培养儿童的学习态度，如谦虚、认真、勤奋、专一等;也重视养成学生良好的学习习惯。朱熹在《蒙童须知》中要求:"凡为人子弟,当洒扫居处之地,拂拭几案,当令洁净,文字笔砚,百凡器用,皆当严肃整齐,顿放有常处,取用既毕,复置原所";"将书册整齐顿放,正身体对书册,详缓看字,仔细分明读之,须要读得字字响亮";"凡写字,未问写得工拙如何,且要一笔一画,严正分明,不可潦草。"另外,还强调熟读记诵。宋儒普遍认为:"书读千遍,其义自见。"他们认定,童年时期是记忆力最强的时期,因而应当利用这个有利条件来强识博记。程颐曾说过,小儿的记性好,应当及早学习。朱熹强调:"读多自然晓。"并要求诵读记诵时,不可误一字,不可少一字,不可多一字,不可倒一字(《蒙童须知》)。由于受理学思想很深的影响,一些教学内容上品德修养类较多,学者就努力将道德观念、品质和习惯的培养与知识传授紧密地结合于一体。如朱熹的《小学》中虽立有不少道德教条,但由于通过道德故事及故事性较强的叙述,避免了枯燥的说教,遂使儿童通过知识学习而受到道德熏陶。此外,诗歌、舞蹈等方式,在教学中亦常常采用。但是仍旧盛行"夏楚二物,收其威也"(《礼记·学记》)的传统教法[40]。

明代社学的发展对推动蒙学发展起到了积极的作用。明代在元代社学的基础上继续发展。明太祖洪武八年(1375)诏令天下兴办社学,全国纷然兴起办社学的热潮。社学招收8—15岁学生,带有强制的性质,要求父母送孩子上学。据《姑苏志》记载:"洪武八年,诏州县每五十家设社学一。本府城市乡村共建七百三十七所。"可见规模之盛。儿童进入社学,先学习《三字经》《百家姓》《千字文》,然后学习经、史、历、算等知识。但是,该运动因为缺乏自觉的教育力量和官员的腐败而在许多地方流于形式。

官学私学等各种教育活动的发达,以及蒙学的发展,推动了大众教育的发展与全社会文化水平的提高。唐宋时期绚烂多彩的文化,在很大程度上归功于教育的繁荣和创造力的发挥。无论是唐代三教并重、文学艺术和技艺等内容丰富的教育,还是宋代以儒家经学、儒家伦理为代表的教育,都较大地影响了文明的演进。隋唐执行三教并重的宗教政策,促进了文化的丰富性和多元发展,并为宋初文学艺术的繁荣奠定了基础。通过宋代教育特别是教育改革,一方面强化了儒家文化在教育中的主导地位,另一方面也因为儒学伦理和理学的张扬,改变了教育内容,对后世产生了深远的影响。

隋唐时期的对外教育交流,在中外文化交流史上具有重要意义。日本多次派遣遣唐使前往中华,接受教育内容和方法的熏陶,将中华教育经验传播到日本,对日本教育和文明发展起到积极的作用[41]。

第三节　书院教育与儒学的社会化

书院教育　理学家与书院教育　道德规范的建设与传播:理学家的教育实践活动　儒学的社会化

书院教育是宋元明时期最具特色的教育组织形态。书院也是中国文化的一面镜子,不仅体现了中国教育的特色,而且反映出中国古代思想与政治、经济、社会文化之间的互动关系和高度统一的鲜明特征。

从教育史上看,宋代开始出现完整的书院建制并通过私人讲学来传播文化的风气。"书院"这个名字最早出现于唐代。公元 723 年,唐玄宗设立了丽正书院,两年后改名为集贤殿书院,是宫廷藏书和编书的场所。另外,《全唐诗》中也多次提到"书院",一些地方志中也有关于"书院"的记载。这时候的"书院"主要是藏书和个人读书的场所名称,个别书院也是个人读书会友、甚至讲学的场所[42]。不过,作为具有一定规模的教育组织和管理形式,同时又是私人讲学的独特的"学校"体制,则是在宋代开始出现的。当然,从渊源上说,宋代一些书院是在藏书楼意义上的书院和"精舍"的基础上创办的。所谓"精舍",分为两种,一种是汉代以来读书聚会或者藏书的场所,一种是道教和佛教的修炼场所。宋代书院的创办既吸收了前者注重读书交流的特点,同时也吸收了宗教修炼选择优雅环境的长处。有的书院的建筑源自原有的佛寺或者道观,如著名的岳麓书院(图 7-5)。另外,宋代一些类似书院建制的私人教育机构仍然保留了"精舍"的名称。

具有私人讲学性质的书院萌芽于唐末,而那时正是教育衰落时期。经过五代十国大战乱的破坏,教育更面临严重危机。北宋书院的创办是应教育需要才产生的[43]。由于北宋重视科举与官学,同时,书院本身教学内容和办学

图 7-5　湖南长沙岳麓书院

目的不出官学应举的范围，所以，到了南宋，形成教育与学术研究相结合的书院。

宋代书院在基本性质上主要体现为私人讲学和吸收民间力量办学的特点。随着宋代书院教育的发展，私人讲学推向了一个新的高潮，但宋代的书院作为完善的教育组织机构而与古代的私人讲学有所区别。当然，尽管私人讲学占有核心地位，但从管理和兴办来源两方面来看，宋代书院并不完全是私人教育体制，而是官私结合的新的教育体制。除较少书院是个人出资兴办并请私人讲授和官资官办或者将私学纳入官办教育外，大多数书院都或者是私办官助或者是官办民助性质的。而从教育思想上看，既有私人学术教育思想成分，也体现了正统儒家的经学教育思想，还有由民间思想家（譬如一些理学家宣传自己的思想）最后被接受为官方意识形态的教育思想的成分。正是这种复杂性质,使书院成为中国教育史上一种重要的教育体制。

书院是一种完整的教育体制。从建筑上说,每个书院大体上由讲堂和斋舍两个部分构成,在讲堂传授学问,在斋舍居住自习。从教学组织上说,有严格的管理形式和考核要求。从规模上说,则生员(学生)自几十人至几百人不等。从组织上说,有掌教的"洞主""山长"和生徒构成。另外,书院也配置了藏书楼,相当于今天的图书馆。另外,有的书院还设有书院主持人的专门住所。虽然有的书院设有根据水平划分的不同级别班次,但大多是来者不拒。书院中除了讲授讨论问学,还定期举行祭祀先贤和书院创办人的活动。

从教育上看,书院也有许多区别于其他官学的特点。书院在教育宗旨上侧重于修德成材,主要教材是儒家经典。但书院的教育目的不是为了科举考试,而是为了培养品德高尚的人才。每个书院定有学规或学则,相当于教育宗旨。例如,著名的理学家朱熹在主持白鹿洞书院期间,制定了著名的"白鹿洞书院揭示"。它的内容共五条,主要是学习目的和学习方法:"父子有亲,君臣有义,夫妇有别,长幼有序,朋友有信。博学之,审问之,慎思之,明辨之,笃行之。言忠信,行笃敬,惩忿窒欲,迁善改过。制其谊不谋其利,明其道不计其功。己所不欲,勿施于人;行有不得,反求诸己。"总之,它的宗旨主要是总结了儒家伦理道德教训,强调学生以此要求修身和待人接物,做到言行一致。在课程设置方面,书院只规定一些读书目录,根据因材施教的特点进行指导,没有严格的课程教学和考试规定。在书院中,学习方式以自学和讨论为主,每月听山长集讲一两次,平时则自学,相互讨论,也可以向山长请教。管理人员很少。书院保留了较大的探讨学问的自由气氛。书院与书院之间也有交流,主要是请其他书院的掌教来讲学讨论和有名的"会讲"。关于讲学,朱熹在主持白鹿洞书院期间,曾邀请陆九渊前往讲学。陆九渊讲授《论语》"君子喻于义,小人喻于利"一章,听讲的人都很感动,有的甚至落泪[44]。所谓"会讲",就是书院与书院或精舍之间不定期举行的学术论辩会。由于书院所招收的学生大多是慕名而来的,因此大部分读书都很用功。而且书院基本上都建在环境幽雅的地方,吸收了道教和佛教尤其是禅宗以山林中的清幽来促进怡神养性、清心正气的特点,并和它注重修身养性的教育目的相配合。宋代书院培养了大批学者、教育家。

宋代书院与宋代学术思想的发展关系十分密切,也可以说,宋代书院是宋代思想发展的摇篮。一方面,宋代书院基本上体现了掌教者主持人的学术和教育思想。思想家在书院聚徒讲学时,大都将自己的思想定为教育宗旨。比如,理学家朱熹和吕祖谦的思想有差异,他们的教学内容和教学思想就有区别;陆九渊和朱熹的学术方法不同,他们的教学方式也相去甚远。另一方面,书院也是传播思想的场所,尤其是理学家通过掌教书院和私人讲学,推动了理学的传播。同时,书院对儒学的弘扬也具有抵抗释、道两家的作用。朱熹复兴白鹿洞书院的努力,便有以此来遏制佛教势力增长的意图。他说:"观寺钟鼓相闻,殄弃彝伦,谈空说幻,未有厌其多者,而先王礼乐之宫,所以化民成俗之本,乃反寂寥稀阔"(《白鹿洞书院志》卷二《乞赐白鹿洞书院赐额》)。他们除了在书院讲学之外,还因时因地在社会上讲演,吸引了许多人来听讲。这就反过来因他们自身的名望和书院的名望而吸引了更多的学生,扩大了书院的影响。从这个意义上来说,宋代许多书院由于主持人或者讲学的学者的威望而出名。例如,朱熹在岳麓书院讲学以后,该书院的名气大增。元代理学家吴澄在《重建岳麓书院记》中总结说:"地以人而重也。"理学家代代相传,许多还做了大官。南宋后期,许多地方官僚为了讨好理学出身的官僚,就以兴建书院来表示。宋代书院经历了盛衰起伏,到南宋后期达到一个高潮。这与理学的发展是分不开的。

在元代,书院在北方有很大的发展[45]。当程朱理学成为统治思想的时候,也就是书院官学化的开始。书院的山长由元政府任命的官员担任;书院的学生可以"守令举荐之,台宪考核之,或用为教官,或取为隶属"(《元史·顺帝纪》);科举考试的内容大量渗入书院教育。明代前期,政府重视官学,提倡科举,书院衰落。明代中后期,由于心学和白沙之学的兴起,同时,士子不满科举腐败,书院重新成为新思想传播的场所。书院在明代中叶又得到大发展,这与当时著名的理学家湛甘泉、王阳明及其弟子的大力推动关系极为密切。

书院与当时的政治有着密切的关系。一些最著名的书院都通过官府甚至朝廷赐额赠书而名声大振,如白鹿洞书院就是属于这类性质的书院。有的书院还请求官府给置田产,供给生活和购书费用。而许多书院是一些官僚任地方官时创办的,因此使许多书院具有官私合办的性质。另外,在南宋后期,当书院所提倡的理学思想受到朝廷支持以后,书院也达到了极盛期,而反过来说,书院所提倡的儒家忠孝伦理教育对意识形态的巩固起到了积极的作用,对压制其他思想言论也起了推波助澜的作用。另外,儒家在政治上将教育风化作为政治的重点,许多儒家尤其是理学家的地方官将兴办书院作为他们政治活动的重要内容,这就促进了书院的发展。

从书院与经济、社会文化的关系来说,有两方面特别值得注意。一方面,书院的创办反映了一定的地方经济和社会文化面貌。目前学界对于两宋书院数额的统计结果虽不相同[46],但注意到的趋势则是共同的。从时间上看,南宋书院盛于北宋;就分布的空间而言,江西、浙江、福建、湖南书院较多。这反映出江南地区或者比较富庶,或者比较重视社会风俗的陶冶和人才教育。另一方面,这些书院的分布也反映出区域文化的特色。书院繁盛的地方,私人捐资办学的风气往往较盛,也比较重视文化发展。

从上面所说的书院渊源和书院吸收佛教、道教注重山林环境的因素可见书院与宗教的联系。另外,书院往往注重修心养性,这也吸收了宗教的因素。许多理学家非常重视静坐对修养的益处,如朱熹提出半日静坐半日读书的修养方法,显然受到道教及佛教修炼方法的影响。

当人们提到书院时,往往举出北宋时闻名的四大书院来。其实,北宋初期有名的书院共有六个,即白鹿洞书院、岳麓书院、睢阳(应天府)书院、石鼓书院、嵩阳书院和茅山书院,因此,人们对四大书院的说法不一,除了白鹿洞书院和岳麓书院外,其他四个书院中究竟哪两个书院属于"四大书院"之列颇有争议。不过,这几个书院都是很有名的,他们都有这样一些特点。第一,不管是书院设定的地址还是创办的过程,都体现了较强的文化渊源。第二,除睢阳书院外,都选择在名山环境优美之处,如白鹿洞书院在江西庐山五老峰下(图7-6),岳麓书院在湖南西岳麓山抱黄洞下,嵩阳书院在河南嵩山南麓,石鼓书院在湖南衡阳北石鼓山,茅山书院在江苏句容茅山。第三,许多书院都通过朝廷赐书、赐额和赐田获得大声誉,成为"大书院"。从六个大书院来看,岳麓书院和白鹿洞书院延续时间最长(岳麓书院保存最好),睢阳书院和石鼓书院成为官学,而嵩阳书院和茅山书院则不久荒弃。尽管最有名的书院在北宋,但实际上,兴办书院最盛的时期是南宋后期,也就是理学兴盛的时期。南宋也有一些

图 7-6　江西庐山白鹿洞书院

书院很有名,像吕祖谦主持的丽泽书院和在陆九渊曾讲学的精舍基础上建立的象山书院就是其典型代表。

书院中强调精神生活的丰富和品德的修养,同时在教学上注重因材施教,避免功利色彩极强的应试教育,这在教育史上具有重要价值。许多学者在办书院教育的过程中总结了教育上的经验,对道德教育提出了重要理论。另外,书院还是政府与民间合作的一项文化教育活动。当然,书院教育的某些优点同时也是它的缺点。例如,书院尤其是理学家主持的书院十分重视品德修养和纯化地方风俗,在教育宗旨上主要是实现修身、齐家、治国、平天下,因此,主要教学内容是儒家经学和道德伦理,在这同时也就比较忽略才能技艺的培养。虽然因材施教方面有一定的特色,但在灌输伦理道德方面则基本上强调盲从。另外,虽然私学性质的书院体现了一定的民间办学力量,但和官学相比,书院的兴衰比较无常。

宋代以后的书院与书院教育是中国文化的重要组成部分。有的历史很长的书院还记录了历史的变迁,反映了文化交流的历史,凝聚了历代的文化活动精神,同时保存了许多有价值的文物资料。书院的建筑和教育文化的特点,是儒家教育文化的积淀与创新。总之,从宋代开始大规模发展起来的书院教育凝聚了中国封建社会后期的文化精神,是中国文化中的重要遗产,值得今天借鉴[47]。

书院教育在宋元明时期的发达,与理学的关系十分密切。特别是从南宋到明代,理学家不仅推动书院讲学与书院教育,而且逐渐从在书院讲学发展为创办书院。以与王阳明同时期的理学家湛若水(甘泉)为例,他一生仕途顺达,每到一地必建书院以献祀先师陈献章。其他地方官员为逢迎其举措,也热烈响应。仅他一生就建书院数十座。当理学被官方接受为意识形态以后,书院的教育基本上就体现为理学思想。

书院促进了理学学术研究与教育的发展。例如,著名理学家朱熹就曾主持白鹿洞书院、岳麓书院和武夷精舍、沧州精舍;张栻曾在岳麓书院讲学;吕祖谦创办和主讲丽泽书院等等。明代心学大师王守仁在贵州建龙冈书院,在江西修濂溪书院,在浙江创稽山书院,以此推广自己的学说。同时,书院也成为理学家开展学术交流和教育的重要场所。从南宋至元明时期,书院受理学教育宗旨的影响越来越显著。南宋是理学逐步走向成熟的时期。理学大师们利用书院自由的学术环境,各以某一书院为中心,宣扬不同的理学思想。在元代,统治者在其创办的第一所书院——太极书院里,"立周子祠,以二程、张、杨、游、朱六君子配食,选取遗书八千余卷,请(赵)复讲授其中"。而教学内容更是不离理学家语录传注:"《六经》《语》《孟》传注,以及周、程、张氏之微言,朱子所尝论定者。"[48]元朝皇庆二年(1313),规定科举考试以《四书集注》取士,从此,《四书集注》成为科举考试的标准答案和各级学校必读的教科书,其地位甚至高于"五经",影响其后明清时期数百年的教育思想。

明代统治者强化了程朱理学在思想上的独尊地位。为适应这种需要,一方面,书院的官学化程度加深;另一方面,程朱理学成为书院的主导思想。理学家在书院所从事的教育讲学活动,与他们追求伦理精神的复兴理念完全一致。因此,理学家所主持的书院教育,强调人伦体验与伦理实践,有很强烈的人文教育氛围。同时,由于理学家在关注修身养性的同时,在指导思想上过于强调道本艺末,最终多少忽视了艺术精神与实际经世才能的培养。

宋元明一代代忠诚于儒学的士大夫在复兴及创新儒学的基础上,极大地促进了儒家伦理的传播与社会化。特别是以倡导振兴儒家之道为己任的理学家们,积极推动私学教育与书院教育,他们的教育实践推进了道德规范建设,维护了社会伦理。

儒家传统的思想家注重传道授业,因此,他们大多努力成为言传身教的教育家。不过,和唐宋时期其他儒家之士有所不同的是,宋明时期的理学家对事功和个人成就、仕途功名表现了明显淡薄的态度,而对于教育或聚徒讲学则表现出极高的热情。以朱熹为例,他除长期在武夷山讲学之外,在为官从政期间也积极从事教育活动。他在任同安县主簿时,努力整顿县学,访求名师,选拔优秀生员,并亲自讲授修身之学。在知潭州时,除提倡兴办州学县学外,主持修复岳麓书院,并亲自教诲学生。王阳明和朱熹一样,也是知名的教育家。他除了一段时间专门讲学外,在从政期间从未中断兴办教育和讲学。

在理学家的教育中,伦理自觉是他们最基本最核心的教育理念。他们在自己的学说中,几乎毫无例外地把维护道统和个人修养视为学说的灵魂,并以维护社会伦理纲纪为己任。与范仲淹和王安石等教育家相比,理学家更倾向于从修身做人的角度来发展教育,来承担自己的社会责任。朱熹在《白鹿洞书院揭示》中系统总结了理学教育的纯粹伦理精神。这种精神与先秦儒学注重六艺之学的教育相比,具有更纯粹的伦理性质。

为了推动伦理教育的发展,理学家开展了形式多样的社会教育。除私人聚徒讲学外,还有乡村伦理建设、辅导民众破除迷信等等。乡村伦理建设有两种形态:一种是张载弟子吕大钧所创制的乡约,强调邻里互助与道德互勉;另一种是朱熹所改进的乡村族约,主要是宗族内部的改过迁善教育。这些对乡村子弟宗法道德观念的强化起到重要作用。另外,理学家还注意移风易俗,如王阳明等,在任职地方官时教育民众开展各种破除迷信的活动。

著书立说是理学家推广道德教育的重要途径。除学术上的研讨、理学观念的传播外,理学家编著了许多结合识字的童蒙德育课本和训世箴言读本,成为社会教育的重要教材。理学家在教育上注重从童蒙时期抓起,以使少年儿童能够接受和践履儒家的伦理价值观。因此,宋明时期蒙学教育十分发达,而且除了读书识字以外,则基本上灌输伦理修身的内容。可以说,理学家基本上是学者兼教育家,尤其在道德教育方面建立了密集的渗透方法,总结出许多教学经验,他们的理论与实践成为儒学社会化的主要环节之一。

唐宋时期教育内容上以儒家经学为主旨,学术上重视整理和传播儒家经学。大批学者在私学方面对儒家思想文化的传播起到促进作用,不断促进儒学的社会化。

在隋朝重视儒学的基础上,唐代的儒学继续保持官方统治地位。尽管三教鼎立并不断交融,但由于官学教育以及私学教育的内容都以《五经》《论语》《孝经》等为主,保障了儒家文化的正统地位。虽然儒学缺乏思想观念上的大的创新,在学术上的社会影响力与后来的新儒学不可同日而语;但它与社会观念、行为相一致,成为抵抗宗教渗透的重要力量。在宋朝,官方更加重视儒学。宋代立国以后,即开始增葺祠宇,塑绘先圣、先师之像;诏令选用人才时,必须通经义,尊周孔之礼。大中祥符元年(1008),真宗谥封孔子为"玄圣文宣王"。五年改为"至圣文宣王",亲撰《崇儒术论》,赞扬儒学是"帝道之纲"。又命邢昺等修撰经义,邢昺又撰《论语正义》等,与唐人《九经正义》合为《十三经正义》,颁行天下,成为学校教材。唐宋时期经学的发展,使儒学的正统化地位进一步增强。

思想观念中的儒家道统学说和理学对儒学的创新以及儒家文化身体力行的实践,是儒学社会化中具有强大感召性的力量。在思想传播领域,创新性的儒学即理学的发展最具代表性。通过理学家对儒家道统观念的阐述、对修身养性的教育传播、对儒学新的阐释,在士大夫尤其是儒家学者中确立了独尊儒学的观念,并以新的价值概念推广于天下,造成深远的社会影响。这种影响力在元代完全统治了社会的正统思想。以朱熹的《四书集注》被确定为科举取士标准为标志,明代理学取代了先秦儒学,以"性""理"和"存天理,克人欲"等概念、命题规范社会人心,促进士大夫阶层修身践履的自觉性。在强化儒学社会影响的同时,对儒家思想的僵化理解与教条化的意识形态控制,使社会进入了一个新的思想专制的时代。

注 释

〔1〕 参阅张国刚、乔治忠等:《中国学术史》,东方出版中心,2002 年,第 346 页。

〔2〕 同上书,第 351—353 页。

〔3〕 《隋书·高祖纪》下,中华书局标点本,1973 年。

〔4〕 参谢保成:《隋唐五代史学》,厦门大学出版社,1995 年,第 15 页。

〔5〕 《旧唐书·令狐德棻传》,中华书局标点本,1975 年。

〔6〕 参上引谢保成:《隋唐五代史学》,第 2、27—28 页。

〔7〕 《史通》卷一〇《自叙》,《史通通释》,上海古籍出版社,1978 年。

〔8〕 《史通》卷一〇《辨职》。

〔9〕 参仓修良主编:《中国史学名著评介》第一卷有关《通典》的评介,山东教育出版社,1990 年。

〔10〕 参谢保成:《隋唐五代史学》,第 4 页。

〔11〕 参朱剑心:《金石学》,文物出版社,1981 年,《序例》,第 1—2、19—20 页。

〔12〕 参马衡:《凡将斋金石丛稿》,中华书局,1996 年,第 2 页。

〔13〕 刘节:《中国史学史稿》,中州古籍出版社,1982 年,第 204 页。

〔14〕 参胡道静:《中国古代的类书》,中华书局,1982 年,第 5—8 页。

〔15〕 隋代又有《江都集礼》120 卷,开皇二十年(600)晋王杨广令扬州博士潘徽与诸儒所撰。只是《隋书·经籍志》将其著录在经部论语类之末,而且不著撰人,并衍为 126 卷。参谢保成:《隋唐五代史学》,第 24 页。

〔16〕 见《续谈助》卷四所引,参谢保成:《隋唐五代史学》,第 8—9 页。

〔17〕 两唐志均有《碧玉芳林》450 卷,孟利贞撰。利贞,高宗时人,见《旧唐书·文苑传》上。《新唐书·艺文志三》子部类书类又有"《东殿新书》二百卷,许敬宗、李义府奉诏于武德内殿修撰。其书自《史记》至《晋书》删其繁辞。龙朔元年上,高宗制序"。

按其内容,疑非类书。又《旧唐书·经籍志下》集部总集类有"《文馆词林》一千卷,许敬宗撰"(新志收在集部文史类,题作《文馆辞林》),今有残卷存世,有人认为当属类书,见汪辟疆:《目录学研究》,商务印书馆,1934 年,第 59 页注〔3〕。

〔18〕《旧唐书·玄宗纪下》:开元二十五年"九月壬申,颁新定令、式、格及事类一百三十卷于天下"。同书《刑法志》:"二十二年,户部尚书李林甫又受诏改修格令。林甫迁中书令,乃与侍中牛仙客、御史中丞王敬从,与明法之官前左武卫胄曹参军崔见、卫州司户参军直中书陈承信、酸枣尉直刑部俞元杞等,共加删缉旧格式律令及敕,总七千二十六条。其一千三百二十四条于事非要,并删之。二千一百八十条随文损益,三千五百九十四条仍旧不改,总成律十二卷,律疏三十卷,令三十卷,式二十卷,开元新格十卷,又撰格式律令事类四十卷,以类相从,便于省览。二十五年九月奏上,敕于尚书都省写五十本,发使散于天下。"因疑新志玄宗《事类》130 卷应即《格式律令事类》130 卷,其卷数适为律疏、令、式、新格、事类卷数之和。诚如是,则原题当仿李林甫总撰的另一部政书《唐六典》为"玄宗御撰"。

〔19〕参前引胡道静:《中国古代的类书》,第 3、76—77 页。

〔20〕同上书,第 116 页。

〔21〕参仓修良、魏得良:《中国古代史学史简编》,黑龙江人民出版社,1983 年,第 368 页。

〔22〕清儒章宗源、姚振宗均有《隋书经籍志考证》,收入《二十五史补编》,中华书局,1955 年。

〔23〕参《旧唐书·经籍志上》《新唐书·艺文志一》。

〔24〕《旧唐书·经籍志上》。

〔25〕参前引汪辟疆:《目录学研究》,第 40 页。

〔26〕同上书,第 61 页注〔6〕。

〔27〕两目均佚,内容见陈振孙:《直斋书录解题》卷八目录类注记,并请参汪辟疆:《目录学研究》,第 35—38 页。

〔28〕参汪辟疆:《目录学研究》,第 37 页。

〔29〕参晁公武撰、孙猛校正:《郡斋读书志校证》,上海古籍出版社,1990 年,《前言》第 2—3 页。

〔30〕参陈振孙撰,徐小蛮、顾美华点校:《直斋书录解题》,上海古籍出版社,1987 年,《前言》第 1 页。

〔31〕参阅孙培青主编:《中国教育史》,华东师范大学出版社,1992 年,第 286—287 页。

〔32〕李国钧、王炳照总主编:《中国教育制度史》,山东教育出版社,2000 年,第 2 册第 12 页。

〔33〕　徐松撰：《登科记考》，中华书局，1984 年，第 753—754 页。

〔34〕　《王文公文集》卷一，文渊阁《四库全书》，台北：商务印书馆影印本，1986 年，第 1105 册第 286 页。

〔35〕　同上书，第 1105 册第 284 页。

〔36〕　喻本伐、熊贤君：《中国教育发展史》，华中师范大学出版社，1991 年，第 322 页。

〔37〕　吴霓：《中国古代私学发展诸问题研究》，中国社会科学出版社，1996 年，第 259 页。

〔38〕　参阅苗春德主编：《宋代教育》，河南大学出版社，1992 年，第 82 页。

〔39〕　参阅《中国教育发展史》，第 242—244 页。

〔40〕　明代王阳明对蒙学教育提出了系统的思想和方法。他的《训蒙大意示教读刘伯颂等》是蒙学教育的名篇。他严厉批判了体罚式教学方式，强调儿童教育必须顺应儿童的性情，鼓励对儿童进行诗歌、音乐熏陶，要让儿童精神顺畅、心气平和，有助于儿童的身体健康。他的教育方法具有切近素质教育的内涵。

〔41〕　参阅前引书《中国教育史》第六章第四节。

〔42〕　白新良：《中国古代书院发展史》，天津大学出版社，1995 年。

〔43〕　据统计，北宋时期仅新建书院即有 71 所，参阅白新良：《中国古代书院发展史》，第 4 页。

〔44〕　冯友兰：《中国哲学史新编》第五册，人民出版社，1992 年，第 207 页。

〔45〕　参阅前引书《中国古代书院发展史》第一章第四节。

〔46〕　学者通常借由统计数字来分析书院发展的趋势，但由于史料内容的模糊、研究者的理解不同，学界关于两宋书院的统计数字，少自二三百所，多至六七百所，其间差异颇大。可参见陈少峰：《宋代书院》，《中华文明之光》，北京大学出版社，1999 年，第 571 页；白新良：《中国古代书院发展史》，天津大学出版社，1995 年；苗春德：《宋代教育》，河南大学出版社，1992 年，第 104 页；陈谷嘉、邓洪波：《中国书院制度研究》，浙江人民出版社，1997 年；陈雯怡：《由官学到书院：从制度与理念的互动看宋代教育的演变》，台湾联经出版事业公司，2004 年，第 270—280 页。

〔47〕　本节主要参考陈少峰：《宋代书院》，载袁行霈主编：《中华文明之光》第二辑，北京大学出版社，1999 年。

〔48〕　宋濂等撰《元史·赵复传》，中华书局，1976 年，第 4314—4315 页。

第八章 北方民族的成长及其对中华文明的贡献

公元10—13世纪,是中国历史上继魏晋南北朝之后的又一个北方民族活动高峰时期[1],先后诞生了四个强大的北方民族政权:契丹人建立的辽、党项人建立的夏(史称西夏)、女真人建立的金和蒙古人建立的元。与此前突厥、回鹘两个草原游牧国家不同,这四个政权都是仿照汉族王朝模式而建立的,具有国号、年号、汉式政权机构和一系列相关的礼仪制度。它们的统治范围已不局限于其民族原居地,而是不同程度、越来越深入地拓展到汉族居住区。辽和西夏分别控制了一部分北方、西北的沿边农耕地区,形成兼有农、牧二元经济基础的政权。金朝进一步入主中原,与南宋形成对峙。元朝则完全混一南北,成为中国历史上第一个由北方民族建立的大一统王朝。辽、夏、金、元在中华文明发展史上起到了不可忽视的作用。边境冲突和民族征服战争使得内地汉族农业文明受到了沉重的打击和破坏,但与此同时,上述北方民族政权又在开拓边疆、推动民族融合和民族文化发展、活跃中外文化交流等方面起到了汉族王朝难以替代的积极作用,对中华文明的整体发展做出了重要贡献。

第一节 辽、夏、金、元政权概况及其与华夏文明的碰撞

契丹族与辽朝　党项族与西夏　女真族与金朝　蒙古族与元朝　战乱与户口的减耗　人身依附关系的加强　儒家文化受到冲击

契丹是一个历史悠久的民族(图8-1)。传说最初有一男子乘白马沿土河

图8-1　内蒙古昭乌达盟白塔子辽墓壁画契丹人引马图

(今老哈河)下行,一女子乘小车驾青牛沿潢水(今西喇木伦河)下行,至二水合流的木叶山相遇,遂结为配偶,生八子,是为契丹之始。文献则称契丹为鲜卑宇文部之后,源流出于东胡。唐初,契丹居于潢水以南、黄龙(今辽宁朝阳)以北,分八部,据称即传说中八子的后裔。八部组成部落联盟,以大贺氏为联盟长,称可汗,受唐赐姓为李。唐朝中期,大贺氏联盟在动乱中瓦解,重建后遥辇氏成为联盟长。联盟中迭刺部的耶律氏家族世代担任联盟军事首长"夷离堇",势力不断壮大。至10世纪初,夷离堇耶律阿保机遂取代可汗之职,并于916年称帝建国,即以契丹为国名。建都城于临潢(今内蒙古巴林左旗),称上京。阿保机后来被追尊为辽太祖。其次子耶律德光(辽太宗)在位时,利用中原混乱局势,帮助军阀石敬瑭的后晋政权取代后唐。石敬瑭认德光为父,并割让长城以南,包括今天北京和河北、山西北部的燕云十六州作为酬劳。947年,德光发兵灭后晋,入汴京(今河南开封),模仿汉族礼仪受百官朝贺,始定国号为辽。但辽在中原立足不稳,很快北撤。北宋建立后,企图夺回燕云十六州,两次北伐,均被辽军击败。辽转守为攻,又频繁南下骚扰。1004年,辽、宋在澶州(今河南濮阳)订立"澶渊之盟",两国约为兄弟,各守疆界,北宋每年向辽支付"岁币"银10万两,绢20万匹。此后双方基本相安无事。1125年,辽被新崛起的金所灭。一部分残余势力在皇族耶律大石率领下至西域重新建国,史称西辽,都于八剌沙衮(今吉尔吉斯斯坦托克马克东南),号虎思斡耳朵。至1218年亡于蒙古。

　　党项出自古代的羌人,原居于四川西北、青海东部,部落甚众,不相统属,而以拓跋氏为最强。这一拓跋氏有可能是居于羌中的鲜卑拓跋氏,但尚不能完全肯定。唐前期,党项因吐蕃逼迫,臣附于唐,内徙甘、陕一带。唐末,党项首领拓跋思恭助平黄巢有功,授夏州节度使(治今陕西横山),封夏国公,并赐姓李。五代更迭迅速,对其无暇顾及,只能遥示羁縻,直至宋初仍保持藩镇地位。宋太宗时,李(拓跋)氏家族内部发生矛盾,节度使李继捧献地入朝,其族弟李继迁则反对内附,率部众袭扰宋边。北宋被迫妥协,仍授继迁为节度使,又赐其姓名为赵保吉。其子德明在位时,受宋封为西平王,又晋封夏王。德明击败吐蕃及甘州回鹘,基本控制河西走廊。德明之子元昊民族意识较强,袭位后放弃唐、宋王朝所赐姓,改本家族姓氏为嵬名氏(但后来史书中仍多称以李姓),并下达"秃发令",恢复本族旧俗。1038年称帝,国号大夏,都于兴庆府(今宁夏银川),史称西夏。其疆域东临黄河,西尽玉门关(今甘肃敦煌西),南抵萧关(今甘肃环县北),北连大漠,有州十九。夏、宋之间遂进入战争状态,宋军屡败。1044年双方达成和议,宋册封元昊为"夏国主",元昊对宋称臣,实则"帝其国中自若"(《宋史》卷四八五《夏国传上》)。宋每年给予西夏"岁赐"绢15万匹、银7万两、茶3万斤。但此后两国和平并不稳定,边境常有冲突,北宋仍是败多胜少。金灭北宋后,西夏称臣于金。1227年,西夏为蒙古所灭(图8-2)。

　　女真亦称女直,是唐朝黑水靺鞨后裔,其始祖可追溯至上古的肃慎。臣属于辽,主要在黑龙江、松花江流域活动,一部分人被辽迁至辽东,编入户籍,称为"熟女真"或"曷苏馆(意为篱笆之内)女真"。未迁徙者社会形态相对落后,称为"生女真"。辽朝后期,居于按出虎水(今阿什河,在哈尔滨东南)的完颜部逐渐统一了生女真各部。其首领完颜阿骨打于1115年正月称帝,建国号金,是为金太祖。定都于会宁府(今黑龙江阿城南),称上京。1125年,金灭辽。随即南下攻宋,至1127年,灭北宋。1141年,与南宋签订"绍兴和议",以

图 8-2　西夏王陵

东起淮水中流、西至大散关(在今陕西宝鸡西南)一线划界。南宋称臣于金,保证"世世子孙谨守臣节",同时每年缴纳"岁贡"银 25 万两、绢 25 万匹。金朝第四任皇帝海陵王完颜亮在位时,迁都至燕京(今北京),定名中都大兴府。此后金朝与南宋又几度发生战事,两国关系由君臣改为叔侄、伯侄,"岁贡"改称"岁币",数额亦有增减。13 世纪初,蒙古崛起于漠北草原,南下攻金。金朝被迫放弃中都,将都城迁至北宋旧都汴京,扼守河南、陕西的狭窄地区,苟延残喘。1234 年,为蒙古和南宋联军所灭。

蒙古族的族源出自唐朝的室韦,室韦最初活动于大兴安岭北段,与契丹、鲜卑均为东胡苗裔,唐末大批西迁进入漠北草原,部落繁多,蒙古只是其中一部的称号。1206 年,蒙古部首领铁木真统一漠北,建立大蒙古国,草原贵族给他奉上尊号为成吉思汗(图 8-3)。经不断扩张,蒙古不仅征服了金与西夏,还将势力拓展到中亚、西亚乃至东欧地区,发展成为一个以漠北草原为中心、横跨亚欧大陆的世界性帝国。1260 年,成吉思汗的孙子忽必烈即大汗位,将蒙古的统治中心由漠北移入汉地,开始推行"汉法",建立起汉式官僚机构和礼仪制度。兴建都城于燕京,定名大都。1271 年,取《易经》"大哉乾元"之义,正式定

图 8-3　成吉思汗陵

国号为大元。忽必烈死后被尊奉为元世祖,成吉思汗则被尊奉为元太祖。以忽必烈即位为标志,蒙古草原帝国已转变为汉族模式的元王朝。统治东欧、西亚、中亚的成吉思汗后裔则形成了相对独立的四大汗国——钦察汗国、伊利汗国、察合台汗国和窝阔台汗国,元朝对它们仍然保持名义上的宗主关系。1276 年,元灭南宋,结束了中国版图上已持续数百年的几个政权并立的局面,重新确立了中国历史上的大一统格局。1368 年,在农民起义中建立起来的新兴汉族王朝明朝推翻了元朝,但蒙古族此后仍长期活跃在北方草原的历史舞台上。

　　上述四个强大的北方民族先后建立政权并向内地推进,使内地的汉族农业文明受到了巨大冲击。作为社会发展水平相对落后的民族,他们的作战总是伴随着大规模的烧杀劫掠,很多时候劫掠就是战争的基本目的。金灭北宋,战火所及,导致户口骤降。直至金世宗大定初年(约 1161),北方户数仅恢复到300 余万,与此前北宋北方与辽朝统治区户数之和相比较,下降了一半以上[2]。此后社会经济逐渐恢复,章宗泰和七年(1207)统计户口数字为 7684438 户,45816079 口,为金朝版籍之极盛。但蒙古随即带来了新一轮更惨烈的破坏,杀戮之残酷,于史少见。直到蒙古对华北的占领基本稳定之后,很多贵族仍然不明白对新占农耕地区应当如何统治和管理,有人甚至提出"虽得汉人,亦无所用,不若尽去之,使草木畅茂,以为牧地"。幸而大臣耶律楚材竭力阻止,这个荒谬的提议才没有付诸实施[3]。除杀戮外,贵族、军阀还趁乱侵占了大批私属人口。这都造成了北方户口数字的又一次骤降。1234—1235年,蒙古在汉地两次括户,所得户数仅100余万。较之泰和七年768万有余的民户数字,其减耗之大,可谓惊人。元灭南宋时,注意控制杀掠,战争破坏相对较轻。世祖至元三十年(1293),官方统计全国户数为14002760,这是见于正式记载的元朝最高户数。据学者估算,元朝实际户数最多时可能达到大约1980万[4]。这个出于估算的数字,既低于史载北宋最高户数2088万,也低于史载南宋最高户数1267万与金朝最高户数768.5万之和。尽管元朝版图较前代远为辽阔,但其户口数字并未恢复到两宋时期的水平,这一点大致是可以肯定的。

金、元两朝统治将女真、蒙古的奴隶制因素注入汉地,与两宋相比,社会经济领域中出现了人身依附关系强化的逆转趋势,这也是一个值得注意的现象。女真、蒙古社会中都有役使奴婢的传统,进入中原后,亦大量掳掠人口,抑为奴婢。据金世宗大定二十三年(1183)的统计数字,女真贵族、平民拥有的奴婢总人数达到近140万。元朝奴婢人数不详,但一些零散史料中提到贵族、官僚家中的奴婢人数动辄数千,则其总数肯定明显高出金朝。奴婢在金、元又称为"驱口",意为"被俘获驱使之人",子孙相袭,没有人身自由。他们多来源于战争俘虏,亦有因债务等原因被贩卖甚至强抑者。一些罪犯及其家属则被籍没为官府的驱口。元朝法律规定,驱口作为主人财产的一部分,与钱、物同,可任意转卖。大都等重要城市曾设有人市,以供买卖驱口。主人擅杀驱口虽不能免罪,但最多只杖87。在元朝,人身依附关系的强化趋势还体现在其他一些社会阶层身上。例如有一个"怯怜口"阶层,是蒙古语"家内人口"之意,亦解释为"私属人"。他们在广义上并不限于驱口,而是泛指不直接受国家控制,作为皇室和诸王贵族投下(意为分地、采邑)的私属,为其承担农业、手工业、畜牧业或其他一些专门性工作的人户。其职业、来源不同,贫富也有很大差别,但都对投下具有私人依附关系,不能随便解脱。户籍管理方面,元朝按职业、信仰等因素将全体居民分为若干种,称诸色户计。其中一般百姓称为民户,民户之外还有很多特殊的"户计",分别为国家承担某种特殊义务,如承担军役的军户、承担驿站服务工作的站户、从事手工业生产的匠户等等,皆父子兄弟世代相袭,不得随便脱籍。这种"诸色户计"制度也表现出比两宋时期更强的人身依附关系,只不过这种关系是对于国家而言。

在北方民族的南进浪潮中,儒家文化也受到了很大冲击。战乱所及之处,经籍散亡,学校隳废,儒士颠沛流离,困窘不堪。女真统治者熏染华风较早,很快就开设科举,尊孔兴学,标榜文治,但金朝儒学最终没有出现自成一家之言的大儒,缺乏专门名家之学,较之北宋已明显衰落。北宋的新儒学诸学派,在金朝也几近湮没,少有传人,直到元朝统一后才由南方扩至北方。蒙古贵族初入中原时,对儒学更加陌生,很长时间里满足于"马上治天下",对儒士人才和文化事业不予重视。士大夫无以为生,"混于杂役,堕于屠沽,去为黄冠"(彭大雅、徐霆:《黑鞑事略》),甚至沦为驱口,处境十分悲惨。1238年(农历戊戌年),经耶律楚材奏准,蒙古在汉地举行了一次儒士考试,共有4030人中选,其中四分之一的人来自驱口,因此而重获自由,史称"戊戌选试"。中选者可在本地担任"议事官",免其家赋役。但此制昙花一现,后即无闻。元王朝建立后,统治者皈依了喇嘛教,尊奉吐蕃僧侣为帝师,皇帝亲自从之受戒。后在地方广设帝师殿,祭祀第一任帝师八思巴,其规模制度超出孔庙。相比较而言,在蒙古统治者心目中,儒学的地位就要逊色许多。社会、文化背景的差异,使他们对儒家学说的概念、体系感到难以理解。元世祖忽必烈早年曾对儒学产生一些兴趣,以儒家文化保护人的面目出现,以致一些儒士给他奉上了"儒教大宗师"的尊号。但他对儒学的体会粗浅,即位后在理财问题上与儒臣产生分歧,认为后者"不识事机",对他们逐渐疏远。元朝的官员选用,首重怯薛(皇帝的宿卫亲军)近侍,其次为刀笔胥吏,儒士则出路狭窄,仕进无门。元朝前期长期不开科举,中期虽然开设,但取士甚少,仕进又无优势,对开科前的用人格局并无根本触动。终元一代,统治集团"视学校为不急,谓诗书为无用"[5],儒士社会地位低落,这种情况在历史上是少见的。当然,对长期植根于中国社会、并且具有顽强变通适应能力的儒家文化来说,这又只是暂时的现象。

第二节　北方民族文化的发展

契丹文化　党项文化　女真文化　蒙古文化

契丹、党项、女真、蒙古四个民族的强盛和建立政权,推动了其本民族文化的成长,在中华文明史上书写了新的内容。

契丹建国之初,太祖神册五年(920),由突吕不、鲁不古等人创制契丹文字,后来称为契丹大字。太祖弟迭剌又在参考回鹘文字的基础上,改制契丹小字。史载契丹大字的字数多达数千,较为复杂,是借助汉字字体并增减笔画而形成的,其中有一些是完全借用汉字。小字字形同样是借用汉字偏旁,但又吸收了回鹘字的特征而成为拼音文字,可以用为数较少的"原字"拼出无数新的字、词。其特点为"字少而该贯",又被称为"小简字"。据今人研究,现存契丹文资料显示出的小字"原字"字数在 350 左右,实有"原字"字数当略多于此[6]。"原字"的笔画也相对比较简单。契丹文字行用于辽、西辽和金朝前期,后来逐渐失传(图 8-4)。当时的契丹人不仅用本民族文字勒石立碑,镌刻符牌,还用以进行文学创作。成吉思汗西征时,汉化契丹人耶律楚材侍行,在西域向西辽前郡王李世昌学习契丹字,随后用汉语翻译了辽代寺公大师以契丹文所作长诗《醉义歌》,其译稿存于楚材《湛然居士文集》卷八。从译稿来看,此诗类似汉族的乐府歌行,长达 120 句,多用汉人史事掌故,又能寓抒情于写景叙事,楚材誉以"可与苏(轼)、黄(庭坚)并驱争先"。契丹文学的成就,由此可略见一斑。

契丹人在国家管理方面形成了一套颇具特色的制度。由于辽是一个半游牧半农耕国家,兼有两种不同的社会经济形态,因此采用了双轨理政的南、北面官之制。契丹之俗崇拜太阳,皇帝御帐朝东,中枢官员于帐外分南北排列,两面官各司其职。"北面治宫帐、部族、属国之政,南面治汉人州县、租赋、军马之事","(北面)以国制治契丹,(南面)以汉制待汉人"(《辽史》卷四五《百官志一》)。契丹皇帝始终保持着本民族的游牧生活传统,"秋冬违寒,春夏避暑,随水草就畋渔,岁以为常,四时各有行在之所,谓之'捺钵'"(《辽史》卷三

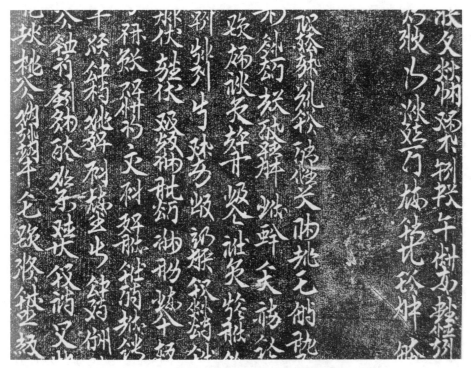

图 8-4　金代大定十年移剌斡里朵契丹小字墓志拓本局部

二《营卫志中》)。此制亦称"四时'捺钵'"，"捺钵"为契丹语"行营"之意。大部分贵族和高级官员皆随皇帝迁徙，捺钵因而成为国家政治中心，有"行朝"之称，禁卫森严。皇帝通过捺钵进行军事训练，并笼络归属民族酋长。冬夏捺钵还要举行北、南臣僚会议，商讨国家大政，决定重要人事任命。辽建有上京、中京等"五京"，实质上均不是正式的首都，而更类于镇抚地方的首府。真正首都则是流动的捺钵。

契丹贵族普遍信奉佛教，故今天所见辽朝文化遗存中有关佛教者最多。北京房山云居寺现存隋朝至明末石刻佛经 14620 板，其中属辽朝所刻者至少有五六千板。辽朝后期还以雕版印刷术刊印汉文《大藏经》，以帙简部轻、纸薄字密著称，号为"契丹藏"或"辽藏"。佛教建筑今存蓟县独乐寺观音阁、山西应县木塔(图 8-5)、内蒙古宁城砖塔、呼和浩特万部华严经塔等，均具有很高的建筑学水平和文物价值。

党项人在西夏建国前夕创制了文字。这套文字在元昊授意下由大臣野利

图 8-5 山西应县辽代木塔

仁荣制成，当时称为蕃书，后人称西夏文。西夏统治者在本民族文字的推行和规范化方面做了大量工作，将其尊为"国字"，设立"蕃学"加以教习，而且还编印了多种字典、辞书，从文字学、语义学、语音学等方面对西夏文进行归纳和研究。今天保存下来的西夏文刊本、写本文献相当丰富，远多于契丹文、女真文等其他古代民族文字。其中，最主要的部分都是 20 世纪初在内蒙古额济纳旗黑水城遗址发现的，其中包括法典《天盛律令》、军事法典《贞观玉镜统》、历史著作《太祖继迁文》、字典《音同》《文海》、双解辞典《番汉合时掌中珠》（图 8-6），以及译自汉文的《论语》《孟子》《孝经》《孙子兵法》、佛经等等。学术界对西夏文的解读、研究也因而取得了较大成绩。目前所知西夏文字数量，约为 6000 有余。它是模仿汉字创造的，形体方整，构字方式大多类似于汉字中的会意、形声字。差异之处，是结构更复杂，笔画更繁冗，斜笔较多，并且象形、指事字极少，没有汉字那样明显的偏旁体系。西夏文的行用时间也相对较长，直到明朝中期仍有使用。

西夏的官制主要模仿北宋。除汉式官称外，又另有一套"蕃号"官称，如宁令、谟宁令、丁卢、素赍、祖儒、吕则等等。曾有学者据此以为西夏有蕃、汉两套职官系统，有如辽之南北面官制。但大多数研究者认为"蕃号"与汉式官称只是对同一套官制的不同语言称谓，并不存在两套官制。史书所载"蕃号"官称

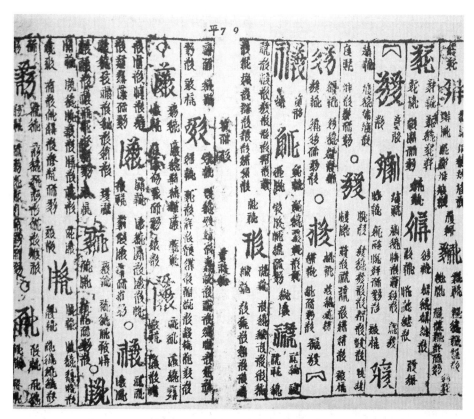

图8-6　《番汉合时掌中珠》书影

大部分见于与宋朝外交往来的官员头衔,他们用本族语言自称官名,当是出于民族自尊的表现。

女真文字创制于金初,与契丹文字一样有大、小字之分。太祖天辅三年(1119),大臣完颜希尹制成女真字。第三代皇帝熙宗在位时,又创制另外一种女真字。时以希尹所撰称为女真大字,熙宗所撰称为小字。女真字传世的材料有限,现在能见到的主要只有一种女真文字,字数已有859,学者一般认为是女真大字。女真文字的制定直接受到契丹文字的影响,也间接地受到汉字的影响。它以契丹、汉两种文字为基字,或取其音,或取其义,然后增减笔画,形成新的文字。为推广本民族文字,女真统治者很早就开始创办女真字学校,后来还专门开设了女真进士科,以女真文进行考试,策论用女真大字,诗用小字。这些措施有力地推动了女真文化的发展,培养出不少本民族的统治人才。直到明初,女真文字仍在东北地区的女真人中行用,明朝四夷馆专门编有女真文与汉文对照的工具书《女真译语》。

女真汉化较速,国家制度基本沿袭唐宋,但却保持了一套本民族的内部管理体系,即猛安谋克。猛安谋克渊源于早期女真族因围猎需要而设置的军事单位,金朝建立前后将其制度化,每三百户编为一谋克,十谋克编为一猛安。战时以之统军,平时则作为行政管理组织。猛安、谋克既是组织单位名称,也是长官称号。金朝占领中原后,将猛安谋克组织成批南迁,至内地"与百姓杂处,计其户口以给官田,使自播种以充口食"[7]。所谓"杂处"是就较大范围而言,实际上猛安谋克户都是在汉族村落之间单独筑寨,其组织并未拆散,管理上也不隶州县,仍然保持原来的系统。猛安为从四品,相当于州防御使,谋克从五品,相当于县令。谋克以下分设若干村寨,五十户以上设寨使一人。平时进行耕作,兼事军训,遇战事由丁壮自置鞍马器械出征,家口仍留居务农。猛安谋克是金朝统治的重要支柱。金中期以下猛安谋克积弱不振,金朝也就逐渐衰落了。

蒙古文字最早创制于成吉思汗建国前夕。1204年成吉思汗灭乃蛮,俘获其掌印官畏兀儿人塔塔统阿,命其教授汗室子弟用畏兀儿字书写蒙古语。畏兀儿即唐代的回鹘,其文字是由古代粟特文发展而来的一种拼音文字,共有字母约20。用畏兀儿字拼写蒙古语,就形成了最初的蒙古文字。学者称这种文字为蒙古畏兀字,或称回鹘式蒙古文。元世祖忽必烈时,又命吐蕃僧侣八思巴创制新的蒙古文字,于至元六年(1269)颁行天下。这种文字是由吐蕃文字母改制而成的,共有四十多个方体字母,后人称为八思巴蒙古字。当时规定用它"译写一切文字,期于顺言达事"(《元史》卷二〇二《释老传》)。也就是说,不仅用这套字母拼写蒙古语,也用它们来拼写汉语和其他民族语言。这在中国文字史上是一次创造性的尝试,也是最早的汉语拼音化方案。为推广八思巴字,元廷在中央、地方广泛设立蒙古字学校,培养有关人才。终元一代,八思巴字一直作为法定文字在官方文书中普遍使用(图8-7)。但八思巴蒙古字也存在一些缺点,主要是文字符号相对复杂,拼写蒙古语时以音节为单位,致使语词割裂,不易识读,不如蒙古畏兀字以词为拼写单位,更符合蒙古语的黏着性特点。因此到元朝灭亡后,八思巴字在蒙古社会逐渐失传。相反蒙古畏兀字

图8-7　元代八思巴字符牌

经过一些改革,演变成为今天的蒙古文。

　　蒙元时期,统治者在编写汉文实录的同时,又以蒙古文修国史,称为"脱卜赤颜"(蒙古语"历史"之意),形成两种文字的双重修史制度。脱卜赤颜的编修由蒙古勋贵主持,蒙古知识分子从事撰写,秘藏于宫中,不令汉人传阅。明朝初年,曾用汉字音译了记载蒙古部落源流和大蒙古国前期历史的最早的一部分脱卜赤颜,用作四夷馆教材,称《元朝秘史》,流传于今。其余部分的脱卜赤颜则已亡佚。从《元朝秘史》看,其组织结构、叙事方式都与汉文史籍有明显不同,更类似于民族史诗,不大重视时间概念,而文学意味较强,记载生动,多有即兴发挥的排比、铺陈。它不仅具有较高的史学、文学价值,而且因为保存了大量的古代蒙古语资料而受到语言学家的重视。当时用蒙古文编修的史书还有《阿勒坛·帖卜迭儿》,汉语意为"金册",主要记载成吉思汗家族谱系,现亦失传,但部分内容保留在波斯史著《史集》当中。

　　蒙古建国之初,颁行了一系列具有草原游牧民族特色的国家制度,其中的很多内容一直保留到元王朝。例如成吉思汗曾在蒙古部落习惯法的基础之上重新颁布了一系列法律条文(蒙古语称"札撒"),后用蒙古文记录成卷,名为《大札撒》。其中包括维护汗权、维护游牧社会的等级制度、保护牧业经济等基本内容,也残存了一些蒙古人传统的习俗和迷信禁忌。元朝每逢新帝即位,在贵族聚会典礼上都要诵读《大札撒》条文,以示遵行祖制。元朝的法律也因而渗入了不少蒙古法的内容。成吉思汗还任命了掌管司法的官员大断事官,蒙古语称也可札鲁忽赤,审断刑狱、词讼,并主管贵族属民的分配。到元朝,也可札鲁忽赤一职仍旧存在,主要负责蒙古人司法诉讼等事。成吉思汗建立了由贵族子弟组成的宿卫亲军,称为"怯薛",又在被征服地区广泛设立由蒙古人担任的监临官,称"达鲁花赤"。这些制度也都保持到元王朝。与同属游牧民族王朝的辽朝相似,元朝政治体制也明显具有汉制与本族旧制并存的二元色彩。但与辽双轨并行的南、北面官制度不同,元朝的草原旧制并未构成独立的系统,而是被配置在汉式王朝体制的内部发挥作用。从这层意义上,也可以说元王朝是一个中原政权模式与蒙古旧制的混合体。

第三节　边疆的开拓与大一统的重建

辽、夏、金对边疆的开拓与建设　　大一统下的元朝行省　　元朝的边疆管理　驿站与急递铺　疏通运河与开辟海运

作为边疆民族建立的王朝,辽、夏、金、元在边疆开拓方面取得了显著成绩,为中国作为统一多民族国家的历史发展做出了重要贡献。

契丹民族长期活动于潢水流域及其附近。建国以后,以潢水流域为中心,包括今天内蒙古东南部,辽宁、吉林西部的草原地区成为辽的国家重心所在。辽帝四时捺钵,往来巡幸,大致不出这一范围。在辽代,这里的经济开发成就也最为显著。成批的汉人被迁徙前来进行屯垦,昔日荒僻的草原上营建起大量城镇,形成了农牧兼营互补的经济结构,手工业、商业也都有明显的进步。辽灭亡后,余部至西域建立西辽,其版图东北至叶尼塞河上游,北越巴尔喀什湖,西达咸海,西南抵阿姆河。西辽政权继承了辽朝汉式王朝的特点,有年号、庙号和汉式官制,国中汉文与契丹文并行,并且带去了很多汉人。蒙古西征时耶律楚材作诗云:"后辽兴大石,西域统龟兹,万里威声振,百年名教垂。"其自

注谓耶律大石"颇尚文教,西域至今思之"[8]。西夏统治下的宁夏、甘肃地区,发展起了比较发达的灌溉农业。《宋史》卷四八六《夏国传下》云:"其地饶五谷,尤宜稻麦。甘、凉之间,则以诸河为溉。兴、灵则有古渠曰唐来,曰汉源,皆支引黄河。故灌溉之利,岁无旱涝之虞。"现存西夏法典《天盛律令》中载有相当详细的水利法规,对水利设施的管理、维护、使用都有具体规定。金朝则以东北地区为本民族"内地",重视程度远超前代。金前期虽已灭北宋,仍以东北的上京为都城。海陵王迁都燕京后,一度废除上京名号,不久金世宗仍加恢复,定为陪都,并亲自前来巡幸。上京作为陪都设有留守,兼总管府,还设有主管财政的转运司和主管监察、司法的提刑司。金初曾将大批中原汉人迁至东北,谓之"实内地"。女真族建国前已开始从事粗放的农业生产,汉人迁入使得这里的生产水平大为提高,农作物品种增加,农具也更为先进。据章宗明昌四年(1193)大臣所奏,东北地区每岁收税粟20.5万余石,储存的粮食达到247.6万余石(《金史》卷五〇《食货志五》)。

元朝的大一统规模超迈前代,其疆域"北逾阴山,西极流沙,东尽辽左,南越海表。……东南所至不下汉、唐,而西北则过之"(《元史》卷五八《地理志一》)。为管理这样广袤的疆土,元朝逐渐形成一套行省制度。因中央宰相机构为中书省,派高级官员外出镇遏方面,称"行中书省事",简称行省。起初行省带有比较明显的中央派出机构色彩,至忽必烈后期已基本上转变为地方常设的最高行政机构,全国形成辽阳、甘肃、陕西、河南、江浙、江西、湖广、四川、云南九行省。后来又设立了岭北行省,共十个行省,皆"掌国庶务,统郡县,镇边鄙,与都省为表里,……凡钱粮、兵甲、屯种、漕运,军国重事,无不领之"(《元史》卷九一《百官志七》)。在邻近首都大都(图8-8)的河北、山西、山东等地区,不设行省,由中书省直辖,称为"腹里"。行省辖区广阔,权力集中,地方军、政、财权无所不统,与宋朝分割地方权力的制度明显有异。这种情况很大程度上渊源于元朝特殊的民族征服背景。中央只有加重行省权力,才能够及时并有效地镇压反抗行动,同时也能对分封在边疆地区的诸王贵族进行节制。行省官员中仅有主要长官能掌握军权,而这类职务通常不授予汉人,因此地方权重之弊可以通过民族防范、民族控制得到部分弥补。中央还通过监察等各种制度杠杆对行省进行遥控。在后来的历史发展中,元朝行省极少扮演体现

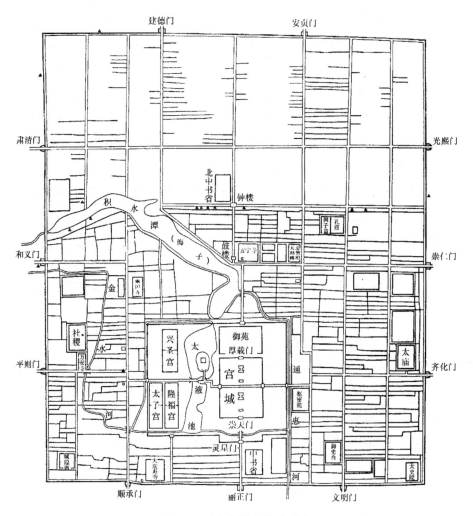

图 8-8　元大都城复原平面图

地方独立性、代表地方利益的角色,相反主要起到了代表中央控制地方局势、征敛财富的作用。

　　元朝不仅版图辽阔,对边疆的控制也在以前朝代的基础上更为强化。很多过去大一统王朝的"羁縻之州",到元朝"皆赋役之,比于内地"(《元史》卷五八《地理志一》)。对漠北、东北、云南、吐蕃等边远地区,元朝都因地制宜地实施了有效的行政管理。漠北在忽必烈定都汉地以后失去了国家政治中心的地位,改设宣慰司都元帅府,后升为岭北行省。这一地区没有州、县建置,实际基层行政单位仍然是蒙古社会中传统的千户、百户组织。元廷大批签发内地军民前往漠北屯田，并在一部分蒙古牧民当中传授耕作技术，使得漠北地区农业生产取得了突出的成就。对草原上时常发生的自然灾害，也都投入大规模的财力，从中原调拨粮食、布帛进行赈济，购买羊马分给灾民，保护了畜牧业相对稳定的发展。在民族复杂的东北地区，设立了辽阳行省，辖境东到大海，包括库页岛在内，东南与高丽接壤。云南地区早在至元十一年（1274）即设置行省，下辖37路、2府，多用土官任职，可世袭，犯罪也仅罚不废。第一任行省长官、回回人赛典赤赡思丁在云南"教民播种，为陂池以备水旱，创建孔子庙、明伦堂，购经史，授学田，由是文风稍兴"（《元史》卷一二五《赛典赤赡思丁传》）。张立道任大理等处巡行劝农使，向当地民族传授内地的先进养蚕方法，"收利十倍于旧，云南之人由是益富庶"（《元史》卷一六七《张立道传》）。在元朝的直接统治之下，云南与内地的联系日益紧密，社会经济和文化事业都有显著发展。吐蕃作为一个单独的大行政区，未设行省，由中央的宣政院直接统辖。元朝皇帝信奉吐蕃喇嘛教，尊喇嘛教萨斯迦派僧侣为帝师，因而由掌管全国佛教事务的宣政院兼领吐蕃之地。宣政院下属的地方行政机构分为三道，分别为吐蕃等处宣慰使司都元帅府（辖吐蕃东北地区）、吐蕃等路宣慰使司都元帅府（辖吐蕃东南地区）、乌思藏纳里速古鲁孙等三路宣慰使司都元帅府（辖吐蕃中西部，今前后藏和阿里地区）。官员皆由宣政院或帝师荐举，皇帝予以任命，低级地方官可由当地僧俗首领按本地习惯自相传袭。为加强统治，元廷还在吐蕃进行了清查户口、设置驿传等工作。

为加强大一统国家的内部联系，迅速传递信息，元朝在全国范围内建立了驿站和急递铺系统。驿站之"站"是蒙古语 Jam 的音译，即汉语"驿传"之意。在元朝它往往与"驿"合用，并渐渐取代后者，沿用至今。元朝以大都为中心修筑了四通八达的驿道，东连高丽，东北至奴儿干（今黑龙江口一带），北达吉利吉思，西通伊利、钦察两汗国，西南抵乌思藏（今前、后藏地区），南接安南（今越南北部）、缅国，范围之广，前所未有，做到了"人迹所及，皆置驿传，使驿往来，如行国中"（《元史》卷六三《地理志六·河源附录》）。全国共设有陆站、水站共约1500处，为各级政府因公差遣人员服务，提供交通工具、住所、饮食、薪炭等，也用来运输官府物资，是当时最便利的交通体系。服务人员从当地百姓

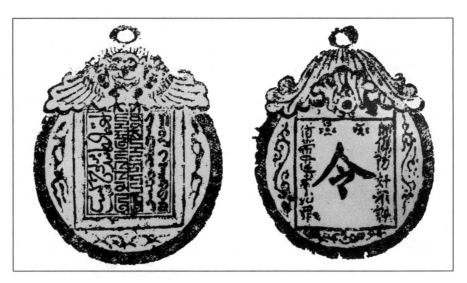

图 8-9 元代急递铺令牌

中签发,单立户籍,称站户。急递铺是元代的官方邮递系统。每 10 或 15、25 里设一铺,置铺兵五人,负责传递文书。传递速度规定为一昼夜 400 里,急件 500 里(图 8-9)。

元灭南宋后,为征调南方财赋以供京师之需,进行了疏通漕运和开辟海运的工作。昔日沟通南北的大运河,在宋金对峙时期已多处淤塞。元世祖后期,在山东开凿会通河,起于须城(今山东东平)西南之安山,向西北达于临清,全长 250 余里,建闸 31 座。随后又采纳著名科学家郭守敬的建议,在京郊开凿通惠河,引大都西北诸泉水东至通州(今北京通县),全长 164 里。经重新疏凿,运河改变了过去迂回曲折的航线,河道基本取直,航程大为缩短,运粮船可以直接驶入大都积水潭(今北京北什刹海一带)停泊。"江淮、湖广、四川、海外诸番土贡、粮运、商旅懋迁,毕达京师。"[9]这条河道在明、清两代一直发挥着重要作用。另外元朝还首次开辟了南北海运航线。每年二月由长江口之刘家港载粮入海,自崇明东入黑水洋,取直线北行,绕胶东半岛入渤海,抵直沽。顺风时,十天即可驶完全程。海船在直沽交卸完毕,于五月返航,随即运夏粮第二次北上,八月再度回航。据估计,在当时的南北交通运输线中,河漕比陆运的费用节省十之三四,海运则比陆运节省十之七八。海运与运河共同成为元朝的重要经济命脉,大大加强了南北方的经济联系。

第四节　北方民族与汉族的融合与交流

契丹与汉族的融合　女真与汉族的融合　党项与汉族的融合　内迁蒙
古、色目人融入汉族　蒙古族的形成　回族的形成

辽、夏、金、元的统治在中国古代民族关系史上产生了重要影响。各王朝中居于统治地位的北方、西北民族在与汉族社会的接触过程中,相继出现汉化趋势,大部分通过内迁逐步与汉族相融会。中华民族大家庭中的两个重要成员蒙古族和回族则在元朝开始形成。

契丹是一个游牧民族,但一直活动于华北农业区北缘,对汉族农业文明有着较长时间的接触和了解。早在遥辇联盟时代,耶律氏所在的契丹迭剌部即已开始发展农耕、纺织。开国不久又建立了孔子庙,春秋祭祀。辽后期皇帝道宗尝谓"吾修文物,彬彬不异中华"[10]。辽朝针对汉族士人开设科举,起初规定契丹人不得应试,但后来禁令松弛,西辽政权的创建者耶律大石即为进士及第。这都反映出契丹民族,特别是其上层统治集团逐渐汉化的倾向。辽亡于金,契丹成为被统治民族,大部分人被金朝编为部族军,守卫北方边境,或承担畜牧业劳动。一部分契丹贵族在金朝任职,也加入了女真贵族汉化的潮流。大蒙古国前期,辽太祖长子耶律倍的八世孙、金尚书右丞耶律履之子耶律楚材在汗廷怯薛中负责主管汉地文书,汉人称之为中书令。他实际上已经是一个汉化相当彻底的契丹士大夫。面对战后的混乱局面,楚材反复向蒙古统治者陈说儒家治国之道,推行了一系列旨在恢复汉地正常统治秩序的措施,包括下令减少屠杀、按照中原传统定立赋税制度、通过考试选拔儒士人才、设立机构编纂刊印经史著作等等,为保护和延续中原农业文明做出了重大贡献。后人推崇他"大有造于中国,功德塞天地"[11],给予了极高的评价。在元朝民族等级制度"四等人制"中,契丹人、女真人、北方汉族居民皆被视为一体,受到相同待遇,统称"汉人"。到元末明初,契丹除有一小部分融入漠北蒙古族和东北女真族外,绝大部分都与汉族社会融合,作为一个民族已从历史舞台上消失[12]。

　　女真建国前后，其生产方式已由渔猎进化为粗放的农耕，因此虽然其活动区域距汉地较远，而汉化速度则比契丹更有过之。第三任皇帝熙宗尚未迁都中原，即已"失女真之本态"，"宛然一汉家少年子也"[13]。迁都以后诸帝汉化愈深，文治更盛，被誉为"一代制作，能自树立唐、宋之间"（《金史》卷一二五《文艺传序》）。金初将东北的女真猛安谋克户大批迁入中原，这些人内迁既久，多习汉语，衣汉服，效仿汉族生活和享乐习惯，或弃武就文，趋尚文墨，本民族原有的尚武精神逐渐沦失。金世宗在位时，推行"女真本土化"即保留女真旧俗的运动，提倡节俭、率直、骑射、力田等"女真旧风"，反对奢华、狡诈、游逸、不事产业等汉族社会"恶习"，但终于大势无补。女真人与汉人通婚的现象也日益普遍。金亡以后，中原女真人大多数相继改用汉姓，如完颜改王、乌古论改商、纥石烈改高、术虎改董、蒲察改李、赤盏改张等，渐与汉族无所分别，并被元朝列入"汉人"这一等级。只有东北地区的女真人依然保持旧俗，很久以后形成了满族。

　　党项的情况与契丹近似，虽是游牧民族，但与汉族社会早有接触，熏染华风的倾向也很明显。西夏诸帝对儒学十分重视，广建学校，翻译儒家经书。仁宗仁孝在位时，下诏尊孔子为"文宣帝"。为孔子加帝号以示尊崇，此举在中国古代前无古人，后无来者。西夏中后期开设科举，允许宗室成员应试，后期皇帝神宗遵顼早年即以科举出身，且为廷试第一，这在中国历代君主中也是独一无二的。党项族还培养出了自己的儒学专家，如仁宗时大臣斡道冲精通"五经"，曾用西夏文写作《论语小义》《周易卜筮断》等书。蒙古灭西夏后，党项人高智耀数次上言，请求蠲免儒生赋役。蒙哥汗问"儒家何如巫、医"，智耀回答说："儒以纲常治天下，岂方技所得比。"稍后元朝政府为儒士单列户籍，令其入学读书，赋役方面予以优待，与高智耀的努力颇有关系，以致"学校中往往有祠之者"[14]。党项人在元朝通常按蒙古语读音被称为唐兀人，或按其地域称为河西人。在元朝的民族等级制度中，他们与畏兀儿等西北、西域诸族一同被列入第二等级色目人，与契丹、女真列入汉人不同。其本民族文化风习的保持也相对较久。党项民族骁勇善战，元廷侍卫亲军系统中专门建有一支唐兀卫，地方镇戍军队也有一些党项人，大都是聚族而居。元末党项人余阙记载，在他的出生地合肥，"一军皆夏人"，"其性大抵质直而尚义"，重视族群感情，崇尚团结互助。但随着时间推移,少长更替,"其习日以异,其俗日不同",质直尚义的风习已经蜕变。不仅当地如此,"及以问夏人,凡国中之俗,今亦莫不皆然"[15]。他的话从一个侧面反映出党项人逐渐与汉族社会相融会的情况。到元朝灭亡,这一融会过程也已基本完成了。

元朝的民族关系比辽、夏、金更为复杂,全体百姓被分为蒙古、色目、汉人、南人四个等级。蒙古人作为"国族",是统治者依赖的基本力量。蒙古以外的西北、西域各族人,包括唐兀(党项)、汪古、回回、畏兀儿、哈剌鲁、钦察、吐蕃等等,统称为色目人,系取"各色名目"之义。他们是蒙古统治者的主要助手。在大一统局面下,元人的活动范围空前扩大,民族之间的接触往来也更加频繁。蒙古、色目人因从政、驻防、屯田、谪戍、流亡、经商等原因大量涌入内地,与汉族杂居。例如在元朝后期镇江路所辖一司三县,即住有非汉族的外来侨寓人口 170 余户,其中包括蒙古 29 户、畏兀儿 14 户、回回 59 户、也里可温(指外来的基督教徒)23 户、河西(党项)3 户[16],其他地方的情况亦可想见。入居汉地的蒙古、色目人受到汉族社会、文化的影响,逐渐汉化。一些驻军"初至犹以射猎为俗,后渐知耕垦播植如华人"[17]。各族移民往往与汉人互通婚姻,这种异族通婚一般发生在社会阶层大致对应的家族、家庭之间。如汉人勋臣世侯家族往往与高层蒙古、色目贵族家族通婚,而镇戍汉地的下层蒙古、色目军官军人的通婚对象亦只是一般的汉族平民家庭[18]。蒙古、色目人还逐渐使用汉文字、号乃至汉姓、汉名,特别是仿汉族习惯起字、号的做法,在元朝后期十分常见。一部分人渐受汉族礼俗影响,开始遵行守节、丁忧之制。《元史·列女传》即记载了若干蒙古、色目妇女因守节拒绝改嫁受到朝廷旌表的事例。顺帝初年"诏蒙古、色目人行父母丧"(《元史》卷三八《顺帝纪一》),也是针对入居汉地者而言。在雅文化层面的儒学、文学、艺术等领域,入居汉地的蒙古、色目人亦渐受熏染,且不少人研习颇有成就[19]。元朝灭亡以后,这些蒙古、色目移民大多数都自然地融入了汉族社会。通过当代民族调查,已经有相当一批内地省份的家族、宗族被确认为元朝内迁蒙古、色目人的后裔。

作为元朝的统治民族,蒙古族内迁汉地的仅是一小部分,大部分仍然居于漠北草原,并未因元朝灭亡而消失或同化于他族,相反却长期作为草原的主人活跃于历史舞台,直至成为今天中华民族大家庭中的重要一员。蒙古起初只是漠北的一个普通部族,通过战争兼并了草原上的其他部族,建立起大蒙古国。成吉思汗在大蒙古国推行的千户、百户制度,一定程度上打碎了原有的氏族、部族体系,使旧的氏族共同体逐渐分解,各征服部族不再能保持自己组织的完整和相对独立,而是与统治部族蒙古趋于融合,逐渐向一个较大范围、全新的蒙古民族过渡。进入元王朝后,统治者大力推动本民族文化的建设,待遇上则将原漠北各部族共同列入"蒙古人"的范畴,定为第一等。元廷对作为本民族发源地的漠北始终牢牢控制,所予重视程度是前代中原王朝无法企及的。这都极大地促进、巩固了蒙古对漠北诸部族的消化。到元朝中后期,漠北诸部族已经习惯于使用"蒙古"作为它们的总名称,很多从其他地区掳掠来的外族成员也逐渐融入蒙古族当中。尽管有内迁蒙古人汉化的事例,但如与契丹、女真、党项比较,蒙古族总体上的汉化进程相对更显迟缓。他们在进入中原以前从事比较单纯的游牧、狩猎经济,对汉族农业文明几乎全无接触和了解。认识农业经济的重要性、接受相关的一套上层建筑、意识形态,也就更为困难一些。其建国后除汉文化外,还受到吐蕃喇嘛教文化、中亚伊斯兰文化乃至欧洲基督教文化的影响,对本土文化贫乏的蒙古统治者来说,汉文化并不是独一无二的药方。虽然横跨欧亚的蒙古帝国在建立不久就陷于事实上的分裂,分化出元王朝和四大汗国,但在相当长的时间里,元朝在名义上一直还只是蒙古世界帝国的一部分。漠北草原在国家政治生活中占有重要地位,存在着一个强大而保守的草原游牧贵族集团。这就使得蒙古统治者仍不能彻底摆脱草原本位政策的影响,长期难以做到完全从汉族地区的角度出发来看问题。凡此种种,都导致了蒙古族汉化的迟缓,元朝的早衰在一定程度上与此颇有关系。不过失之东隅,收之桑榆,蒙古民族却也因此而能够在元亡之后长期保持自身的传统,为中华民族大家庭历史的发展做出自己特有的贡献。

元朝色目人与汉族相融合的状况也有一个例外,那就是今天中华民族大家庭中的另一重要成员回族。由于蒙古完成了对中亚、西亚的征服,蒙元时期有大批信奉伊斯兰教的突厥、波斯、阿拉伯人移居到中国,汉族社会称之为回回人,并被元廷列入色目人当中。汉文文献中的"回回"一词最早是指回鹘,后也用以概称西域人,到元朝其基本含义已成为伊斯兰教徒的专称,在户籍上单列一类。回回人的种族、语言、原籍并不相同,但入居中国后,在伊斯兰教强大的整合作用下,形成了一个新的文化共同体。他们散居全国各地,长期与汉族人民相处,受到汉文化较深的影响,习汉语,读儒书,仿汉人立姓氏字号。然而与此同时,他们始终保持着自己原有的宗教信仰、风俗习惯,从事兴教建寺活动。元朝灭亡以后,大部分内迁色目人都融入了汉族,只有回回人并未消失,最终发展形成了今天的回族。

注　释

〔1〕 中国历史上的"北方民族"概念,狭义上专指位于中原汉族农业区北方的匈奴、突厥、东胡系游牧民族。但就广义而言,东北地区的肃慎、濊貊系民族和西北地区的氐、羌系民族也可包括在内。本书取其广义。参阅张碧波、董国尧主编:《中国古代北方民族文化史·民族文化卷》,《绪论》,黑龙江人民出版社,1993 年。

〔2〕 金朝户数见《金史》卷四六《食货志一》,中华书局,1975 年。据《宋史·地理志》,北宋末年北方诸路户数为 586 万有余。又据王育民:《辽朝人口考》(载中国辽金史学会编:《辽金史论集》第五辑,文津出版社,1991 年)一文考证,辽朝户数最多时不少于150 万。两者合计,则达 736 万有余。

〔3〕 苏天爵编:《元文类》卷五七,宋子贞《中书令耶律公神道碑》,上海古籍出版社,1993 年。

〔4〕 参阅邱树森、王颋:《元代户口问题刍议》,载元史研究会编:《元史论丛》第二辑,中华书局,1983 年。

〔5〕 程钜夫:《雪楼集》卷一〇,《奏议·学校》,《四库全书》本。

〔6〕 参阅刘凤翥、于宝林:《契丹字研究概况》,载中国民族古文字研究会编:《中国民族古文字研究》,中国社会科学出版社,1984 年。

〔7〕 宇文懋昭:《大金国志》卷三六,《屯田》,"二十五别史"本,齐鲁书社,2000 年。

〔8〕 耶律楚材:《湛然居士文集》卷一二,《怀古一百韵寄张敏之》,中华书局,1986 年。

〔9〕 苏天爵:《元朝名臣事略》卷二,《丞相淮安忠武王》,中华书局,1996 年。

〔10〕 叶隆礼:《契丹国志》卷九,《道宗天福皇帝》,中华书局标点本。

〔11〕 沈德符:《万历野获编》卷二八,"耶律楚材"条,中华书局标点本,1959 年。

〔12〕 一部分学者认为今天的达斡尔族是契丹遗裔,但证据不足,尚未成为定论。参阅刘浦江:《关于契丹、党项与女真遗裔问题》,收入同氏《辽金史论》,辽宁大学出版社,1999 年。

〔13〕 徐梦莘:《三朝北盟会编》卷一六六,引《金虏节要》,台北:文海出版社影印,1962 年。

〔14〕　《元史》卷一二五《高智耀传》(中华书局,1976 年),陶宗仪:《南村辍耕录》卷二"高学士"条(中华书局标点本,1959 年)。参阅虞集:《道园类稿》卷二五《重建高文忠公祠记》,台北:新文丰出版公司,1985 年。

〔15〕　余阙:《青阳集》卷四,《送归彦温赴河西廉使序》。

〔16〕　《至顺镇江志》卷三,《户口·侨寓》,江苏古籍出版社,1999 年。

〔17〕　《正德大名府志》卷一〇,《文类·伯颜宗道传》。

〔18〕　参阅洪金富:《元代汉人与非汉人通婚问题初探》,载《食货》(复刊)第六卷第十二期及第七卷一、二期合刊(1977);〔日〕池内功:《元代的蒙汉通婚及其背景》,郑信哲译,载《民族译丛》1992 年 3 期。

〔19〕　关于元朝色目人熏染研习汉族儒学、文学、艺术的具体表现和事例,陈垣较早撰有名著《元西域人华化考》(收入《励耘书屋丛刻》,北京师范大学出版社,1982 年)。蒙古人在这方面的情况,则有萧启庆:《元代蒙古人的汉学》《论元代蒙古人之汉化》二文(均载同氏《蒙元史新研》,台北:允晨文化实业股份有限公司,1994 年)进行探讨。两位学者的研究旁征博引,钩稽大量零散史料于一峡,足资检阅。

第九章　中外关系史的新篇章

在 13 世纪前期到 15 世纪前期的两百年内,中外关系史翻开了崭新的一页。陆路方面,蒙古西征扫平了欧亚大陆上的此疆彼界,打通了中国与欧洲的直接联系。海路方面,海外交通和贸易在南宋的基础上继续发展,孕育出了明朝前期举世闻名的大规模远洋航行——郑和下西洋。这些成就在中华文明的发展历程上,都是值得大书特书的。

第一节　中国与欧洲的直接往来

蒙元时期的中西交通路线　欧洲传教士出使漠北　大旅行家马可·波罗
访问欧洲的中国人　罗马教廷在华传教活动

随着唐帝国的中衰,中西陆路交通一度转入低潮。宋、辽、西夏鼎立时期,北宋与西域的交通被隔断,辽朝更多地承担了沟通东西方联系的任务,在西方的声名远远盖过宋朝。俄文至今称中国 Китаи,即为契丹译音。近世西方文献中又以 Cathay、Kitail 等称中国,也都是由契丹一名演变而来。金灭辽后,耶律大石挟余部远走中亚,建立西辽,在中西交通和文化交流方面继续起着重要的媒介作用。但总的来说,这一时期的欧亚大陆政权林立,疆界繁杂,往来十分不便。经过 13 世纪前期蒙古西征的扫荡,这种状况才有了根本性的变化。

蒙古西征以后,自中唐以来逐渐衰落的丝绸之路商业贸易重新趋于兴盛。当时由西域西行的重要商路有三条。在天山以北,主要是由阿力麻里(今新疆霍城西)经塔刺思(今哈萨克斯坦江布尔城)至咸海、里海以北,穿行康里、钦察草原,直抵钦察汗国都城萨莱(今俄罗斯伏尔加格勒附近),然后再由萨莱西行至斡罗思及东欧诸国,或西南至小亚细亚。天山以北的另一条道路,是经塔剌思转行至河中(指阿母河、锡尔河之间地区,在古代中亚以经济繁荣著称),经不花剌(今乌兹别克斯坦布哈拉)、撒麻耳干(今乌兹别克斯坦撒马尔罕)至伊利汗国,亦可继续西行至小亚细亚。天山以南的一条道路,则是由和田越过帕米尔高原,经阿富汗地区进入伊利汗国。除去由西域西行的商路外,还新开辟了一些中西之间的新商路,如由漠北经阿尔泰山西行以及由南西伯利亚西行的道路等。就内地至西域的商路而言,不仅有传统的由关陇经河西的古道,还有经河套、宁夏、亦集乃(今内蒙古额济纳旗东南)入西域的新路。总之,这一时期中西陆路交通线之复杂达到了空前的规模,对加强东西方经济联系起了重要作用[1]。在这些道路上活动的商人主要是中亚、西亚的回回商人,他们为蒙古贵族经营珠宝等奢侈品生意,在商业政策方面受到种种优待。另外,也有一些来自钦察汗国乃至欧洲的商人前来中国贸易。

在这样的背景下,中国与欧洲进入了直接往来的时代。最早开辟直接往来渠道的是欧洲传教士。蒙古西征之后,罗马教廷和欧洲各国均受到极大震动,教皇英诺森四世遂派遣教士东赴蒙古,劝说其停止侵犯基督教国家,并了解大蒙古国的具体情况。意大利教士普兰诺·加宾尼(Plano Carpini)奉命出使,于1246年7月抵达漠北,谒见了刚刚即位的蒙古第三代大汗贵由,呈上教皇的信件。年底,持贵由汗答复教皇的劝降诏书返回。至1253年,法国教士威廉·卢布卢克(William Rubruck)又奉法王路易九世之命出使蒙古传教,见到了第四代大汗蒙哥,但也是不得要领而归。不过两位教士各自撰写了比较详细的出使报告,记述了蒙古草原地区的政治、经济、风土人情诸方面情况。

忽必烈建立元朝以后,虽然蒙古的统治重心已经南移,但与欧洲仍保持着持续的来往。元人朱思本《贞一斋诗文稿》卷一《北海释》云:"西海(按指地中海)虽远在数万里外,而驿使贾胡时或至焉。"据载,早在忽必烈即位不久的中统二年(1261),即有"发郎国遣人来献卉服诸物"。"发郎国"当即波斯人对欧洲统称Frank的音译。时人记载"其国在回纥极西徼,……妇人颇妍美,男子例碧眼黄发"[2],足见系欧洲人无疑。大约在此后不久,威尼斯商人尼柯罗、玛菲奥兄弟因经商到达上都,经忽必烈接见后,又奉命充副使,随一蒙古使臣西

图 9-1 马可·波罗像

行出使罗马教廷。途中蒙古使臣因病淹留,尼柯罗兄弟则持元朝国书到达罗马,完成了使命。随后,他们又被教皇格利高里十世委派再度东行向忽必烈复命,经长途跋涉,于 1275 年第二次抵达上都。此次东行,尼柯罗之子马可·波罗(Marco Polo)随父亲和叔父一同前来。由于马可·波罗聪明谨慎,擅长辞令,因而颇得忽必烈赏识,在元朝留居 17 年。忽必烈曾派他巡使江南、西南的很多地方,还出使到东南亚一些地区。后来伊利汗阿鲁浑遣使者兀鲁鰂等三人到元朝请婚,忽必烈命其护送伯岳吾氏阔阔真公主西行,马可·波罗及其父、叔亦获准一同返乡。他们于至元二十八年(1291)由泉州乘船启程,途经伊利汗国,于四年后终于回到威尼斯(图 9-1)。以后根据马可·波罗的记忆与口述,由鲁思梯切诺笔录,写成《马可·波罗游记》一书。此书轰动一时,在中世纪欧洲人面前展示了一个崭新而神奇的东方世界,影响了以后几个世纪的欧洲航海家、探险家。它现存的不同抄本即达 140 种,各种文字的译本亦有 120 种以上。

　　这一时期,来自中国的旅行家在历史上第一次访问了欧洲。汉文史料没有提到这位旅行家的名字和事迹,其有关情况仅见于西文记载。他的名字为列班·扫马(Rabban Sauma),其中 Sauma 为本名,Rabban 为叙利亚语"教师"

之意,是尊称。扫马是生活在大都的畏兀儿人,自幼信奉景教,东胜州(今内蒙古托克托)人马忽思(亦为音译,Marcus)从其学。约至元十二年(1275),二人由大都出发赴耶路撒冷朝圣,但因故只走到报达(今伊拉克巴格达)。后来马忽思被拥戴为景教新教长,称雅巴·阿罗诃三世(Yahbh Allaha Ⅲ),扫马也被任命为教会巡视总监。1287 年,扫马受雅巴·阿罗诃三世及伊利汗阿鲁浑的委派,率使团出使欧洲。他在法国会见了法王腓利普四世和英王爱德华一世,又到罗马觐见教皇尼古拉斯四世,都受到热情款待。在圆满完成出访任务后,扫马回到报达,辅佐雅巴·阿罗诃三世管理教务,直到去世。列班·扫马访欧加强了西方对元朝的了解。他向教皇表示忽必烈大汗"对罗马教廷,也对拉丁民族和百姓怀有热爱之情",并代表伊利汗阿鲁浑请求教皇派教士前往蒙古宫廷[3]。教廷因而决定更积极地开展对东方的传教工作。

早在蒙古建国以前,基督教的分支景教(聂思脱里派)即在大漠南北广泛传播,漠北克烈部、乃蛮部,漠南汪古部都有不少人信仰景教。从大蒙古国到元朝,景教在上层统治集团中也有一定程度的流行。如拖雷之妻、蒙哥和忽必烈的生母唆鲁禾帖尼出自克烈部,就是虔诚的景教徒。忽必烈时期在东北发动叛乱的宗王乃颜(成吉思汗幼弟帖木哥斡赤斤后裔)也信仰景教,马可·波罗称其旗帜上"以十字架为徽志"[4]。但在罗马教廷看来,景教属于基督教之异端,因此计划加强正宗教派天主教在东方的传播。1289 年,天主教教士、意大利人孟特·戈维诺(Monte Gorvino)受教皇尼古拉斯四世委派,涉海来华。他于至元三十一年(1294)到达大都,向新即位的元成宗呈递了教皇的书信,被允许进行传教工作。根据现存孟特·戈维诺写给本国教友的信件,他曾长期居于大都,翻译《新约》和祷告诗,并兴建教堂两所,收养幼童 150 人,为大约6000 人进行了洗礼。其间多次受到景教徒的攻击和诬陷,曾被关押、审讯,但最终得以昭雪。原来信仰景教的元朝驸马、高唐王阔里吉思(汪古人)也跟从他改奉天主教。元人将当时的基督教徒和教士,包括景教、天主教在内,统称为"也里可温",在中央设崇福司进行管理。

1307 年,教皇克利门特五世获悉孟特·戈维诺的传教业绩,正式任命其为大都大主教,并遣教士安德鲁(Andraw)等七人东来相助。安德鲁一行先从陆路至印度,又经海路到达大都,沿途历经险厄,颠沛流离,共花费了七年多时间,最后到达者仅三人。元人朱德润曾经记载他们来华的情况,称其"四年至乞失密(按指今克什米尔),又四年至中州,过七度海方抵京师焉"[5]。1312年,教廷又派出佛罗伦萨人彼得等来华,后亦到达大都。在新来教士的协助下,孟特·戈维诺更加积极地发展传教事业,在当时元朝最重要的国际贸易港口福建泉州设立了分教区(图9-2)。大约在1328年,孟特·戈维诺病卒。教皇闻讯后,又向中国派出第二任大主教尼古拉,从行教士20名。但尼古拉等人只到达了察合台汗国,随后下落不明。这段时间,意大利教士鄂多立克(Odoric)也来中国做私人旅行。他先由海路抵达广州,又经泉州、杭州、集庆等地北上,在大都居住三年,可能曾见到已近暮年的孟特·戈维诺。鄂多立克后由陆路经西藏、中亚回到欧洲,并著游记传世。

孟特·戈维诺在大都发展的受洗教徒,以编入侍卫亲军的阿速人、钦察人、斡罗思人为主。顺帝在位时,孟特·戈维诺已经去世有年,这些教徒遂以知枢密院事福定、同知枢密院事者燕不花、左阿速卫都指挥使香山为首,向教皇上书,请求速派新任大主教东来。他们的上书在后至元二年(1336)由元顺

图9-2　福建泉州意大利基督教主教安德肋·
贝鲁亚古拉丁文墓碑

帝派出的一个十六人使团携带前往罗马教廷。使团还携带了顺帝致教皇的书信,以"长生天气力里、众皇帝之皇帝圣旨"的名义,写给"七海之外、日落之地、法兰克基督教徒之主罗马教皇阁下",提出"开辟两国经常互派使节之途径,并仰教皇为朕祝福,在祈祷中常念及朕,仰接待朕之侍臣、基督之子孙阿速人",又希望"带回西方良马及珍奇之物"[6]。1338 年,使团抵达教皇伯涅的克十二世的驻地阿维尼翁(在今法国南部),受到热情款待,游历了欧洲很多地方。随后教皇派佛罗伦萨教士马黎诺里(Marignolli)等数十人随元朝使团回访中国。马黎诺里一行经陆路于至正二年(1342)到达上都,向顺帝进呈教皇书信,以及骏马一匹作为礼物。其马高大,身纯黑,而后二蹄皆白。史书记为"拂郎国贡异马"(《元史》卷四〇《顺帝纪三》)。当时诸臣争作《天马赋》《天马赞》,士子习文亦以《代拂郎国进天马表》为题,可见此事轰动朝野之盛况。马黎诺里等人在大都留居三年,后乘驿至泉州,经海道西返。元朝灭亡后,明太祖朱元璋曾遣返元末来华的欧洲人捏古伦,"命赍诏书还谕其王"(《明史》卷三二六《拂菻传》)。但此后奥斯曼土耳其帝国崛起于西亚,帖木儿帝国崛起于中亚,中、欧之间的陆海路联系都被阻断,往来遂告中止。

第二节　海外贸易的发展与郑和下西洋

元朝的海外贸易　郑和下西洋始末　郑和下西洋的规模和航程　永乐时期的朝贡外交

与陆路贸易相比较,海路贸易在元朝对外贸易活动中的重要性更加突出,其规模也在宋代基础上有了进一步的扩大。如元人汪大渊《岛夷志略》后序所云:"皇元混一声教,无远弗届,区宇之广,旷古所未闻。海外岛夷无虑数千国,莫不执玉贡琛,以修民职,梯山航海,以通互市。中国之往复商贩于殊庭异域之中者,如东西州焉。"元灭南宋后,很快沿袭南宋制度,在泉州、庆元(今浙江宁波)、上海、澉浦(今浙江海盐南)四地设立市舶司,管理海外贸易事务。《元史》卷一〇《世祖纪七》载至元十五年(1278)诏谕福建行省:"诸蕃国列居东南岛屿者,皆有慕义之心,可因蕃舶诸人宣布朕意,诚能来朝,朕将宠礼之,其往来互市,各从所欲。"不久,又增设杭州、温州、广州等处市舶司。到元朝中期,市舶司统一合并为泉州、广州、庆元三处。其中泉州是当时东方第一大商港,"番货、远物、珍宝、奇玩之所渊薮,殊方别域富商巨贾之所窟宅,号为天下最"[7]。因当地生长刺桐树,故在世界上又以"刺桐城"著称。马可·波罗在其《马可·波罗游记》中即对泉州的繁华有详细描写。

元朝海外贸易输出的货物主要是丝绸、瓷器等传统手工业品,输入货物则有珠宝、药材、香料、布匹等。它不仅活跃了国内市场,也给元朝政府带来了巨额收入,被称为"军国之所资"(《元史》卷一六九《贾昔剌传》)。市舶司"抽分"所得货物,除一部分上供蒙古上层统治集团挥霍享用外,其余皆由市舶司就地出售,换取货币,解送朝廷。忽必烈在位后期,江淮行省平章政事沙不丁曾上"市舶司岁输珠四百斤、金三千四百两"(《元史》卷一五《世祖纪十二》)。仁宗末年,市舶税收入已达到钞"数十万锭"(《元史》卷二六《仁宗纪三》)。除去对私人海外贸易进行严格的管理和抽分外,蒙古统治者也试图发展官营海外贸易。不仅由朝廷选择商人代理,有时也直接派出使节率船下海,采办货物。如忽必烈时"诏遣扎术呵押失寒、崔杓持金十万两,命诸王阿不合市药狮子国(按即今斯里兰卡)"(《元史》卷八《世祖纪五》);"遣马速忽、阿里赍钞千锭往马八图(按当为马八儿国,在今印度南部)求奇宝,赐马速忽虎符、阿里金符"(《元史》卷一三《世祖纪十》)。成宗大德时,派遣使臣答术丁等"钦赍圣旨,悬带虎符,前往马合答束番国(按当指今索马里摩加迪沙)征取狮、豹等物",又派"爱祖丁等使四起,正从三十五名,前往刁吉儿(当指今摩洛哥丹吉儿)取豹子希奇之物"[8]。

总体来看,元朝的海外贸易相当发达,其航运规模在当时世界上居于领先水平。据马可·波罗等外国旅行家记载,元朝海船大多以松木制成,船底二或三层,分隔为十余舱或数十舱,普通四桅,亦有多至六桅者,其载重量可高达二三百吨。一只大船皆附带若干小船,供碇泊时上岸采柴汲水之用。舶船内部组织严密,有纲首(船长)、直库(负责管理武器)、火长(领航员)、舵工、梢工、碇手、杂事、部领等分工。通过海外贸易,元朝与亚、非很多的国家和地区建立了联系。元成宗时周达观出使真腊(今柬埔寨),回国后著《真腊风土记》

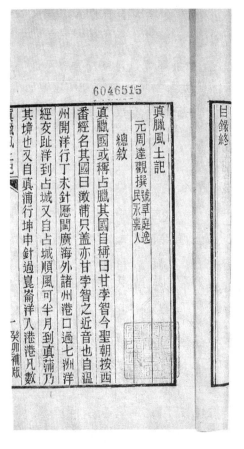

图9-3　《真腊风土记》书影

（图9-3），记述柬埔寨吴哥时代文明的盛况，成为今天了解吴哥文化的主要文字史料。同样成书于成宗时期的陈大震《南海志》记录了一百四十多个国家和地区的名字，元末汪大渊著《岛夷志略》，则列举了他亲身游历过的亚洲和东非近一百个国家、地区。元朝舶船的贸易活动对亚、非很多地区的经济生活产生了重要影响。如在安南港口云屯，"其俗以商贩为生业，饮食衣服，皆仰北客（按指元朝商人）"[9]。当时东、西洋各国皆称元朝人为"唐人"，元朝商船为"唐舶"。据《岛夷志略》记载，文老古（今摩鹿加群岛）人"每岁望唐舶贩其地"。浡泥（今加里曼丹岛）人"尤敬爱唐人，醉则扶之以归歇处"。麻逸（今菲律宾明多罗岛）商人将元船货物"议价领去，博易土货，然后准价舶商，守信终始，不爽约也"。大批"唐人"因经商之便侨居于东南亚各地，为当地经济开发做出很大贡献。同时，也有不少海外"蕃客"寓居于元朝的泉州、广州等处港口，在这些城市中存在着比较固定的侨民聚居区。

在宋、元海外交通和贸易不断发展的基础上，15世纪初，明朝政府组织了七次空前规模的远洋航行和官营海外贸易，这就是著名的"郑和下西洋"。

明太祖朱元璋建国后，对外奉行睦邻友好的方针。在晚年所撰《皇明祖训》中，他将边疆睦邻政策作为"祖制"规定下来，称"四方诸夷皆限山隔海，僻在一隅，得其地不足以供给，得其民不足以使令。若其不自揣量，来挠我边，则彼为不祥。彼既不为中国患，而我兴兵轻犯，亦不祥也，吾恐后世子孙倚中国富强,贪一时战功,无故兴兵,致伤人命,切记不可"。并把当时所知道的海外国家、地区基本上都列为"不征之国"(《皇明祖训·箴戒章》)。元末明初,东南沿海受到日本海盗倭寇的频繁侵扰,明廷除在沿海修建城戍防备外,又采取经济封锁的手段,禁止百姓私自出海贸易。由于实施"海禁",明朝与海外诸国的经济往来主要采取朝贡贸易的形式。各国官方使者以朝贡名义向明廷献上"方物",明廷将对方所需物品作为赏赐颁发,实际上是一种具有政治色彩的交换行为。此外,也允许贡使将所带多余物品与民贸易,但"有贡舶即有互市,非入贡即不许其互市"[10]。明廷通过发放称为"勘合"的执照来限制各国朝贡次数,故又有勘合贸易之称。1402年,明成祖朱棣通过内战夺得皇位。他在对外政策上比朱元璋更为积极,不仅大力发展传统的朝贡贸易,还将这一贸易形式主动推往海外进行,"下西洋"的举措就这样出台了。具体负责这一工作的,则是明成祖的亲信宦官郑和。

郑和(1371—1433),云南昆阳州(今云南晋宁)人,出身于穆斯林家庭,本姓马。洪武十五年(1382),明军平定云南,年幼的郑和可能就在此时成为明军俘虏,被阉割送入宫中,成为宦官(图9-4)。后来他随侍燕王朱棣,因办事机敏能干,获得朱棣赏识。在朱棣夺取皇位的"靖难之役"中,立有战功,受赐姓郑。朱棣即位后,郑和升任内官监太监,人称"三宝太监"[11]。自永乐三年(1405)起,郑和奉命承担统领船队、远航"西洋"的任务。当时人将海外诸国以婆罗洲(今文莱)为界分为两部分,以东称东洋,以西称西洋,郑和的航行目标,主要是婆罗洲以西的东南亚、南亚、西亚、东非地区,在当时都属于"西洋"范围。《明史》卷三〇四《郑和传》云:"成祖疑惠帝亡海外,欲踪迹之,且欲耀兵异域,示中国富强。永乐三年六月,命和及其侪王景弘等通使西洋。将士卒二万七千八百余人,多赍金帛,……遍历诸番国,宣天子诏,因给赐其君长,不服则以武慑之。"据此则下西洋的目的,首先是追踪失去皇位后下落不明的建文帝朱允炆。但学者一般认为,综合七次下西洋活动来看,追踪建文帝的目的即使有,也是次要的。最主要的动因,应当还是"耀兵异域,示中国富强",这完全符合明成祖积极开拓的总体对外方针和好大喜功的性格特点。

郑和的七次远航,前几次几乎是连续不断地进行的,后几次才略微有一些间隔。永乐三年六月至五年(1407)九月为首航。回国后马上进行第二次航

图 9-4 云南晋宁县昆阳郑和墓

行,永乐五年九月出发,七年(1409)七月返回。七年九月,开始第三次航行,九年(1411)六月返回。永乐十一年冬,第四次下西洋,十三年(1415)七月返回。十五年第五次出航,十七年七月返回。十九年(1421)春第六次下西洋,二十年八月返回。二十二年明成祖死去,此后远航活动停止了一段时间。至宣宗宣德六年(1431),郑和奉命第七次下西洋。八年(1433)三月,郑和在归航途中病逝于古里(今印度南部西海岸科泽科德),七月船队回到南京,下西洋活动结束[12]。郑和七次下西洋,都统领着规模巨大的船队,船只上百,多时在200艘以上,满载瓷器、丝绸、铁器等货物。随行人员多达两万七八千人,包括官员、水手、军士、工匠、翻译、医生等各类专业人员。船队所到之处,宣扬明朝国威,邀请各小国前往朝贡,并就地进行交易,用所载货物换取当地特产。但总的来说,远航主要出于政治目的,其贸易并非等价交换,往往入不敷出,所得又多为奢侈品、珍禽异兽等无用之物,而航行成本巨大,颇有劳民伤财之弊。因此到郑和去世之后,随着明朝对外政策的收敛,"下西洋"已成为历史的绝唱。明宪宗在位时(1464—1487),受到宦官所说"永乐故事"的鼓动,派人至兵部索取郑和远航的档案资料。职方郎中刘大夏深恐宪宗再行此举,遂将资料藏匿销毁,终于不了了之[13]。

郑和下西洋是中国航海史和外交史上的重大事件,也是地理大发现之前人类征服海洋的壮举。著名明史专家吴晗就此总结说:"其规模之大、人数之多、范围之广,那是历史上前所未有的,就是明朝以后也没有。这样大规模的航海,在当时世界历史上也没有过。郑和下西洋比哥伦布发现新大陆早八十七年,比迪亚士发现好望角早八十三年,比奥斯·达·伽马发现新航路早九十三年,比麦哲伦到达菲律宾早一百一十六年。……可以说郑和是历史上最早的、最伟大的、最有成绩的航海家。"[14]但由于档案资料的失传,有关郑和远航的一些细节问题疑莫能明,引起学者反复争论。其中最主要的争论是围绕两个问题展开的,一是郑和船队中大船的规模尺度,二是郑和船队的远洋航程及其终点。

郑和的船队由大大小小的众多船只编组而成,其大船称为"宝船",规模十分可观。郑和随员巩珍著《西洋番国志》,自序云:"其所乘之宝舟,体势巍然,巨无与敌。篷帆锚舵,非二三百人莫能举动"(图9-5)。关于具体尺度,最早

图9-5　明代郑和宝船舵杆

的描述见于另一位随员马欢所著《瀛涯胜览》。明钞《说集》本《瀛涯胜览》卷首记载:"宝船六十三号,大者长四十四丈四尺,阔一十八丈。"稍后的一些史料,如顾起元《客座赘语》卷一"宝船厂"条、罗懋登《三宝太监西洋记通俗演义》第十五回[15],乃至 20 世纪 30 年代发现的《郑和家谱》,都载有上述数字。《明史·郑和传》则将其笼统记述为"造大舶,修四十四丈,广十八丈"。按明尺为 0.317 米折算,则长约 140 米,宽 57 米。这一数字是否有夸大或舛误? 其长、宽比例 2.46 比 1 是否合理? 一个世纪以来,学者争讼不已,疑信参半[16]。关于长、宽比例,有的研究相信这一比例是合理的,因为木船如果造得过于瘦长,将不利于抵抗海浪冲击,巨型木船尤其如此。只有造得比较短肥,才能稳定航行。另有研究则认为此比例不合理,宽度过宽,"广十八丈"应为"广于八丈"之误,或应读为"广十、八丈"。对于总的长、宽尺度,一部分学者相信其真实性,认为这是唐宋以来造船技术不断发展与明廷政治需要相结合的产物。另一部分学者则认为并不可靠,当时造这样大的船既无可能,也无必要。又有学者推测"四十四丈四尺"的长度,实为长、阔相乘所得积数;"一十八丈"的宽度,实为阔、深相乘所得积数。看来在更直接、更有说服力的材料发现之前,上述争论还将延续下去。

郑和船队的远洋航程及其终点,是一个更加重要的讨论题目。按照传统观点,郑和前三次航行,均只到达印度西海岸,第四次以后始到达阿拉伯、东非,完成了横越印度洋的壮举,最南抵达赤道以南、今肯尼亚沿海的麻林(或作麻林地,今译马林迪)一带。《明史》卷三二六《外国传七》记印度洋诸国云:"又有国曰比剌、曰孙剌,郑和亦尝赍敕往赐。以去中华绝远,二国贡使竟不至。"许多学者都主张这两个地方应当比麻林更远,但具体位置究竟在何处,看法仍然不一。20 世纪 80 年代,沈福伟针对郑和航程进行研究,提出了一系列新观点。他的看法大体可以归纳为四方面:首先,早在郑和第一次下西洋时,航程即已抵达波斯湾和阿拉伯半岛,第三次则到达东非,而并非仅限于印度西海岸;第二,传统看法中郑和远航的极点麻林(或麻林地),并非今天肯尼亚沿海的马林迪,而是位置更南的马赫迪里国,位于今天坦桑尼亚沿海的基尔瓦·基西瓦尼;第三,比剌、孙剌的位置更加往南,位于今天莫桑比克沿海、马达加斯加岛对岸。比剌系"比剌"之误,即南纬 15°4′的莫桑比克港,孙剌则是南纬

20°12′的索法拉;第四,根据 1459 年威尼斯制图家弗拉·毛罗所绘世界地图上的注记,郑和船队的一支分船队在第五或第六次下西洋时,很可能一度已经绕过了马达加斯加岛和好望角,进入南非西南沿海的大西洋海域[17]。金国平、吴志良关于比剌、孙剌的最新研究,虽然考证途径不同,但结论与上述沈福伟的第三点看法相近[18]。

2002 年,英国退役海军军官加文·孟席斯(Gavin Menzies)在多年考察和研究的基础上,提出了惊人的观点:郑和船队于 1421 年远航到达美洲大陆,早于哥伦布 72 年发现美洲,早于麦哲伦一个世纪完成环球航行。随即出版了专著《1421:中国发现美洲》[19]。孟氏的见解引起一番新的讨论,绝大部分学者认为此说证据不足,臆测居多,持否定或怀疑的态度[20]。不过总的来看,孟席斯的新说固然难以成立,但传统说法将郑和远航的极点定在肯尼亚沿海,也确有保守之嫌。元代旅行家汪大渊即曾到达肯尼亚以南的坦桑尼亚沿海[21]。在元代后期人绘制的世界地图上,已将非洲绘成一个倒三角形,其南方、西侧均为海洋,反映出当时人已经了解非洲大陆的基本形状和大西洋的存在[22]。结合上引沈福伟、金国平等学者的考证,应当说,郑和的船队或分船队航行到莫桑比克海峡的可能性是很大的,甚至到达好望角西侧,也是有可能的。这方面的讨论同样期待进一步发现新材料。

无论郑和远航终止于何处,有一点可以肯定,那就是七次下西洋极大地促进了中国与亚非各国朝贡外交关系的发展。特别在前六次下西洋的永乐时代,“诸蕃使臣,充斥于廷”(《明史》卷三二六《古里传》),中外使节往来之频繁,为鸦片战争以前的古代中国所仅见。永乐五年,琉球、日本、苏门达腊、满剌加(今马六甲)、小葛兰(在今印度西海岸南部)诸国奉表入贡,其中多与当年结束的郑和第一次下西洋有关。每次“下西洋”返航,都有大批外国使节搭船前来;而护送他们回国,通常又成为下次远航的一项任务。第四次下西洋返航时,远在东非的麻林使臣随从来华,进献麒麟(长颈鹿),明成祖亲御奉天门接见,成为轰动一时的盛事。第五次下西洋带回了 17 个国家和地区的贡使,“各进方物,皆古所未闻者”[23]。第六次则有 16 个国家和地区的约 1200 名使节一同来访。除贡使来朝外,还相继出现一些海外国家国王亲自来朝的情况,这在历史上是少见的。浡泥(今加里曼丹岛)国王于永乐六年、十年两次来朝,满剌加国王则于永乐九年、十七年、二十二年三次来朝。永乐十五年,苏禄(今菲律宾苏禄群岛)东王、西王、峒王三位首领一同来访。十八年,古麻剌朗(今菲律宾棉兰老岛)国王又至。这些国王中,浡泥国王麻那惹加那(永乐六年来访)、苏禄东王巴都葛叭哈剌、古麻剌朗国王干剌义亦敦奔都在访问期间病逝,分别埋葬在南京、德州和福州。他们的墓葬也成为中国与上述国家友好关系的历史见证(图9-6)。

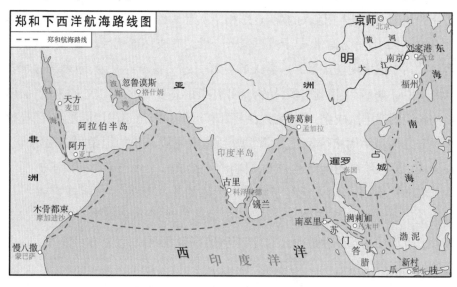

图9-6　郑和下西洋航海路线图

注　释

〔1〕 参阅周清澍:《蒙元时期的中西陆路交通》,载元史研究会编:《元史论丛》第四辑,中华书局,1992年。

〔2〕 王恽:《秋涧集》卷八一,《中堂事记上》,《四部丛刊》本。

〔3〕 穆尔:《一五五〇年前的中国基督教史》,郝镇华汉译本,中华书局,1984年,第192页。

〔4〕 马可·波罗:《马可·波罗游记》中册,冯承钧汉译本,上海:商务印书馆,1936年,第299页。

〔5〕 朱德润:《存复斋文集》卷五,《异域说》,《四部丛刊》续编本。

〔6〕 穆尔:《一五五〇年前的中国基督教史》,第283页。

〔7〕　吴澄：《吴文正集》卷一六，《送姜曼卿赴泉州路录事序》，文渊阁《四库全书》本。

〔8〕　《永乐大典》卷一九四一九，引《经世大典·站赤》，中华书局，1986 年。

〔9〕　《大越史记全书》卷五《陈纪一》，转引自陈高华：《元代的海外贸易》，载氏著《元史研究论稿》，中华书局，1991 年。

〔10〕　王圻：《续文献通考》卷三一，《市籴考·市舶互市》，现代出版社，1986 年。

〔11〕　关于郑和"三宝太监"（三宝或作三保）称号的由来，有不同说法。一说"三宝"是郑和的小名。一说"三宝"是佛教术语，即佛、法、僧三宝，表明郑和信奉佛教。按当时宦官以"三宝（或三保）"命名者似不止郑和一人。朱国桢《皇明大政记》卷七："靖难初不独名将甚多，而内臣兼智勇者亦往往有之。……郑和，即三保，……后守备南京，出使同行者有冯三保，使西域者有杨三保，一曰三宝。"这些宦官不大可能都有同样的小名，其"三宝"之号当出自信奉佛教的朱棣所赐。但受赐"三宝"之名并不一定代表本人信奉佛教。郑和出身伊斯兰教世家，大量史料表明他依然是虔诚的穆斯林，其与佛教（还有道教）的联系主要是受环境所迫，迎合应酬而已。参阅林松：《论郑和的伊斯兰教信仰——兼评郑氏"奉佛""崇道"说》，收入王天有、万明主编：《郑和研究百年论文选》，北京大学出版社，2004 年。

〔12〕　关于郑和七次下西洋的具体往返年代，史料记载颇有异同，学者看法也不尽一致。此处综合金云铭、朱偰的考证。见金云铭：《郑和七次下西洋年月考证》，原载《福建文化》第五卷第二十六期（1937 年 11 月），收入《郑和研究资料选编》，人民交通出版社，1985 年；朱偰：《郑和》，三联书店，1956 年，第 52—66 页。郑和去世于古里一事，参阅郑鹤声、郑一钧：《郑和下西洋史事新证》一文，收入王天有、万明主编：《郑和研究百年论文选》。

〔13〕　严从简：《殊域周咨录》卷八《琐里 古里》。参阅顾起元：《客座赘语》卷一"宝船厂"条，中华书局标点本，1987 年。

〔14〕　《中国古代史讲座》下册，求实出版社，1987 年，第 382 页。

〔15〕　罗懋登，明朝后期人，著有《三宝太监西洋记通俗演义》一百回，万历二十五年（1597）成书。书虽系小说，但资料多有来历，冯承钧云"未可以其为小说而轻之也"（冯承钧：《瀛涯胜览校注·序》，中华书局，1955 年）。参阅向达：《关于三宝太监下西洋的几种资料》，收入氏著《唐代长安与西域文明》，三联书店，1957 年。

〔16〕　关于"宝船"尺度的讨论，文章很多。比较集中的收录，除上揭王天有、万明主编：《郑和研究百年论文选》之外，还可参阅《郑和下西洋论文集》第一集，人民交通出版社，1985 年；《郑和下西洋论文集》第二集，南京大学出版社，1985 年。

〔17〕　沈福伟：《关于郑和的家世和生平》，载《中华文史论丛》1984 年第四辑；《郑和宝船

队的东非航程》,收入上揭《郑和下西洋论文集》第一集和《郑和研究百年论文选》。

〔18〕 金国平、吴志良:《郑和航海的终极点——比剌及孙剌考》,收入《郑和研究百年论文选》。

〔19〕 Gavin Menzies, *1421*: *The Year China Discovered America*. William Morrow, An Imprint of Harper Collins Publishers,2002.

〔20〕 参阅时平:《一年来英国学者加文·孟席斯新说讨论述评》,载《回族研究》2003 年 3 期。

〔21〕 参阅苏继庼:《岛夷志略校释》,中华书局,1981 年,第 298—299、358—359 页。

〔22〕 元朝后期人曾绘制两幅世界地图,李泽民绘有《声教广被图》、僧清濬绘有《混一疆理图》。二图均已失传,但 1402 年朝鲜人李荟、权近绘制的《混一疆理历代国都之图》(日本龙谷大学图书馆藏摹本)明确注明是将前两张地图合并而成的,仅仅增详了朝鲜和日本部分。此图绘出了海洋包围的非洲,尽管比例失调,但却标注了 35 个非洲地名,表明 14 世纪的中国地理学家对非洲已有相当的了解。参阅李约瑟:《中国科学技术史》第五卷《地学》,汉译本第一分册,科学出版社,1976 年,第 152—159 页;沈福伟:《中国与非洲——中非关系二千年》,中华书局,1990 年,第 385—388 页;杉山正明:《東西の地図が示すモンゴル時代の世界像》,载《論集 古典の世界像》,平成 10 年度—平成 14 年度文部科学省科学研究费补助金特定领域研究(A) 118"古典学の再构筑"研究成果报告集 V,A04"古典の世界像"班研究报告,2003 年 3 月。

〔23〕 钱谷编:《吴都文粹续集》卷二八,《娄东刘家港天妃宫石刻通番事迹记》,《四库全书珍本初集》本。

第十章　世界领先的科技与科学观念的发展

隋唐宋元诸朝,是中国历史上科学技术发展的鼎盛时期。在业已形成的传统科学技术基础上,取得了一系列新的辉煌成就,在众多方面都居于世界领先水平。科学观念也有值得注意的发展。

第一节　从雕版到活字

印刷术的发明　雕版印刷的普及　宋代的印刷业　活字印刷的出现　印刷术的外传

世界各民族早期,知识传授主要是通过口耳相传和辗转抄写,非常容易失传或出现讹误。印刷术的发明改变了这种状况,使得人类文化成果的广泛传播和完好保存成为可能。正是在这个意义上,它享有"文明之母"的美称。印刷术最早出现于中国,经历了雕版印刷和活字印刷两个阶段。在近代以前的大部分时间里,中国人习惯使用雕版印刷。其方法,一般是将纹质细密坚实的木材锯板刨平,在薄而透明的绵纸上写好文字,字面向下对贴到木板上,用刻刀按反面的字形将字刻出,即成为书版。在书版上刷墨,然后以纸覆盖匀拭,使文字印到纸上成为正字,揭下来,就成为印刷品。这种通过压印获取字迹的方法萌芽很早。殷商甲骨文中已出现"印"字,以下历代都有镌刻反文的印章。秦朝规定皇帝所用印章称玺,上刻"受命于天,既寿永昌"八字。东晋道教徒葛洪提到一种称为"黄神越章之印"的辟邪印符,"广四寸,其字一百二十"(《抱朴子·内篇·登涉》),这已有接近雕版的趋势了。另外东汉灵帝熹平年间曾经雕刻"石经",将官方确认的儒家经书定本刻石立碑,读者可通过拓印的方法将经书内容复制到纸上,这与印刷术原理也是相通的。

但雕版印刷究竟始于何时,却是一个比较复杂的问题。据张秀民先生统计,曾出现过汉朝、东晋、六朝、隋朝、唐朝、五代、北宋七种说法[1]。通过文字、实物材料的发现和考辨,目前唐朝说已为绝大多数学者所接受。至于具体时间段,仍然有不同的观点。如张秀民先生主张唐初贞观十年(636)已有雕版印刷[2],宿白先生认为雕版印刷的开始"有可能在唐玄宗时代"[3]。最近出版的肖东发《中国图书出版印刷史论》则又提出"雕版印刷术产生于隋至初唐之际"[4]。大致而言,雕版印刷原理是在署押印章、拓印石经的启发下,随着造纸、制墨技术的发展,逐渐被人们所认识并加以应用的,可能很难找到非常准确、具体的发明时间。

唐朝后期,雕版印刷术在民间的应用逐渐广泛。穆宗时元稹作《白氏长庆集》序,称白居易诗风行社会,"至于缮写模勒,衒卖于市井"。并注云"扬、越间多作书模勒乐天(白居易)及予(元稹)杂诗,卖于市肆之中也"(《元稹集》卷五一)。当时民间多私自雕版印制历书,在四川、淮南等地,官方历书尚未颁布,私印者已大量贩卖于市,故文宗大和九年(835)专门下令予以禁止[5]。佛教印刷品也很流行,包括佛像、经咒、发愿文等等。武宗会昌(841—846)灭佛,即将大量佛教"印本"焚毁[6]。20世纪初,在敦煌莫高窟发现唐懿宗咸通九年(868)王玠为父母祈福而出资刻印的《金刚经》(现藏于英国伦敦博物馆),卷长488厘米,高76.3厘米,首印佛像,次刻经文,印刷精美,反映出雕版印刷经长期发展,已经达到了比较高的技术水平(图10-1)。五代后唐明宗长兴三年(932),在宰相冯道主持下,开始将儒家《九经》校勘后刻版印刷,历时二十余年,至后周太祖广顺三年(953)工毕,并附刻《五经文字》《九经字样》两种辅助读物,共计130册。这是第一次由官方组织的大规模印刷工程,影响很大,以致不少人曾将冯道误认为雕版印刷术的发明者。在南方诸割据政权,印刷业也很兴盛,尤以吴越国都城杭州、前后蜀都城成都为最。

宋朝的雕版印刷更加发达,有官刻、家刻、坊刻之分。中央、地方官府主持刊印的书称为官刻本。主管教育的国子监,同时也是国家出版机构,下辖国子监书库,"掌印经史群书"(《宋史》卷一六五《职官志五》),除供朝廷颁赐外,同

图 10-1　唐代雕版《金刚经》扉页

时也向民间出售,利润缴纳国库。开国之初,国子监有书版四千,到真宗景德二年(1005),仅过了45年,书版已剧增至十万。此外中央崇文院、司天监、秘书监等机构,地方转运、安抚、提刑、茶盐诸司及府、州、军、监、官学,也都大量刻书。宋太祖开宝九年(971),遣内侍张从信等在四川主持刊刻《大藏经》5048卷,共雕版13万块,史称《开宝藏》或《蜀藏》。士大夫私家或私塾刻书,称为家刻本。家刻本刊刻范围较官刻更广,尤以经史以外的子部、集部书为多[7]。书商开设书坊(或称书肆),刻书销售牟利,所刻书籍为坊刻本。宋朝书坊遍及全国各地,如建安(今属福建)余氏勤有堂(亦称万卷堂)、临安(今杭州)陈氏书籍铺,都是世代刻书的老字号。它们通常拥有自己的写工、刻工和印工,其刻书或系接受委托,或自行编撰,具有名目新、刻印快、行销广的特点,对推动社会文化的繁荣做出了重大贡献。随着刻书业的发展,书商往往将经过精心校勘的私家或其他书坊刻本径自"盗版"翻刻获利,因此一些精刻本刊行时还曾呈准官府,颁布保护版权、禁止翻刻的命令。

　　北宋的刻书中心,主要为东京、杭州、四川、福建几处。北宋后期人叶梦得说:"天下印书以杭州为上,蜀本次之,福建最下。京师比岁印板,殆不减杭州,但纸不佳。蜀与福建多以柔木刻之，取其易成而速售，故不能工"（《石林燕语》卷八）。到南宋，江西取代东京成为一个新的刻书中心。诸地所刻书籍质量虽有高下之分，但就流传到今天的宋刊本来看，大都是具有很高艺术价值的珍品。其字体多模仿颜、柳、欧、苏一类著名书法家的风格，又有方、长、扁、肥、瘦等不同字形。笔画粗细疏密、行内字隙、行格与字面大小、字与字组合等方面，能够巧妙搭配，珠联璧合，望之赏心悦目，其审美效果远非现代普通印刷书籍所能比拟。余如插图印制、版面装帧、书籍装订等等，无不精美可观。另外，宋朝还开始出现彩色套印，主要用于纸币印制[8]。套印对印刷技术的要求更加精密。如要印红、黑双色，即需用两块书版，在不同地方各自刻上红、黑字的内容。印刷时先就一块版印好一色文字，然后将印过的纸覆于另一版，在空白处印上另一色文字。这需要两版大小相同，空白处互相填补，如技术不精导致版面不齐、双色重叠，就会失败。要印更多种类颜色，皆可如法进行，只是刻版更多而已。14 世纪，元朝中兴路（治今湖北江陵）刊印的朱、墨两色《金刚经注》，是今天所见最早的套印书籍。明朝中叶以后，套印技术与版画技术相结合，印出了非常鲜艳的彩色美术印刷品。

雕版印刷每印一书，就要专门雕刻此书的书版，费工费时，且保存书版要占用大量空间，颇多不便。因此在北宋仁宗庆历年间（1041—1048），平民毕昇发明了更先进的活字印刷术。据沈括《梦溪笔谈》卷一八《技艺》记载，毕昇用胶泥制坯，一坯刻一字，用火烧硬，成为字印。在铁板上敷设松脂、腊、纸灰合成的黏合剂，上置铁框，将字印排列镶嵌于铁板之上、铁框之内。用火烘烤铁板，使黏合剂稍微熔化，然后以一平板覆压字面，使其平整，即可印刷。印毕再经烤火，取下活字，备下次使用。"常作二铁板，一板印刷，一板已自布字，此印者才毕，则第二板已具，更互用之，瞬息可就。"平时将活字按韵分类，置于木格之中，以备查找。常用字多制字印，以备一版内重复使用。遇生僻字，则临时烧制字印。毕昇这一发明，包括制造活字、排版、印刷三道工序，与现代铅字排印的原理完全相同（图 10-2）。不过由于汉字字数多，印刷所用活字数量庞大，制字、拣字、排字都比较费事，同时总体而言古代印书种类仍然有限，经史之类都要反复印刷，因此在雕版印刷已成习惯的情况下，活字印刷并未取代前者的地位，只是偶尔见于记载。南宋光宗时，周必大曾用泥活字印刷他撰写的《玉堂杂记》。另外西夏也曾用活字印行西夏文佛经《吉祥遍至口和本续》，这有可能是今天所见最早的活字印刷品[9]。

泥活字对制造工艺要求较高，否则即容易破碎。元朝人王祯因而又设计了木活字。王祯著有农学专著《农书》，其中附有《造活字印书法》，详载他的木活字印刷术。先将文字刻在

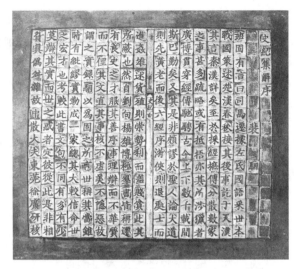

图10-2　泥活字模型

木板上，然后锯成单个活字。排版时用竹片填塞缝隙，使版面紧固，即可刷墨印书。王祯同时发明了"转轮排字盘"，用机械装置加快拣字速度，提高印刷工作的效率。木活字的创制使得活字印刷的应用进一步推广。王祯还提到当时曾有人制造锡质金属活字，但印刷效果不佳。到明朝，金属活字的制造、印刷技术继续提高，活字印刷开始更多地使用铜质活字。

印刷术发明后，逐渐向海外传播。在汉字文化圈内的朝鲜、日本、越南等东方邻国，很早就接受了中国的雕版印刷术，并且在书籍版式、字体、装订等方面，都仿照中国的习惯。15世纪初，朝鲜在学习中国活字印刷术的基础上，首先开始用浇铸法研制铜活字，铜活字的应用比中国还早。印刷术的西传是通过陆、海丝绸之路逐步推进的，先传到中亚、西亚和北非，最后到达欧洲。蒙元帝国统治时期，中西往来畅通，旅行家马可·波罗等人在游记中介绍了中国的雕版印刷，特别是印制纸币的技术，在欧洲引起很大反响。天主教会首先利用雕版印刷来印造宗教宣传品，民间也用以印制纸牌等物。过了不久，雕版印刷即为活字印刷所代替。15世纪中叶，德国人约翰·谷腾堡用铅、锡、锑合金制造西文字母活字，开创了欧洲文明史的新纪元。谷腾堡的活字是否仿自中国，材料不足，难下定论。但很多学者认为，他如果不是直接学习中国活字印刷技术，至少也受到了欧洲人东方见闻的启发和影响。"即使所得的报道很含混，

对于印刷的方法也只有断片零星的材料,但这种了解得相当模糊的别一国家成就的背景,一定可以发生转移空气的作用,印刷的技术在这种有利空气中一定迟早会被发现。"[10]

第二节 火药、指南针与航海术

炼丹术与古代的化学观念 火药的发明与应用 火器的发展 指南针与航海术

火药的出现,起源于炼丹术。炼丹术是以人工方法炼制食用"仙丹"以求长生或炼制金银以求暴富的方术,其产生以中国为最早。历朝历代,都有人热衷其事,百折不回,死而不悟。尽管炼丹的目的事实上并不可能达到,但炼丹活动客观上在化学、冶金学、药物学、生理学等方面积累了大量有价值的经验,其中与化学的关系尤为密切。在欧洲中世纪末,经过科学家的改造,炼丹术逐渐演变为通过加工天然原料、从混合物中析出实体的方法来制造特效药物和提炼纯净精华的一门技术,并在吸取近代科学哲学理论之后,发展为化学科学。中国古代的炼丹术虽然没有经历类似的升华过程,但在炼丹实践中也发现了不少重要化学现象,制造了许多化学化合物。对汞、铅、砷、矾等重要元素及有关化合物的提炼、合成,都曾反复实验,取得许多成果。火药同样是炼丹家无意之中获取的化合物。为了长生不老的目的,却研制出致人死命的战争工具,对炼丹活动也不失为一种嘲讽。

中国古代发明的火药,现在称为黑色火药。它由硝石(硝酸钾)、硫黄(硫)和木炭(碳)的粉末混合而成,呈黑褐色。硝酸钾是氧化剂,通过加热会释放出大量氧气。硫、碳易于被氧化,是常见的还原剂。这三种物质混合燃烧,氧化还原反应非常迅猛,会产生高热和大量气体。如果将它们包裹、密封,燃烧时高热气体猛烈膨胀数千倍,就会冲破包裹,导致爆炸。炼丹家在长期炼丹实践中,逐渐掌握了硝酸钾、硫、碳三种物质的性能和提取方法,并且发现将它们混合点燃后的猛烈燃烧效果。成书于唐朝中后期的炼丹著作《铅汞甲庚至宝集成》和《真元妙道要略》都记载了这一发现[11]。当人们开始有意识地利用这种猛烈燃烧效果的时候，火药事实上就诞生了。在唐末军阀混战中，曾有"发机飞火"的记载，有学者认为这表明火药已用于作战[12]。到北宋，即开始组织火药及有关兵器的大规模生产。首都东京所设国家军工工场的众多作坊内，包括专门制造火药的作坊。由于涉及军事机密，有关制造程序都要求工匠熟诵，并严禁外传。为制造火药，宋廷从日本进口硫黄，同时禁止硫黄、硝石出境，特别是流入辽国。官府还鼓励有关人员研制火器，成者予以奖励。宋仁宗时，大臣曾公亮等奉命编纂军事学著作《武经总要》，其中记述了"毒药烟球""火炮""蒺藜火球"三种火器各自不同的火药配方。另外，还记载了火药箭、引火球、霹雳火球、铁嘴火鹞等其他一些火器（图 10-3）。这些火器中，大部分

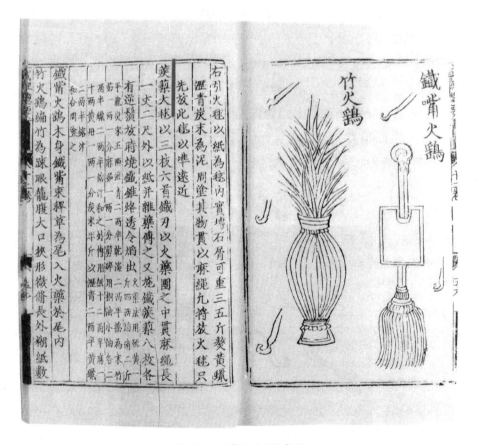

图 10-3　《武经总要》书影

是用作纵火器具,发挥其迅猛燃烧的功能,或兼事发烟、散毒,爆炸作用尚不突出。但像霹雳火球,燃烧后声如霹雳,已具备爆炸火器的基本特征。

南宋与金对峙期间,双方竞相改进火药性能,研制爆炸火器,都取得了较大成就。宋高宗绍兴三十一年(1161)宋金战于采石,宋军施放"霹雳炮","盖以纸为之,而实之以石灰、硫黄",爆炸后"其声如雷,纸裂而石灰散为烟雾,眯其(金军)人马之目"[13],因而打退了金军进攻。这是利用火炮的爆炸力,喷散石灰粉末以制敌。宁宗嘉定十四年(1221),金军攻宋蕲州,使用了铁火炮。铁火炮以金属为弹壳,其爆炸杀伤力较之上述纸弹壳的"霹雳炮"大大增强。后来蒙古攻金南京(今开封),以牛皮制掩体掘城,矢石不能伤。金军自城上悬下铁壳炸弹"震天雷"炸之,"人与牛皮皆碎迸无迹"(《金史》卷一一三《赤盏合喜传》)。元灭南宋时攻广西静江,城中宋军200余人引爆一具铁火炮殉国,"声如雷霆,震城土皆崩,烟气涨天",城外元军"多惊死者"。火灭后入城检视,200余宋军已"灰烬无遗"(《宋史》卷四五一《马塈传》)。可见到金、宋末年,它们都已拥有威力相当大的爆炸火器[14]。蒙古在攻金战争中也很快掌握了铁火炮技术,成吉思汗西征和忽必烈伐日本之役都曾使用。另外南宋初年,德安(今湖北安陆)知府陈规使用一种类似喷火器的火枪攻敌,这是世界上有关管形火器的最早记载。理宗时出现突火枪,"以巨竹为筒,内安子窠,如烧放,焰绝然后子窠发出如炮,声远闻百五十余步"(《宋史》卷一九七《兵志十一》),已接近后世的步枪。到元朝,管形火器发展为金属铸造的火铳。其中一类形体细长,口径较小,适于手持使用,称为"手铳"。另一类则形体粗短而重,口径较大,装在木架上发射,称为"碗口铳"。后者威力巨大,元末人尊之为"铜将军"(图10-4)。明朝前期,火铳已在军队中广泛配置。据估计,明太祖时全国军队装备火铳可能多达12.5万至18万支[15]。火器的演进表明火药制造技术和质量有了大幅度提高。这种新型物质力量传到西方后,为人类的军事、经济活动开辟了崭新的天地,在中世纪向近代社会的转变过程中发挥了巨大作用。

指南针是利用磁铁在地球磁场中的南北指极性而制成的一种指向仪器。早在战国时期,古人已开始利用天然磁石的指极性制作形状似勺、以勺柄指南的"司南",但加工磨制不易,并且容易因受震等原因失去磁性,故未能广泛使用。以后在长期实践中,逐渐发现了人工磁化方法,真正的指南针随之诞生。

图 10-4　元代火铳

北宋军事学著作《武经总要》前集卷一五载有一种"指南鱼"的制作方法。将薄铁片剪成首尾呈尖状的鱼形,置炭火中烧到通红,用铁钳夹头部取出,使尾正对北方,蘸入水中数分即止,然后密封保存。用时放在水中,鱼头即指向南方。其制作原理,是通过烧灼打乱铁片中的分子排列结构,然后使其在指向南北方向的状态下骤然冷却,分子位置在地磁场作用下重新排列,铁片因而磁化。沈括《梦溪笔谈》卷二四《杂志一》则记载:"方家以磁石摩针锋,则能指南。"这种利用磁石摩擦导致磁化的办法,操作简便,产生的磁性较为稳定持久,大大促进了指南针的推广应用。关于装置方法,沈括共提到四种,一是水浮,二是放在指甲上,三是放在碗唇上,四是用丝黏悬,其中第四法效果最佳(图 10-5)。沈括还指出:指南针使用时"常微偏东,不全南也"。寇宗奭《本草衍义》卷五"磁石"条进一步概括为"常偏丙位"。古人以午位为正南,丙位相当于南偏东 15 度。这说明当时人已经认识到地磁偏角的存在,并对其角度有了大致的估测。南宋时,陈元靓《事林广记》介绍了一种"指南龟",以木刻为龟形,腹内安装磁石,腹下挖一小穴。然后将龟放在竹钉上,拨转后待其静止,则龟首指北而尾指南。这种装置法支点稳定,摩擦阻力小,其原理已与近代指南针(罗盘)的支轴形式基本一致。

　　古代的指南仪器,起初较多地用于风水堪舆之术和行军作战。在宋代,海外贸易兴盛,指南针的发明恰好适应了这一需要,很快应用于航海。12 世纪初朱彧著《萍洲可谈》,其卷二云:"舟师识地理,夜则观星,昼则观日,阴晦观指

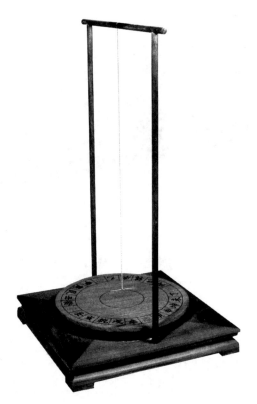

图 10-5　北宋缕悬式指南针复制品

南针。"稍后曾经出使高丽的徐兢也说：航海时"视星斗前迈，若晦冥则用指南浮针，以揆南北"[16]。这时所用的指南针，是放在水中的"浮针"，还比较简陋。南宋赵汝适记载："舟舶来往，惟以指南针为则，昼夜守视惟谨，毫厘之差，生死系矣。"[17]要精确到"毫厘之差"，所用指南针应当已经发展为具有明确方位刻度的罗盘。南宋末吴自牧即明确提到当时所用的航海指向仪器为"针盘"[18]。针盘即古代罗盘，亦称罗经。它将东西南北方向细分为 24 个方位，分别用子丑寅卯等十二地支、甲乙丙丁庚辛壬癸八天干和乾坤巽艮四卦名指代，每个字相当于 15 度。后来又发展为在两字之间加夹缝针，即可分出 48 向，每向精确到 7.5 度。海上航行使用罗盘导航之后，不同航向用不同的"针位"来表示，将航行中变换过的不同针位连接起来，就可对整条航线做出描述，称为"针路"。将针位、针路记录下来，作为以后航行的依据，称为"罗经针簿"，或简称"针经"。到元代，罗经针位已成为海上导航的主要手段。13 世纪末周达观记述出使真腊(今柬埔寨)经历,提到航线时即用针位表示(《真腊风土记·总叙》)。稍晚成书的官修政书《经世大典》则称海运时"惟凭针路定向行船,仰观天象以卜明晦"[19]。此时观察天象主要是为了预测气候变化,与北宋时以天象导航为主、指南针导航为辅的状况已经明显不同了。

唐宋元时期,航海技术在许多方面都有重大进步。造船工业的发展,可以造出载重量大、安全性高、航行距离长的航船。对海洋潮汐的研究逐渐深入,认识到潮汐变化与月球运动的联系,已经大体掌握潮汐循环往复的变化规律。绘图技术的提高,促进了航海图的绘制和应用。这些进步与指南针导航技术相结合,终于导致在明朝前期出现了举世闻名的大规模远洋航行活动——郑和下西洋(详见第九章第二节)。根据当时记载来看,郑和的船队已经熟练掌握潮汛、季风、洋流等自然规律,综合运用物标导航、罗盘指向、天文定位、计程计速等复杂的航海技术,从而保证了较高的航行精确度,并且开辟了多条新的航海路线[20]。其航线之长,所至海域之广,在世界历史上都是空前的。郑和下西洋代表着中国古代航海事业的鼎盛水平。它不仅建立了西太平洋与印度洋之间的海上交通网,而且也为以后的世界地理大发现铺平了东方航路。

第三节　医药学与养生术

巢元方《诸病源候论》　孙思邈《千金方》和王焘《外台秘要》　官修本草与方书　针灸、解剖与法医学　金、元四大家及其医学流派

隋唐时期,国家医药制度的建设已较为完备,推动了医药学的发展。太常寺下统太医署,太医署立有医学,分科教授,教官有博士、助教等。隋朝的太医博士巢元方,奉诏主编了《诸病源候论》50卷,这是中国古代第一部病源症候学专著。全书分67门,比较详尽地论述了分属今天内、外、妇、儿、五官、皮肤等科1700余种疾病的症候,包括病因、病理、病变等多方面内容,可谓集隋前疾病认识之大成。唐朝以下重要医学著作对疾病症候的讨论,大多以此书为依据,宋朝太医局还将它定为学生的必修教材。书中所载病症,以内科疾病为

主,内容详赡。其他各科所占比重虽小,但区分也很细致。如外科仅"金创"一类就记载了 23 种病候,妇科杂症多达 140 余种,皮肤病 40 余种,眼科病 38 种[21]。书中很多地方沿用《内经》理论,但已经注意到寻求特异的病因和发病机理,较之《内经》的笼统论述有了显著进步。如对流行性传染病病因的讨论,在继承前人所言气温突变等病因外,进而指出"人感乖戾之气而致病","须预服药及为方法以防之"。对寄生虫病的感染,也明确提出是饮食不当所致。这样,通过对每一病症的概括阐述,使得《内经》理论同临床实践进一步相结合,对中医理论由生理、病理到预防、治疗形成一个比较完整的理论体系起了很大的促进作用。中国古代医学著述大部分是医方类书籍,有关基本理论的著作相对较少,《诸病源候论》则是《内经》《伤寒杂病论》以后中医理论方面的又一部重要作品。它原则上不载药方,不过在论述"金创病诸候"时,对外伤处理及手术方法时有述及。另外在许多病症后面附有补养导引之法,对养生术进行了探讨。

这一时期,医方类书籍的编撰颇盛。隋朝官修《四海类聚方》,多达 2600 卷,惜已亡佚。存者以孙思邈《千金方》和王焘《外台秘要》最为著名。

孙思邈,隋唐之际人,一生行医,不应官府征聘,据称寿过百岁。著有《备急千金要方》《千金翼方》各 30 卷,序云"人命至重,贵于千金,一方济之,德逾于此",故以"千金"为书名,后人将二书合称为《千金方》。《千金方》论述了中医基础理论和各科疾病的诊断、治疗问题,记载了大量的处方、用药方法以及食疗、导引、按摩等养生术,总结了公共卫生和个人卫生对疾病预防的重要意义,对医生的专业修养和医德问题也进行了讨论,被誉为中国最早的一部临床实用百科全书。书中特别强调综合疗法,不拘于古代医经"非此方不能治病、非此药不能开方"的一些传统观念,而提倡"有一病而立数方,亦有一方而治数病"。除用药外,兼用针灸、食疗等辅助手段。孙思邈十分重视对妇女儿童疾病的诊治,根据妇女儿童各自的生理特点对妇、儿科疾病进行研究,并将有关内容置于书首。《千金方》共收载药物 800 余种,对其中很大一部分药物的产地、采集时间、炮制方法做了详细记录,并力图根据治疗功效对药物做出具体分类,对后代药物学有重要影响。因此,孙思邈被后人尊称为"药王"。

王焘,唐中期人。曾长期在国家藏书机构弘文馆任职,研读了大量的古代医学文献,于玄宗天宝十一年(752)纂成《外台秘要》一书。全书 40 卷,1104 门,主要是选辑唐中叶以前的古代医书,皆注明卷次,排列异同。除《诸病源候论》《千金方》等重要著作外,还广泛采集其余医书数十家,使后人得以由此窥见许多古代散佚医方书籍的基本内容。书中各门均先载论,后载方,条理清晰,便于读者学习和应用。

现存中国古代也是世界上第一部国家药典,编修于唐前期的高宗朝。当时医学界通行的药典是南朝陶弘景《神农本草经集注》。这部书沿用既久,暴露出一些错误和不全面的地方。唐高宗即位后,组织人力对陶书续作修订,至显庆四年(659)书成,名《新修本草》,后人也称为《唐本草》。全书 54 卷,收录药物 844 种,除目录 2 卷外,共分三部分。首先是本草正文 20 卷,在陶书的基础上增入百余种新药,重新编订,分为九类,详述各种药材的性味、功效、主治疾病。其次为本草图 25 卷,绘制药材标本的图形。最后为本草图经 7 卷,是与本草图相对应的文字说明,记载其产地、形态鉴别、采集时节与炮制方法。这部药典图文并茂,系统地总结了唐以前的本草学成就,具有较高的学术水平,颁行后成为法定的药物学教科书,并流传到日本等国。它的编订也刺激了本草学的进一步发展,此后相继涌现了一批各有特色的私修药物学著作。唐中期人陈藏器撰《本草拾遗》,对《唐本草》遗漏的一些药物进行增补,并根据中医的病理学说,将中药功用分为宣、通、补、泄、轻、重、滑、涩、燥、湿十类,称为"十剂"。另如孙思邈弟子孟诜撰《食疗本草》,记述有食疗功用的果实、蔬菜等食物,唐后期波斯人后裔李珣撰《海药本草》,记述海外传入的各种药材,都大大丰富了传统本草学的内容。

宋朝统治者对医学也十分重视,设有翰林医官院和太医局,主管医疗和医学教育事业。太医局下设熟药所,地方设惠民药局,制造并出售成药。又设校正医书局,专事校勘、整理医学文献。宋太祖时编成《开宝重定本草》,仁宗时编成《嘉祐补注神农本草》,徽宗时在民间医生唐慎微《经史证类备急本草》的基础上整理颁行《政和新修经史证类备急本草》,搜罗药物日益广博。太宗时编纂《太平圣惠方》100 卷,徽宗时编纂《圣济总录》200 卷,是两部规模巨大的官修方书。前者收方 16834 首,后者收方更多达 2 万余首,当时的医方基本上囊括无余。宋廷还将太医局所制成药的配方加以修订,公开出版,名为《太平惠民和剂局方》。其中所收药方少而精粹,每方详列配制方法、主治疾病、服法、剂量、服药禁忌等,颇富实用价值,"官府守之以为法,医门传之以为业,病者恃之以立命,世人习之以成俗"(朱震亨《局方发挥》),在社会上产生了重大影响(图10-6)。

图 10-6 宋李唐《村医图》局部

宋代各科临床医学均取得了不同程度的成就。如陈自明《外科精要》《妇人大全良方》、钱乙《小儿药证真诀》等,都将有关领域的医疗水平推进到新的高度。治疗手段方面,针灸学的发展比较显著。北宋医学家王惟一奉旨设计铸造了两个铜制人体模型,并编著《铜人俞穴针灸图经》相辅行世。《图经》记载了354个穴名,单穴、双穴总计共有657个穴位。铜人仿成年男子体形制成,内具脏腑,灌入水或水银,外刻穴名,涂以黄蜡。用针刺穴,刺准则液体流出,刺偏则针不能入。其设计十分精巧,可供针灸教学、考试之用(图10-7)。南宋王执中又著《针灸资生经》,进一步总结了到宋代为止的针灸学成果。人体解剖知识也有明显进步,在进行尸体解剖的同时,绘制出了人体解剖图。北宋仁宗时广西处决欧希范等 56 名犯人,经解剖绘出了《欧希范五脏图》。徽宗时医生杨介根据泗州死刑犯人尸体的解剖绘制《存真图》,对人体内脏构成以及消化、泌尿、生殖三大系统的状态进行了描述,长期为元、明医学著作所引用。

南宋时期还出现了世界上第一部法医学专著《洗冤集录》。其作者宋慈,曾长期在地方主管刑狱,积累了不少工作经验,并总结前人的有关论述,于理宗淳祐七年(1247)刊行此书,共 5 卷[22]。书中内容涵盖广泛,包括人体解剖、检验尸体、检查现场、鉴定死伤原因、自杀及谋杀的各种表现等等,涉及解剖、生理、病理、药理、诊断、治疗、急救、内科、外科、妇科、儿科、骨科诸多方面的知识,总结了不少重要的法医经验(图 10-8)。例如,书中强调了区分尸斑与生前伤害的不同,并且分析了尸斑的发生机制。对多种机械性死伤原因,分别指出了它们一些不为人注意的特征,可

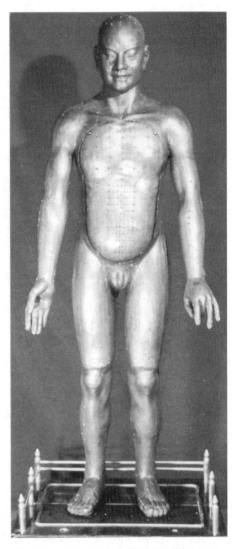

图 10-7　宋代天圣铜人模型(明代复原品)

借以区别勒死与自缢、溺死与推尸入水、烧死与推尸入火等易被混淆的现象。在骨质损伤的检查方面,提出用红色雨伞滤光检验,可以看出生前或死后骨折的差异。《洗冤集录》问世后,因其具有重大应用价值,得到社会上长期而广泛的重视,"官司检验,奉为金科玉律"[23]。元明清诸朝有不少人对此书进行增补、注释,并且流传到国外,被译成英、法、德、荷、俄、日等多种文字,成为世界法医史上的经典著作。

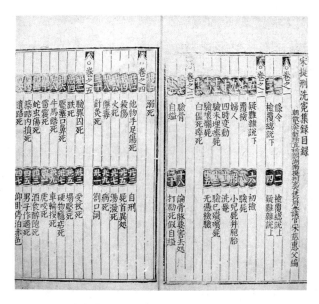

图 10-8 清嘉庆年间兰陵孙星衍依元本校刊本《洗冤集录》书影

随着医学分科的逐渐细致和临床经验的不断总结,中医理论也获得了较大进步。特别是在金、元两朝,出现了以刘完素、张从正、李杲、朱震亨为代表的四大医学流派。他们都具有丰富的临床实践经验和渊博的理论知识,各自从不同角度继承并发展了传统中医学说,被后人尊为"金、元医学四大家"。

刘完素,金代前期人。著有《素问玄机原病式》《素问病机气宜保命集》《宣明论方》《伤寒直格》等书。他在医学上提倡运气说,将疾病按"六气病机"分为六类,并认为"六气都从火化",特别重视病因中的火、热因素。由此,他提出了以"降心火、益肾水"为主的一整套治疗热性病方案,对寒凉药物的应用具有独到研究,被称为"寒凉派"。

张从正,金代后期人。著有《儒门事亲》15 卷。他论述病源分为风、寒、暑、湿、燥、热六门,病象又有虚、实之异。治病应先治其实,治实以"攻邪"为主,邪去而元气自复。用药方面受刘完素影响,亦主寒凉,尤其善用汗、吐、下(泻)等法以"攻邪",不主张过分强调进补。因此被称为"攻下派"。

李杲,金、蒙之际人。曾师事金代另一位名医张元素,尽得其传。著有《内外伤辨惑论》《脾胃论》《兰室秘藏》等书。他认为"土为万物之母","人以胃气为本"，"内伤脾胃，百病由生"。倡导补中益气，升阳益胃，补脾胃以壮元气。因此被称为"补土派"。

朱震亨，元代人。为刘完素三传弟子，亦旁通张从正、李杲之学。著有《格致余论》《局方发挥》《丹溪心法》《伤寒辨惑》等书。他结合前三家的医学观点，倡泄火养阴之法，认为疾病在于"阳常有余，阴常不足"，创立了一些滋阴降火的方剂，以调节人体的阴阳平衡，被称为"养阴派"。

第四节　天文、地理与数学

李淳风与僧一行　苏颂与郭守敬　图志与制图学　宋元数学四大家　大科学家沈括　天文、地理、数学观念的发展

隋唐大一统王朝的建立，推动了天文学的发展。这首先表现在历法的改进上。前代所用历法，按照日、月的平均视运动计算朔望，称为平朔。实际上日、月视运动速度是不均匀的，这样就影响了朔望计算以及历法的准确性（图10-9）。南朝何承天首先提出计算朔望时应根据月球视运动的不均匀性加以修正，称为定朔，但未被当时人采纳。到隋代，太阳视运动的不均匀性也已被发现，定朔法的呼声更加高涨。学者刘焯制定《皇极历》，其中不仅用定朔法重定朔望，还提出"定气"法，即根据太阳视运动的不均匀性来确定二十四节气。但由于保守派的反对，《皇极历》未获行用。唐高宗时，颁行李淳风制定的《麟德历》，在《皇极历》的基础上续做改进，自此历代制历皆用定朔法。李淳风曾经制造了一台浑天黄道仪，在前代浑仪的基础上进行改进，在已有的六合仪和四游仪之间加设三辰仪，使浑仪由两重变为三重，可以直接用来观测日、月、星辰在各自轨道上的运动情况。他还著有《法象志》一书，对浑仪制造的经验进行了总结。

唐玄宗时，著名天文学家一行主持制定了《大衍历》。一行原名张遂，出家为僧，取法名一行。他在制历之前，首先进行了细致的天文观测工作，获取大量有关日、月、星辰运动的第一手资料，对许多恒星的位置进行了测定。他将

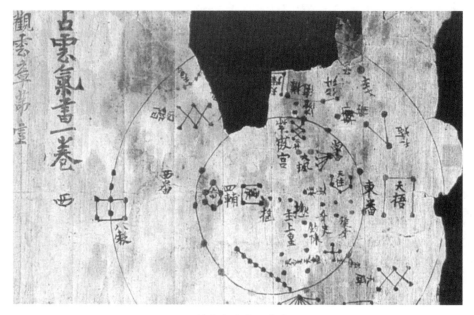

图 10-9 敦煌唐代卷子紫微垣星图

新测结果与前代资料相比较,发现了恒星位置移动的现象,从而放弃了沿用数百年的二十八宿距度数据而采用实测数据,大大提高了历法的精确度。开元十二年(724),一行组织了一次大规模的天文测量。在河南地区位于同一经度上的四个主要观测点,测出各处的北极高度、夏至正午日影长度,再参考各点之间距离,发现每南北相距 351 里 80 步(唐代尺度),北极高度相差一度[24]。换算为现代单位,则为南北相距 129.22 公里,北极高度相差一度,这实际上也就是地球子午线一度的长度。这个数据与现代测量值(111.2 公里)相比还有较大误差,并且一行等人尚未完全明白这一数据的价值,但它仍然是世界上第一次用科学方法得出的子午线实测结果,具有重要意义。《大衍历》修成,共分七篇,其结构一直影响到明末。与以前的历法相比,它对太阳周年视运动速度变化规律的描述更为细致,并从数学上提出了不等间距的二次差内插法公式加以概括。在观测日月食和五星运动方面,也创立了一套计算视差影响的公式,从而可以更加准确地做出预报。这些在当时都是突出的成就[25]。

北宋从真宗到徽宗时期,先后进行了五次比较全面的恒星观测。神宗元丰年间(1078—1085)的观测结果绘成星图,南宋时在苏州刻石立碑,至今仍存,图上共标明星位 1430 余颗。对这一时期恒星中爆发规模特别大、导致亮度猛增的两颗超新星,北宋天文学家也都留下了确切的记载。哲宗元祐(1086—1094)时,苏颂、韩公廉等人制造了世界上第一台天文钟,称为水运仪象台。这台仪器体积巨大,高达 12 米,横断面呈正方形,上狭下广,共分三层,相当于一座三层楼房。它利用一套齿轮系统,在漏壶流水的推动下使仪器保持与天体运行一致的运动速度,既能演示、观测天象,又能记时、报时。屋顶可移动,与现代天文台屋顶的原理相同。计时设备中所使用的擒纵器,是近代钟表的关键部件。制造完成后,苏颂写作了《新仪象法要》一书,详载其制作方法和内部结构,并配插图 60 余幅,这是现存中国历史上最早的机械设计图纸[26]。

　　由宋到元,陆续颁行了一些新的历法。南宋杨忠辅制定的《统天历》,确定一回归年的数值为 365.2425 日,与现行公历中一年的长度完全相同。杨忠辅还指出了回归年长度存在变化这一重要事实。元朝前期,郭守敬又主持制定《授时历》。他在制历之前,先从事改制和创造天文仪器的工作,共造出简仪、仰仪、圭表、正方案等近二十种。古代观测天象的浑仪,在长期发展过程中观测精确度逐步提高,而构造也相应地日趋复杂,又对观测带来不便之处。郭守敬所造简仪,既对浑仪的构造部件进行了很大简化,又进一步加大了观测、记录的精确度。仰仪是利用小孔成像原理新创的仪器,用来观测太阳位置和日月食过程。圭表在前代基础上高度增加五倍,并配置“景符”(一个固定安装并可转动、中有小孔的薄铜片)提高观测日影的准确度。这些仪器“臻于精妙,卓见绝识,盖有古人所未及者”(《元史》卷四八《天文志一》)。至元十六年(1279),郭守敬主持了一次比唐朝僧一行规模更大的天文测量,在元朝版图内,从北纬 15 度到 65 度,共设立 27 处观测台,测得各地纬度值、夏至日影长度和昼夜长短,并对一系列天文常数进行了精密测定。观测恒星近 2500 颗,其中 1000 余颗是首次测出。这样,根据大量实测资料并总结唐宋历法成就修成的《授时历》,成为中国古历的集大成之作。它废除了前代制历时所习惯前推“上元”(假想中历法的理想起点)的“上元积年法”,而以颁历之年(至元十七年)冬至作为推算数据的起点。在日、月、星辰运动的测算中,采用了“招差法”和“弧矢割圆术”等先进数学手段[27]。所用数据之精确、先进,在当时世界上遥遥领先。就中国历代历法而言,它的行用时间也是最长的[28]。

隋唐时期地理学著作的主要形式为图经。图即地图,经是配合地图的文字说明。隋炀帝时,下令地方官府上报风俗、物产、地图,编成《诸郡物产土俗记》《区宇图志》《诸州图经集》等书。唐朝各州大都修有图经,敦煌石室曾发现《沙州图经》和《西州图经》残卷。唐宪宗时,李吉甫著《元和郡县图志》54卷,是一部全国性的图经著作。书中地图在宋朝即已亡佚,文字流传至今。其体例严谨,内容翔实,对后世全国地理志书的编纂具有重大影响。德宗时,贾耽奉命绘制了一幅大地图《海内华夷图》,以唐朝版图为中心,兼及域外,长三丈三尺,宽三丈,比例尺以一寸折百里。图中以黑字标古地名,红字标当时地名,使得"今古殊文,执习简易"(《旧唐书》卷一三八《贾耽传》)。这是制图学上的一项创新,为后代沿革地图所沿用。

图经著作在宋代仍有大量编著,其文字部分不断增加,地图居于附庸地位,由此逐渐过渡为地方志。但制图学本身仍然取得不少成就。宋太宗淳化四年(993)曾绘制《淳化天下图》,用绢百匹,规模壮观。西安碑林现存两宋之际伪齐政权所刻石碑地图,长、宽各约0.77米,正面为相当于当时世界地图的《华夷图》,背面为相当于中国地图的《禹迹图》。《华夷图》是在贾耽《海内华夷图》基础上缩制改编的。《禹迹图》则是北宋用"计里画方"之法新绘,图上存有网格,所绘海岸线、河流等都比《华夷图》更准确。有学者认为它可能出自著名科学家沈括之手。保存到今天的宋代地图还有北宋末年在四川刻石的《九域守令图》、南宋时期在苏州刻石的《地理图》《平江图》等(图10-10)。南宋初年杨甲编绘并刊印《六经图》,其中收有一幅《地理之图》,是现存最早的印刷地图。元朝中期,地理学家朱思本穷十年之力,绘成《舆地图》。这张地图既总结了唐宋地图绘制的成就,又大量融入了朱思本自己广泛实地考察所获资料。绘制时先绘好各地区分图,然后合为长宽各七尺的总图。《舆地图》的精确度达到了较高水平,其内容基本为明清两代绘制全国地图所继承。元朝后期,李泽民绘有《声教广被图》,僧清濬浚绘有《混一疆理图》,则是在朱思本《舆地图》基础上增广绘制的世界地图[29]。

宋元时期是中国古代数学发展的高峰,出现了不少名家、名著。南宋人秦九韶著有《数术九章》,杨辉著有《详解九章算法》《日用算法》《杨辉算法》,金元之际人李冶著有《测圆海镜》《益古演段》,元人朱世杰著有《四元玉鉴》《算学启蒙》。这四人被后世并尊为"宋元数学四大家"。以"四大家"为代表的宋元数学成就，最主要地表现在以下方面[30]：

高次方程的数值解法——北宋数学家贾宪创立了"开方(按指解方程式)作法本源图"，用一张三角形图表排列了各高次方展开式的各项系数，并指出求得这些系数的方法。朱世杰在《四元玉鉴》里，已将它推广到八次方。这一三角图形在欧洲直到16世纪才被发现，称为"巴斯加三角"。贾宪求得有关系数的方法，叫作"增乘开方法"。另一位数学家刘益将其发展为"正负开方术"，秦九韶则由此进一步推演出对任意高次方

图 10-10　南宋《平江图》石刻拓本

程的数值解法，与现代求数学方程正根的方法基本一致。这种方法的发现，也早于西方600余年。

天元术和四元术——天元术是一种列方程的方法。它提出"立天元一为某某"，实际上就相当于现代方程"设 X 为某某"。随后根据问题所给出的条件列出两个相等的多项式，二者相减最终得出一端为零的方程。李冶的两部著作对这种方法进行了系统叙述。到朱世杰，则将天元术的一元高次方程式扩充为多元高次联立方程组，称"四元术"。解方程组时采用消去法，如将四元消去一元为三元，如此递减至一元方程式，然后解之。这也是现代数学所用的方法。

高阶等差级数——杨辉在北宋沈括的基础上详尽论述了"垛积术"问题。"垛积"即堆垛求积之意。堆垛现象往往呈高阶等差数列，因而垛积术指的就是高阶等差级数求和的方法。高阶等差级数问题运用到天文历法领域，形成相当于现代数学中高次内插法的招差术。朱世杰对垛积、招差问题进行了总结性研究，得出高次招差的一般公式，与17世纪英国大科学家牛顿得出的公式完全一致。

大衍求一术——这是中国古代求解联立一次同余式方法的发展。联立一次同余式问题最早见于东晋后期的算书《孙子算经》："今有物不知其数，三三数之剩二，五五数之剩三，七七数之剩二，问物几何？"答案为二十三。秦九韶在《数术九章》中将这个问题的解法进一步推广，应用于更为复杂的问题，有关数据不再像三、五、七那样简单，而可能是大数、分数或小数。对此他都可以用相同的计算方法加以解决，步骤正确而严密。五百余年之后，欧洲数学家才对这类问题进行比较深入的探讨。

宋元科学技术的成就，不仅表现在各专业领域，更值得注意的是涌现出一些全面发展的大科学家。如上文提到的苏颂、郭守敬，其业绩都是多方面的[31]。北宋的沈括尤其是综合性科学家的代表。沈括(1031—1095)，字存中，钱塘(今浙江杭州)人，官至翰林学士、权三司使。史称其"博学善文，于天文、方志、律历、音乐、医药、卜算无所不通，皆有所论著"(《宋史》卷三三一《沈括传》)。沈括的代表著作是笔记体裁的《梦溪笔谈》，全书609条，其中属于科学技术方面的内容有255条，占五分之二强[32]。北宋时期的许多科技成果，如活字印刷、指南针应用等，均借助《梦溪笔谈》一书的记述得以流传后世。沈括本人的科研创获也大部分反映在《梦溪笔谈》里。在数学方面，沈括对高阶等差级数求和的"隙积术"(即上文提到的"堆垛术")以及从弓形圆径、矢高推求其弧长的"会圆术"进行了开创性的研究。天文历法方面，他改进了浑仪、浮漏、影表等仪器的制造方法，测出了北极星与天北极的距离，创制了以十二节气定月的阳历《十二气历》。物理学方面，他对凹面镜成像、声音共振现象进行了研究，并首先揭示出地磁偏角的存在。测量、制图学方面，他绘制了全国地图《守令图》，试验了实测不同地点水平高低的水准测量法，首创了立体地形模型。地质学方面，论述了流水侵蚀、泥沙冲积对地质构造的影响。矿物学方面,预言了石油的重要使用价值,揭示了地下水含有矿物质的事实。药物学方面,曾编辑医方15卷,对许多药物的名称异同做出了新的考辨。余如气象学、物候学、工程技术等方面,沈括也都有很深的造诣。英国李约瑟博士因此称赞沈括是"中国整部科学史中最卓越的人物",其代表作《梦溪笔谈》是"中国科学史的里程碑"[33]。

在大量科学观察、实践的基础上,隋唐宋元的科学观念也有重要的发展。《旧唐书》卷三五《天文志上》记载僧一行天文测量的经验说:"古人所以恃句股之术,谓其有征于近事。顾未知目视不能远,浸成微分之差。其差不已,遂与术错。"意思就是,人们在很小的有限空间范围条件下得出的正确科学理论,不能不加分析地任意向大范围甚至无限的空间推演。这一观念具有重要的认识论意义。元人邓牧指出:"天地大也,其在虚空中不过一粟耳。虚空,木也,天地犹果也。虚空,国也,天地犹人也。一木所生,必非一果;一国所生,必非一人。谓天地之外无复天地,岂通论耶?"(《伯牙琴·超然观记》)这是继汉代"宣夜说"、三国杨泉《物理论》之后,又一次非常明确地提出宇宙无限论的思想。地理方面,唐朝后期的颜真卿在抚州南城县(今属江西)麻姑山发现了一些夹在地层中的螺蚌壳化石,由此分析认为,这里就是"沧海桑田"的例证,山体是地壳抬升所形成的。沈括也在太行山见到类似的海洋生物化石,因而指出:"此乃昔之海滨,今东距海已近千里。所谓大陆者,皆淤泥所湮耳。……凡大河、漳水、溏沱、涿水、桑干之类,悉是浊流。今关、陕以西,水行地中,不减百余尺。其泥岁东流,皆为大陆之土,其理必然。"[34]他的话更加充分地阐述了海陆变迁理论。数学家们在研究具体数学问题的同时,也力图阐明数学研究的认识论价值。秦九韶说:"数与道,非二本也"(《数术九章》序)。李冶则更明确地宣称:"谓数为难穷,斯可;谓数为不可穷,斯不可。何则?彼其冥冥之中,固有昭昭者存。夫昭昭者,其自然之数也。非自然之数,其自然之理也"(《测圆海镜》序)。正是这种"穷理"的自觉意识,推动着他们获取了辉煌夺目的科学成就。

注 释

〔1〕 参阅张秀民:《中国印刷术的发明及其影响》,人民出版社,1958年,第27—54页。

〔2〕 同上书,第59—62页。

〔3〕 宿白:《唐五代时期雕版手工业的发展》,载《文物》1981年5期,后收入作者论文集《唐宋时期的雕版印刷》,文物出版社,1999年。

〔4〕 肖东发:《中国图书出版印刷史论》,北京大学出版社,2001年,第46页。肖氏从佛教传播的角度探讨雕版印刷术的发明,认为"其先驱是早已有之的凸版印花及公元6世纪盛行的捶拓和印章及捺印千佛像,公元7世纪前期的佛像雕印是雕版印刷术的最初形式,8世纪大量出现的经咒印本标志雕版印刷技术已有长足的进步,9世纪图文并茂的整部佛经《金刚经》印本说明雕版印刷术已臻成熟"。所言似较有据。

〔5〕 《旧唐书》卷一七下《文宗纪》,《全唐文》卷六二四冯宿《禁版印时宪书奏》。

〔6〕 司空图:《司空表圣文集》卷九,《为东都敬受寺讲律僧惠确化募雕刻律疏》,《四部丛刊》本。

〔7〕 叶德辉:《书林清话》卷三"宋私宅家塾刻书"条列举了见于史料记载的宋朝私人刻书45家及其书目,评曰:"大抵椠刻风行,精雕细校,于官刻本外俨若附庸之国矣。"

〔8〕 北宋时在四川等地发行纸币,称为交子。李攸:《宋朝事实》卷一五《财用》记载交子的印制"朱墨间错",属于红、黑双色套印,武英殿聚珍版。

〔9〕 该佛经出土于宁夏贺兰县拜寺口方塔。参阅牛达生:《西夏文佛经〈吉祥遍至口和本续〉的学术价值》,载《文物》1994年9期。

〔10〕 〔美〕卡特:《中国印刷术的发明和它的西传》,商务印书馆,1957年汉译本,第205页。

〔11〕 参阅郭正谊:《火药发明史料的一点探讨》,载《化学通报》1981年6期。并收入赵匡华主编:《中国古代化学史研究》,北京大学出版社,1985年。

〔12〕 冯家昇:《火药的发明和西传》,上海人民出版社,1954年,第17页。也有学者对此持谨慎的怀疑态度。参阅钟少异:《10世纪初火药应用于军事的两个推论置疑》,载《中国古代火药火器史研究》,中国社会科学出版社,1995年。

〔13〕 杨万里:《诚斋集》卷四四,《海鳅赋》。

〔14〕 宋元之际的周密在《癸辛杂识》前集"炮祸"条中记述了元灭南宋不久发生的两次火药爆炸事件。元军将南宋丞相赵葵在溧阳(今属江苏)的官舍圈作火药库,一天不慎失火,引起库藏火炮爆炸,"声如震霆,地动屋倾",旁边饲养的四只老虎也被炸死。扬州炮库也发生了类似事件,失火后"诸炮并发,大声如山崩海啸,……远至百里外,屋瓦皆震","守兵百人皆糜碎无余,楹栋悉寸裂,或为炮风扇至十余里外。平地皆成坑谷,至深丈余。四比居民二百余家,悉罹奇祸"。从上述描写可知,这时火药的爆炸性能已经非常猛烈,远非北宋《武经总要》所载燃烧性火药可比。

〔15〕 王兆春:《中国火器史》,军事科学出版社,1991年,第103页。

〔16〕 徐兢:《宣和奉使高丽图经》卷三四,《海道一·半洋焦》。

〔17〕 赵汝适:《诸蕃志》卷下,《志物·海南》,《诸蕃志校释·职方外纪校释》,中华书局,2000 年。

〔18〕 吴自牧:《梦粱录》卷一二,"江海船舰"条。

〔19〕 元修《经世大典》全书已佚,但其"海运"部分却由晚清学者自《永乐大典》中辑出,分上下两卷,题为《大元海运记》。本处引文出自《大元海运记》卷下"测候潮汛应验"条。

〔20〕 参阅中国航海学会编:《中国航海史(古代航海史)》,人民交通出版社,1988 年,第263—275 页;郑一钧:《论郑和下西洋》,海洋出版社,1985 年,第 132—151 页。

〔21〕 参阅贾得道:《中国医学史略》,山西人民出版社,1979 年,第 122 页。

〔22〕 《洗冤集录》现存最早的刊本是元刊五卷本,清人孙星衍将其重刊,收入"岱南阁丛书",今人杨奉琨对此本加以校译,1980 年由群众出版社出版。另一方面,《洗冤集录》一书在后代多次修订,增添了一些新的内容,而这些修订后的著作通常仍以"洗冤"为名,易与《洗冤集录》原书混淆。如清康熙三十三年(1694)官修的《律例馆校正洗冤录》4 卷,即曾被一些学者当作宋慈原书引用,是不正确的。参阅管成学:《宋辽夏金元科学技术史》,吉林科学技术出版社,1990 年,第 119—128 页有关考辨。

〔23〕 钱大昕:《十驾斋养新录》卷一四,"洗冤录"条。

〔24〕 汉代以来的天文观测中一直使用一个假设:以八尺高的标竿测夏至正午日影,每南北相距千里,影长相差一寸。这一假设是主张大地呈平面的"盖天说"理论的产物,与事实不合,自南朝时起即受到怀疑。一行的大地测量推翻了这一假设。测量发现,南北距离与影差并无固定比例,而与北极高度的关系则可用常数来表示。

〔25〕 《新唐书》卷二七《历志三》评价《大衍历》的成就说:"自太初至麟德,历有二十三家,与天虽近而未密也。至一行,密矣,其倚数立法,固无以易也。后世虽有改作者,皆依仿而已。"

〔26〕 中外学者王振铎、李约瑟等人都曾根据《新仪象法要》一书对水运仪象台进行复制。王振铎先生的复制品相当于实际大小的五分之一,现陈列于中国历史博物馆。

〔27〕 招差法是在前人基础上根据高阶等差级数规律推导出的一种内插法。与《大衍历》使用二次差相比,《授时历》进一步用到三次差,而按照招差法理论,这种方法还可以推广到任意更高的次数。弧矢割圆术是将圆弧线化成直线加以计算的方法,其中使用了一些与球面三角术相合的公式。参阅钱宝琮主编:《中国数学史》,科学出版社,1981 年,第 189—197、209—214 页。

〔28〕 《授时历》自至元十八年(1281)正式颁行,长期行用。明太祖洪武十七年(1384),在

其基础上略加修订,更名《大统历》,继续使用。直至明思宗崇祯二年(1629),才开始制定全新的《崇祯历书》。

〔29〕 元朝的这三张地图原图均已失传。《舆地图》的基本内容保留在明代罗洪先绘制的《广舆图》内。《声教广被图》和《混一疆理图》则在15世纪初被朝鲜人合并绘成《混一疆理历代国都之图》。参阅前文第九章注〔17〕。

〔30〕 参阅杜石然等:《中国科学技术史稿》,科学出版社,1982年,下册第40—45页;袁小明:《中国古代数学史略》,河北科学技术出版社,1992年,第87—114页。

〔31〕 苏、郭二人不仅精于天文学、机械制造学,同时也都是水利工程学专家。另外苏颂还长于医学,郭守敬长于数学、地理学。

〔32〕 参阅王锦光、闻人军:《沈括的科学成就与贡献》,载杭州大学宋史研究室编:《沈括研究》,浙江人民出版社,1985年。

〔33〕 李约瑟:《中国科学技术史》第一卷《总论》,科学出版社,1975年,第一分册第289—290页。

〔34〕 沈括:《梦溪笔谈》卷二四,《杂志一》,上海书店,2003年。

第十一章　文学重心的下移与文学的全面繁荣

从隋唐到明代中叶,文学发展的主要趋势就是重心的下移。所谓重心的下移有三方面的含义:一是文学的体裁从诗、文扩大到词、曲、小说,而词、曲、小说都和市井有密切的关系;二是创作的主体从士族文人扩大到庶族文人,进而扩大到市井文人;三是文学的接受者也相应地扩大到市民以及更广泛的社会大众。

所谓文学重心的下移,又与文学发展的新因素、新趋势,以及由此形成的新动力有关,正是这些新的东西造成文学全面繁荣的局面,并促使诗、词、曲成为唐、宋、元三个朝代文学的标志。除此之外,唐宋的古文运动为此后上千年的文学语言奠定了基础,宋元兴起的白话通俗小说显示了蓬勃的生命力,也是这个时期文学的亮点。

第一节　唐宋古文运动与儒学复兴

一次影响广泛的文化运动　文体、文风与文学语言的革新　复兴儒学与延续道统　唐代古文运动的政治意义　宋代的古文家及"文以载道"说　散文新范式的确立

韩愈、柳宗元所倡导的古文运动,是以复古为革新的文学运动。但它的目标和意义并不限于文学领域,而是一次影响广泛的文化运动。这次运动从中唐贞元、元和年间开始,直到北宋大观、政和年间为止,历时二百多年。前后投入其中的除了韩愈、柳宗元之外,在中唐还有张籍、刘禹锡、李观,以及韩愈的

学生李翱、皇甫湜、孙樵等人,晚唐以小品文著称的皮日休、陆龟蒙、罗隐等人也在这个趋势之中。到了宋代,欧阳修、曾巩、王安石、苏洵、苏轼、苏辙等人在韩、柳所开创的古文基础上发扬光大,终于使古文运动取得成功。

韩、柳发起的古文运动具有明确的目标,就文学层面而言可以概括为两点:一是文体的革新,即摒弃六朝以来流行的骈文,在先秦、两汉古文的基础上建立新的散文。二是文风和文学语言的革新,也就是韩愈在《南阳樊绍述墓志铭》中所提出的"词必己出"和"文从字顺"。

当初,骈文的出现丰富了文学体裁,也丰富了语言的艺术表现力,应当说是有积极意义的。可是骈文发展到后来过于追求语言的形式美,遂导致文风华而不实,进而妨碍了文学的政治教化功能。所以早在南北朝时期,梁裴子野的《雕虫论》、北齐颜之推的《颜氏家训·文章篇》都对此提出了批评[1]。隋和初唐也不断有人呼吁改革文风,隋代的李谔上疏隋高祖曰:"闾里童昏,贵游总丱,未窥六甲,先制五言。至如羲皇、舜、禹之典,伊、傅、周、孔之说,不复关心,何尝入耳。以傲诞为清虚,以缘情为勋绩,指儒素为古拙,用词赋为君子。故文笔日繁,其政日乱,良由弃大圣之轨模,构无用以为用也。"[2]他的意见得到皇帝采纳,"开皇四年,普诏天下,公私文翰,并宜实录。其年九月,泗州刺史司马幼之文表华艳,付所司治罪"[3]。初唐陈子昂在《修竹篇序》中提倡风雅兴寄,虽然主要是针对诗歌创作而言,但对整个文风的改变都有促进作用[4]。此后,李白、元结、李华、萧颖士等人无论在理论上还是创作实践上都把文体、文风和文学语言的革新不断向前推进。但是直到韩愈登上文坛之前,状况并没有根本的变化。韩愈有感于此,大声疾呼,力主改革,得到柳宗元等人的响应。他们各自写出不少让人耳目一新的散文,如韩愈的《原道》《师说》《送李愿归盘谷序》《张中丞传后叙》;柳宗元的"永州八记"、《捕蛇者说》《种树郭橐驼传》。他们的主张和创作在短时间内产生了广泛的影响,改变了文坛的面貌。试看韩愈的《张中丞传后叙》中的这一段:

南霁云之乞救于贺兰也,贺兰嫉巡、远之声威功绩出己上,不肯出师救;爱霁云之勇且壮,不听其语,强留之。具食与乐,延霁云坐。霁云慷慨语曰:"云来时,睢阳之人不食月余日矣!云虽欲独食,义不忍;虽食且不下咽。"因拔所佩刀断一指，血淋漓，以示贺兰。一座大惊，皆感激为云泣下。云知贺兰终无为云出师意，即驰去。将出城，抽矢射佛寺浮图，矢著其上砖半箭。曰："吾归破贼，必灭贺兰，此矢所以志也！"

再看柳宗元的《小石潭记》中的这一段："潭中鱼可百许头，皆若空游无所依。日光下澈，影布石上，怡然不动，俶而远逝，往来翕忽，似与游者相乐。"这些文字与六朝以来流行的骈文相比的确是别开生面。

古文运动就其思想层面来说，是一场儒学复兴运动，也正因为把文体和文学语言的革新与儒学复兴紧密地结合在一起，才能在社会上产生广泛的影响。韩、柳的主张，核心是文道合一。韩愈说："君子居其位，则思死其官；未得其位，则思修其辞以明其道。我将以明道也，非以为直而加人也"（《谏臣论》）。"愈之为古文，岂独取其句读不类于今者耶？思古人而不得见，学古道则欲兼通其辞，通其辞者本志于古道者也"（《题欧阳生哀辞后》）。柳宗元说："吾幼且少，为文章以辞为工，及长，乃知文者以明道。""本之《书》以求其质，本之《诗》以求其恒，本之《礼》以求其宜，本之《春秋》以求其断，本之《易》以求其动，此吾所以取道之原也"（《答韦中立论师道书》）。他们所谓"道"就是以孔孟为代表的、以仁义为核心的儒家思想体系。正如韩愈所说："博爱之谓仁，行而宜之之谓义，由是而之焉之谓道"（《原道》）。韩愈有一种复兴儒学的历史使命感，以儒家道统的维护者和继承者自居。他树立了从尧、舜、禹、汤、文、武，到周公、孔子、孟子的道统，与佛老相对抗："尧以是传之舜，舜以是传之禹，禹以是传之汤，汤以是传之文、武、周公，文、武、周公传之孔子，孔子传之孟轲，轲之死，不得其传焉"（《原道》）。韩愈认为自己就是这个道统的承传者："使其道由愈而粗传，遂灭死万万无恨"（《与孟尚书书》）。韩、柳努力在先秦、两汉古文的基础上，创立一种新的文学语言，并用它来写作不同于骈文的古文，是想借着这种古文以昌明儒家之道，恢复儒家的道统。在他们看来，追求形式美的骈文既不便于自由地表达儒家的思想，而以骈文为代表的华美文风本身也背离了儒家关于文学服务于政治教化的要求，所以必须废弃骈文，代之以载道的古文。关于这一点，韩愈的学生李汉说得很清楚："文者，贯道之器也。不深于斯道有至焉者，不也。……秦汉已前，其气浑然。迨乎司马迁、相如、董生、扬雄、刘向之徒,尤所谓杰然者也。至后汉曹魏,气象萎尔。司马氏已来,规范荡悉。"他接着颂扬韩愈"日光玉洁,周情孔思。千态万貌,卒泽于道德仁义,炳如也。洞视万古,愍恻当世,遂大拯颓风,教人自为"(《昌黎先生集序》)。苏轼也说韩愈:"文起八代之衰,道济天下之溺"(《潮州韩文公庙碑》)。李汉和苏轼的话都明确地指出了韩愈倡导古文的目的,从文道结合的角度给予韩愈高度的评价。

韩愈倡导的儒学复兴运动,矛头直指佛道两教。汉末以来,随着汉王朝统治的衰颓和解体,服务于汉王朝的儒学也失去其独尊的地位。魏晋时期,玄学兴起,佛学和佛教广为传播。到了东晋南朝,玄佛合流,成为思想界的主流。唐朝建国后,儒学开始复兴,唐太宗命颜师古、孔颖达等人考订"五经",下诏颁行,传习天下[5]。唐玄宗追谥孔子为文宣王,并下诏曰:"弘我王化,在乎儒术。"[6]但是儒学并没有恢复独尊的地位,唐玄宗在提倡儒学的同时,以更大的热情提倡道家和道教。唐玄宗对老子多次追加尊号,并于开元二十九年(741)制两京、诸州各置玄元皇帝庙,置生徒,令习《老子》《庄子》等书,以致社会上求仙学道之风大炽[7]。此外,佛教在皇帝的扶植下发展得也很快,玄奘取经归国,唐太宗亲自撰写《大唐三藏圣教序》。武则天对佛教的推崇更达到无以复加的地步,她自立为皇帝以后,将沙门怀义等人所进《大云经》颁行天下,召神秀入京问道。韩愈对长期以来佛老流行的状况痛心疾首,他在《原道》中说:"凡吾所谓道德云者,合仁与义言之也,天下之公言也。老子所谓道德云者,去仁与义言之也,一人之私言也。""周道衰,孔子没,火于秦,黄老于汉,佛于晋、魏、梁、隋之间。"韩愈认为,佛道两教的过度发展,不仅惑乱了人心,同时也浪费了大量的社会财富,减少了中央的财政收入,从而动摇了唐王朝的统治。他主张"人其人,火其书,庐其居,明先王之道以道之"。唐宪宗元和十四年(819)迎凤翔法门寺佛骨至京师,留禁中三日,王公士庶奔走舍施如不及[8]。韩愈上疏极陈其弊,触怒宪宗,被贬为潮州刺史。

与儒学复兴互为表里的古文运动在当时具有鲜明的政治目的。韩愈生活的中唐时期,政治上突显了两大问题:一是藩镇割据,二是宦官擅权。这两个问题从两个不同的方面削弱了以皇帝为代表的中央政权。韩愈认为强国之道唯在加强中央集权,而要加强中央集权必须明君臣之别,振兴对封建正统起着维护作用的儒学:"君不出令则失其所以为君,臣不行君之令而致之民,民不出粟米麻丝、作器皿、通货财,以事其上,则诛"(《原道》)。他参加了裴度讨伐淮西叛乱的军事行动,并撰写碑文歌颂这次战役的胜利,也表示了他鲜明的政治态度。

韩、柳提倡的古文虽然在当时影响很大,但他们死后,由于后继者片面追求怪异等原因,古文衰微不振,骈文的势力重新抬头。直到北宋中叶欧阳修、王安石、苏轼等人再一次掀起古文运动,才确立了古文的传统。欧阳修的《与高司谏书》《醉翁亭记》(图 11-1),王安石的《答司马谏议书》《读孟尝君传》,苏轼的《石钟山记》《日喻》《贾谊论》等也都成为古文的典范之作。

宋代古文不是对唐代古文的简单模仿,它呈现出新的面貌。一方面,宋代古文家受理学的影响对文与道的关系更加重视,他们的主张也更加明确。"文以载道"这句话就是周敦颐在《周子通书·文辞》中提出来的,朱熹对此做了更深入的阐发:"道者,文之根本;文者,道之枝叶。"[9]在载道说的指导下,宋代文章的议论成分增强了,文章与政治教化的关系也强化了。另一方面,由于宋代的古文家注意纠正韩愈古文艰涩古奥的弊病,吸取骈文运用语言的长处,所以他们的古文更富有艺术效果,并没有因为议论成分的增强,而削弱了抒情和

图 11-1　安徽滁州醉翁亭

图 11-2　元代赵孟頫《苏轼像》

叙事的效果。欧阳修就曾说过："孟、韩文虽高，不必似之也，取其自然耳。"[10]宋代优秀的古文家能够把这三方面完美地统一起来，并发挥各自的个性，形成多姿多彩的风格。欧阳修平易自然，王安石简洁犀利。苏轼的散文是最突出的代表，他说："吾文如万斛泉源，不择地而出，在平地滔滔汩汩，虽一日千里无难。及其与山石曲折，随物赋形，而不可知也。所可知者，常行于所当行，常止于不可不止。"[11]他的古文不仅语言自然而且气势豪放，变化无穷，摇曳多姿（图 11-2）。如《记承天夜游》，全文不足百字，情趣盎然，境界全出：

> 元丰六年十月十二日，夜，解衣欲睡，月色入户，欣然起行。念无与为乐者，遂至承天寺，寻张怀民。怀民亦未寝，相与步于中庭。庭下如积水空明，水中藻荇交横，盖竹柏影也。何夜无月？何处无竹柏？但少闲人如吾两人者耳。

语言是文化的重要载体，唐宋古文家所确立的新的文学语言和散文的新范式，以及文以载道这个重要的理念，从一个侧面为中国文化开启了新的历程。载道的古文一直延续到元明清三代，在此后一千年间占据正统地位。直到"五四"新文化运动兴起，树立了新的文学观念，白话文流行，情况才有了根本的改变。韩、柳提倡的古文运动，历时二百多年，多位古文家参与，既有鲜明的理论主张，也有丰硕的创作成果，不仅确立了新的散文范式，而且延续了儒家的道统。因此可以说，这是中国文化史上一次具有划时代意义的文化运动。

第二节 诗国的高峰:唐诗

诗歌的普及与鼎盛 南北文风的整合:清绮与贞刚的互补、性情与声色的
统一 开明与开放的文化态势 近体诗的确立及其对审美心理的影响 四
唐诗歌的演变 李白对个性自由的追求 杜甫的仁爱胸怀 王维诗歌的禅
意 白居易的通俗 唐诗对中国文化的浸润 宋代诗坛的新变

中国诗歌在唐朝达到顶峰。仅据清代康熙年间所编的《全唐诗》所录,就
有诗人两千二百多人,作品四万八千九百多首,共九百卷(图11-3)。作诗的人
上自帝王、公卿、官僚,下至布衣,旁及僧、道,几乎遍及各个阶层。从现存唐诗
所涉及的地域来看,除中原地区之外,北部、西部和东北边塞都进入诗歌吟咏
的范围。诗歌和唐人的日常生活关系密切,一首好诗写出之后,在不长的时间
里就可以传到许多地方。除了传抄这种主要的传播方式外,还有传唱、题壁等
多种方式,这些传播方式共同促使唐诗在社会上广泛流传。今存唐人所选的

图11-3 清扬州诗局《全唐诗》书影

唐诗,不包括敦煌石窟中发现的唐诗抄本,就有十几种。诗歌成为科举考试的科目,这种状况既反映了诗歌的重要地位,也促成了诗歌的进一步繁荣。总之,唐代是诗歌大普及的时代,唐诗的鼎盛正是在诗歌大普及的基础上出现的。然而,唐诗之盛更重要的标志是其不可企及的水平,唐代不仅涌现了李白、杜甫这样伟大的诗人,还有王勃、陈子昂、王维、孟浩然、王昌龄、王之涣、高适、岑参、韩愈、柳宗元、刘禹锡、白居易、李贺、李商隐、杜牧等等一大批各具特色的优秀诗人,唐诗的总体水平超过了此前任何一个朝代,又是此后任何一个朝代都未能达到的。如果说中国是一个诗国,那么唐诗就是这诗国的高峰。唐诗不仅是中国诗歌史上的高峰,也是整个中华文明史中的一个亮点。

关于唐诗繁荣的原因,文学史家曾做出各种解释,我们无须加以重复,但是可以从文明史的角度强调三点:一是南北之间文化整合的趋向。南北朝文化的整合,简单地说就是清绮与贞刚的互补、性情与声色的统一。《隋书·文学传序》:“江左宫商发越,贵于清绮;河朔词义贞刚,重乎气质。”“若能掇彼清音,简兹累句,各去所短,合其两长,则文质斌斌,尽善尽美矣。”[12]唐诗正是因为实现了这样一个历史性的文化整合目标而臻于极致的。二是开放的文化态势。仅以首都长安为例,这是当时世界上最大的国际都会,在8世纪前半叶人口已经达到百万,各国的使臣、留学生、留学僧、商贾、艺术家络绎不绝。多种外来的宗教,如佛教、祆教、景教、摩尼教,都可以自由地传播。在音乐、美术、舞蹈方面,由于广泛地吸收了外来的成分而呈现多姿多彩的景象,来自米国、曹国、康国、安国的艺术家都很活跃。三是相对开明的政治局面,由于实行科举考试,大量中下层庶族士人进入上层参与政治,彻底打破了门阀垄断的政治局面,从而使唐王朝的统治建立在更广泛的基础之上。最高统治者吸取隋朝灭亡的教训,相对说来能够听取各方面的情况和意见,而在新进的士人当中也有不少人敢于直言极谏,遂使唐朝的政治呈现相对开明的状态,诗人们也敢于在诗歌中揭露社会矛盾,讽喻时政。总之,整合、开放与开明,为唐朝诗人提供了广泛吸收南北文化和外来文化的机会,给予他们比较宽松的创作空间,鼓励了他们探索创新的勇气,这是唐诗繁荣的重要原因。

唐诗的风格多种多样,有的偏于豪放,有的偏于深沉,有的偏于平易,有的偏于险怪。但不可否认,唐诗确有一种区别于其他时代诗歌的总体风貌。关于这种总体风貌,宋朝的严羽在其《沧浪诗话》中说过:"本朝人尚理","唐朝人尚意兴"[13]。钱锺书先生概括为:"唐诗多以风神情韵擅长,宋诗多以筋骨思理见胜。"[14]林庚先生概括为新鲜的认知感、充沛的创造性和深入浅出的表现力[15]。参考这些论述我们也许可以这样概括:唐诗之时代风貌在于气象的恢宏、神韵的超逸、意境的深远、性情的天真、格调的高雅、语言的新鲜,以及由这些方面共同形成的健康的美、新鲜的美、灵动的美,这是一种新的富有时代特色的美感。

唐代诗人的一个重要贡献是确立了近体诗(包括律诗、绝句)这种新的诗歌体裁。五言和七言的近体诗,每一首诗和每一句诗都有固定的字数,又有严格的关于押韵、对仗、平仄的格律。为了适应这种格律的要求,诗歌语言必须有某些超出常规之处,也就是"变异"之处;或者虽无变异,而只是频繁地突出某些常规,而造成"强调"。这种"变异"或"强调"最明显的情况就是词语(或意象)之间不用介词、连词,直接连缀,造成自由联想的空间,峰断云连,辞断意属,形成含蓄的美感和多义的效果。如"浮云游子意,落日故人情"(李白《送友人》)。"风急天高猿啸哀,渚清沙白鸟飞回"(杜甫《登高》)。"鸡声茅店月,人迹板桥霜"(温庭筠《商山早行》)。几个词语(或意象)并列在一起,它们之间的关系全凭读者自由联想;那些含蓄在字里行间的意趣,也由读者自己补充。这对中国人的艺术趣味和欣赏心理的形成,进而对中国人文化心理的形成有很大影响。

唐诗分为初盛中晚四个时期。初唐:自高祖武德元年(618)至玄宗先天元年(712),约一百年。这一百年的诗歌创作并没有取得突出的成就,但是诗坛的主角已经开始下移,一批通过科举考试进入仕途的、出身中下层的诗人渐渐登上诗坛,成为诗歌创作的主力。和原先占据诗坛的宫廷诗人相比,他们的生活经历和视野都比较开阔,诗歌的题材也就随之扩大了。正如闻一多先生所说:宫体诗在卢照邻和骆宾王手里"由宫廷走到市井",五律在王勃和杨炯的时代"从台阁移至江山与塞漠"[16]。此外,初唐还解决了两个诗歌本身发展的重要问题:一是融合了南北文风,也就是把声色和性情两方面统一起来;二是确立了近体诗这种新的形式,并在七言歌行的写作上取得突出的成就(如张若虚的《春江花月夜》)。这一切形成一种新的趋势,为盛唐诗歌的健康发展开辟了道路。"初唐四杰"(王勃、杨炯、卢照邻、骆宾王)和陈子昂、张若虚等人便是这种新趋势的代表。

盛唐:自玄宗开元元年(713)至代宗永泰元年(765),约五十年。这五十年是唐代诗歌史的顶峰,也是整个中国诗歌史的顶峰。盛唐诗人经历各异,风格不同,实际上并没有形成严格意义上的诗派,通常所说山水田园诗派和边塞诗派并不能概括全部盛唐诗人,无论如何也不能把创作题材极其广泛的李白、杜甫归属于其中任何一派。而且所谓山水田园诗派的代表王维,并不仅仅写作山水田园诗,他的政治感遇诗和边塞诗都很出色。所谓边塞诗派的代表诗人之一高适又何尝是边塞二字所能概括的呢?这样说并不意味着盛唐诗坛没有共同的时代风格,恰恰相反,盛唐诗歌具有强烈的时代特色,这就是博大、雄浑、深远、超逸;充沛的活力、创作的愉悦、崭新的体验,以及通过意象的运用、意境的表现、性情和声色的结合,所形成的那种新型的美。这一切构成盛唐气象,一种后人企羡不已的足以代表一个时代风貌的总体风格。值得注意的是,盛唐气象本来是歌诗评论中的一种说法,但已经被历史学家所接受,用来说明中国历史上的那个黄金时代。盛唐诗歌的气象是那个时代文明的集中表现。

中唐:自代宗大历元年(766)至文宗太和九年(835),约七十年。安史之乱以后,唐朝的政治经济呈现衰颓的局面,诗歌创作也已失去盛唐那种气象,但在另一方面却有新的发展,诗人们不得不面对严酷的现实,并在诗里加以描写。和盛唐诗人不同的另一点是,中唐诗人较深地参与政治,有的还处于政治漩涡的中心地位,所以中唐诗歌的政治色彩比盛唐强烈。以白居易和元稹为代表的一批诗人用类似写谏书的方式写诗,在诗里揭露社会的种种弊端,希望引起皇帝的重视;以韩愈、孟郊、李贺为代表的一批诗人则着重写自身的不幸,这也在客观上揭露了社会上某些不合理的现象。

晚唐:自文宗开成元年(836)至哀帝天祐四年(907),约七十年。从当时的政治局势看来,那些有才华的诗人已经很难凭借自己的才华进入政治结构的上层,而位居高官的人又缺乏诗的才情,像初唐的上官仪,盛唐的贺知章、张说,中唐的韩愈、白居易这样官居高位而又领导诗坛的人物几乎不见了。如果从儒家诗论的立场看来,这七十年的诗歌已经在两个方面转变了方向:一是在很大程度上脱离了政治教化的轨道,转而追求诗歌自身的美学价值;二是面向日常生活,沉湎于内心深处,品咂一己的哀愁。杜牧、李商隐等人并非完全没有关乎社会政治的作品,但就其代表作而言已经转变了方向。这种转变代表了诗歌创作的新趋势。

从文化史的角度观察,唐代诗人中最值得注意的有四位:李白、杜甫、王维、白居易。

李白有"诗仙"之称,诗仙或许是他本人的追求,甚至是他本人造就的舆论,但不可否认他确有一些与常人不同的魅力,因而这种称呼也是一种普遍的认同(图11-4)。他早年好读奇书,任侠学道,在江陵见司马承祯,司马承祯说他有仙风道骨。在长安,太子宾客贺知章见其《蜀道难》,呼为"谪仙人",解金龟换酒为乐[17]。后来魏颢说他"眸子炯然,哆如饿虎,或时束带,风流蕴藉"[18]。他有四方之志,愿为辅弼,却不像一般士人那样参加科举考试,他欲一飞冲天直取卿相。他向往鲁仲连、谢安之类在乱世中挺身而出,收拾残局,拯救苍生的人物。安史之乱期间,他从永王李璘起兵征讨安史叛军;后来听到李光

图11-4　南宋梁楷《李白行吟图》

弼将率大军征讨史朝义的消息,又请缨从军。这两件事很能说明他是多么希望得到一个机会施展自己的才能、实现自己的抱负。他之被称为诗仙并不表示他真的像神仙那样超然世外,在道家思想之外,他还有浓厚的纵横家思想和侠客思想,有积极入世的一面。只是他的抱负很大,途径又不同一般,因而有别于一般的士人。

李白不甘于平庸,更不能忍受束缚,个性自由解放是李白一生的追求。他的诗歌想象力也非同寻常,正如皮日休所说:"言出天地外,思出鬼神表。"[19]

他常以无拘无束自由翱翔于天地之间的大鹏比喻自己,"大鹏一日同风起,扶摇直上九万里。假令风歇时下来,犹能簸却沧溟水"(《上李邕》)。他又讴歌虎和鹰:"摧残槛中虎,羁绁韝上鹰。何时腾风云,搏击申所能"(《赠新平少年》)。他描写一泻千里的江河、高出天外的峰峦:"黄河之水天上来,奔流到海不复回"(《将进酒》)。"登高壮观天地间,大江茫茫去不还"(《庐山谣》)。"连峰去天不盈尺,枯松倒挂倚绝壁"(《蜀道难》)。从这些诗句中可以看出李白豪放雄奇的气魄。李白有时把自己放到与大自然平等的地位上,甚至想与大自然融为一体:"吾将囊括大块,浩然与溟涬同科"(《日出入行》)。这就更不是一般人所能想象的了。他在权贵面前桀骜不驯,不肯摧眉折腰:"安能摧眉折腰事权贵,使我不得开心颜"(《梦游天姥吟留别》)。"松柏本孤直,难为桃李言"(《古风》其十二)。"黄金白璧买歌笑,一醉累月轻王侯"(《忆旧游寄谯郡元参军》)。而对普通百姓却表现得很谦逊,如《宿五松山下荀媪家》:"我宿五松下,寂寥无所欢。田家秋作苦,邻女夜春寒。跪进雕胡饭,月光明素盘。令人惭漂母,三谢不能餐。"两种态度对比之下,我们不能不对李白产生敬仰之情。李白的这种精神体现了中华文化中最为可贵的方面。

李白笔下的意象是很个性化的,而且往往超越现实,带有强烈的主观幻想的色彩。他的诗宛如回旋的狂飙、喷溢的火山,狂呼怒斥,纵横变化,不可穷其究竟,《蜀道难》便是一篇代表作。他又善于夸张,语言豪放,富有想象力。诸如"抽刀断水水更流,举杯消愁愁更愁"(《宣州谢朓楼饯别校书叔云》)。"白发三千丈,缘愁似个长"(《秋浦歌》)。"我寄愁心与明月,随君直到夜郎西"(《闻王昌龄左迁龙标遥有此寄》)。"举杯邀明月,对影成三人"(《月下独酌》)。当感情达到高潮时,他甚至冲破格律的束缚,写出一些散文化的诗句,如:"清风明月不用一钱买,玉山自倒非人推"(《襄阳歌》)。"我且为君槌碎黄鹤楼,君亦为吾倒却鹦鹉洲"(《江夏赠韦南陵冰》)。

李白的诗歌既有独特的个性,又鲜明地反映了盛唐气象。盛唐文化的繁荣本是南北文化交流与中外文化交流的结果,李白恰恰处在这两方面交流的高潮之中,而他本人的身世经历,使他易于接受这种时代潮流的影响,并走在这潮流的前列。盛唐帝国那种大一统的局面,以及多元与开放的社会环境造就了他,而他又成为统一的盛唐帝国多元与开放的代表。他的诗歌所显示的超凡的创造力、博大雄伟的气魄，正好与时代精神一致。李白已经成为一种文化符号，代表着自由与解放，后世对李白的认同，在很大程度上与标举特立独行、冲破世俗束缚的要求是一致的。李白已经成为一个时代的象征，代表着中国历史上最为辉煌的一个时代，后世对李白的怀念，在一定程度上是与对这个时代的怀念联系在一起的。

杜甫有"诗圣"之称，这有两方面的含义：一方面是指他的诗歌集中而纯粹地体现了儒家思想，他本人的思想境界亦如圣者；另一方面是指他在诗歌创作上具有示范的意义，后人效法他如同效法圣人一般（图11-5）。

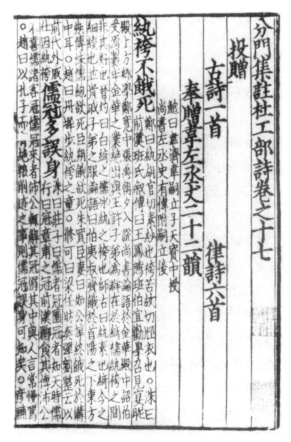

图 11-5　宋刻本《分门集注杜工部诗》书影

杜甫称自己的家庭"奉儒守官"[20]，他也总是恪守儒家的道德标准，并用以培养自己的人格。他的人格中最主要的方面就是推己及人的态度和忧国忧民的情怀，《自京赴奉先县咏怀五百字》和《茅屋为秋风所破歌》都是从一己之贫寒联想到天下人之贫寒；《春望》《白帝》所忧的都不是自己的身世，而是国家和人民。他的《又呈吴郎》对贫苦的邻居体贴入微，进而对战乱中苦难的人民大众表示了极大的同情：

　　堂前扑枣任西邻，无食无儿一妇人。不为困穷宁有此，只缘恐惧转须亲。即防远客虽多事,便插疏篱却甚真。已诉征求贫到骨,正思戎马泪盈巾。

他不仅关心人民的疾苦,对病马、病柏、病菊、枯棕这类受到损害的生物都寄予同情。他是一个有担当的人,愿意集天下人的苦难于自己一身:"安得广厦千万间,大庇天下寒士俱欢颜,风雨不动安如山。呜呼! 何时眼前突兀见此屋,吾庐独破受冻死亦足!"(《茅屋为秋风所破歌》)他笔下的凤凰仁爱善良,"愿分朱实及蝼蚁,尽使鸱枭相怒号"(《朱凤行》),也正是他自身的写照。

杜甫的作品反映了安史之乱前后社会的动乱、人民的疾苦。玄宗、肃宗、代宗三朝的社会面貌,齐、赵、陇、蜀、楚各地的风土人情,以及帝王、将相、农夫、渔父等各个阶层的生活状况,都在他的诗中得到真实的反映。特别值得注意的是,他用诗歌及时地反映了安史之乱前后重大的社会政治事件,因此他的诗被誉为"诗史",这是杜甫具有开创性的贡献。他的《兵车行》《丽人行》《自京赴奉先县咏怀五百字》《北征》、"三吏""三别",以及入蜀之后所写的一些带有叙事性的诗歌,便是这方面的代表作。

杜甫是语言的大师,将社会现象提炼成高度概括的诗句,是杜甫特殊的才能,如"朱门酒肉臭,路有冻死骨"(《自京赴奉先县咏怀五百字》),"烽火连三月,家书抵万金"(《春望》),"戎马不如归马逸,千家今有百家存"(《白帝》)。他还能将雄浑壮阔的艺术境界和细致入微的表现手法完美地结合在一起,取得咫尺万里之势。李白常用风驰电掣、大刀阔斧的手法,取得雄浑壮阔的效果;杜甫则常用体贴入微、精雕细刻的手法取得雄浑壮阔的效果。意象密集是杜诗的一大特点,如"风急天高猿啸哀,渚清沙白鸟飞回"(《登高》),"三年笛里关山月,万国兵前草木风"(《洗兵马》)。杜诗的风格向来用"沉郁顿挫"四个字概括,这和他忧国忧民的思想、跌宕起伏的感情有密切的关系,《秋兴》八首便是最能代表其风格的作品(图11-6)。

杜甫和李白一样也已成为一种文化符号,代表着仁爱、善良与忠厚,在后世得到广泛的认同,这是中华文化精神的重要方面。我们并不否认宋人所强调的杜甫之忠君,但并不认为这就是他最可宝贵的品格。与忠君相比,爱民才是他人格的核心,也更为宝贵。李白追求的是个性的自由解放,所以他飘逸;杜甫念念

图 11-6　明代陈洪绶《博古叶子》杜甫像

不忘民生的疾苦,所以他沉郁。李白是诗仙,杜甫是诗圣,他们同时出现在盛唐的诗坛上,真是中华文明史的一大奇观。

王维有"诗佛"之称,他是一个虔诚的佛教徒,而且在佛学方面有很深的造诣。不过这种说法并不像称李白为"诗仙"、称杜甫为"诗圣"那样准确,无论在当时还是后代人的心目中他都不能跟佛相比。他不过是一位文化教养很高的诗人而已,不仅擅长诗文,而且精通音乐,工于绘画和书法。无论文学、艺术、宗教哪个方面,王维都是顶尖的人物,这样全面发展的人代表了盛唐时代文化的发展水平。而且由于他长期居住在长安,在当时的名声和影响并不比李白和杜甫小,所以他也成为盛唐的代表人物,而且在文化史上占据一席重要的地位。王维向以山水诗著称,其实他的佳作并不限于山水诗,边塞、赠答、政治感遇等各种题材的诗歌他都写得很好,如《使至塞上》便是一首难得的边塞诗,"大漠孤烟直,长河落日圆",已成为千古之绝唱。就其山水诗而言,其中自然地融会了禅意,如《鹿柴》:

空山不见人,但闻人语响。返景入深林,复照青苔上。

前两句写山间的空旷,后两句写时间的推移,静谧中含有不尽之意趣。他的山水诗中又融会了画意,正如苏轼所说:"味摩诘之诗,诗中有画;观摩诘之画,画中有诗"(《书摩诘蓝田烟雨图》)。他的诗如:"江流天地外,山色有无中"(《汉江临眺》),"日落江湖白,潮来天地青"(《送邢桂州》),"坐看苍苔色,欲上人衣来"(《书事》),都是很有画意的好诗。

　　白居易不像上述三位诗人各有一个称号,他显得普通,而通俗正好是他的特点。前人有所谓"元轻白俗"的说法[21],他的好朋友元稹是否"轻"姑且不论,白居易倒的确是"俗"的。"俗",是中唐文化的新趋势,随着城市的繁荣和城市经济的发展,文化向市民阶层下移,必然形成这种特点,而白居易便代表了这个新的趋势。其诗歌语言的通俗易懂,是早已公认的,毋庸赘述。仅就其诗歌的内容而言,"新乐府"固然通俗,著名的《长恨歌》和《琵琶行》,又何尝不通俗呢?这两篇诗歌讲述的故事,宋元以后改编成多种戏曲不断演出,就是一个证明。白居易的闲适诗以个人日常生活为题材,有的题材相当琐碎,例如落齿、镊白、晏起之类,把以往视为经国之大业、不朽之盛事的诗歌用来写日常生活琐事,是一种化雅为俗的大胆尝试。白居易的尝试为宋代诗人开辟了一条路,这在诗歌史乃至文化史上都应予以注意。

　　唐朝将近三百年诗歌的普及和繁荣,更加诗化了中国人的思维方式,为中华文化增添了诗的意兴、诗的感悟、诗的趣味和诗的美,这一切概括起来就是追求和谐与自然,追求一点灵犀的沟通和无限启示的展现。在某种意义上说,中国是一个诗的国度,中华文明是诗的文明,诗渗透在文明的各个方面,促成了中华文明的特色。

　　盛极难继,宋朝的诗人面临着十分棘手的问题。然而宋人还是想出了新变的路,不是在诗的本身想办法,而是借鉴其他体裁,即用写散文的方法写诗,追求诗的散文化,以文为诗。所以"唐诗多以风神情韵擅长,宋诗则以筋骨思理见胜"[22]。从风情神韵转到筋骨思理是一种创新,这种创新的努力是可贵的,正如朱自清先生所说:"宋诗议论多,又一味刻划,多用俗语,拗折声调。……但是推尊宋诗的却以为天下事物穷则变,变则通,诗也是如此。变是创新,是增扩,也就是进步。若不容许变,那就只有模拟,甚至只有抄袭;那种'优孟衣冠',甚至土偶木人,又有什么意义可言!"[23]

　　概括地说,宋诗的特点正如严羽所说是"以文字为诗,以才学为诗,以议论

图 11-7　苏轼《黄州寒食诗》

为诗"[24]。用宋代江西诗派的领袖黄庭坚自己的话说就是："老杜作诗,退之作文,无一字无来处,盖后人读书少,故谓韩、杜自作此语耳。古之能为文章者,真能陶冶万物,虽取古人之陈言入于翰墨,如灵丹一粒,点铁成金也。"[25]宋人的这种努力,拓宽了诗人和学者相结合的道路,或者说促成了诗人的学者化和学者的诗人化。这当然和宋代印刷术的普及有很大的关系,相对于以前而言书籍比较容易得到,宋人读书的范围也更广了,所以在写诗的时候可以更多地运用典故,或化用前人的诗意和诗句,以锻炼自己的诗句。但是宋代的诗人并不甘心总是从书本里寻找诗料,他们还是从生活中特别是自己身边的日常生活中寻找诗料,并努力挖掘其中的意蕴。所谓日常生活就是文人的生活,所以宋诗带有一种斯文的气息。唐诗特别是盛唐诗重在自然意象的运用和表现,而宋诗则偏重于人文意象的运用和表现,这是宋诗与唐诗的一大区别。

　　苏轼是北宋诗坛上最有成就的诗人,他的诗保存下来有四千多首,才情豪迈,挥洒自如(图 11-7)。他特别长于比喻,其比喻之丰富、新鲜与贴切,不能不使人叹服。如:"黑云翻墨未遮山,白雨跳珠乱入船"(《六月二十七日望湖楼醉书五绝》其一),"欲把西湖比西子,淡妆浓抹总相宜"(《饮湖上初晴后雨》),"扫地焚香闭阁眠,簟纹如水帐如烟"(《南堂》五首其五),苏轼不仅善于描写自然现象和日常生活,而且能从这些普通的描写提升到人生哲理的阐发,如《题西林壁》:"横看成岭侧成峰,远近高低各不同。不识庐山真面目,只缘身在此山中。"

　　南宋的爱国诗人陆游作诗近万首。他从学习江西诗派入手,中年从戎后脱离了江西诗派的影响,取得巨大的成就。江西诗派是从古人的书中寻找诗料和词藻,经过点化作成自己的诗。陆游则是学了古人的方法,自己到生活中寻找诗的灵感,自铸伟词。他说:"文章最忌百家衣"(《次韵和杨伯子主簿见赠》),"纸上得来终觉浅"(《冬夜读书示子聿》),又说:"君诗妙处吾能识,正在山程水驿中"(《题庐陵萧彦毓秀才诗卷后》),都是针对江西诗派的弊病而言的。陆游的诗继承陶渊明、李白、杜甫、岑参、白居易等大师的传统,植根于自己的生活实践,创造了他所独有的风格,在平夷晓畅之中呈现出一股恢宏踔厉之气。他的诗表现了强烈的爱国感情,其代表作如《秋夜将晓出篱门迎凉有感》其二:"三万里河东入海,五千仞岳上摩天。遗民泪尽胡尘里,南望王师又一年。"又如《十一月四日风雨大作》:"僵卧孤村不自哀,尚思为国戍轮台。夜阑卧听风吹雨,铁马冰河入梦来。"他还有一些描写日常生活的诗,也很有情趣,如《游山西村》,其中"山重水复疑无路,柳暗花明又一村",已经成为广泛传诵的名句。

第三节　唱彻宋代的歌声

词的兴起与鼎盛　城市的繁荣与文化消费　士大夫的优裕生活　文人与歌伎　词的传唱　宋词的不断创新与变革:北宋词坛　南宋词坛

词是"曲子词"的简称,清宋翔凤《乐府余论》说:"以文写之则为词,以声度之则为曲。"[26]词所配合的音乐是燕乐(又叫谦乐、宴乐),这是在宴会上演奏的一种音乐。燕乐的主要成分是北周和隋以来从西域传入的西北各民族的音乐,乐器以琵琶为主。词的起源可以上溯到隋代。宋王灼《碧鸡漫志》曰:"盖隋以来,今之所谓曲子者渐兴,至唐稍盛。"[27]宋张炎《词源》也说:"粤自隋唐以来,声诗间为长短句。"[28]《河传》《柳枝》等后来常用的词牌据记载就是创自隋代的。即使是最保守的推测,词的起源也不会晚于盛唐,因为在敦煌发现的一百六十多首曲子词,其中就有部分盛唐时期的作品[29]。词的兴起具有值得注意的社会文化背景。词这种体裁和唐代以来流行的酒令艺术有关,词中的小令就是从酒令中演化出来的。而酒令不但在士大夫当中流行,也在民间流行，它已成为一种带有文化色彩的社会习俗。至于词体的迅速发展是中唐以后的事，白居易、刘禹锡等人是早期有影响的词人。到了晚唐五代，温庭筠、韦庄、冯延巳、李煜等人都对词的创作起了重要的推动作用。

宋词以其高度的繁荣与唐诗并称。据唐圭璋所编《全宋词》，共收录词人1330 多家，词作 19900 多首。许多著名的诗人都有词的创作，例如欧阳修、王安石、苏轼、黄庭坚、陆游，都是词作之大家。还有一些著名的政治家，本不以义学著称的却有很好的词作，如范仲淹。当然还有更多主要以词名世的，如柳永、周邦彦、李清照、姜夔等。参与词之创作的人如此广泛，也足以说明词之盛况。

宋词的繁荣是适应了社会娱乐消费的需要，这本身就是一种文化现象。宋代城市的规模和城市中的手工业、商业活动迅速发展，市民活跃。唐代城市中互相隔离的里坊，代之以便于交通和商业的街市。街市两旁店铺鳞次栉比，其中有不少被称为秦楼楚馆、瓦舍勾栏的娱乐场所。词的演唱作为佐欢侑酒的娱乐手段，便适应城市的娱乐需要而发展起来。柳永经常出入于秦楼楚馆，与乐妓、乐工往还，无心于仕进，自称"白衣卿相"，虽然他后来考取了进士并做了屯田员外郎，但轻视功名，沉溺市井，可以说是把全部身心投入适应市井需要的词的创作。柳永这种类型的文人的出现，说明文化的重心正往下移向市井。从封建正统的眼光看来可以说他是一个浪子，从文学的眼光看来可以说他几乎是专业的市井作家。柳永这类市井作家可以上溯到晚唐的温庭筠，又可以往下找到元代的关汉卿、明代的冯梦龙，市井作家的出现是文化史上值得注意的现象。另一方面，宋代的士大夫生活优越，他们既有经济条件也有余暇，可以经常在一起宴饮，宴饮中常有歌伎歌唱，所唱就是词。柳永《玉蝴蝶》："珊瑚席上，亲持犀管，旋叠香笺，要索新词。"[30] 就是表现歌伎在宴席上向词人索词的情形。除了市井间的歌伎之外，一些士大夫的家中也蓄养歌伎为他们演唱佐欢，他们自己则填写歌词供家妓演唱。叶梦得《避暑录话》卷上载："晏元献公虽早富贵，而奉养极约，惟喜宾客，未尝一日不燕饮。……亦必以歌乐相佐，谈笑杂出，数行之后，案上已灿然矣。稍阑即罢遣歌乐，曰：'汝曹呈艺已遍，吾当呈艺。'乃具笔札，相与赋诗，率以为常。"[31] 晏几道在《小山词》的自序中说："始时沈十二廉叔、陈十君宠家有莲、鸿、萍、云，品清讴娱客。每得一解,即以草授诸儿。吾三人持酒听之,为一笑乐而已。"[32]莲、鸿、萍、云都是家妓。宰相寇准也喜欢词,澶渊之役,敌请和后,"真宗使候莱公,曰:'相公饮酒矣,唱曲子矣,掷骰子矣,酣睡矣'"。[33]所谓唱曲子,就是唱曲子词。在士大夫家中有时也演唱一些流行词人的歌曲,如范仲淹喜爱柳永词,"客至辄歌之"[34],就是一例。姜夔到范成大家居住过一段时间,临走时范成大送他一名歌伎名曰小红,一路上"小红低唱我吹箫"[35],也是一个生动的例子。还有一种官妓也是词的歌手,陈师道《后山谈丛》曰:"文元贾公居守北都,欧阳永叔使北还。公预戒官妓办词以劝酒,妓唯唯。……既燕,妓奉觞歌以为寿,永叔把盏侧听,每为引满。公复怪之,召问所歌,皆其词也。"[36]

宋词是在不断创新变革之中前进并保持其繁荣局面的。北宋前期词坛基本上延续着南唐词风,晏殊、欧阳修的词风都类似冯延巳,他们三人的词作也往往混杂难辨。宋词第一次转变是从柳永开始的。柳永不仅发展了慢词,而且增加了词的铺陈效果。他把词引向俚俗,吸收大量俚语,表现市民情趣,给词坛带来了新的气息、活力和趣味。柳词以其新的面貌和声吻征服了广大的读者,叶梦得《避暑录话》记一西夏归朝官曰:"凡有井水饮处,即能歌柳词。"[37]试看他的代表作《定风波》:

自春来,惨绿愁红,芳心是事可可。日上花梢,莺穿柳带,犹压香衾卧。暖酥消,腻云亸,终日厌厌倦梳裹。无那!恨薄情一去,音书无个。

早知恁么,悔当初,不把雕鞍锁。向鸡窗,只与蛮笺象管,拘束教吟课。镇相随,莫抛躲,针线闲拈伴伊坐。和我,免使年少光阴虚过。

宋词第二次转变是从苏轼开始的,从此作为"艳科"的词才有了新的面貌,词不再被视为消遣娱乐、佐欢侑酒的工具。苏轼以诗为词,用词去表现诗的传统题材,使词取得和诗同等的地位和功能。他的豪放词数量虽不很多,但显示了新的方向,产生了深远的影响。如《念奴娇·赤壁怀古》《水调歌头》(丙辰中秋,欢饮达旦,大醉,作此篇兼怀子由),都是千古之绝唱。《念奴娇·赤壁怀古》:

大江东去,浪淘尽、千古风流人物。故垒西边,人道是、三国周郎赤壁。乱石穿空,惊涛拍岸,卷起千堆雪。江山如画,一时多少豪杰!遥想公瑾当年,小乔初嫁了,雄姿英发。羽扇纶巾,谈笑间,樯橹灰飞烟灭。故国神游,多情应笑我,早生华发。人生如梦,一樽还酹江月。

宋词第三次变革是从周邦彦开始的,他的创新在于以赋为词,也就是用铺陈的方法写词。他又妙解音律,善于创调,所创新调,格律细密,严格区分每个字的平上去入,而音韵清雅,"无一点市民气"(宋沈义父《乐府指迷》)。试看他的代表作《瑞龙吟》:

章台路。还见褪粉梅梢,试花桃树。愔愔坊陌人家,定巢燕子,归来旧处。　　黯凝伫。因念个人痴小,乍窥门户。侵晨浅约宫黄,障风映袖,盈盈笑语。　　前度刘郎重到,访邻寻里,同时歌舞。唯有旧家秋娘,声价如故。吟笺赋笔,犹记燕台句。知谁伴,名园露饮,东城闲步。事与孤鸿去。探春尽是,伤离意绪。官柳低金缕。归骑晚,纤纤池塘飞雨。断肠院落,一帘风絮。

宋词的第四次变革是由北宋南宋之间的辛弃疾实现的,他的词以豪放著称,与苏轼并称"苏辛"。然而他的豪放并不完全同于苏轼,苏轼是以诗为词,辛弃疾是以文为词。举凡议论、说理、经史百家、问答对话,辛弃疾统统拿来入词。他的词既有孟子的雄辩,又有庄子的诡奇;既有韩愈的不平之鸣,又有柳宗元的秀骨俊语。他的词气盛言宜,自由纵肆,不可一世,真可谓一支突起的异军。如《破阵子·为陈同甫赋壮语以寄之》:

醉里挑灯看剑,梦回吹角连营。八百里分麾下炙,五十弦翻塞外声,沙场秋点兵。　　马作的卢飞快,弓如霹雳弦惊。了却君王天下事,赢得生前身后名,可怜白发生!

词的第五次变革是由南宋词人姜夔开始的,他在辛弃疾之外另立一宗,史达祖、吴文英、蒋捷、周密、王沂孙、张炎等追踪其后,成为南宋后期词坛的主流。姜夔精研乐理,能创作乐曲,关于他的风格,刘熙载概括为"幽韵冷香",他以此自立于软媚、豪放、精工之外,成为南宋词坛上影响重大的一位词人,他的《暗香》《疏影》堪称南宋词坛上的杰作。

　　除了上述词人之外,北宋的秦观、两宋之间的李清照,各以其独具特色的作品赢得广大读者的喜爱。秦观词婉约而不失典雅,著名的句子如"两情若是久长时,又岂在朝朝暮暮"(《鹊桥仙》)。李清照是一位女词人,词这种体裁似乎特别适合女性作家,在宋代以及宋代以后,长于词作的女性不少,但论文学成就无出李清照之右者。李清照的词虽然是写闺阁生活,但因为她生活在北宋末年,亲身经历了北宋灭亡以及由此带来的个人与家庭的不幸,所以其词中的哀伤也反映了那个时代的悲剧,这是其难以企及之处。《声声慢》是她的代表作:

　　　　寻寻觅觅,冷冷清清,凄凄惨惨戚戚。乍暖还寒时候,最难将息。三杯两盏淡酒,怎敌他、晚来风急。雁过也,正伤心,却是旧时相识。　　满地黄花堆积。憔悴损,如今有谁堪摘。守着窗儿,独自怎生得黑。梧桐更兼细雨,到黄昏、点点滴滴。这次第,怎一个愁字了得。

　　词的体制风格与诗相比有所不同,王国维《人间词话删稿》说:"词之为体,要眇宜修。能言诗之所不能言,而不能尽言诗之所能言。诗之境阔,词之言长。"[38]缪钺在《论词》中举出"文小""质轻""径狭""境隐"四点,作为词体的特点[39]。经过宋代三百多年上自朝廷下至市井的歌唱,中国文学有了更细腻的感觉和表现,中国文化也呈现出更加丰富多彩的面貌。

第四节　戏剧的晚出与辉煌

　　晚出的戏剧　戏剧与城市文化　杂剧与大都　关汉卿与王实甫　南戏与温州　中国戏剧的特色

和中国的抒情诗相比,戏剧的成熟晚得多,直到元代出现了杂剧,才算有了成熟的戏剧形式。如果和古希腊的悲喜剧相比,中国戏剧的成熟也晚了许多。一个民族的某种文学体裁成熟得早晚,并不说明这个民族文明程度的高低,我们并不因为中国抒情诗早出而说中国文明程度高,当然也不因为中国戏剧晚出而说中国文明程度低。但在一个民族中,何种文学体裁出现得早,何种文学体裁出现得晚,却从一个侧面反映了这个民族文明的某些特点。古希腊悲喜剧是在古希腊神话的基础上发展起来的,古希腊神话表现人和人的冲突,神和神的冲突,特别是人与命运的对抗,这种冲突与对抗恰好是构成戏剧的要素。再加上古希腊城邦发达,城邦之内的公民居住集中,戏剧的演出有大量观众,所以戏剧很容易发展起来。中国古代虽然也有丰富的神话,但是中国神话缺少古希腊神话中那类冲突和对抗的主题,难以由此构成强烈的戏剧冲突。在中国古代的农业社会里,虽然也有一些人口较多的城市,但总的看来农民居住分散,难以形成戏剧的观众群体,这也限制了戏剧的发展。但是抒情诗却得到肥沃的土壤,从而使中国成为一个诗的国度。

中国戏剧的因素可以追溯到上古时代的原始歌舞和祭祀,此后又有各种戏剧的因素加入到它的孕育过程中来,例如春秋战国之际专门以滑稽娱人的俳优、汉代以竞技为主的角牴、唐代流行的参军戏,都为中国戏剧的形成做了必要的准备。经过漫长的孕育,到了宋代,杂剧这种形式发展起来,金代又出现了院本。宋杂剧和金院本是中国戏曲的雏形。到了元代读书人的地位一落千丈,他们的智慧和才能不能在政治上施展,正统的诗文也跟他们产生了距离,于是他们选择了戏剧的创作,将自己的智慧和才能直接诉诸广大观众,在社会下层寻找知音。在这种背景下,杂剧和南戏这两种戏剧形式便迅速地兴起并臻于鼎盛。戏剧的演出活动以城市为中心向周围辐射,遍及北方和南方(图11-8)。戏剧作家组成书会,互相切磋艺术;戏剧演员在勾栏作场,不少女演员以其技艺著称于世。一些戏剧作家和演员结成真挚的友谊,如关汉卿与珠帘秀、杨显之与顺时秀、白仁甫与天然秀,他们之间都有一段充满艺术情趣的佳话。整个元代就这样弥漫着戏剧的气氛,结出了丰硕的戏剧果实。据王季思主编的《全元戏曲》统计,今存元代戏曲剧本共计二百种以上,如果以存目

图 11-8　山西临汾王曲东岳庙元代戏台

计则达到约八百种；还有许多不见著录的剧本，那就无法统计了。元曲在中国文学史上，取得了和唐诗、宋词并称的崇高地位。

所谓元曲包括元散曲、元杂剧和南戏。

元散曲是南宋以来在民间逐渐形成的新的歌曲形式，它既可以像诗词一样用来抒情写景，又是元杂剧的主要构成部分（曲词），散曲作家据不完全统计有二百余人[40]，下自书会才人，上至达官显宦都有散曲的创作。著名散曲作家有关汉卿、白朴、马致远、卢挚、张可久、乔吉、张养浩、睢景臣等。马致远的[天净沙]《秋思》是脍炙人口的作品："枯藤老树昏鸦，小桥流水人家，古道西风瘦马。夕阳西下，断肠人在天涯。"

元杂剧是在北方兴起的一种新的文艺形式，分为前后两期：前期从金末算起，到元大德年间为止，将近一百年；后期从大德年间算起，到元末为止，约六十年。

前期是元杂剧的鼎盛时期。这时杂剧的中心在大都（今北京），据王恽《日蚀诗》记载，当时大都的居民有十万家之多。其中多是下层的市民，包括各种工匠、商贩等等。杂剧正是适应了他们的娱乐需求而兴盛起来的一种城市文化形式（彩图10）。著名的杂剧作家有关汉卿、王实甫、白朴、马致远、杨显之、高文秀、康进之、石君宝、纪君祥等。

关汉卿，大都（今北京）人，其户籍属太医院户。他也曾熟读儒家经典，但因科举废止进身无阶，只好面向市井，从下层社会吸取文化营养，投身杂剧和散曲的写作，成为名震大都的梨园领袖。他一生写了六十多种杂剧，保存到现在的有十八种。可以肯定确系关汉卿所作而且能代表其成就的重要作品有《感天动地窦娥冤》《赵盼儿风月救风尘》《闺怨佳人拜月亭》《望江亭中秋切鲙》《关大王单刀会》等。《窦娥冤》的曲文有惊心动魄的艺术效果，试看第三折窦娥受拷打时所唱的〔滚绣球〕：

　　有日月朝暮悬，有鬼神掌着生死权。天地也只合把清浊分辨，可怎生糊突了盗跖颜渊！

　　为善的受贫穷更命短，造恶的享富贵又寿延。天地也做得个怕硬欺软，却原来也这般顺水推船。地也，你不分好歹何为地？天也，你错勘贤愚枉做天！哎，只落得两泪涟涟。

关汉卿的杂剧揭示了社会各方面的矛盾和冲突，反映了各个阶层的生活面貌，塑造了一系列典型的人物形象。但他并不是严格地按照生活的本来面貌去写的，他常常给实际的问题以不实际的解决，有时甚至不管生活本身的逻辑，凭主观愿望给一些悲剧故事以喜剧的结尾。例如《救风尘》里，赵盼儿用卖笑调情的手段，赢得恶霸周舍的欢心，从他手中讨来一纸休书，营救了落在周舍手中备受虐待的宋引章。双方力量的对比对赵盼儿很不利，但关汉卿还是让软弱的一方取胜，情节的安排带有浪漫色彩。他的《单刀会》以热情洋溢的笔墨歌颂关羽，关羽的曲词慷慨豪放，例如第四折中的这几句："大江东去浪千叠，引着这数十人，驾着这小舟一叶。又不比九重龙凤阙，可正是千丈虎狼穴，大丈夫心别，我觑这单刀会似赛村社。"

王实甫的生平不详，从贾仲明追吊他的一首《凌波仙》词中大概可以看出他混迹"风月营""莺花寨"之类艺人聚集场所的情形，从而可以看出他和关汉

图 11-9 明崇祯刻本《秘本西厢》插图

卿一样,是一个生活在市井中的戏曲家。他创作的杂剧有十四种,完整保存下来的很少。其代表作是《崔莺莺待月西厢记》,这是中国古代爱情戏中成就最高、影响最大的作品,具有鲜明的反封建主题(图11-9)。王实甫在错综复杂的戏剧冲突中刻画了具有不同个性的人物形象,连人物的语言也是高度个性化的。张生的语言稚气、诚挚,常常是直抒胸臆,把自己的心事和盘托出,并带有夸张的成分,富有幽默的趣味。莺莺的语言含蓄蕴藉,带有感伤的情调和清丽的色彩。红娘的语言泼辣俏皮,机警犀利,有一针见血的效果。《西厢记》的曲调优雅秀丽,其中许多曲子,既有宋词的意趣,又有元人小令的风格,诗情画意盎然于纸上。特别是《长亭送别》一折,情景交融,琅琅上口:

　　〔正宫〕〔端正好〕碧云天,黄花地,西风紧,北雁南飞。晓来谁染霜林
醉?总是离人泪。

〔滚绣球〕恨相见得迟，怨归去得疾。柳丝长玉骢难系，恨不倩疏林挂住斜晖。马儿迍迍的行，车儿快快的随，却告了相思回避，破题儿又早别离。听得道一声去也，松了金钏；遥望见十里长亭，减了玉肌。此恨谁知！

白朴的父亲曾任职于金朝，金亡后白朴四处漂泊，也流连于风月场中，终生未曾入仕。这样看来，他也是一个下层的知识分子。其代表作是《梧桐雨》，写唐玄宗和杨贵妃的故事。唐玄宗晚年荒淫昏庸，酿成安史之乱，作者关于这方面的笔墨似乎带有总结历史教训的意思；但在具体写到唐玄宗和杨贵妃的关系时，却又像是在歌颂一种真挚的爱情。马致远的代表作是《汉宫秋》，它写王昭君出塞的故事，热烈地歌颂王昭君的民族气节，突出她对汉朝的忠贞。同时借毛延寿这个人物鞭挞了那些贪污受贿、卖国求荣的佞臣。纪君祥的《赵氏孤儿》是最早流传到欧洲的一个中国剧本，在欧洲曾发生相当热烈的反响。先被译成法文，1735 年发表。后又被转译成英文、德文、俄文。法国大作家伏尔泰还把它加以改写，取名《中国孤儿》，公演后轰动了巴黎。

大约从元成宗大德（1297—1307）末年开始，杂剧创作活动的中心，逐渐从北方的大都移向南方的杭州。从这时到元末，是元杂剧发展的后期。后期元杂剧作家、作品的数量减少了，作品的质量也降低了，杂剧创作处于一种衰微的状态，作家有姓名可考的只有二十余人，有作品流传下来的不过十几人。作品的题材多取自历史故事，宣扬封建伦理道德或隐逸求仙的思想，艺术也比较平庸。郑光祖是这个时期最有成就的作家，他的代表作《倩女离魂》取材于唐代陈玄祐的传奇小说《离魂记》，是一个富有浪漫色彩的爱情婚姻故事。作品对倩女形象的刻画虚虚实实迷离惝恍，很恰切地表现了一个失魂落魄的青年女子的心理和一个离开躯壳的灵魂的情态，其细腻之处超过了《离魂记》原作。

从北宋末年开始在中国南方流行一种新的戏曲，这就是南戏。南戏产生于温州，一方面因为自南朝以来温州的文化就比较发达；另一方面由于温州是对外贸易的港口，商业发达，经济繁荣，城市人口集中，这些条件都有利于南戏的产生和成长。南戏产生以后，虽然遭到统治阶级的禁止，但因受到人民群众的喜爱，得以逐渐流传开来。它首先流传到临安（今杭州），并在这里发展成为成熟的戏曲艺术。临安是南宋的都城,这里的艺术场所很多,据《武林旧事》记载,城内外有瓦子二十三处,每一处瓦子又有若干勾栏,作为固定的演出场所。此外还有一些流动演出的艺人。随着临安瓦舍伎艺的繁盛,出现了书会组织,这些书会编写了不少新的剧本,这也促进了南戏的进一步成熟和发展。元灭南宋以后,北方的杂剧南下,南戏一度趋于衰落。元末,南戏吸取了杂剧的一些优点,又重新兴盛起来,并为明清传奇奠定了基础。

南戏的剧本大多出自下层文人和艺人之手,多方面地反映了宋元时期复杂的社会状况,并表现了人民群众的爱憎。其中反映婚姻问题的剧目约占三分之一以上。有的赞扬争取婚姻自由的斗争,如《裴少俊墙头马上》(见《南词叙录》,有残曲)。有的写士人发迹以后丢弃原来的妻子入赘豪门,这类戏的内容叫"婚变",如《王魁负桂英》(见《南词叙录》,佚)。宋元南戏本来是民间的创作,它的剧本只是师徒相传,刊刻的机会不多。再加上统治阶级的禁毁,所以保存下来的较少。有些经明人修改过,其中以《荆钗记》《拜月亭》《杀狗记》最著名,这三本和《白兔记》(全名《刘知远白兔记》)合称《荆》《刘》《拜》《杀》四大传奇。

不过南戏中成就最高的还是高明的《琵琶记》,它所写赵五娘和蔡伯喈的故事,在南宋就已是民间说唱文学的题材。《琵琶记》最重要的改动是把蔡伯喈改写成全忠全孝的正面人物。他不愿意出仕,甘心隐居田园,可是又十分软弱,不得不顺从于外界的压力而使自己陷入矛盾与苦闷之中。当他入赘牛丞相家以后,他的原妻赵五娘恪守封建妇道,处处以"贞"和"孝"要求自己,尽心奉侍公婆。《琵琶记》着力宣扬封建道德,同时也暴露了封建社会的一些黑暗现象,如牛丞相的专横无理、地方官吏的贪赃枉法,对遭受饥荒的农村也有比较真实的描绘。《琵琶记》的艺术成就,最为人称道的是它的结构。蔡伯喈和赵五娘两人,京城和陈留两地,两种生活,两条线索,互相对比,交错发展。蔡伯喈虽然得到了功名富贵,却失去了自由,常常陷入忏悔和苦闷之中。赵五娘则为蔡伯喈挑起家庭的沉重担子,并天天盼望着蔡的归来。一边是洞房花烛、荷池消夏,中秋赏月;另一边是请粮被抢,糟糠自厌,剪发买葬。两相映照,取得很好的戏剧效果。

元代戏曲的故事情节有一个大致相同的模式,就是大团圆的结局:善良的人无论遭到多少磨难大多会有一个完满的结局,冤案即使生前得不到洗刷死后也能得到昭雪,相爱的男女青年不管经历多少磨难还是能成为眷属,恶人不管多强大最后总会受到惩罚,正义不管遭到怎样的践踏终于得到伸张。这种大团圆的模式是中国人乐观的民族心理的反映,各种剧目广泛而反复地演出,反过来又强化了中国人的这种心理状态。

中国戏剧和欧洲的戏剧相比,具有强烈的民族特点:一、虚拟性。舞台上不设或只设很少的道具,主要是通过演员的动作、曲词和对白来交代人物活动的背景。由此产生了中国戏曲抽象化、程式化的特点。二、中国的戏剧自始至终是歌剧,以音乐为中心。在唱做念打各种因素中,唱居于主导地位。所以中国人常说听戏,旧式戏园的布置,观众并不一定正面对着舞台。只要明白了中国戏剧以音乐为中心的特点,对此就不会感到奇怪了。

第五节　瓦舍勾栏中的说唱艺术

中国小说的成熟:唐传奇　变文　说话与话本　市民生活的写照　长篇章回体小说的出现:《三国演义》与《水浒传》　忠义思想

唐传奇是唐代发展起来的一种新的小说体裁,与六朝的志怪小说相比有了很大的进展。志怪小说的内容主要是记鬼神怪异之事,唐传奇虽也传写奇闻逸事,但大多取材于现实生活。志怪小说是把怪异当成事实,不是有意虚构小说,唐人写传奇才是有意识地从事小说创作。传奇的出现是小说史上的一大飞跃,标志着中国小说进入了成熟阶段。

考察唐传奇兴起的原因,以下几点是不容忽视的:隋末农民大起义打击了世族大地主阶级;唐代实行均田制的结果,又壮大了中下层庶族地主势力;科举取士为他们提供了较多仕进的机会,使他们成为政治舞台上一支活跃的力量。唐代的作家大多出身于这个阶层。他们对社会人生和下层人民的生活比较熟悉,在文学创作中富有创新的精神。唐传奇之所以能反映广阔的社会生活,表现一定的进步思想,与这批人的努力是分不开的。唐代是封建经济迅速发展的时期,农业、手工业、商业和国际贸易都达到了空前繁荣的地步。同时,城市经济迅速发展,长安、洛阳、扬州,都成为人口密集的通都大邑。在这里聚集着官僚、地主、文人、豪侠、商贾、手工业者、僧道、歌伎等各阶层、各行业的人物,形成错综复杂的社会关系,流传着形形色色的奇闻趣事,为小说提供了丰富的素材。而六朝那种篇幅短小、粗陈梗概的小说显然不适应表现新题材的要求,于是一种篇幅较长、情节较曲折而又注意刻画人物的传奇小说便得以发展起来。唐代又是文艺普遍繁荣的时期,其他体裁如诗歌、散文的成就对传奇的写作有一定的影响。中唐以后,诗歌创作面向日常社会生活,这是唐传奇发展最适宜的气候。正是在这个时期,传奇从志怪的樊篱中突破出来,涌现了一批反映日常生活的、在艺术上具有高度成就的小说作品。晚唐时期,诗歌的现实性逐渐衰落,传奇小说的现实性也减弱了,一味追求离奇的情节,有回到志怪老路上的趋势。唐传奇的代表作有白行简的《李娃传》、蒋防的《霍小玉传》等,它们有一个共同的地方,就是把同情或赞扬倾注到女性身上。在李娃和荥阳生的爱情纠葛中,李娃处于主动的地位,有主张有能力,敢作敢当,相形之下那位公子却显得懦弱无能。在霍小玉和李益的爱情纠葛中,霍小玉是受害者也是复仇者。对女性的这种态度,反映了一种新的倾向,很值得重视。此外,元稹的《莺莺传》也是一篇著名的作品。

然而,唐传奇仍然属于士大夫文学,其作者和读者都属于士大夫。另有市人小说和变文属于市民文艺,它们是适应市民的要求而兴起的新的讲唱文学。《酉阳杂俎》:"予太和末,因弟生日观杂戏,有市人小说,呼'扁鹊'作'褊鹊',字上声。"[41]李商隐《骄儿诗》:"或谑张飞胡,或笑邓艾吃。"[42]鲁迅据此认为唐时已有职业说话人,且有说三国故事者[43]。宋代钱易《南部新书》说唐代"长安戏场多集于慈恩,小者青龙,其次荐福、永寿"[44]。可见寺院是唐代民间说唱艺术的表演场所,这种情况类似后来的庙会。其中有市人小说,也有僧侣的俗讲、变文等。赵璘《因话录》载:"有文溆僧者,公为聚众谈说,假托经论,所言无非淫秽鄙亵之事。不逞之徒,转相鼓扇扶树,愚夫冶妇,乐闻其说,听者填咽寺舍,瞻礼崇奉,呼为'和尚'。教坊效其声调,以为歌曲。"[45]所谓"愚夫冶妇",大都是市民阶层的人。日本僧人圆仁所著《入唐求法巡礼行记》,也提到"左右街七寺开俗讲",以及文溆法师讲《法华经》为第一等情形[46],可见当时这种民间说唱艺术的盛况。唐代的市人小说、俗讲、变文是中国白话小说的滥觞。白话小说从一开始就和市民结下了不解之缘。

　　宋元时期，一方面是文言小说的衰落，另一方面是白话小说的兴盛。宋代传奇多讲古事，并寓教训意义。由于理学盛极一时，小说也充斥着封建的说教。宋元笔记小说以志怪为主，没有脱离六朝志怪的樊篱。至于宋元话本的出现，却是令人耳目一新的巨大变化。它们在题材、语言、结构等方面都与文言小说不同，确立了属于市民文学的白话小说这样一种新的文体，从而为中国古代小说的繁荣打开了新的局面。宋元时期由于手工业和商业的发达，商品经济比较繁荣，市民阶层壮大。一些大城市里出现了比较集中的游艺场所，称瓦舍或瓦子。据孟元老《东京梦华录》载，北宋开封"桑家瓦子，近北则中瓦，次里瓦，其中大小勾栏五十余座。内中瓦子莲花棚、牡丹棚，里瓦子夜叉棚、象棚最大，可容数千人"[47]。周密《武林旧事》载南宋杭州有瓦子二十三处。说话是瓦舍伎艺中受人欢迎的一种，话本就是说话艺人的底本。说话的听众大多是下层的市民，他们喜欢自己阶层的艺术形象，所以话本的人物有许多是手工业者、中小商人、婢女、妓女、江湖流浪汉。

　　关于宋代杭州的说话，灌圃耐得翁《都城纪胜》的"瓦舍众伎"条中说有四家，但究竟是哪四家并未说清楚，研究小说史的学者们遂有各种不同的说法。但可以肯定的至少有三家，即小说、说经和讲史。我们现在所能看到的宋元话本，主要是小说和讲史两家。

　　小说专指短篇的话本，又名银字儿，用银字笙、银字觱篥伴奏，有讲有唱，专门演述短篇故事。所谓小说，是"小说话"的简称，也就是说小故事的意思，和以前"小说"的含义已经不同了。它的题材非常广泛，除采撷前代志怪传奇的内容加以敷演外，还从现实生活中汲取素材，社会新闻成为它的一个重要题材来源。罗烨所编《醉翁谈录》收录的一篇《小说开辟》中列举了灵怪（精怪故事）、烟粉（妇女故事）、传奇（爱情故事）、公案（审案、侦察故事）、朴刀、杆棒（以上两类讲英雄好汉故事）、妖术、神仙等八类小说的名目，可见其内容之大概。此外，《都城纪胜》和《梦粱录》还提到"发迹变泰"（获得功名富贵的故事）和"铁骑儿"（战争故事）。宋元话本小说的代表作有《碾玉观音》《错斩崔宁》等。《碾玉观音》的主要人物秀秀是一个书画装裱匠人的女儿，她善于刺绣，被节度使咸安郡王要去做奴婢。王府里的碾玉工人崔宁与她相爱,郡王一时高兴,说要把秀秀许给他。后来王府失火,秀秀趁机和崔宁一起逃出王府,在千里之外的潭州开了个碾玉铺,做了夫妻。郡王知道以后把他们抓回来,打死秀秀,害得秀秀的父母自杀,崔宁也被杖罚充军。秀秀的鬼魂又跟着崔宁来到建康府,重新建立了家庭。郡王得讯又来捉拿,秀秀遂拉着崔宁一同死去。这篇小说暴露了封建统治阶级的残暴,也歌颂了市民阶层的小人物同封建统治阶级所进行的不屈斗争。

讲史和小说相比,一是篇幅比较长,要分多次才能讲完;二是专讲历史故事。现在所见到的讲史话本,多半叫"平话",意思可能是平说的话本,只说不唱。明清人又写作"评话",似乎又有了评论的意思。宋元讲史话本的代表作有元代至治年间(1321—1323)的《全相平话五种》。书的版式一律,上图下文,每种分三卷。包括《武王伐纣平话》《乐毅图齐七国春秋后集》《秦并六国平话》《前汉书平话》《三国志平话》。其中《三国志平话》讲述三国故事,已经具备后来《三国演义》的主要情节(图11-10)。讲史话本还有一部重要作品,是《大宋宣和遗事》,主要讲北宋末年的各种历史故事,其中关于宋江三十六人聚义梁山泊的

图11-10　元代《至治新刊全相三国志平话》书影

故事,就是后来《水浒传》的雏形。

在宋元,小说专指短小的话本,长篇历史故事不归入小说之中,另立有讲史一家称平话,二者的界限本来是很分明的。明代以后,小说的概念又起了变化,一些中长篇的作品也包括了进去,小说与平话、演义的区别渐渐消失了;而话本却成了短篇小说的专称。如明谢肇淛《五杂俎》所举小说,既包括《水浒传》,也包括《三国演义》。清初钱曾的《也是园书目》通俗小说类包括《古今演义三国志》十二卷。《丙辰札记》说:"《三国演义》固为小说。"《两般秋雨盦随笔》也说:"《隋唐演义》,小说也。"到这时,小说已成为一个广义的名称,它的概念和今天的小说比较接近了。

《三国演义》是中国第一部长篇章回体小说。它的出现,标志着中国小说进入了一个新的阶段。此书的作者罗贯中生活于元末明初,他以陈寿的《三国志》和裴松之的注为基础,广泛吸收了民间戏曲和讲史话本中的三国故事,经过艺术的创造,终于完成了《三国演义》这部巨著。《三国演义》以 75 万字的篇幅,描写了近百年的历史进程,塑造了四百多个人物形象,这在以前是从未有过的。它描写魏、蜀、吴三国错综复杂的政治斗争、外交斗争和军事斗争,其中有许多虚构的成分。《三国演义》成功地刻画了曹操、刘备、诸葛亮、关羽、张飞、周瑜等众多的人物形象,曹操的奸诈、刘备的仁厚、诸葛亮的贤能和智慧、关羽的义气、张飞的豪爽、周瑜的英武,都给人留下深刻的印象。作者对魏、蜀、吴三国首领的褒与贬,显然取决于他们对汉王朝的忠或奸。而对众多的文官武将的褒贬,则取决于他们对各自主人的忠与奸,所以奸臣曹操手下仍不乏忠义之士。对于文武百官来说,属于哪个阵营似乎并不重要,重要的是忠不忠于自己所属阵营的首领。《三国演义》全书就贯穿着这样的"忠义"思想。《三国演义》尤长于战争描写。几次大战役,如官渡之战、赤壁之战等等,都写得有声有色。因为作者不是把战争局限在战场上,而是充分写出与战争同时展开的政治斗争、外交斗争,写出双方或数方错综复杂的关系。宏观的描写和细节的穿插互相配合,故事性很强。《三国演义》运用浅近的文言,流畅有力,而又不乏诗的意趣,如三顾茅庐、横槊赋诗、草船借箭等片断都是如此。

《三国演义》的当代意义,一个重要的方面是它所蕴涵的智慧仍能给人以多方面的启迪。可以说这是一部集人生智慧之大成的著作,是一部文韬武略全书。书中所写种种智慧集中到一点,就是如何处理竞争中各方的关系,扬长避短,利用矛盾,克敌制胜。因此诸葛亮作为智慧的化身,就格外引人注意,而曹操作为一个长于计谋的首领,也很能引起读者的兴趣。诸葛亮和曹操,可以说是《三国演义》的两个最重要的人物,许多主要的故事都是围绕他们两个人展开的。此外,他们身上还具有多重性格:诸葛亮是贤相的典型,他始终忠于刘备和刘禅,善于团结周围的人,鞠躬尽瘁,死而后已。曹操则集奸诈、阴谋、背叛于一身,梦中杀人,割发代首,这些情节都很有典型性。他所信奉的原则是"宁使我负天下人,休教天下人负我"。热情接待他的吕伯奢一家,遭到他无端的怀疑被他杀尽,就是一个典型的情节。他虽然多智多谋,但因为缺少道德而更加令人憎恨。《三国演义》在民间起着历史教科书的作用,甚至起着道德、行为规范的作用,对明清以来中国人的思想行为影响至深。诸葛亮和关羽都成了人们崇拜的神明,而曹操则成为代表坏人的符号。它所使用的那种浅近的文言,成为以后各种历史演义体小说的模范,也是此后经常使用的雅俗共赏的文学语言,在社会上广泛流传。它已经沉淀到中国文化之中,深入到中国人的灵魂里面,成为解读中国文化的典型资料。

《水浒传》是元末明初另一部著名的长篇章回体小说,主要编著者是施耐庵。它讲述的故事是北宋末年以宋江为首的一次起义,从造反开始写到接受招安、征讨方腊,功成被害为止。这段故事源于历史,在《宋史》中便有关于宋江的记载。而在话本小说和元杂剧中也有不少关于水浒的故事,《水浒传》正是在这样的基础上编写而成的。

《水浒传》最早叫《忠义水浒传》,宣扬忠义是这部小说的主旨。宋江的口号是"替天行道",具体目标就是铲除贪官污吏,而并不反对皇帝,他和他的弟兄们的悲剧正是由此产生的。它成功地刻画了宋江、吴用、武松、李逵、鲁智深、林冲等许多具有鲜明个性的英雄好汉的形象。通过他们的经历,反映了广阔的社会面貌,形象地说明了"官逼民反"的情况。梁山好汉中许多人都有一段辛酸的历史,描写最为细腻也最为成功的是林冲。但也有一些人是宋江为了扩大自己的力量和影响而用各种手段赚上梁山的,卢俊义就是最有代表性的一个例子。《水浒传》的结构很有特色,各方英雄好汉像众川归海似地涌向梁山泊,他们上山之前各有一段曲折的经历,构成相对独立的故事,极见人物性格的特色。一旦上山之后，便成了大海中的一滴水而没有很多吸引人的地方了。于是叙述的重心便转到另一个人身上，重新又写出一段有声有色的文字。《水浒传》完全用白话写成，这和《三国演义》有所不同。它的语言具有口语的生动与活泼，而且不乏诗意，"林教头风雪山神庙""景阳冈武松打虎"尤为出色。

《三国演义》和《水浒传》这两部小说有一个共同之处，就是对英雄的呼唤和崇拜，这是宋元那个时代各种社会矛盾错综交织的情况下，广大人民群众的愿望。这两部小说的人物形象，也可以互相类比。《水浒传》里的宋江，性格很像《三国演义》里的刘备;《水浒传》里的吴用，性格很像《三国演义》里的诸葛亮;《水浒传》里的李逵，性格与《三国演义》中的张飞也有近似之处。这两部小说在口头流传过程中是否互相影响？是值得研究的一个问题。《三国演义》和《水浒传》这两部小说还有一个共同之处，就是对"忠"和"义"的宣扬。它们所宣扬的"忠义"，当然是出自儒家的学说，但已经适应市民的需要而带上较多的市井色彩。如果拿忠和义相比，义显得更加突出，其主要表现是有恩报恩有怨报怨，小团体的利益高于一切，这是流动性较强的市井细民为了保护自身利益而推崇的一种道德规范。就其好的一面说，可以团结弱势的社会群体起来共同争取自身的权益;就其不好的一面说，也会为了小团体的利益而不顾是非干出一些不正当的事情。所谓哥儿们义气，就这样在社会上起着正反两方面的作用。

注　释

[1]　裴子野曰:"自是闾阎少年，贵游总角，罔不摈落六艺，吟咏情性，学者以博依为急务，谓章句为专鲁。淫文破典，斐尔为功，无被于管弦，非止乎礼义。深心主卉木，远致极风云，其兴浮，其志弱，巧而不要，隐而不深。讨其宗途，亦有宋之遗风也。"见《文苑英华》第五册，第 742 卷，中华书局，1966 年，第 3873—3874 页。颜之推曰:"今世相承，趋末弃本，率多浮艳。辞与理竞，辞胜而理伏;事与才争，事繁而才损。放逸者流宕而忘归，穿凿者补缀而不足。时俗如此，安能独违？但务去泰去甚耳。必有盛才重誉，改革体裁者，实吾所希。古人之文，宏材逸气，体度风格，去今实远;但缉缀疏朴，未为密致耳。今世音律谐靡，章句偶对，讳避精详，贤于往昔多矣。宜以古之制裁为本，今之辞调为末，并须两存，不可偏弃也。"见王利器:《颜氏家训集解》第 4 卷，中华

书局,1993 年,第 266—269 页。

〔2〕 《隋书》卷六六《李谔传》,中华书局,1973 年,第 1544—1545 页。

〔3〕 同上书,第 1545 页。

〔4〕 "文章道弊五百年矣,汉魏风骨,晋宋莫传,然而文献有可征者。仆尝暇时观齐梁间诗,彩丽竞繁,而兴寄都绝,每以永叹。思古人常恐逶迤颓靡,风雅不作,以耿耿也。"见《陈子昂集》卷一,中华书局,1960 年,第 15 页。

〔5〕 《旧唐书·儒学传序》,中华书局,1975 年,第 4941 页。

〔6〕 见唐玄宗开元二十七年所颁发的诏书,《旧唐书》卷二四《礼仪四》,第 920 页。

〔7〕 《旧唐书》卷九《玄宗本纪》,第 213 页。

〔8〕 《旧唐书》卷一五《宪宗本纪》,第 466 页。

〔9〕 《朱子语类》第八册,第一三九卷,中华书局,1986 年,第 3319 页。

〔10〕 见曾巩:《与王介甫第一书》,《元丰类稿》卷一六,《四部丛刊》本。

〔11〕 《文说》,《经进东坡文集事略》卷五七,《四部丛刊》本。

〔12〕 《隋书》卷七六《文学传》,中华书局,1973 年,第 1730 页。

〔13〕 "诗有词理意兴。南朝人尚词而病于理,本朝人尚理而病于意兴,唐人尚意兴而理在其中。汉魏之诗,词理意兴,无迹可求。"见《沧浪诗话·诗评》,清何文焕:《历代诗话》下册,中华书局,1981 年,第 696 页。

〔14〕 《谈艺录·诗分唐宋》,中华书局,1984 年,第 2 页。

〔15〕 见《唐诗综论·代序》,人民文学出版社,1987 年,第 1—2 页。

〔16〕 闻一多:《四杰》,见《唐诗杂论》,中华书局,1959 年,第 28 页。

〔17〕 《新唐书》卷二〇二《李白传》:"天宝初,南入会稽,与吴筠善,筠被召,故白亦至长安,往见贺知章,知章见其文,叹曰:'子谪仙人也。'"中华书局,1975 年,第 5762—5763 页。亦见元辛文房:《唐才子传》卷二《李白传》:"天宝初,自蜀至长安,道未振,以所业投贺知章,读至《蜀道难》,叹曰:'子谪仙人也。'乃解金龟换酒,终日相乐,遂荐于玄宗。"傅璇琮主编:《唐才子传校笺》第一册,中华书局,1987 年,第 385 页。

〔18〕 魏颢:《李翰林集序》,《李太白全集》下册,卷三一附录,中华书局,1977 年,第 1450 页。

〔19〕 《刘枣强碑》,《皮子文薮》卷四,《四部丛刊》本。

〔20〕 杜甫:《进雕赋表》,清仇兆鳌:《杜诗详注》第五册,中华书局,1979 年,第 2172 页。

〔21〕 苏轼:《祭柳子玉文》,《苏轼文集》第五册,卷六三,中华书局,1986 年,第 1938—1939 页。

〔22〕 钱锺书：《谈艺录》，中华书局，1984 年，第 2 页。

〔23〕 《经典常谈·诗第十二》，三联书店，1980 年。

〔24〕 《沧浪诗话·诗辨》，郭绍虞校释本，人民文学出版社，1962 年，第 24 页。

〔25〕 《答洪驹父书》，《豫章黄先生文集》卷一九，《四部丛刊》本。

〔26〕 《香草词·洞箫词·碧蔹词附乐府余论》，第 3 页，《云自在龛丛书》本，第四集第五册。

〔27〕 唐圭璋编：《词话丛编》第一册，中华书局，1986 年，第 74 页。

〔28〕 同上书，第 255 页。

〔29〕 敦煌词的创作年代尚无定论，但是一般认为大致在武则天末年到后晋出帝开运（944—947）间。其中如《感皇恩》（四海清平）等反映国家强盛繁荣的作品、《阿曹婆》（本当只言三载归）等不满府兵制的篇章，都应该是盛唐的作品。参见王重民：《敦煌曲子词集》，商务印书馆，1950 年。

〔30〕 《全宋词》，中华书局，1986 年，第 41 页。

〔31〕 《丛书集成》初编据《津逮秘书》排印本。

〔32〕 见《彊村丛书》本《小山词》。

〔33〕 陈师道：《后山集》卷一八《谈丛》。

〔34〕 刘克庄：《题汤梅孙长短句》，见《后村先生大全集》卷一一一，《四部丛刊》本。

〔35〕 陆友仁：《研北杂志》卷下："小红，顺阳公（即范石湖）青衣也，有色艺。顺阳公之请老，姜尧章诣之。一日，授简征新声，尧章制《暗香》《疏影》两曲，公使二妓肄习之，音节清婉。尧章归吴兴，公寻以小红赠之。其夕大雪，过垂虹，赋诗，曰：'自琢新词韵最娇，小红低唱我吹箫。曲终过尽松陵路，回首烟波十里桥。' 尧章每喜自度曲，吟洞箫，小红辄歌而和之。"《丛书集成》初编本，第 183 页。

〔36〕 《后山居士文集》卷二三，上海古籍出版社影宋刻本，1984 年。

〔37〕 《石林避暑录话》卷三，上海书店 1990 年据涵芬楼旧刻影印本，第 2 页。

〔38〕 《校注人间词话》卷下，徐调孚校注，中华书局，1955 年，第 48 页。

〔39〕 缪钺：《诗词散论·论词》，上海古籍出版社，1982 年，第 56—61 页。

〔40〕 据隋树森：《全元散曲》，共收录 212 人。

〔41〕 《酉阳杂俎》续集卷四《贬误》，《四部丛刊》本。

〔42〕 李商隐：《骄儿诗》，见《玉溪生诗笺注》卷三。

〔43〕 《中国小说史略》第十二篇《宋之话本》，见《鲁迅全集》第八卷，人民文学出版社，1957 年，第 86 页。

〔44〕 钱易：《南部新书》戊，《丛书集成》初编本，第 46 页。

〔45〕 《因话录》卷四,上海古籍出版社,1979 年,第 94 页。

〔46〕 白化文、李鼎霞、许德楠校注:《入唐求法巡礼行记》卷三,花山文艺出版社,1992 年, 第 369 页。

〔47〕 《东京梦华录》卷三,中华书局,1962 年,第 14 页。

第十二章　艺术风貌与时代精神

　　隋唐至明中叶的九百年间,是中国艺术最为辉煌灿烂的时代。隋唐艺术融合南北而又贯通中外,极大地显示出中华文明的闳放、兼容和创造精神;而各门艺术中所展现出来的健康爽朗的气骨和恢弘博大的气象,正是那个时代精神的集中体现。五代两宋时期,表现个性、胸襟与学识,成为艺术发展创新的关键因素,而崇尚意趣的美学追求,则是那个时期的文人意识和时代精神的艺术体现。元至明中叶的艺术发展,普遍地呈现出以古为雅的创作风气,但元代与明前期的情况又有所不同。元代以古为雅的艺术追求,并非一般意义上的文艺复古现象,鼓荡其间的是一种强烈的民族传统文化意识和高洁的人格意识,因而它与那个特殊时代的民族精神和传统意识互为表里。明前期艺术中的以古为雅,一方面是承前而延续的艺术惯性作用,另一方面则是处在一种集前人之成而又分流开源、酝酿着一个新的艺术天地的过渡阶段。由此可见,隋唐至明中叶的艺术发展,总是和社会时代的发展演变密切相关,艺术的内在精神,往往也就是那个时代精神的体现。

第一节　唐代艺术的恢弘与雄浑

　　绘画与书法　雕塑与石刻　音乐与舞蹈

　　唐代的艺术,在绘画与书法、雕塑与石刻以及音乐与舞蹈等方面,都取得了前所未有的辉煌成就,其中既有对于南北朝文化的继承与发展,也有对于域外文化的吸收、融合与创新,是凝聚着中华各民族优秀文化的结晶。尽管在艺术的表现手法和风格上并不完全相同,但时代的精神充溢其中,其总体风貌的一致性却是十分鲜明的,那就是无不蕴涵着健康爽朗的气骨,显示着恢弘博大的气象。

隋唐时期的书画艺术,承南北朝之余绪而迅猛发展。伴随着大一统格局的到来,尤其是伴随着盛唐帝国社会与文化的全面繁荣,书画艺术也达到了辉煌鼎盛的时期。那种雄浑博大与刚健奔放的艺术风貌,乃是盛唐时代精神的集中体现。

盛唐文化之繁荣,成因是多方面的,而南北文化之合融与中外文化之交流,则是两个不可忽视的重要原因。南北朝时期的书法与绘画,已经取得了相当高的艺术成就。但限于南北分裂之势,因地域文化的差异而各自承传发展,并且形成了南方和北方迥然不同的艺术风貌。隋世的统一,已经使南北文化艺术的交融与合流具备了现实条件,而事实上隋朝的书画艺术也正是由南北朝向唐代发展的重要过渡时期。

活跃于隋朝的绘画艺术大家,大都经历了南北朝的末期,如极负盛名的展子虔以及董伯仁、郑法士、杨子华、杨契丹等。他们在风格技法上一方面继承了南北朝的传统,"并祖述顾、陆、僧繇"(张彦远《历代名画记》卷二《叙师资传授南北时代》),但同时又能创变出新。唐张彦远《历代名画记》卷八评董伯仁时说:"初,董与展(子虔)同召入隋室,一自河北,一自江南,初则见轻,后乃颇采其意。"来自南北不同地域的艺术家,由相互排斥到相互借鉴、取长补短,这正是南北文化在大一统格局下走向融合的历史痕迹。在交融与磨合的过程中,绘画技法与艺术风格上的推陈出新,也就势必成为一种新的发展趋势。尤其是在山水绘画方面的创变与成就,更加令人瞩目。中国山水绘画,经历了由早期作为人物画的背景,而发展至相对独立,最后至唐代成熟的过程。而隋唐之际的山水画,正处在这样一种由相对独立到发展成熟的关键阶段[1]。展子虔的山水画,如《游春图》等作品(图12-1),已具"咫尺千里"之势,已然成为"唐画之祖"(汤垕《画鉴》)。书法艺术也同样处在这样一种承上启下的过渡阶段。隋《龙藏寺碑》和丁道护书《启法寺碑》是其中最为杰出的作品。被后世誉为"隋碑第一"的《龙藏寺碑》,字体瘦劲精悍,方整疏朗。莫友芝跋此碑云:"真书至初唐极盛。而初唐诸家精诣,北朝无不具有。至开皇、大业间即初

图 12-1　隋代展子虔《游春图》

唐矣。此碑置褚登善诸石中直无以别,知即所从出也。"其对初唐书法家褚遂良诸人楷体的形成,确有开启之功。丁道护的书法,颇能融合南北之长[2],兼具南帖之遒媚与北碑之浑朴,故被评为"不古不今,遒媚有法"(《东观余论》)。赵孟坚说:道护"《启法》最精,欧、虞之所自出"(《珊瑚网》卷二三下《赵子固书法论》),也同样说明隋世楷书的承上启下之功。

在唐代的绘画艺术天地中,最具恢弘气度与繁荣之势,并对社会人心产生广泛而纵深影响的,无疑当首推以佛教题材为中心的绘画艺术。"唐朝佛教道教既极兴盛,故佛寺道观,亦风起云涌,而壁画亦随而发达,所画寺壁之多,为历代之冠"(俞剑华:《中国绘画史》)。狄仁杰在上则天皇后书中说:"今之伽蓝,制过宫阙,穷奢极壮,画绩尽工"(《旧唐书》卷八九《狄仁杰传》)。足见壁画之兴盛而且精工。即以现存隋唐时期的石窟壁画而言,保存较完好的尚有敦煌莫高窟、天水麦积山石窟、新疆拜城的克孜尔千佛洞,其他尚残存的还有永靖的炳灵寺石窟、庆阳的寺沟石窟、敦煌的西千佛洞、武威的天梯山石窟及新疆吐鲁番的伯孜克里克千佛洞等。这些在当时尚属偏远地区的石窟壁画,虽历千载有余,已足令当今世人惊心动魄;而当时那遍布于两京及中原各地的、出自名家巨匠之手的杰出绘画,其辉煌璀璨的风采和精妙卓越的艺术,就更可想而知了。

　　敦煌莫高窟壁画,唐代部分最为丰富,也最为辉煌(彩图11)。与唐前壁画相比较,从题材内容到艺术形式都有了显著的变化。如北魏时期流行的佛本生故事明显减少,而说法图几乎不见,代之而起的是经变题材的大量涌现。经变题材中最多的是净土变相,用图画的形式表现佛教徒所想象的西方极乐世界,多展现宫观楼台、歌舞伎乐、花草树木、七宝莲池等美丽的景象和欢乐祥和的气氛,以劝诱人们皈依。然而这些美丽的图景却是以现实为根据,可以说是当时的社会理想在艺术中的反映,其中既透露出对于物质生活的繁华富丽的肯定与赞扬,也传达出对于欢乐祥和生活的向往与追求。这些壁画构图庞大,气势宏伟,景象繁复,人物众多,描绘精工,色彩富丽,充满浓郁的现实生活的气息。壁画中对于佛像的处理,也不像南北朝时那样严肃庄重,而是富于人情味和亲切感。如将各种菩萨处理成女性,袒胸露臂,衣饰华美,仪貌端丽而慈祥,体态丰腴而多姿。此外,一些以历史和现实生活为题材的画面也出现在壁画之中。可见,唐代的宗教壁画,更接近生活,更向往美好,实际上也是唐人追求美好生活与美好人生的艺术体现。

　　参与道释绘画的艺术家,既有声名显赫的画师,也有民间画工,还有来自西域的绘画家。可以说唐代宗教绘画所取得的高度的艺术成就,既是无数画师、画工们艺术才华的结晶,也是中外文化交融的结果。如来自于阗(今新疆和田)的画师尉迟乙僧,他的作品保持了浓厚的异国情调和鲜明的西域技法[3],当时两京许多著名的寺院如慈恩寺、光宅寺、兴唐寺、大云寺等,都有他的壁画作品,深为时人所重。其对中国传统绘画艺术所带来的影响,是直接而又深刻的。又如唐代最杰出的绘画大师吴道子,其佛寺壁画,尤为出神入化,轰动两京。《两京耆旧传》载:"寺观之中,图画墙壁,凡三百余间,变相人物,奇纵异状,无有同者"(《唐朝名画录》引)。据《唐朝名画录》记载,道子于长安景云寺所画《地狱变相》,竟使"京都屠沽渔罟之辈见之而惧罪改业者,往往有之"。说明其绘画所具有的动人的艺术力量。从绘画艺术承传来看,吴道子与六朝"三杰"顾、陆、张颇有渊源关系,同时又曾受笔法于张旭。但其绘画,能超越传统,充分发挥其杰出的艺术才华,形成了其独特的艺术风貌,故有"吴家样"之称。吴道子的绘画,最为突出的特点是大胆的夸张、神奇的想象和内在的力度。其所画变相如地狱变、净土变、降魔变、维摩变等,无论是环境气氛的渲染还是人物形神的呈现,都给人以"奇踪异状""巨状诡怪"的感受,而且每幅画面又各具特色,以至于"无有同者"。其想象之丰富、变化之多端,诚如张怀瓘所说:"吴生之画,下笔有神"(《历代名画记》卷九引)。这些特点与盛唐时代的书法、诗歌等艺术门类具有相通之处。

在唐代,以历史题材和现实生活为内容的肖像画与仕女画大量产生。阎立本、吴道子、张萱、周昉等,都是艺绝当代、为后世法的杰出画家。阎立本的绘画,除道释题材之外,多取材于具有现实意义和历史价值的人物与事件,如《秦府十八学士图》《凌烟阁功臣二十四人图》《西域图》《魏徵进谏图》以及传世的《历代帝王图》《步辇图》等。这些作品的共同主题是:突出和赞美唐初在大一统局面下的文治武功与太平盛世。《步辇图》以贞观十五年(641)吐蕃首领松赞干布与文成公主联姻的历史事件为题材,描绘唐太宗李世民接见来迎娶文成公主的吐蕃使臣禄东赞的情景。画面以十分简练的手法,突出刻画唐太宗威严大度而又神情自若的神态,整个场面庄严隆重而又和睦融洽。从而形象地表达了汉藏两族的密切关系,也真实地记录了汉藏友好的光辉历史。这幅作品与阎立德所绘《文成公主降番图》,同样具有重大的历史意义。人物画到了盛唐以后,开始出现一种新的画题,即所谓"绮罗人物"。其人物造型的特点,不论是绘画还是雕塑,最明显的是曲眉丰颊,体态丰腴,衣饰华美,色彩秾艳,反映了盛唐时期贵族妇女生活的气息,也是当时贵族阶层审美要求的体现。张萱和周昉是这种绘画的杰出代表。

唐代的山水画已经发展成为一门独立的画科,标志着中国山水画开始走向成熟,并在东方绘画史中成为富有民族特色的艺术。绘画艺术家们对于山水之美的特殊理解和独特的表现方式,以及绘画美学理论中对于山水绘画的阐释,也都鲜明地体现出唐人所特有的闳放、超越与洒脱的时代精神。《历代名画记》卷一《论画山水树石》论唐代山水画的发展说:"吴道玄者,天付劲毫,幼抱神奥,往往于佛寺画壁,纵以怪石崩滩,若可扪酌。又于蜀道写貌山水,由山水之变,始于吴,成于二李(原注:李将军、李中书)。树石之状,妙于韦鶠,穷于张通(原注:张璪也)。……又若王右丞之重深,杨仆射之奇赡,朱审之浓秀,王宰之巧密,刘商之取象,其余作者非一,皆不过之。"对山水画在唐代的发展演变及其重要画家做了简明的概括。关于"山水之变始于吴"之说,《历代名画论》卷九记吴道子"曾事逍遥公韦嗣立为小吏,因写蜀道山水,始创山水之体,自为一家"。所谓"始创山水之体",无疑是指对魏晋以来山水画的一种创新变化之体,以其独具风格,故云"自成一家"。《唐朝名画录》载:"明皇天宝中忽思蜀道嘉陵江水,遂假吴生驿驷,令往写貌。及回日,帝问其状。奏曰:'臣无粉本,并记在心。'后宣令于大同殿图之,嘉陵江三百余里山水,一日而毕。时有李思训将军,山水擅名,帝亦宣于大同殿图,累月方毕。明皇云:'李思训数月之功,吴道子一日之迹,皆极其妙也。'"所记在时间上显然与史实不符(按:李思训卒于开元四年,即716年),但颇能说明吴道子画山水时的特点:第一,"无粉本,并记在心",说明他并不重在描摹山水的客观地理形貌,而融山水气象于胸中,驱遣于笔下,重在表现其气象精神,也就是展现经过艺术家熔铸之后的山水意境。第二,"三百余里山水,一日而毕",说明他的绘画不是精雕细刻地描摹,而是以豪放之气,极尽挥洒之能事。上述两者的结合,便是吴道子"始创山水之体,自为一家"的主要特征了。这种特征与张旭的书法以及稍后张璪、王宰、王墨等人的山水绘画,均有共同之处,即鲜明地体现出一种闳放、超越与洒脱。"成于二李"的李思训、李昭道父子,皆以擅画山水而著称,李思训在唐代就有"国朝山水第一"(《唐朝名画录》)的美誉。虽然他们在绘画技法和艺术风格上与吴道子不同,但艺术精神是相通的。李思训继承了六朝特别是隋展子虔以来的山水设色技法,并创变出"青绿为质,金碧为纹"的"金碧山水"画。同时又结合运用"界画""皴法"等技巧,把自然山水与富丽堂皇的殿台楼阁以及人物活动有机地结合起来,笔法工整细腻,层次井然而又变化微妙,使得金碧辉煌的画面显示出恢弘的气象,具有极强的装饰性与观赏性。可见,吴道子那种酣畅淋漓的"写意山水",与李思训这种精心描绘的"工笔山水",具有异曲同工之妙,皆可达恢弘壮阔之艺术效果。王维的山水画,出于吴道子及二李之间,又独创新格,打破诗与画的界限,突出其诗情画意的艺术境界,使得"诗中有画""画中有诗",从而创造出有别于一般绘画家的独特的艺术风格,带有浓郁的文人雅趣的意味。那种疏淡幽深、自然闲雅的审美趣味,亦如盛唐山水田园诗一样,表现出疏放闲雅、追求自然的艺术精神。这种风格成为后来历代文人画家的楷模,因而王维也被称为文人画的始祖。

唐代画家笔下的马的形象,也同样体现了威武雄壮、刚健豪迈的时代精神。曹霸、韦偃、韩幹就是其中最为杰出的代表。曹霸以画马而享盛名于开元、天宝间，杜甫诗云"将军画善盖有神"，"一洗万古凡马空"（《丹青引赠曹将军霸》）即盛赞曹霸画马的神技以及骏马的雄壮英姿。曹霸的入室弟子韩幹，亦以画马而得盛名于天宝间。其所画马，高大肥壮，精神饱满，骨肉匀称，颇能显示健美之姿与雄壮之势。与韩幹同时的韦偃，亦以画马著称。杜甫《题壁画马歌》（一作《题壁上韦偃画歌》，原注："偃，京兆人，善画马。"）即称其为"画无敌"。《唐朝名画录》卷一〇载其"尝以越笔点簇鞍马、人物、山水、云烟，千变万态，或腾、或倚、或龁、或饮、或惊、或止、或走、或起、或翘、或企，其小者或头一点，或尾一抹，山以墨斡，水以手擦，曲尽其妙，宛然如真"，他更善于捕捉和表现马的千姿百态的生动形态。此外，以画牛而闻名的韩滉与戴嵩的作品，亦具古朴雄浑之风与沉着劲健之美。

唐代的书法艺术，也同样是在继承南北朝书体的基础上而推陈出新，展现出唐人所特有的刚正遒劲、舒展严整的风骨，或潇洒奔放、浪漫雄豪的气势。书法艺术已经远远超越了文字本身的实用功能，而被视为心迹的流露和精神的外现。由于唐太宗对于王羲之书法的特殊爱好，故"二王"书体在唐代影响尤为深远。唐初四大书家虞世南、欧阳询、褚遂良、薛稷，都可算是"二王"书体的继承者，但他们也并非一味地模仿承袭，而是有所变革和创新，在一定程度上也反映出了唐人的精神面目。学习"二王"书体，并不仅仅在于形迹，而更重要的是追求一种内在的气韵风骨。唐太宗自论其书即云："我今临古人之书，殊不学其形势，惟在求其骨力，及得骨力，而形势自生耳"（《唐会要》卷三五）。窦臮《述书赋》也说："太宗则备集王书，圣鉴旁启，……质讵胜文，貌能全体，兼风骨，总法礼。"同样，唐初四家对于书法艺术的贡献，也就在于追求风骨的同时，健全并完善了楷书艺术的基本法度。唐人于楷书一途，融北碑与南帖为一体，以北碑刚正之质，糅以南帖遒媚之姿，从而完善楷书之法度，创造出风格刚正遒劲、结体舒展严整的唐人楷体。这一点不仅为后来唐代真正的新书体——"颜体"以及"柳体"的产生奠定了基础，而且这种"尚法"的唐人楷体，也为后世书学者开辟了一条正途，意义十分重大。这种演变的迹象，在虞世南和欧阳询的书法艺术中表现最为明显，其对当时及后世的影响也最为深远。虞世南师于智永而远绍右军，承"二王"小楷的清润，同时又吸收了隋人的楷法乃至魏碑的气韵,使得楷书笔意由外露而走向内含,形成外貌柔秀而筋骨内含的圆润清拔的艺术风格。欧阳询本为隋人,其正书得隋碑方正刚峻之体,不失北朝固有风貌;继又吸收"二王"秀润之笔意,得温柔蕴藉之风神,并纳之于刚峻的骨力之中,从而创造出"欧体"所特有的艺术风格:骨气峭拔而方圆兼备,笔力劲健而法度严整。赵孟頫评其书为:"清劲秀健,古今一人"(《唐欧阳率更梦奠帖跋》,见赵琦美编《赵氏铁网珊瑚》卷一)。无论是虞体还是欧体,也包括褚遂良及其传人薛稷的书法,都同样蕴涵着一种内在的骨力和刚正的体态。尽管他们的艺术渊源和艺术风格各有侧重,但同样具有融合南北之风以独开生面的趋势,这与魏徵等人所构拟的合南北之长以达"文质斌斌、尽善尽美"的文化发展方略,正是相一致的。

此外,唐前期著名的书法家还有孙过庭、李邕、贺知章等。其中孙过庭以章草名世,其所著并书《书谱序》,除文章自身的理论价值外,其书迹亦为章草楷模。其风格虽也出于"二王",但其骨力气势实亦突破"二王"。孙过庭的书法及其理论表明,唐人虽追踪"二王",但更重骨力,并进而由书迹的仿效而转向自我性情的抒发和心志的体现[4]。这是唐代书法艺术发展的总体趋势,其迹至唐代中后期尤为明显。李邕的书法艺术更显创新的趋势,也更多唐人的精神面目。其所创大字"行楷"之体,既出入于"二王",又面目一新,更多雄健之风。其书结体闲雅,舒展而放纵;笔力遒劲,刚健而收敛,给人以沉着而又豪爽的感觉,很能体现其刚毅忠烈、奇伟倜傥之精神气质,这是李邕书法的精髓所在,也是盛唐时代闳放精神的典型。

以草书而著称的张旭和怀素,则更多地体现出盛唐时代那种酣畅不羁、纵逸奔放的豪情。张旭素有"张颠"之称,其书法与李白之诗、裴旻之剑号称"三绝"。杜甫《饮中八仙歌》即云:"张旭三杯草圣传,脱帽露顶王公前,挥毫落纸如云烟。"将其不羁的神态和极尽挥洒之能事描绘得十分传神。韩愈《送高闲上人序》亦云:"旭善草书,不治他伎,喜怒窘穷,忧悲愉佚,怨恨思慕,酣醉无聊,不平有动于心,必于草书发之。观于物,见山水崖谷、鸟兽虫鱼、草木之花实,日月列星、风雨水火、雷霆霹雳、歌舞战斗、天地事物之变,可喜可愕,一寓于书。"书法艺术不仅超越了文字自身的实用功能,而且也超越了书迹本身的审美作用,而成为一种抒发性情、寄托心志的艺术手段。怀素的狂草,千变万化,狂逸恣纵,骇人心魄,具有惊天地、泣鬼神的巨大艺术魅力。窦冀《怀素上人草书歌》说:"狂僧挥翰狂且逸,独任天机摧格律。龙虎惭因点画生,雷霆却避锋芒疾。"而这种艺术的创造,不过是"兴来小豁胸襟气",乃是激情与豪气的寄兴与抒发。张旭与怀素书法雄豪纵逸的艺术境界,亦如同李白诗、吴道子画一样,洋溢着时代的风采(图12-2)。

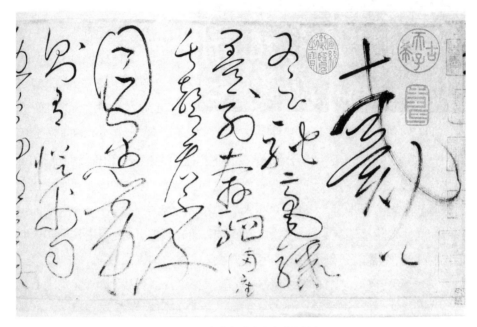

图12-2　唐代怀素《自叙帖》局部

　　书法至盛唐以后,对于"二王"的变革已经成熟,出现了以"颜体"为代表的唐人书体。其中所蕴涵的风骨气韵,成为盛唐气象的典型体现。苏轼《书唐氏六家书后》云:"颜鲁公雄秀独出,一变古法。"一变"二王"以来书法的遒媚之姿,颜体书法雄浑凝重,点画丰满而筋骨强健。其楷书端庄严整而又骨相嶙峋,行书酣畅遒劲而又姿态奇崛,体现出颜体所特有的刚劲苍健、豪放雄壮的艺术境界。而颜体书法的艺术特征,也正是颜真卿的精神气质与品格的艺术呈现。如《集古录·唐颜鲁公二十二字帖》评之云:"斯人忠义出于天性,故其字画刚劲独立,不袭前迹,挺然奇伟,有似其为人。"(图12-3)柳公权承"颜体"之势而又自出新意,形成筋骨强健、体势劲秀,于阳刚之中透露出清润的"柳

图 12-3 唐代颜真卿《颜勤礼碑》拓本局部

体"特征。其雄浑之气似略减"颜体",但其中蕴涵的精神却鲜明一致。柳公权尝有"用笔在心,心正则笔正"之"笔谏",则更为明确地说明,书法乃是书法家秉性气质与精神心志的外现。

隋唐时代的雕塑艺术,最为发达而鼎盛的,无疑仍是以佛教为中心的造像艺术。隋代在短短的数十年间,所造佛像在数量上已经十分惊人[5],在风格上也已经显示出圆润流畅和世俗化与中国化的倾向。至唐代,造像之风更加兴盛,艺术愈加辉煌灿烂,显示出浓厚的民族色彩与时代气息,并在人们的精神生活中占据着十分重要的地位。唐代皇室陵墓建筑的装饰雕刻、大量的陶俑等明器,以及历史和现实人物形象的雕造,也都以多姿多彩的造型证明着唐代文化的恢弘气度与雄健之美。

在敦煌莫高窟、龙门石窟、炳灵寺石窟、麦积山石窟以及太原天龙山石窟等处,都保留着许多精美的唐代佛教造像。敦煌石窟的彩塑佛、菩萨像,面带微笑,慈祥而和雅,袒胸露臂,身段丰腴而秀丽,表现出婀娜多姿的优美体态,反映了唐代贵族的审美理想。天王和金刚力士等形象则强调夸张男性健壮的体魄,突出力的美。加之流畅的线条、华丽的色彩,及其与壁画之间的完美配合,更显富丽堂皇、光彩夺目,不仅体现出唐代雕塑的高度艺术水平,而且也集中体现了时代的美的典型。龙门石窟中,唐代开凿规模最大、最具有代表性的,是由武则天出资修建的奉先寺石窟造像(图 12-4)。石窟造像依山开凿,居中为高大的本尊卢舍那佛坐像,端庄安详,温和亲切;两旁排列佛弟子、菩萨、天王、力士等八尊塑像,或朴素文雅,或丰满华丽,或威风持重,或雄健刚强,从而构成一组和谐完美的雕像群。宏伟的规模与庞大的气势,充分体现出时代的物质力量与精神力量。炳灵寺、麦积山、天龙山等处的佛教造像,更多地显示出体态优美、变化丰富、圆柔流畅、细腻精致的特点。而四川乐山凌云寺高

图 12-4 洛阳龙门石窟唐代奉先寺造像

达 71 米的大佛造像,气势雄伟,成为中国文化史中的壮观。

唐代的陵墓雕刻,成为宗教雕刻以外的纪念碑式的伟大作品。"昭陵六骏"(图 12-5),取材于唐太宗李世民在统一帝国的战争中所骑的六匹骏马,神情俊爽刚毅,姿态神武有力,朴拙的线条衬托出厚重的质感,体现出威武雄壮的军威和一往无前的昂扬斗志与奋发精神,因而成为具有重大历史意义和政治意义的标志与象征。乾陵石刻遗存,气势雄浑宏大,昭示着威加海内的强大国力。其中石狮一对,雄踞高台,粗壮的前肢挺然直立,张口仰胸,怒视前方,威猛无比。展翼的天马,迥立于山丘高台之上,体态浑朴劲健,呈凌空翱翔之势,也昭示着政治上的宏图伟业。此外,如献陵的石虎、顺陵的石狮与独角兽、崇陵的石人石马等雕刻,也都形体高大,雄健有力,体现出英姿勃发、豪迈乐观的唐代气魄。

唐代的三彩陶俑,制作精工,色彩鲜明,灿烂夺目,具有很高的艺术价值。唐三彩的题材相当广泛,有武士、文官、妇女、商人、猎人、乐舞人、奴仆、胡人等

图 12-5　唐代"昭陵六骏"之一——青骓

人物形象,也有马、牛、骆驼、狮子、鸡、鸭、猪、狗等动物形象,如同丰富多彩的社会生活的缩影,栩栩如生地展现在我们眼前。尤其是强壮有力的武士、丰腴华美的仕女和乐舞人形象,与同时代画家笔下的形象极为相似。而劲健肥壮的骏马和双峰高耸、昂首直立的骆驼,也同样成为一种时代的审美典型,蕴涵着昂扬的精神。

隋唐之世,尤其是初唐至盛唐的一百余年间,是中国音乐舞蹈史上最为辉煌的时代。那种兼收并蓄的宏伟气魄、庞大的乐舞机构、盛大的演出场面以及精湛的乐舞技艺,都鲜明地呈现出繁荣的局面与恢弘的气势。

隋朝建国之后,得以在大一统的局面下全面继承南北朝时期不同的乐舞传统,同时又有条件在更为广泛的地域内吸收海内各民族以及域外诸国的乐舞精华,以适应新政局的发展、满足新的欣赏趣味的要求。其中"燕乐"的发展及其所取得的成就,最为灿烂夺目。据《隋书·音乐志》载,隋由"七部乐"而增至"九部乐"。其中既有中原汉民族的传统乐舞,也有西北少数民族和国外传入的乐舞。朝廷除了调集大批地方乐工艺人充实宫廷乐舞机构外,每年还要调集各地的歌舞百戏至长安和洛阳演出，其规模之宏大、品类之繁多，实为空前。其目的除了统治者自身的享乐之外，也还有夸耀帝国统一后的富强安定、展示中原文物之繁盛的政治目的，这对于促进和加强统一、对于安定社会民心，也有着客观上的积极作用[6]。

唐代中央直属的音乐机构，分为大乐署、鼓吹署、教坊和梨园四个部门。大乐署和鼓吹署属于政府的太常寺，机构相当庞大，据《新唐书·礼乐志十二》载："唐之盛时，凡乐人、音声人、太常杂户子弟，隶太常及鼓吹署，皆番上，总号音声人，至数万人。"教坊和梨园主要属于宫廷。教坊凡五处，有宫廷内教坊一处，长安和洛阳又各设立两处外教坊，主要演出歌舞与"散乐"。梨园又分为宫廷中梨园，这是一个由唐玄宗亲自调教指挥的乐舞机构，主要学习和演出大型"法曲"及其新作。另有长安"太常梨园别教院"千余人、洛阳"梨园新院"一千五百人。如此庞大的音乐机构，乃是唐代乐舞异常发达的重要因素。然而除此之外，各地方军、政机构及民间又有大量的乐舞团体，有所谓宫伎、官伎、营伎之分。至于豪门贵族及官宦人家所蓄之"家伎"，更难以数计。虽然这些乐舞艺人地位低下，但他们的共同创造和表演，不仅极大地丰富了社会生活，而且使得那个时代的歌舞艺术达到了辉煌的巅峰。

就音乐制度而言，唐承隋制，武德初宴享之乐即承隋"九部乐"之旧。至贞观中，又增"高昌乐"，合前为"十部乐"。其中有对于传统的继承，也有新的创作。到玄宗朝，随着新创作的品种不断增多，同时又广泛吸收少数民族和国外新的乐曲和舞蹈，使得乐舞更加丰富多彩，并逐渐形成了"立部伎"八部和"坐部伎"六部[7]。坐、立部伎之外，还有清乐、道曲、法曲、胡部、舞马、百戏等，亦皆属宴享俗乐。其中有些乐舞保持了汉民族传统的色彩，如《明君》《白纻》之类；有些带有鲜明的少数民族色彩，如《柘枝》《胡旋》之类；而更多的是唐代的新作，如《破阵乐》《霓裳羽衣》等。乐器的伴奏，虽然采用龟兹和西凉等少数民族的乐器为多，但不同民族或国家的乐器并不限于仅仅演奏该民族或该国家的乐曲，也可以演奏其他民族或国家的乐曲，有时甚至可以混合演奏。可见唐代乐舞的繁盛，乃是在中原汉民族传统艺术的基础上，充分吸收融合了国内各民族和国外的乐舞营养，从而呈现出灿烂辉煌的气象。

唐代乐舞的丰富多彩与精彩纷呈，从今存大量的唐代壁画、文人绘画、乐舞陶俑中,仍然可以看到那宏大的场面与优美的舞姿。而唐诗中纪录的乐舞篇章,也同样展示着那美不胜收的辉煌。如杜甫《赠花卿》:"锦城丝管日纷纷,半入春江半入云。此曲只应天上有,人间能得几回闻。"美妙的音乐简直无法诉诸语言;李颀《听董大弹胡笳声兼寄语弄房给事》诗中所写胡笳之声动天地而泣鬼神;白居易《琵琶行》所写琵琶女如泣如诉的弹奏;李贺《李凭箜篌引》描摹箜篌乐音的美妙,如石破天惊、响遏行云。读罢这些诗歌,仍有不绝于耳的袅袅余音。唐代教坊乐舞有健舞和软舞之分,健舞表现阳刚健美的舞姿,如有浑脱、剑器、胡旋、胡腾、柘枝等;软舞表现轻柔袅娜的舞姿,如有凉州、绿腰、苏合香、屈柘枝、团乱旋等。此外还有大型的字舞、花舞、马舞、兽舞等等。健舞中剑器、胡旋、柘枝等舞流行颇广,杜甫《观公孙大娘弟子舞剑器行》诗云:"昔有佳人公孙氏,一舞剑器动四方。观者如山色沮丧,天地为之久低昂。……来如雷霆收震怒,罢如江海凝清光。"若雷霆震怒,惊天动地,其刚健的舞姿充满雄豪的气势,足以激荡心神、感发意志。难怪张旭观后为之"豪荡感激"而"自此草书长进"(同上诗序)。胡旋舞即《康国乐》,保持了浓厚的民族色彩。白居易《胡旋女》诗描写其舞姿:"胡旋女,胡旋女,心应弦,手应鼓。弦鼓一声双袖举,回雪飘飖转蓬舞。左旋右转不知疲,千匝万周无已时。人间物类无可比,奔车轮缓旋风迟。"这种急速回旋、令人眼花缭乱的舞蹈,在当时流行甚广,正如白居易所说:"五十年来制不禁"(同上)。软舞柘枝、绿腰的那种轻盈曼妙和翩翩舞姿,也是诗人常常歌咏的对象[8]。在大型乐舞中,《破阵乐》和《霓裳羽衣》最具时代色彩和宏大气象。《旧唐书·音乐志二》载:"《破阵乐》,太宗所造也。太宗为秦王之时,征伐四方,人间歌谣《秦王破阵乐》之曲。及即位,使吕才协音律,李百药、虞世南、褚亮、魏徵等制歌辞。百二十人披甲持戟,甲以银饰之。发扬蹈厉,声韵慷慨。……自《破阵舞》以下,皆雷大鼓,杂以龟兹之乐,声震百里,动荡山谷。"又同上书《音乐志一》载:"(贞观)七年,太宗制《破阵舞图》……令吕才依图教乐工百二十人,被甲执戟而习之。凡为三变,每变为四阵,有来往疾徐击刺之象,以应歌节,数日而就,更名《七德》之舞。……观者见其抑扬蹈厉,莫不扼腕踊跃,凛然震竦。武臣列将咸上寿云:'此舞皆是陛下百战百胜之形容。'"取材于现实中具有重大历史意义的内容,歌颂李世民统一国家的武功,乐、歌、舞皆气势雄壮、激越慷慨、昂扬蹈厉,振奋人心。后来这个乐舞随着时间的延续而不断有所改动,但在唐代一直是作为象征着国家的武功和威严而成为宫廷的保留节目。《霓裳羽衣曲》是唐代著名的歌舞大曲,起于开元而盛于天宝,据载为唐玄宗所创作并吸收了印度《婆罗门曲》改编而成[9],《霓裳羽衣舞》即据此乐曲而编排。白居易《霓裳羽衣歌》对此有精彩的描述:

> 我昔元和侍宪皇,曾陪内宴宴昭阳。千歌百舞不可数,就中最爱霓裳舞。
> 舞时寒食春风天,玉钩栏下香案前。案前舞者颜如玉,不著人家俗衣服。
> 虹裳霞帔步摇冠,钿璎累累佩珊珊。娉婷似不任罗绮,顾听乐悬行复止。
> 磬箫筝笛递相搀,击擫弹吹声逦迤。散序六奏未动衣,阳台宿云慵不飞。
> 中序擘騞初入拍,秋竹竿裂春冰坼。飘然转旋回雪轻,嫣然纵送游龙惊。
> 小垂手后柳无力,斜曳裾时云欲生。烟蛾敛略不胜态,风袖低昂如有情。
> 上元点鬟招萼绿,王母挥袂别飞琼。繁音急节十二遍,跳珠撼玉何铿铮。
> 翔鸾舞了却收翅,唳鹤曲终长引声。……

舞者霓裳、羽衣而霞帔,冠"步摇",服玉佩,娉婷袅袅,伴随着缓急有致的舞乐节拍而翩翩起舞,飘飘欲仙。后来在文宗、宣宗之世,还曾用数百宫女演出大型《霓裳羽衣舞》,则群仙之舞姿飘然、排场之富丽豪奢可想而知。尽管后来许多诗人将此曲舞视为李唐王朝由盛而衰的祸根[10],但它毕竟是盛世的产物,正如白居易《法曲》(原题注:"美列圣,正华声也。")所歌:"法曲法曲舞霓裳,政和世理音洋洋,开元之人乐且康。"象征着太平盛世的雍容华贵与富丽堂皇。

第二节　五代、两宋艺术与尚意趣的美学追求

五代书画艺术的总成与分野　宋代画院与文人学士画的消长　宋代的书法艺术

五代十国,是中国历史上战争与分裂的混乱时期之一。然而在艺术的发

展上,却能上承唐代艺术之辉煌,再经创新、演变与分流,直接影响了宋代艺术的发展方向,在中国艺术史上具有独特的地位。宋代画院与文人画的互为消长,山水画的杰出创造,以及多姿多彩的书法艺术,代表着这一个时期最高的艺术成就。贯注于其间的艺术精神,是高涨的人文意识和富有个性的美学追求。

晚唐中原地区战乱之际,经济文化的中心已经由长安、洛阳而南移、东迁,逐渐形成西蜀、江南与中原互为鼎立的发展局面。由于地域的差异和审美趣味的不同,上述地区的艺术表现也呈现出不同的风貌,从而在客观上促成了这一时期艺术的多姿多彩与繁荣局面。西蜀和南唐设立皇家画院,是中国画史中的大事,不仅培养出众多绘画艺术家,推动了绘画艺术的发展,而且直接开启两宋画院之先声,以至于此后数百年间的绘画重心几乎一直为画院所左右。这一时期山水与花鸟画的成就最为突出,而杨凝式则为“书中豪杰”。

中原地区的绘画,在释道壁画及人物肖像等方面虽能继踵唐世风采,但缺少创新变化,总体水平未见超越前人。然而在山水绘画方面,却异军突起,产生了荆浩、关仝两位杰出的艺术家。荆浩隐居于太行洪谷,兼擅山水与绘画理论,其《笔法记》和他的山水画一样,在中国山水绘画史上占有十分重要的地位。荆浩曾说:“吴道子画山水有笔而无墨,项容有墨而无笔,吾当采二子之所长,成一家之体”(《图画见闻志》卷二引)。可见他是系统总结了唐代山水绘画的艺术经验,取诸家之长,兼重笔、墨,形成自己独特的艺术风格,从而将山水绘画提高到了一个新的水平。他自评其画说:“恣意纵横扫,峰峦次第成。笔尖寒树瘦,墨淡野云轻。岩石喷泉窄,山根到水平。禅房时一展,兼称苦空情”(《画山水图答大愚》)。说明其绘画具有一种恣意纵横、大气磅礴的气势,所画山水云树,笔墨浓淡相间,层次深远,咫尺千里。这就是被宋人所称的“全景山水”。荆浩在《笔法记》中提出“气、韵、思、景、笔、墨”之“六要”,强调在客观物象的基础上,充分发挥艺术家“搜妙创真”的主观能动性,运用变化灵动之笔与浅深自然之墨,创造出现实与理想相结合的、形神兼备的艺术形象。他的山水绘画,正是这一理论的具体实践。《宣和画谱》卷一〇说他“博雅好古,以山水专门,颇得趣向”。通过山水绘画寄托意趣志向,说明荆浩对于山水画已有更深刻的理解(图12-6)。关仝师于荆浩而有“出蓝”之誉,他的山水绘画也充分体现了荆浩的理论，多描绘黄河中游一带的峰岩林麓。画面气势雄伟，境界深邃幽邈，主体风格与荆浩相近。然而在主观情调上又比荆浩多了一些古雅闲逸的意趣，如郭若虚说："石体坚凝，杂木丰茂，台阁古雅，人物幽闲者，关氏之风也"（《图画见闻志·论三家山水》）。《宣和画谱》卷一〇也说关仝："尤喜作秋山寒林，与其村居野渡，幽人逸士，渔市山驿，使其见者悠然如在灞桥风雪中，三峡闻猿时，不复有市朝抗尘走俗之状。盖仝之所画，其脱落毫楮，笔愈简而气愈壮，景愈少而意愈长也。而深造古淡如诗中渊明，琴中贺若，非碌碌之画工所能知。"所着意表现的，乃是一种古雅闲逸的意趣。这

图 12-6　传五代荆浩《匡庐图》

不仅大大提高了山水绘画的审美趣味，而且对宋人影响尤为深刻。据同上书载，关仝"于人物非其所长，于山间作人物多求胡翼为之"。"于人物非其所长"，固然是其不足，然而这却从反面说明山水绘画已经由独立发展而走向成熟。荆浩《笔法记》有所谓"丈山尺树，寸马豆人"之说，并视"屋小人大"为画之"形病"。起初山水图景只是作为人物画的背景或点缀而存在，然而发展到

此时,人物反而成了无关大局的点缀。同时代江南南唐也产生了以董源、巨然为代表的山水画派,与北方"荆关山水"构成争奇之势。"董巨山水"的特点是发展了唐代以来水墨山水的绘画技法,描绘江南景物,笔墨疏淡而景象灿然,云水缥缈,独具南国水乡风情。正如米芾所说:"董源平淡天真多,唐无此品,在毕宏上,近世神品,格高无与比也。峰峦出没,云雾显晦,不装巧趣,皆得天真。岚色郁苍,枝干劲挺,咸有生意。溪桥渔浦,洲渚掩映,一片江南也"(《画史》)。沈括也说:"江南中主时,有北苑使董源善画,尤工秋岚远景,多写江南真山,不为奇峭之笔。其后建业僧巨然,祖述源法,皆臻妙理。大体源及巨然画笔,皆宜远观。其用笔甚草草,近视之几不类物象,远观则景物粲然,幽情远思,如睹异境。如源画《落照图》,近视无功,远观村落杳然深远,悉是晚景,远峰之顶,宛有反照之色。此妙处也"(《梦溪笔谈》卷一七)。这种独特的绘画技法和鲜明的艺术效果,把中国山水绘画提高到了一个新的水平,成为山水画走向成熟的重要标志。这是五代绘画艺术最为杰出的贡献。

五代时期的书法相对而言较为寂寞,然而历仕五朝的杨凝式,却能以行书总前人之大成而开启宋代书帖之先声。苏轼尝云:"自颜柳氏没,笔法衰绝,加以唐末丧乱,人物凋落,磨灭五代,文采风流,扫地尽矣。独杨公凝式,笔迹雄杰,有二王、颜柳之余,此真可谓书之豪杰"(《清河书画舫》卷六上引《苏东坡评书》)。杨凝式初法欧阳询,又学颜真卿,亦兼得二王之妙,实为总行书之大成而又加以遒放纵逸。故前人多以"笔势飞动""奔放奇逸",或"笔迹雄强""势奇力强"赞誉其风格。尹洙曾说:"以公之笔,其驰骋自肆,盖得己意"(《墨池编》卷四《宋尹师鲁题杨少师书后》)。说明杨凝式的书法,在遒放纵逸之中,带有鲜明的个性色彩与抒情成分。

西蜀与南唐皆先后设立画院,实开我国画院制度之先河,进而演为两宋画院之壮观。西蜀与南唐绘画,除山水外,在花鸟画方面的成就最为显著。分别以西蜀黄筌和江南徐熙为代表的花鸟画,各展异彩,形成"徐黄体异"的争艳之势。黄筌博采众长而自成一家,其画多取材于宫苑之珍禽异兽、奇花怪石之类,以写实的手法双勾填彩,用笔精工细腻,色彩秾艳富丽,效果真实生动,体现了当时贵族阶层的生活和审美趣味(彩图12)。而以江南布衣徐熙为代表的"野逸"画派,则发展了水墨晕染的画法,注重于墨色的生动活泼和生意盎然的艺术效果。沈括说:"徐熙以墨笔画之,殊草草,略施丹粉而已,神气迥出,别有生动之意"(《梦溪笔谈》卷一七)。郭若虚说:"徐熙江南处士,志节高迈,放达不羁,多状江湖所有,汀花野竹,水鸟渊鱼。今传世凫雁鹭鸶,蒲藻虾鱼,丛艳折枝,园蔬药苗之类是也"(《图画见闻志》卷一)。可见他的绘画题材和审美趣味与黄筌完全不同,所表达的是文人逸士的生活和审美情趣。所谓"黄家富贵,徐熙野逸"(同上引谚云),颇能概括二派的差异。花鸟画发展到五代,超越了唐代作为装饰艺术的要求,而成为艺术家们反映精神世界和审美情趣的一种重要方式。

此外,南唐的人物绘画也有突出的成就。周文矩、顾闳中等人,继承并发展了唐代张萱和周昉的绘画技法与风格,多表现宫廷贵族与仕女生活,而以顾闳中《韩熙载夜宴图》最为杰出。此图以连环画卷的形式,巧妙地用屏风将情节内容分成宴饮、击鼓、休息、听乐和调笑五个部分,通过人物不同的行为举止来细微地刻画人物的心理,十分生动传神。笔法工整严谨而又流畅自然,色彩浓重而气氛和谐,代表着这一时期人物画发展的水平(彩图13)。

宋代建国之后,便设立"翰林图画院",在罗致各地画家的同时,进而大力培养绘画新秀。在客观上起到了提高文艺的社会政治地位和促进文艺繁荣发展的作用。两宋的绘画发展,大体以画院活动为中心,几乎左右了绘画的主体潮流与风格,郁然成为中国绘画史中的壮观。

西蜀和南唐相继灭亡后,许多优秀的画家纷纷归附于京师,加之后周以及中原绘画名家亦皆纷纷加盟、任职于宋初画院。所以,北宋画院创始之初就具备了强大的阵容与雄厚的实力。画院在录用、任职以及赏罚等方面,都有一套严格的管理制度。而且随着画院的发展和帝王的重视,画院的规模和制度也逐渐健全。到了宋徽宗时期,除"翰林图画院"之外,还专门成立"画学",并纳入科举制度的正轨,从科目、考试、录取,到教学、待遇、升迁等方面,都有明确的规定[11],而且徽宗皇帝本人亲主其事,故"画学"实为名副其实的皇家绘画学院,这在世界文明史中也是一个创举。这些举措对于绘画人才的培养和画院绘画的兴盛,起着直接的推动作用。画院的活动丰富多彩,如组织人员参与绘制大型的宗教寺庙和宫殿壁画,有系统地绘制历代帝王美恶事迹图、文武功臣肖像,搜刮海内名画以充宫廷收藏,鉴别品评古今图迹以及编著绘画谱录如

《宣和画谱》之类等等;而更多的日常活动,是根据帝王和宫廷贵族的要求,随时绘制各类题材的绘画。因为画院的活动以及画师的创作皆由帝王亲自干预,甚至不得"私画",因而绘画题材的选择、风格的表现乃至于水平、品第之高下,亦皆依据帝王及宫廷贵族的好尚而定夺取舍。可见画院的绘画创作,是在一定的限制范围内进行的。这对于绘画艺术的创新发展以及艺术个性的自由发挥,无疑是一个巨大的障碍。然而与此同时,画院之外的众多文人画派以及民间绘画,其繁荣之势亦足以与画院抗衡。不同的审美趣味、各异的艺术风格,尤其是"文人画"与"院体画"之间,既互为抗衡,亦互有消长,从而使两宋绘画益加隆盛繁荣。如果说"院体画"代表着两宋绘画主体潮流,那么,"文人画"则更多地体现出艺术的创新与个性的发挥,更多地带有文人意趣的时代色彩。这在宋代的花鸟、山水、人物以及社会风俗等题材的绘画中,都有鲜明的展示。

花鸟画在宋代备受青睐,异常发达。由于统治者的特殊爱好,黄家花鸟画派在宋初成为正宗,且统治画坛达百年之久。而"徐黄体异"的徐熙及其传人的境遇恰好与此相反。《梦溪笔谈》卷一七载:"江南平,徐熙至京师,送图画院品其画格。……筌恶其轧己,言其画粗恶不入格,罢之。""黄家富贵,徐熙野逸"的内涵在这里得到充分展示。带有"野逸"色彩的徐熙画,竟被冷落罢斥,以至于其后人也不得不改换门庭。至熙宁、元丰年间,崔白、崔慤兄弟、吴元瑜等人对黄派末流因袭模仿之弊加以变革。变革的发端,实始于赵昌。赵昌擅画花果折枝,注重写生,自称"写生赵昌"。其画简洁灵秀,得自然之趣,有"传神"之誉。稍后,易元吉"见赵昌画,乃曰:'世未乏人,要须摆脱旧习,超轶古人之所未到,则可以谓名家'"(《宣和画谱》卷一八)。于是深入自然,对物写生,探索新的表现方法,以摆脱世俗因袭雷同之旧习。易元吉的艺术趣味和绘画风格,更接近于"野逸"派的徐熙,如米芾《画史》说:"易元吉,徐熙后一人而已。"及至二崔和吴元瑜,以徐派风格来改变黄派画风的倾向就更为鲜明。如吴元瑜"师崔白,能变世俗之气所谓院体者,而素为院体之人,亦因元瑜革去故态,稍稍放笔墨以出胸臆,画手之盛,追踪前辈,盖元瑜之力也"(《宣和画谱》卷一九)。其间尽管易元吉遭"画院人妒其能,只令画獐猿,竟为人鸩"(米芾《画史》);崔白"为图画院艺学,白性疏逸,力辞以去"(《宣和画谱》卷一八),

皆为守旧派所不容,但变革毕竟取得了显著的效果。画院内部的这一变革,虽然不久即为宋徽宗赵佶的那种精工细笔、雍容富贵的宫廷花鸟画所取代,但已经充分证明,代表文人逸士情趣的"野逸"画风,仍具有顽强的艺术生命力。

在画院内部变革的同时,画院外也开始兴起以水墨为主的写意花鸟画,并多以梅兰竹菊"四君子"为题作画。尤其是以文同、苏轼为代表的一批文人学士画派,在绘画理论和绘画创作中,就更为明确地倡导"士人画"的个性、趣味以及意境和风格。苏轼将画家区分为"画工"与"士人画"两类[12],二者的区别在于是否有"意气",能否传神。苏轼《书鄢陵王主簿所画折枝二首》其一云:"论画以形似,见与儿童邻。赋诗必此诗,定非知诗人。诗画本一律,天工与清新。"诗与画的共同特点是自然清新,追求内在的"传神"。苏轼反复强调"诗画一律""画中有诗""古来画师非俗士,摹写物象略与诗人同"(《欧阳少师令赋所蓄石屏》),说明绘画的传神不仅仅是对于物象的传神,还应当包括对于艺术家自身个性气质与胸襟怀抱的传神,二者的妙合才是"画中有诗"的真义。苏轼的好友文同,以画墨竹著称,苏轼不仅从他的绘画中总结出"胸有成竹""振笔直遂"(《文与可画筼筜谷偃竹记》)的艺术创作规律,而且认为其姿态潇洒、品格高洁的墨竹形象,正是其人品气质的化身与形象,即所谓"其身与竹化,无穷出清新"(《书晁补之所藏与可画竹三首》其一)。而苏轼本人也以墨竹松石称绝于世,尝自言:"东坡虽是湖州派,竹石风流各一时"(《憩寂图》诗)。其墨竹虽师法文同,但更多地表现为"出新意于法度之中,寄妙理于豪放之外"(苏轼《书吴道子画后》)。其画笔酣墨饱,挥洒成章,而舒展挺劲,"士气逼人"、雄豪磊落的气势远在文同之上。他自题《偃松图》云:"怪怪奇奇,盖是描写胸中磊落不平之气,以玩世者也"(《清河书画舫》卷八下引《东坡手柬》)。米芾评其所画"枯木枝干虬屈无端,石皴硬亦怪怪奇奇无端,如其胸中盘郁也"(《画史》);朱熹评其画为:"傲风霆、阅古今之气,犹足以想见其人也"(《跋张以道家藏东坡枯木怪石》),都表达了同样的意思。由此可见"画工"与"士人画"的根本区别之所在。同时代的郭若虚也有相同的看法:"窃观自古奇迹,多是轩冕才贤、岩穴上士,依仁游艺,探赜钩深,高雅之情,一寄于画。人品既已高矣,气韵不得不高;气韵既已高矣,生动不得不至,所谓神之又神,而能精焉"(《图画见闻志》卷一)。将人品与气韵相结合,这是文人画家所极力推崇的,其中鲜明地体现出文人意识高涨的时代潮流与时代精神。中国绘画发展到这个时期，工匠画风与士人画风、"院体画派"与"文人画派"已泾渭分明，代表着不同的审美要求和志趣。米芾所说："滕昌祐、边鸾、徐熙、徐崇嗣花皆如生，黄筌惟莲差胜，虽富艳皆俗"（《画史》），就鲜明地表达了这种审美倾向。直到南宋，如杨无咎、赵孟坚以及郑思肖等人，就都是文人写意花鸟画的突出代表。他们笔下的梅竹松石花鸟等形象，也同样充满高洁雅致的品性与神韵，而与南宋"院体"形成鲜明对照。南宋画院的花鸟画，主要继承了宋徽宗的传统，笔法更加精致细腻，审美特点更加单纯精粹，"院体"的特征也愈加明显，成为典型的"标本"。南宋邓椿《画继》卷一〇载："图画院四方召试者源源而来，多有不合而去者。盖一时所尚，专以形似。苟有自得，不免放逸，则谓不合法度，或无师承。故所作止众工之事，不能高也。"就是这种现实的反映。

两宋山水画，名家辈出，如日中天，为中国山水画史中最辉煌时期。这一巨大艺术成就的取得，就与其中充满文人意趣的风神韵致密不可分。

五代、北宋之际，继荆、关之后，有李成和范宽两位杰出的山水画家崛起于北方。王世贞说："山水，大小李一变也，荆、关、董、巨又一变也，李成、范宽又一变也，刘、李、马、夏又一变也，大痴（黄公望）、黄鹤（王蒙）又一变也"（《艺苑卮言》附录四）。李成山水师荆、关而能自创新意，成一家法。其特点不同于荆、关那种危峰穷壑的大山大水，而常作寒林平远之景，构图简洁，气象萧疏，力求表现季节气候的特征，清润灵秀，变幻多姿。刘道醇评为："成之于画，精通造化，笔尽意在；扫千里于咫尺，写万趣于指下"（《宋朝名画评》卷二），且有"古今第一"（《宣和画谱》卷一一）之誉。李成山水写意的迹象较为明显，带有较大的抒情性。《宣和画谱》说他将磊落不平之气"寓兴于画……一皆吐其胸中而写之笔下，如孟郊之鸣于诗，张颠之狂于草，无适而非此也"（同上）。托于山水而一吐块垒、抒发情志，故其笔下山姿水态，意趣横生，从而构成其独特的意境和风格。范宽"喜画山水，始学李成，既悟，乃叹曰：'前人之法，未尝不近取诸物，吾与其师于人者，未若师诸物也；吾与其师于物者，未若师诸心。'于是舍其旧习，卜居于终南、太华岩隈林麓之间，而览其云烟惨淡、风月阴霁，难状之景，默与神遇，一寄于笔端之间，……故天下皆称宽善与山传神"（同上）。显然是一位具有鲜明个性和极富创新精神的艺术家。有师承，但不为所囿；法自然，又不做纯客观描摹，进而能师心神遇、与山传神，正所谓"外师造化，中得心源"。他的山水画风骨刚健俊拔，气势磅礴雄浑。《图画见闻志》卷一说："夫气象萧疏，烟林清旷，毫锋颖脱，墨法精微者，营丘（李成）之制也；石体坚凝，杂木丰茂，台阁古雅，人物幽闲者，关氏之风也；峰峦浑厚，势壮雄强，抢笔俱均，人屋皆质者，范氏之作也。"关仝"峭拔"、李成"清旷"，范宽"雄浑"，三人皆出于荆浩画派而又各具特色，皆成大家，故并称"三家山水"。北宋画家王诜曾用"一文一武"[13]喻李、范山水的风格差异，十分形象。据郭熙《林泉高致》载："今齐鲁之士惟摩营丘，关陕之士惟摩范宽。"二人在当时影响巨大，他们所开创的画风，成为北宋山水画一大洪流（图 12-7）。

北宋熙宁、元丰间，郭熙和王诜的山水绘画之中，"院体"或世俗匠画与文人士大夫画之间消长、共存的迹象，就更为明显。《图画见闻志》卷四载："郭熙，河阳温人，今为御书院艺学。工画山水寒林。施为巧赡，位置渊深，虽复学慕营丘（李成），亦能自放胸臆。巨障高壁，多多益壮，于今之世为独绝矣。"郭熙的山水画，经历了从典型的院体画风到文人画风的转变，即由精工巧赡而到抒发胸臆、老当益壮的发展演变过程。结合其《林泉高致》来看，其画风转变及成功的经验在于：以师法自然为根基，将山川"饱游饫看，历历罗列于胸中"，经过熔铸经营，创造统一完整的意境，从而"使我自成一家"。因而他的山水画除雄奇壮

图 12-7　北宋郭熙《早春图》

丽、境界开阔之外，更富于一种优美的情趣，带有鲜明的抒情性。山水画中抒情性的增强，正是文人情趣、意志高涨的必然反映，同时也是中国山水绘画史中的一个重要变化。王诜，字晋卿，为驸马都尉。聪敏、博学而多才艺，他一方面过着贵族的享乐生活，但同时又具有文人雅士的情趣。所与密切往来者，皆当时风流文雅、才学卓异之士，如苏轼、米芾、黄庭坚、李公麟等，常有"西园雅集"，具有一致的兴趣爱好与审美倾向。这种特殊的身份地位和兴趣爱好，也促成了王诜特殊的绘画艺术风格。他的山水画多为"烟江远壑，柳溪渔浦，晴岚绝涧，寒林幽谷，桃溪苇村，皆词人墨卿难状之景，而诜落笔思致，遂将到古人超轶处"（《宣和画谱》卷一二），显然带有浓厚的文人雅士的幽隐情趣。从绘画技巧和风格渊源来看，他是在继承李成一派寒林、雪景的水墨画法基础上，兼用"大小李将军"金碧重色的技巧，融二者为一体[14]。李思训金碧山水的画风，富丽堂皇，更适合于豪华宫殿的装饰；而李成水墨山水则清润旷远，更适合于表现文人雅士的幽隐情怀。二者的差异十分明显，但王诜居然能巧妙地融二者为一体，并创造出清润挺秀、韵致浓郁的意境，可谓奇迹。尤其是当王诜遭贬外放期间，"虽牢落中独以图书自娱，其风流蕴藉真有王、谢家风气"（《宣和画谱》卷一二）。以山水画寄托个性、胸襟与情怀，则是王诜山水画进一步走向成熟的标志。此外，晁补之和宋迪的水墨山水，惠崇和赵令穰的小景山水，皆笔调清丽温雅，极富诗意，无异于优雅的抒情小品。至于米芾父子的"米点山水"，虽云具董、巨之风，其实意在追求一种天真之趣，既摆脱法度，亦超越物象，是为文士意趣与胸次的尽情挥写，故多少带有"墨戏"的味道。

　　宋室南渡以后，山水画起了重大的变化。无论是单纯的富丽精工或婉丽柔媚的院体画风，还是单纯的傲世孤高或文雅幽隐的文人画风，似乎已经都不足以表现经历了时代沧桑的悲壮情怀，和面对半壁江山的深厚感情。代之而起的是院体画风与文人画风的合流、熔铸与再提高之后而形成的一种"水墨苍凉"的山水新风。它不仅形成了具有崭新面目的南宋"院体"山水画，而且也代表了中国山水画的全盛时期。"南宋山水四大家"的李唐、刘松年、马远和夏圭，就是最为杰出的代表。"四大家"先后皆供职于画院，代表着南宋绘画的最高水平。从总体艺术特征来看，南宋四大家的山水画，一方面继承了唐代"二李"金碧山水的工整细腻的设色以及界画精细严整的笔法，同时又吸收了荆、

图 12-8　南宋夏圭《溪山清远图》局部

关、董、巨以及郭熙、范宽、王诜等人水墨山水的成功经验,故精工而富有雄浑之气,严整而不失空灵多变,用墨浓淡相宜,虚实相间,画面主题突出,构图简洁明快而又含蓄蕴藉,多方面地展示了江南山水的灵秀与壮美。四大家山水画的创新,始于李唐。他在南渡之后的作品,最明显的变化是构图化繁为简,像是从全景山水中剪取最精彩的一个局部,山石皴法由"小斧劈"而创变为"大斧劈",笔法由细短变而为阔长,用墨则更加酣畅淋漓,再配合以浓重的青绿着色,从而形成苍凉劲健、豪纵简括的特殊风貌。元代王逢跋李唐《长江雨霁图》诗云:"烟云楼台掩映间,画图浑是浙江山。中原板荡谁回首,只有春随北雁还。"由全景山水到半壁江山的变化,既是现实的写照,也是绘画艺术的发展。屠隆《画笺》云:"画家虽以剩水残山目之,然可谓精工之极。"着力表现半壁江山的自然灵秀与雄浑壮美,成了南宋山水画家共同的特点。刘松年主要发展了李唐笔墨严谨、色泽妍秀的特点,多表现杭州一带清丽自然的秀美风光,构成富有诗意的优雅环境,以烘托士大夫悠闲的生活情趣。马远和夏圭深得李唐豪纵简括的风格和技法,意境深邃清远,颇能传出江南山川幽奇峭拔的神姿(图 12-8)。与李唐相比,他们的特点是布局更为凝练简妙,故有"马一角、夏半边"之称,且刚柔相济,于劲峭明快之中见浑穆含蓄之趣。经过高度概括、提炼的画面,具有以少胜多的艺术效果;而画面所留出的大片空白,则含有幽邃不尽之势。这一杰出的创造,即所谓"即白当黑",后来成为中国书画艺术中的一种重要的艺术表现手段。

两宋的人物和历史、风俗画,呈现出崭新而丰富多彩的面貌。尤其是文人画中突出的"士气"、书卷气和个性化,以及在艺术上的创新;画院绘画题材的由释道、仕女向世俗化即社会生活的发展,以及具有强烈民族精神和时代意识的历史与现实题材的绘画,都取得了高度的艺术成就。以李公麟为代表的文人人物画,主要贡献在于运用白描的手法突出表现文人情趣与怀抱。运用白描刻画人物,自唐代吴道子以来,经晚唐、五代和宋初而渐有发展,到李公麟手中则发展成为完全独立的绘画形式,这是中国绘画艺术史的一大进步。其特点是单纯运用水墨线条构图,通过笔墨线条的粗细、刚柔、浓淡、曲直等来表现人物的各种形象、动作和神态,具有特殊的艺术效果。李公麟不仅白描技法高妙,被誉为"宋画第一",而且具有浓厚的文人画的美学意趣。如其《西园雅集图》,就是对苏轼、黄庭坚、米芾、王诜等一批文人雅集的现实写生。此外如《宣和画谱》所著录的《四皓围棋图》《写王羲之书扇图》《归去来兮图》《写王维看云图》《写王维归嵩图》《王安石定林萧散图》《丹霞访庞居士图》等,显然都是表现文人雅士的生活和意趣。他曾说:"吾为画如骚人赋诗,吟咏情性而已"(《宣和画谱》卷七引),是把人物绘画作为情趣、怀抱的寄托和抒发。这种带有鲜明的文人意趣的人物画,对当时及后世产生了十分深刻的影响,以至于宋代画院中人物绘画的文人画倾向也逐渐增多。至宋宁宗嘉泰年间,画院待诏梁楷,又将白描人物画发展成为粗笔写意的"泼墨"人物画,以极其简括的笔墨刻画人物的神情状态,形成独树一帜的"减笔"画风。宋室南渡之后,尖锐的民族矛盾极大地激发了画家们的爱国热情,他们通过一些具有爱国精神和民族气节的历史或现实中的人物及故事,作为绘画题材,表达了广大人民的心声,成为那个时代的"画魂"。如李唐的《伯夷叔齐采薇图卷》《晋文公复国图》《胡笳十八拍图》,陈居中的《文姬归汉图》,肖照的《中兴瑞应图》《光武渡河图》,刘松年的《便桥见虏图》《中兴四将图》(刘光世、韩世忠、张浚、岳飞)等等。从北宋末到南宋的画院绘画,以城乡生活和民间习俗为内容的绘画大量涌现。绘画题材由传统的宗教内容和贵族生活而转向社会民间,这在中国绘画发展史上是一个重大的突破。先后供职于画院的张择端、王居正、李嵩、苏汉臣等,都是表现社会生活和民间习俗的著名画家,其中以北宋画家张择端的《清明上河图》最为杰出。这幅画卷以清明时节京城开封汴河两岸的繁华景象为表现内容,画面由城郊、河桥、街市三个部分组成,把熙攘纷繁的人物、舟车、街市等安排得错落有致,浑然一体,真实而生动地反映了当时社会经济生活的面貌,显示出画家高度的艺术才能。

董其昌说："晋人书取韵,唐人书取法,宋人书取意。或曰:意不胜于法乎?不然,宋人自以其意为书耳,非能有古人之意也"(《六艺之一录》卷二八〇《明董其昌论书》)。这种概括虽然有一定道理,但以一个字概括一个朝代的书法面貌,难免以偏概全。如果执着于此,以说明众多风格各异的书法家,则又难免削足适履了。实际上优秀的书法家都是韵、法、意兼备的。宋代高明的书法家,多能熔铸晋、唐书法的长处,从而形成独特的风格。

北宋庆历至熙宁、元丰间,随着人文意识的高涨,在书法艺术中追求鲜明的个性、表现文人的意趣,形成了变革书法的潮流。尤其是行书艺术,呈现出集前代之大成的趋势,并产生了苏轼、黄庭坚、米芾、蔡襄四大家。他们的书学基本途径,是以二王为根基,参酌唐代颜真卿、杨凝式诸大家的笔意,再融入自己的个性气质与才学见识,以成就独立之自我。马宗霍所说"蔡胜在度,苏胜在趣,黄胜在韵,米胜在姿"(《书林藻鉴》卷九),点明了四家书法的各自特点。苏轼说:"我书意造本无法,点画信手烦推求"(《石苍舒醉墨堂》诗);又说:"吾虽不善书,晓书莫如我。苟能通其意,常谓不学可"(《和子由论书》)。十分强调书法的独创性,尤其是文人的个性气质与学识胸襟,所以他说:"作字之法,识浅、见狭、学不足,三者终不能尽妙。我则心目手俱得之矣"(宋李昭玘《乐静集》卷九《跋东坡真迹》引)。所追求的是一种充满书卷气的文人书法。所以苏轼的书法既不合于"古法",也有异于当时一般士大夫的"俗书"。黄庭坚就说:"士大夫多讥东坡用笔不合古法,彼盖不知古法从何出尔"(《跋东坡水陆赞》)。又说:"东坡书随大小真行,皆有妩媚可喜处,今俗子喜讥评东坡,彼盖用翰林侍书之绳墨尺度,是岂知法之意哉!余谓东坡书,学问文章之气,郁郁芊芊,发于笔墨之间,此所以他人终莫能及尔"(《跋东坡书远景楼赋后》)。东坡并非完全抛弃古法,而是要能善于学习古人,不为所囿,目的在于表现自己的精神面目。黄庭坚说:"东坡道人少日学兰亭,故其书姿媚似徐季海。至酒酣放浪,意忘工拙,字特瘦劲似柳诚悬。中岁喜学颜鲁公、杨风子书,其合处不减李北海。至于笔圆而韵胜,挟以文章妙天下,忠义贯日月之气,本朝善书,自当推为第一"(《跋东坡墨迹》)。朱熹也说:"东坡笔力雄健,不能居人后,故其临帖,物色牝牡,不复可以形似较量,而其英风逸

图 12-9　北宋黄庭坚书寒山子诗局部

韵,高视古人,未知其孰为后先也"(《跋东坡帖》)。苏轼书体丰腴敦厚,结字紧密,用笔圆润而劲健内敛;书帖整体布局疏密相间,颇有纵横挥洒、天真自然之态。清代王文治《论书绝句》云:"坡翁奇气本超伦,挥洒纵横欲绝尘。直到晚年师北海,更于平淡见天真。"道出了苏轼书法艺术的真谛。黄庭坚对于书法艺术的追求,与苏轼基本相同,黄庭坚所重首先在于去俗。山谷说:"余学草书三十余年,初以周越为师,故二十年抖擞俗气不脱;晚得苏才翁、子美书观之,乃得古人笔意。其后又得张长史、僧怀素、高闲墨迹,乃窥笔法之妙"(《书草老杜诗后与黄斌老》)。刘熙载说:"山谷论书,最重一韵字,盖俗气未尽者,皆不足以言韵也"(《艺概·书概》)。黄庭坚书功力深厚,点画如意,疏朗有致,达风韵之胜境[15](图 12-9)。米芾的书法,经历了由学古到"集古"、再到自立成家的过程[16],所追求的是古雅之风和自然之趣。米芾性格豪爽,潇洒风流,其书法亦具有其个性人品的特征。宋代孙觌说:"米南宫跅弛不羁之士,喜为崖异卓鸷惊世骇俗之行,故其书亦类其人,超轶绝尘,不践陈迹,每出新意于法度之中,而绝出笔墨畦径之外,真一代之奇迹也"(《清河书画舫》卷九下引)。从传世书迹可以看出,他的书法俊美多姿,飘逸潇洒之中不乏厚重沉着的笔力(图 12-10)。苏、黄、米三家均以行草见长,而蔡襄则独以行楷称

图 12-10　北宋米芾《蜀素帖》局部

胜。苏轼说："蔡君谟天资既高,积学深至,心手相应,变态无穷,遂为本朝第一"(《六艺之一录》卷三引)。蔡襄为人忠诚刚正,端庄识度,其书法也颇有温润平和、端庄遒丽的风格。

"宋四家"之外,两宋许多著名诗人、文学家善书者如李建忠、苏舜钦、石延年、晏殊、林逋、欧阳修、苏洵、文彦博、范仲淹、王安石、文同、曾巩、苏辙、司马光、秦观、苏过、米友仁、黄伯思、薛少彭、周邦彦、张孝祥、范成大、朱熹、陆游、真德秀、姜夔、文天祥等等,他们的书法无不充满鲜明的文人意趣和浓郁的书卷气息。

第三节　元代至明代前期以古为雅的书画艺术

赵孟頫的书画艺术及其影响　以元"四大家"为代表的崇古画风　崇唐宗晋的书法艺术　明代前期绘画"浙派"与"吴派"的对立

　　元代的书画艺术,明显地表现出尊古崇雅的创作倾向和审美追求。绘画中要求摆脱南宋"院体"而追踪北宋文人画风乃至唐人笔意,书法中要求超越两宋而崇唐宗晋,着意追求古雅之风,成为普遍的创作风气和主观追求。这种风气的形成,固然与书画艺术自身体系的承传有一定关系,但更为重要的是,隐含在这种风气背后的时代精神和民族文化意识所起的主导作用。在异族统治的时代,汉民族备受践踏和歧视,而作为汉民族传统的文化艺术也就很难得到正常发展。在蒙古族统治阶层被逐渐"同化"的过程中,虽然有赵孟頫等极少数汉族文士受到统治者的青睐和礼遇,但绝大多数位居"九儒"的文士和艺术家们,都采取了隐逸避世的消极对抗态度。在这种状况下,他们对于民族传统文化艺术也就更加缅怀和珍视。因而追求古雅之风也就成为了一种文化"正宗"的精神体现。而且这种艺术精神又往往同艺术家们自身高尚纯洁的民族气节互为表里,成为个体的、也是民族的个性与精神的集中反映。赵孟頫、"元四家"等一批杰出书画艺术家,如同沙漠中盛开的鲜花,证明着华夏民族文化艺术顽强的生命力。明代前期,由于统治者的爱好和大力提倡,被元代艺术家所极力排斥的南宋院体画风又得以复兴,代表这种画风的包括以画院为主体的"浙派",同时也波及画院之外;但以沈周、文徵明和唐寅为代表的"吴派",却延续了"元四家"的风格,而与"浙派"形成鲜明对立。但无论是"浙派"还是"吴派",都体现出以古为雅的艺术审美倾向。这种风气一方面是承前而延续的艺术惯性作用,另一方面则是处在一种集前人之成而又分流开源、酝酿着一个新的艺术天地的过渡阶段。

　　赵孟頫(1254—1322),字子昂,号松雪道人,出生于吴兴(今浙江湖州),乃赵宋宗室。至元二十四年(1287)应召至大都(今北京),官至翰林学士承旨，封魏国公，谥文敏。《元史》本传说："孟頫篆、籀、分、隶、真、行、草书无不冠绝古今，遂以书名天下。"同时又是一位杰出的画家，所画山水、人、马、花竹、木石，无不精工。在元代书画界，赵孟頫实为一代宗师，对明清乃至近现代书画艺术亦影响深刻（图 12-11）。

中国书法向有"欧、颜、柳、赵"四体之称，赵孟頫以其"赵体"为特征的楷书艺术，成为后世书学楷模之一，足见其深厚的功力和精深的造诣。临池勤学，师法古代名家笔意韵致，刻意追求古雅之风，是其成功的基础。从历代书论家的评论中可以看出，他早年学"妙悟八法，留神古雅"的宋高宗，继学

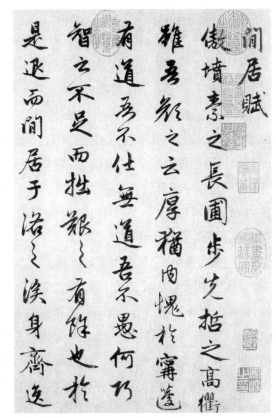

图 12-11　元代赵孟頫《闲居赋》局部

钟繇、二王，又学李北海，以及颜真卿、柳公权等等，于古代书法大家几乎无不精熟，如杨载所说："公性善书，专以古人为法"（《翰林学士赵公状》）。总之是以"二王"为根基，又精通诸家笔法，遂成一家之体。王世贞曾说："自欧、虞、颜、柳、旭、素以至苏、米、黄、蔡，各用古法损益，自成一家。若赵承旨则各体俱有师承，不必己撰，评者有书奴之诮，则太过"（《艺苑卮言》附录二）。马宗霍也说："元之有赵吴兴，亦犹晋之右军、唐之鲁公，皆所谓主盟坛者。然右军能集汉魏之成，鲁公能掩南北之长，吴兴虽云出入晋唐，兼有其妙，顾学晋者纯是晋法，学唐者纯是唐法，求其一笔为家法者不可得。此承宋季书法无纪之后，固当屹然为正宗"（《书林藻鉴》卷一〇）。这些评论一方面说明赵孟頫的书法的确是以宗古为主，继承多于创造，另一方面也说明赵孟頫毕竟自成一体，卓

然而为正宗、大家,且对于宋季以来的俗世书有补弊救偏的作用[17]。

在绘画艺术方面,赵孟𫖯也同样是以"师古"来变革宋末陈陈相因的院体画风。他说:"予刻意学唐人,殆欲尽去宋人笔墨"(《佩文斋书画谱》卷一六引《铁网珊瑚》)。又说:"作画贵有古意,若无古意,虽工无益。今人但知用笔纤细,傅色浓艳,便以为能手,殊不知古意既亏,百病横生,岂可观也!吾所作画,似乎简率,然识者知其近古,故以为佳。此可为知者道,不为不知者说也"(《赵氏铁网珊瑚》卷五)。追求"古意",是他的艺术宗旨。董其昌评其画为:"有唐人之致去其纤,有北宋之雄去其犷"(《佩文斋书画谱》卷五三引《容台集》)。这大概就是赵孟𫖯所说的"简率"而"近古"的绘画风格了。追求古意,并非不讲师法自然,他所说"久知图画非儿戏,到处云山是吾师"(《松雪斋集》卷五《题苍松叠岫图》),就表明了他的态度。其传世的作品如《秋郊饮马图》《鹊华秋色图》《重江叠嶂图》等,就都兼有唐宋遗风而又有独创的风格。此外,赵孟𫖯十分注重绘画与书法之间的密切关系,将书法融入绘画之中,使绘画的笔墨具有书法的韵味。这实际上是对苏轼以来文人画的进一步发展,以提高水墨写意画的艺术趣味。赵孟𫖯的"师古"绘画理论及其创作实践,对元代包括"元四家"在内的绘画,产生了直接的影响。他们的共同努力,不仅改变了南宋末一味模仿马、夏院体的风气,而且又直接开启了明清绘画的不同流派,在中国绘画史上具有重要的地位。

赵孟𫖯以宋宗室后裔而屈节仕元,其书画遭到后世一些批评家的诟病[18],是可以理解的。然而事实上,元代许多保持民族气节的艺术家,却承袭了赵孟𫖯所开创的门径而延续发展。这说明赵孟𫖯"托古改制"、追求"古雅""正宗"的倡导,符合了当时书画艺术发展的需要,也更符合了那个特定时代人们对于民族传统文化的缅怀与珍重的普遍心理。

《佩文斋书画谱》收录元代画家420多人,说明其时绘画仍然是相当繁荣的。其中除赵孟𫖯等极少数人效力于皇室之外,其他绝大多数画家皆隐逸于民间,或啸傲于山林,或参禅学道,总之是以消极避世的态度来对抗异族的统治。由此可见元代绘画的总体倾向和艺术特质。文人写意画是元代绘画的主体,他们继承并发展了王维以来,尤其是北宋文人绘画的技法与风格,同时又深受赵孟𫖯绘画理论和创作的影响,因而"崇古"之风盛行,乃是元代绘画美学思潮的基调。他们又往往把这种"崇古"之风同自己的人格、气节、理想以及隐逸情怀结合在一起，从而使得绘画与时代精神密切结合，形成具有特殊时代意义和鲜明民族风格的艺术风貌。以梅兰竹菊"四君子"为题的绘画，在元代十分普遍，尤其是画竹者竟占全画界之半。效法文同墨竹者如李珩、张逊、柯九思、吴镇、姚雪心等尤为著名。那种带有文人"墨戏"意味的写意画，充满简率和野逸的趣味，其中所蕴涵的既有爱国的情操，也有自我清高的标榜。人物画方面如张渥的《九歌图》、何澄的《归庄图》（一名《归去来辞图》）、刘元的《梦苏小小图》以及王振鹏的《鬼子母揭钵图》等，皆富有深刻的现实含义。而山水画的发展则代表着元代绘画的主流和最高艺术水平。据俞剑华《中国绘画史》统计，元代山水画除赵孟頫学赵伯驹仍延南宋李唐、刘松年青绿工整一派之绪外，其余著名画家所师古人者有十派，最多者依次为：师郭熙派十五人；师董源、巨然派十二人；师米芾派十一人；师李成派九人；师马远、夏圭派八人。其中又以师董、巨和二米水墨渲淡派为最盛，"元四家"及高克恭、唐棣、倪瓒等人皆出自其间，为"执元明清三代画坛之牛耳"。由此可见元代山水绘画"崇古"风气之盛，及其主导风格的渊源所自。

"元四家"黄公望、王蒙、倪瓒、吴镇四人，是继赵孟頫之后最杰出的山水绘画大家。他们虽然都师法董、巨，但又皆能自立面目，开拓新的艺术境界，从而将山水画推向了炉火纯青的境地，因此在中国山水绘画史上具有极其重要的地位。"元四家"皆为江浙人氏，除黄公望、王蒙有过短暂的出仕为小吏的经历外，他们一生大部分时间都是以隐居为主，或参禅，或修道，或遁迹山林，在高卧青山而望白云之中，过着以诗酒自遣、书画自娱的散淡闲逸的生活。黄公望所画山水的特点，明代张丑在《清河书画舫》卷一一上中分析说："大痴画格有二：一种作浅绛色者，山头多岩石，笔势雄伟；一种作水墨者，皴纹极少，笔意尤为简远。近见吴氏藏公《富春山图》一卷，清真秀拔，烦简得中。"其传世的《富春山居图》（残卷），是被誉为堪与王羲之《兰亭序》相媲美的杰作[19]（图12-12）。据《江村销夏录》卷一画者题记可知，其画经历了数年之功，随"兴之所至"援笔布置而成，大有"成就之难"的感慨。这幅经过高度提炼和精心绘制的图卷，笔墨变化多端，雄浑潇洒而又清真秀拔，构图繁简有致，苍茫沉郁而又连绵不绝，真可谓得山川自然之精神。吴镇的画主要表现嘉兴山川的

图 12-12　元代黄公望《富春山居图》局部

灵秀与南湖烟雨的苍茫,董、巨淡墨渲染的遗法,在他的笔下被发挥得淋漓尽致,正如倪瓒题其画所说"岚霏云气淡无痕"(《清閟阁全集》卷七《吴仲圭山水》),在空翠苍茫的山水风烟意境中,透露着空灵之感和凄迷之意。倪瓒的画以天真幽淡为宗,构图简约疏阔,山水平远,多作古木竹石,幽邈淡远而天真自然,充满雅致脱俗、萧散简逸的情趣。倪瓒尝说:"仆之所画者,不过逸笔草草,不求形似,聊以自娱也"(同上卷一〇《答张藻仲书》)。完全超越于形似之外,这是对苏轼以来文人画的进一步发展,表现出一种散淡不羁的审美趣味。王蒙是赵孟頫的外孙,少时学画尝亲承其指授,后又以董、巨、王维为宗,故墨法秀润而纵逸多姿。其山水画的突出特点是:构图繁密,山林苍茫,郁然深秀,极具幽致。被董其昌誉为"天下第一"的《青卞隐居图》,就是他的杰作。倪瓒曾题其画说:"笔精墨妙王右丞,澄怀卧游宗少文。王侯笔力能扛鼎,五百年来无此君"(同上卷八《题王叔明岩居高士图》)。王蒙自己也说:"老来渐觉笔头迂,写画如同写隶书"(《书画题跋记》卷一《王叔明坦斋图》)。说明他晚年笔墨更加苍劲,功力亦愈加深厚。总之,"元四家"的山水画,主要是描写幽隐的理想环境,在天真自然的意境中,表现出萧散简逸的审美趣味,寄托着他们"抗俗高洁"的文士品格。同时在绘画艺术上也有新的开拓和发展,从构图布局到笔墨技法,以及诗书画之间的密切配合等等,都显示了元代山水画新的面貌和特征。因此,尽管他们是以"崇古"的面目出现,但他们的创作不仅摆脱了宋末画院一味模仿马、夏的陋习,而且加强了文人画的艺术技巧,将文人画推向一个新的高潮。而蕴涵在绘画中的情思,与那个时代的精神也是密切相关的。

马宗霍论元代书法说:"一代宗工,属之吴兴(赵孟頫),则固胜国之王孙也。至其习尚之变,则虞集有云:'至元初士大夫多学颜书,虽刻鹄不成,尚可类鹜。大德、延祐之间,称善书者,必归巴西(邓文原)、渔阳(鲜于枢)、吴兴。自吴兴出,学书者始知以晋名书。'观此所论,可知元人书初则宗唐,后则宗晋。虽宗晋者多从吴兴而入"(《书林藻鉴》卷一〇)。初宗唐而后宗晋,或徘徊于唐、晋之间,大抵为元代书法发展的总体趋势。赵孟頫对于元代书法的影响已如前述,超越宋人而直追唐、晋书法"正宗",正符合了那个特定时代普遍的社会心理和艺术追求。与赵孟頫并称为"二雄"的鲜于枢,深得唐人法度风骨,赵孟頫和邓文原都十分推崇他深厚的功力和遒劲的笔力[20]。但他的书法还保留了一些从宋末到元初的发展痕迹,如元代袁褒说:"困学老人善回腕,故其书圆劲。或者议其多用唐法,然与伯机相识,凡十五六年间,见其书日异,胜人间俗书也"(《佩文斋书画谱》卷七九引《戏鸿堂法帖·元鲜于枢帖》)。其后周之士也说:"元人自赵吴兴外,鲜于伯机声价几与之齐,人或谓胜之,极圆健而不甚去俗"(《珊瑚网》卷二四下引)。说明鲜于枢乃以唐人圆健遒劲的笔法为主,虽革俗书而未能尽除。赵孟頫力取晋人韵度而充以唐人骨力,故气韵风骨兼备;鲜于枢则刻意于唐人法度骨力,故圆健遒劲而乏韵度姿态,这大概是其"不甚去俗"的根本原因。同时的另一位书法大家邓文原,亦与赵孟頫齐名,然其书法特点与鲜于枢又正相反。《书史会要》卷七说:"(文原)正行草书,早法二王,后法李北海。"周之士说:"邓文原有晋人意,而微近粗"(《珊瑚网》卷二四下引)。虽有晋人韵度似又缺乏细密的唐人法度,故略显"粗",亦未若赵孟頫得其中而称"正宗"。不过他们毕竟开启了元代书法崇唐宗晋、追求古雅之风的先河。其后崇唐宗晋成为书学的普遍风气,元代书家如柯九思、张雨、虞集、泰不华、杨维桢、揭傒斯、康里巎巎等,莫不出入于晋唐,得清雅之格。而书画兼善的黄公望、吴镇、倪瓒、王蒙等人,继赵孟頫之后而追求绘画的书法韵味,将诗书画密切结合,因而他们的书法亦深得晋人韵度,颇得高雅脱俗之誉。

明代前期书法直承元人之绪,上窥唐法而以晋韵为宗;加之明初至中叶诸帝王又皆深喜以"二王"为代表的帖学,故而帖学之盛不减宋初,且大有普及之势,故有"明人尚姿"之说。明代书家亦如元代"虽宗晋者多从吴兴而入",实亦未能超越赵孟𫖯的藩篱。明初书家首推"三宋"(宋克、宋璲、宋广),克、璲皆有"第一"之称[21],名声尤著,以其皆得法于赵孟𫖯而能上窥晋唐遗韵。嗣后"二沈"(沈度、沈粲)兄弟名声大著:"太宗征善书者试而官之,最喜云间二沈学士,尤重度书,每称曰:'我朝王羲之'"(《佩文斋书画谱》卷四〇引李绍文《皇明世说新语》)。其后宣宗、孝宗皆以"二沈"为师[22],足见二沈地位之高、影响之大。其间书法名家如杨基"正书师钟元长,行草师二王"(《佩文斋书画谱》卷四〇引《书史会要》);张羽"楷法右军《曹娥碑》,虽未精极,却能离俗而入于雅"(詹景凤语,见同上引《詹氏小辨》);詹希元"国朝大字,希元为第一,盖兼欧虞颜柳之法,而有冠冕佩玉之风者也"(杨士奇语,见《东里文集》卷一〇《题詹孟举千文》);陈壁"极力晋唐,其书姿媚蕴藉,自成一家"(《东里续集》卷二一《通波阡表》);俞和"早年得见赵文敏运笔之法,临晋唐诸帖甚夥,行草逼真文敏"(《佩文斋书画谱》卷四〇引陈善《杭州志》);解缙"小楷《黄庭》,全摹临右军,笔婉丽端雅"(王世贞《弇州续稿》卷一五七《解大绅书黄庭经》);李应桢"楷法师欧颜","虽潜心古法,而所自得为多,当为国朝第一"(文徵明语,见《甫里集》卷二一《跋李少卿帖》);王守仁"善行书,出自《圣教序》,得右军骨"(《佩文斋书画谱》卷四二引《绍兴志》),崇唐宗晋之风十分普遍。继"三宋""二沈"之后,又有"吴中三子"祝允明、文徵明、王宠崛起于书坛。马宗霍说:"自祝允明、文徵明、王宠出,始由松雪上窥晋唐,号为明书之中兴。三子皆吴人,一时有天下法书皆归吴中之语"(《书林藻鉴》卷一一)。祝允明和文徵明皆学书于李应桢,又同样采取了赵孟𫖯那种"博涉多优",经过出入变化、损益而成一家法的书学门径[23]。故二人书法功力深厚,骨气端翔而韵度兼备,祝允明晚年凝为豪纵奇崛之姿(图12-13),文徵明则结为秀丽和雅之态,皆足以追步吴兴而呈明代书姿之典型。王宠以人品高旷绝俗为时人所称,其书法亦"以拙取巧",近弃宋元而远宗晋唐,以师法献之神韵为主,兼采智永、世南笔意,得古雅之风与超逸之韵。

明代前期(明初至嘉靖期间)的绘画发展,仍然是以山水画为主流,但由于不同的艺术追求和风格,而形成了以画院为主体的"浙派"与"吴派"之间的对

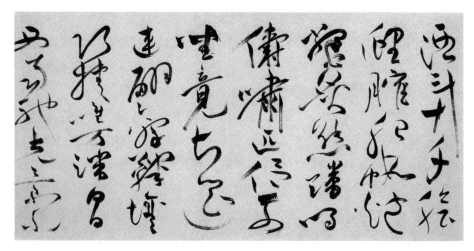

图 12-13　明代祝允明《杂述诗帖》局部

立,其中反映出明前期绘画美学的总体发展趋势。

以"元四家"为代表的那种枯寂幽淡的作风和萧散闲逸的情趣,并不符合明初统治者的审美标准;他们更喜欢南宋院体画的严整苍劲的风格,因而南宋李、刘、马、夏的画风被有意识地加以提倡,并成为宫廷画院的标准。如被称为"当代第一"的戴进,被弘治称为"画状元"的吴伟和"今之马远"的王谔,就都是其中著名的画家。这种风气不仅在画院中盛行,而且也波及画院之外,因当时画坛的中心人物戴进为浙江钱塘人,故将此期承袭马、夏一派画风的画家统称为"浙派"。以艺术成就和在当时的影响而言,戴进和吴伟最为突出。戴进于宣宗时被召入画院,以才艺超绝流辈而遭妒被谗,其后终生坎坷,死于穷途。他的绘画继承了南宋画院水墨苍劲一派的画法,以马、夏为根基,又博采诸家笔墨,而达到精妙的境界。他的绘画特点是构图简妙空阔,喜用斧劈皴,行笔挺劲,用墨浓淡相宜,一丝不苟中又有顿跌之势。继起的吴伟,进一步助成了"浙派"的发展。吴伟性格豪爽,绘画风格也以健壮奇逸著称。他学于戴进而更加豪放,笔墨酣畅,粗犷恣纵,有"浙派健将"之称[24]。

在明初统治者提倡南宋院体画风的同时,在江南苏州一带,还活跃着一批文人画家,延续着"元四家"的传统,但成就不高,影响不大,亦无"吴派"之目。至沈周、文徵明、唐寅诸大家出,"吴派"遂得以光大。沈周与"浙派"吴伟的活动时代大致相同,由于家学渊源的关系,他的山水画近师王蒙、吴镇,远宗北宋董、巨，笔墨洒脱凝练，具有苍劲浑厚、气势雄健的风格（彩图14）。文徵明和唐寅皆出自沈周之门，又各具风采。文徵明学赵孟頫、王蒙，兼师郭熙、李唐笔法，早年细致清丽，能工笔青绿，中年粗放豪爽，亦能水墨写意，晚年则粗细兼具，得清润温雅之致。唐寅更是多才多艺，自称"江南第一风流才子"。他在绘画方面虽然是沈周的学生，其实他和稍后的仇英主要是从学于院体名家周臣。他对北宋李成、范宽，南宋"李、刘、马、夏"以及"元四家"都经过苦心钻研，而得李唐笔法尤多。因而他的绘画既有李唐画派沉郁雄健、豪迈奇特的作风，又有元代文人画清润秀雅的特点，呈现出豪迈奇特而又秀润温雅的风格[25]。"吴派"画家都比较注重文学修养，强调绘画艺术中的文学趣味，构图笔法也较活泼自然，很能反映当时文人的思想个性和审美趣味。至嘉靖、万历年间，"吴派"艺术已经超越于"浙派"之上，成为画坛的主流。据《吴门画史》统计，吴派画家共有876人，足见其影响之大。但无论是"浙派"还是"吴派"，毕竟都还是笼罩在"师古"的风气之中，仍旧体现出以古为雅的艺术审美倾向。不过从艺术发展的总体趋势来看，明前期艺术中的以古为雅，一方面是承前而延续的艺术惯性作用，另一方面则是处在一种集前人之成而又分流开源、酝酿着一个新的艺术天地的过渡阶段。

注　释

[1] 《历代名画记》卷一《论画山水树石》："魏晋以降，名迹在人间者，皆见之矣。其画山水，则群峰之势，若钿饰犀栉，或水不容泛，或人大于山，率皆附以树石，映带其地，列植之状，则若伸臂布指。详古人之意，专在显其所长，而不守于俗变也。国初，二阎擅美匠学，杨、展精意宫观，渐变所附。尚犹状石则务于雕透，如冰澌斧刃；绘树则刷脉镂叶，多栖梧菀柳。功倍愈拙，不胜其色。"又同上书卷一《论画六法》："上古之画，迹简意澹而雅正，顾、陆之流是也。中古之画，细密精致而臻丽，展、郑之流是也。"既保持一定的传统，又有新的变化和发展。

[2] 如蔡襄说丁道护《启法寺碑》"兼后魏遗法"（《集古录》卷五）。而赵孟坚则谓"右军一拓直下……左右阴阳，极明丽，丁道护《启法寺碑》笔右方直下，最具此法"（《佩文斋书画谱》卷七《宋赵孟坚论书》）。

[3] 如朱景玄：《唐朝名画录》说他"凡画功德、人物、花鸟皆是外国之物象，非中华之威仪"。张彦远：《历代名画记》卷九引僧彦悰说他所画"外国鬼神，奇形异貌，中华罕

继"。又引窦蒙说他"澄思用笔,虽与中华道殊,然气正迹高,可与顾、陆为友"。张彦远说他"画外国及菩萨,小则用笔紧劲,如屈铁盘丝,大则洒落有气概"。

〔4〕如孙过庭《书谱》云:"假令众妙攸归,务存骨气;骨既存矣,而道润加之。"又云:"篆尚婉而通,隶欲精而密,草贵流而畅,章务检而便。然后凛之以风神,温之以妍润,鼓之以枯劲,和之以闲雅,故可达其情性,形其哀乐";"穷变态于毫端,合情调于纸上。"

〔5〕据李浴:《中国美术史纲》第五章《封建文化鼎盛时代的隋唐美术》统计:"自开皇元年至仁寿末年,相继造作佛像大小凡十万六千五百八十躯,修补过去原有的一百五十万八千九百四十躯;炀帝时代,又铸三千八百五十躯,修治十一万一千躯。这些仅是朝廷的铸造,其余私人铸造为数当也不少,如皇后独孤氏为其父建赵景公寺,造银像六百万躯;礼部尚书张颖舍私宅为佛寺,造金银像十万躯;天台山智者大师一生的造像达八十万之多。由此可见,佛教造像之盛实不减于六朝。"

〔6〕如《隋书·音乐志下》载:"大业二年,突厥染干来朝,炀帝欲夸之,总追四方散乐,大集东都",搬演歌舞百戏,有大型水上戏法,有黄龙变幻,有绳上歌舞,有竿上戏舞,"又有神鳌负山,幻人吐火,千变万化,旷古莫俦。染干大骇之。自是皆于太常教习。每岁正月,万国来朝,留至十五日,于端门外,建国门内,绵亘八里,列为戏场,百官起棚夹路,从昏达旦,以纵观之,至晦而罢。伎人皆衣锦绣缯彩,其歌舞者,多为妇人服,鸣环佩,饰以花毦者,殆三万人。……三年,驾幸榆林,突厥启民,朝于行宫,帝又设以示之。六年,诸夷大献方物,突厥启民以下,皆国主亲来朝贺。乃于天津街盛陈百戏,自海内凡有奇伎,无不总萃。……关西以安德王雄总之,东都以齐王暕总之,金石匏革之声,闻数十里外。弹弦擪管以上,一万八千人,大列炬火,光烛天地,百戏之盛,振古无比。自是每年以为常焉。"

〔7〕《旧唐书·音乐志二》载"立部伎"八部:《安乐》《太平乐》《破阵乐》《庆善乐》《大定乐》《上元乐》《圣寿乐》《光圣乐》。"坐部伎"六部:《燕乐》《长寿乐》《天授乐》《鸟歌万寿乐》《龙池乐》《破阵乐》。坐、立部伎,皆属歌舞音乐,主要区别在于"立部伎"规模较大,人数较多,而"坐部伎"则规模较小,人数较少,但表演技艺则更为精妙。

〔8〕如刘禹锡:《和乐天柘枝》:"柘枝本出楚王家,玉面添娇舞态奢。鬆鬓改梳鸾凤髻,新衫别织斗鸡纱。鼓催残拍腰身软,汗透罗衣雨点花。画筵曲罢辞归去,便随王母上烟霞。"章孝标《柘枝》:"柘枝初出鼓声招,花钿罗衫耸细腰。移步锦靴空绰约,迎风绣帽动飘飖。亚身踏节鸾形转,背面羞人凤影娇。只恐相公看未足,便随风雨上青霄。"李群玉《长沙九日登东楼观舞》:"南国有佳人,轻盈绿腰舞。华筵九秋暮,飞袂拂云雨。翩如兰苕翠,婉若游龙举。越艳罢前溪,吴姬停白纻。"

〔9〕 见白居易《法曲》诗自注、王建《霓裳辞十首》诗序、《杨太真外传》注、《乐府诗集》卷五六等。

〔10〕 如李益《过马嵬二首》其一："世人莫重霓裳曲,曾致干戈是此中。"白居易《长恨歌》："渔阳鼙鼓动地来,惊破霓裳羽衣曲。"张祜《华清宫和杜舍人》："细音摇翠佩,轻步宛霓裳。祸乱根潜结,升平意遽忘。衣冠逃犬虏,鼙鼓动渔阳。"杜牧《过华清宫三首》其二："霓裳一曲千峰上,舞破中原始下来。"李商隐《华清宫》："朝元阁迥羽衣新,首按昭阳第一人。当日不来高处舞,可能天下有胡尘?"

〔11〕 如《宋史·选举志三》载："画学之业,曰佛道,曰人物,曰山水,曰鸟兽,曰花竹,曰屋木,以《说文》《尔雅》《方言》《释名》教授。《说文》则令书篆字,著音训,余书皆设问答,以所解义观其能通画意与否。仍分士流、杂流,别其斋以居之。士流兼习一大经或一小经,杂流则诵小经或读律。考画之等,以不仿前人而物之情态形色俱若自然,笔韵高简为工。三舍试补、升降以及推恩如前法。"

〔12〕 如苏轼《跋宋汉杰画山》云："观士人画,如阅天下马,取其意气所到。乃若画工,往往只取鞭策皮毛槽枥刍秣,无一点俊发,看数尺许便倦。汉杰真士人画也。"

〔13〕 韩拙《山水纯全集》载："(王诜)一日于赐书堂东挂李成(画),西挂范宽(画)。先观李公之迹云:'李公家法,墨润而笔精,烟岚轻动,如对面千里,秀气可掬。'次观范宽之作:'如面前真列峰峦浑厚,气壮雄逸,笔力老健。此二画之迹,真一文一武也。'"

〔14〕 如米芾《画史》说："王诜学李成,皴法以金绿为之,似古今观音宝陀山状作小景,亦墨作平远,皆李成法也。"黄庭坚《跋王晋卿墨迹》："王晋卿画水石云林,缥缈风埃之外,他日当不愧小李将军。"汤垕《画鉴》说："王诜字晋卿,学李成山水,清润可爱。又作着色山水,师唐李将军。"孙承泽《庚子销夏记》卷三《王诜设色山水卷》说："晋卿文藻风流,掩映当代。所作画,水墨则仿李成,着色则师李将军。此卷乃仿李将军,楼阁桥梁,极其工致,浓郁中饶有青葱之色,赵千里不能及也。至末段遥山远浦,更极画家妙致。"

〔15〕 如张纲《华阳集》卷三三《跋山谷大字》："其行草变态纵横,势若飞动,而风韵尤胜,非得夫翰墨三昧,其孰能臻此?"祝允明《怀星堂集》卷二五《跋山谷书李诗》："双井之学,大抵以韵胜,文章诗乐书画皆然。姑论其书,积功固深,所得固别,要之得晋人之韵,故形貌若悬,而神爽冥会欤?"

〔16〕 如米芾《海岳名言》说："我书小字行书,有如大字。唯家藏真迹跋尾,间或有之,不以与求书者。心既贮之,随意落笔,皆得自然,备其古雅。壮岁未能立家,人谓我书为集古字,盖取诸长处,总而成之。既老始自成家,人见之,不知以何为祖也。"

〔17〕 如杨载说他的书法"不杂以近体"(《佩文斋书画谱》卷三七引杨载《翰林学士赵公

状》)。卢熊说他"根柢钟王,而出入晋唐,不为近代习尚所窘束。海内书法,为之一变,后进咸宗师之"(《赵氏铁网珊瑚》卷五引)。方孝孺更明确地说:"宋之季年,书学扫地荡尽,而诗尤坏烂不可收拾。赵文敏公生其时,而能脱去陋习,上师古人,遂卓然以二者名家,正书尤为当世所贵重"(《逊志斋集》卷一八《题赵子昂千文字帖》)。足见赵孟頫追求古雅之风的现实意义及其对书坛的深刻影响。

〔18〕 如徐渭云:"世好赵书,女取其媚也,责以古服劲装可乎?盖帝胄王孙,裘马轻纤,足称其人矣"(《佩文斋书画谱》卷七九引《徐文长集》)。项穆云:"子昂之学,上拟陆、颜,骨气乃弱,酷似其人"(《书法雅言》)。又云:"赵孟頫之书,温润闲雅,似接右军正脉之传,妍媚纤柔,殊乏大节不夺之气。所以天水之裔,甘心仇雠之禄也"(同上)。

〔19〕 《石渠宝笈》卷四二载清画家邹之麟云:"黄子久画之圣者也,书中之右军,至若《富春山图》,笔端变化鼓舞,又右军之《兰亭》也,圣而神矣。"

〔20〕 赵孟頫说:"仆与伯机同学草书,伯机过仆远甚,极力追之而不能及。伯机已矣,世乃称仆能书,所谓无佛处称尊耳"(《赵氏铁网珊瑚》卷五引)。邓文原说:"伯机于书法用功极深,……用笔遒劲"(《佩文斋书画谱》卷七九引《巴西集·元鲜于枢遗墨》)。

〔21〕 如杨慎说:"国朝真行书,当以克为第一"(《升庵集》卷一〇《跋七姬帖》)。詹景凤说:"国朝楷草推三宋,首称仲温"(《佩文斋书画谱》卷四一引《詹氏小辨》)。解缙说宋璲"小篆之工,国朝第一"(《文毅集》卷一六《跋雪月轩篆额》)。

〔22〕 如《艺苑卮言》附录三载:"宣宗书出沈华亭兄弟,而能于圆熟之外,以遒劲发之。"《续书史会要》载:"孝宗皇帝酷爱沈度笔迹,日临百字以自课。"

〔23〕 如《艺苑卮言》附录三说祝允明"楷法自元常、二王、永师、秘监、率更、河南、吴兴,行草则大令、永师、河南、狂素、颠旭、北海、眉山、豫章、襄阳,靡不临写工绝,晚节变化出入,不可端倪,风骨烂漫,天真纵逸,直足上配吴兴";又说文徵明"小楷师二王,精工之甚,惟少尖耳,亦有作率更者;少年草师怀素,行笔仿苏、黄、米及《圣教》,晚岁取《圣教》损益之,加以苍老,遂自成家"。

〔24〕 吴伟,江夏(今湖北武昌)人,由于他的独创而有别于戴进等人的画风,其后如张路、蒋嵩等亦皆承其笔法,故又有"江夏派"之目。

〔25〕 唐寅的绘画风格实际上已经超出"吴派"的艺术主张,而呈现出熔"浙""吴"两派于一炉的新画风,因而后人又把他和周臣、仇英等人划入"院派"。

第十三章　多姿多彩的社会生活

　　唐宋社会的富庶使人们的衣食住行和娱乐风俗表现出独特的观念和风貌。由物质和精神生活消费组成的日常生活,以生产发展水平为基础,受礼仪规范的制约,同时由于外来文明的影响,又体现出多种文化的互动融合。

　　在以经商和从事手工业为谋生手段的群体增多的唐宋两代,衣食住行也在不断更新演变,都市文化娱乐活动更趋丰富多彩。唐代的开放精神,使传统风俗习惯中增加了许多标新立异的事物。宋代的市民化倾向,产生出更为务实和祥和的礼俗。包罗万象的社会生活细节,通过形式象征和心理暗示,维系、支撑着社会的秩序,而一些蓬勃向上、善良乐观和充满智慧的行为与活动,潜移默化地塑造了人们的性情。对女性社会角色的考察,有助于深入理解此时的社会生活。

第一节　衣食住行的多样化

唐服之美　饮食与茶道　宫殿家居与张设器具　道路邮驿与车舆舟船

　　唐代规定官员的服装三品以上紫、五品以上绯、六品七品绿、八品九品青,颜色的确定以散官品位为准。白居易《琵琶行》中有"江州司马青衫湿"的诗句(《全唐诗》卷四三五,中华书局,1960年,第4822页),当时他担任的"江州司马"是从五品下的职事官,散官是从九品下的"将仕郎",所穿"青衫"与他的地位正合。服饰是一种制度,故历代都有《衣服令》颁行,隋初依北齐传统而定,炀帝时又参照南朝制度增删,唐武德七年(624)制定新令,后代不断修正。

满朝文武着装色彩缤纷,明示着森严的等级。白居易晚年还有首《故衫》诗:
"暗淡绯衫称老身","欲弃空箱似少恩"(《全唐诗》卷四四七,中华书局,1960
年,第5022页),是看到所藏朝服的颜色感叹起早年做官时的情景。《衣服令》
规定的着装中,皇帝、皇后、太子的样式甚详,属于极少数人拥有的特例,而百
官至百姓的服饰则反映着社会的整体风貌。官员有冠服和常服,即礼服和便
服。冠服中袴褶是常见的参朝服饰,沿袭了北朝样式,头戴平巾帻,上穿褶加
裲裆,下穿袴,足登靴,直到唐代宗时才停罢更新。常服除了依品位高低颜色
不同外,还有与各自身份相应的腰带,分别以玉、金、银、偷石、铜、铁装饰为区
别,上面垂挂刻有官员职务证明的鱼符,鱼符袋上以金、银、铜等装饰代表着不
同的品级[1],使人从外表一望即知。官员的等级区分在服装的色彩、装饰上体
现分明,一般人也必须要穿规定的服色。隋朝规定士卒要穿黄袍,屠夫、商人
穿黑袍,唐代士卒改穿黑衣,"流外官、庶人、部曲、奴婢,则服䌷、绢、绝、布,色
用黄白"[2]。服装颜色由制度规定出来,必然深入人心,以至在语言中用"青
衫"象征低级的官员,"白衣"代表平民百姓,还用"缦胡之缨、短后之服","髡
头坏衣"之词来形容军人和僧侣[3]。至于奴婢多穿青衣,因而"青衣"成为奴
婢和身份低下的人的代称,当然这种青衣与官员的青衫样式与质地都不同。

　　服饰的更改是制度变化的要求,武则天天授三年(692)赐都督刺史袍,上
绣山形,周围有"德政惟明、职令思平、清慎忠勤、荣进躬亲"的文字。两年后在
文武三品以上的铭文袍上加绣动物图案,诸王是龙和鹿,宰相是凤,尚书是对
雁,十六卫将军是对麒麟、虎、豹、鹰、牛等,图案也成了身份的标志。

　　宋初的品官服色继承唐制,诸臣有祭服、朝服、公服、时服。祭服用于祭祀
天地、宗庙以及各种大典。朝服用于朝会和献祭。公服是品官的常服。时服
是每年端午、十月一日等赐发给文武群臣的冬夏装。朱熹在谈及宋代服装的
渊源时说"今世之服,大抵皆胡服。如上领衫、靴鞋之类,先王官服扫地尽矣。
中国衣冠之乱,自晋五胡,后来遂相承袭。唐接隋,隋接周,周接元魏,大抵皆
胡服"。表示不满和希望复古的心态之后,又说"某尝谓衣冠,本已便身,古人
亦未必一一有义,又逐时增添,名物愈繁。若要可行,须是酌古之制,去其重
复,使之简易,然后可"[4]。宋代官府一般不对民间服饰做具体规定,并不意味
着服饰不再表示身份。对官员来说,当某些差遣或莅事至一定年限时而官品

未至,可改转服色,分别叫借紫、借绯。朝廷对"士庶之服"也常常发出禁令,端拱二年(989)禁止民间服紫;嘉祐七年(1062)不许天下衣"墨紫";天圣三年(1025)下令"在京士庶不得衣黑褐地白花衣服并蓝、黄、紫地撮晕花样";景祐元年(1034)"禁锦背、绣背、遍地密花透背采段"等,说明服饰秩序仍不可任意打乱。从贞观四年(630)下《定服色诏》到开元四年(716)《禁僭用服色诏》,直到宋代的各种规定和禁令,服装总体上仍是属于明尊卑、识贵贱的不可缺少的礼仪制度。

妇女着装比较随意,尽管"妇人服从夫、子",也有等级意义,由于"既不在公庭,而风俗奢靡,不依令格,绮罗锦绣,随所好尚",制度不算严格,有时"上自宫掖,下至匹庶,递相效仿,贵贱无别"[5]。唐代女性服装之美得到淋漓尽致的展示,基本服装为上穿衫或襦,下着长裙,肩背披帛。衫或襦在隋和唐前期的样式特点是短小,窄袖,领口很低;裙则瘦长而束胸很高,裙上饰褶或以颜色间隔排列。唐后期衫、襦和裙都变得宽大。服装的多样与变化得益于手工业的飞速发展,唐初壁画中女性多穿条纹裙,与当时织物的幅宽较窄、色彩单纯有关,把多种颜色的布帛间隔地拼接后就出现了美观的效果。盛唐以后织造技术进步,便用大朵花纹、多彩晕色的织物来直接做裙。皇室、官府有按品种不同精细分工的作坊,生产出布、绢、纱、绫、罗、锦、绮、绨、䌷、缣、罗、绢等[6],加之刺绣、印染等工艺的运用,产品的品种多样,为多姿多彩的服装提供了丰富的原料和多种选择。

华美艳丽的布帛在考古发掘中不断发现,材料质地有丝、麻、毛和棉,从出土状况以及壁画、陶俑等遗物上观察,不同的面料和图案花纹,用作服饰时常被分别选用。纱、罗等轻薄、纤细的产品,适合于裁制夏服和内衣,轻柔精细的质地烘托了女性体态的娇柔婀娜。质地厚实的织锦适合于制作外衣。连续排列的图案多用于衣服的缘边,独立花纹则常用于衣裙的主体。将实用功能和艺术效果巧妙结合,通过千变万化的质料、色彩和花纹来展示对美的追求(彩图15)。

衣着服饰表现出等级和审美的变化,也反映出思想观念的取向。隋唐人的服饰除了融合南北风格,还直接采用或间接借鉴了西域的"胡服"。"深目高鼻,多须髯"的"胡人"形象出现在陶俑和壁画中,多是头戴圆顶、翻沿或尖顶的帽子,身着圆领或翻领窄袖袍,而大量汉族容颜的人物也有这种装束,可见"织成蕃帽虚顶尖,细毡胡衫双袖小"[7]成为比较普遍的现象。唐前期女性喜欢穿袖子很短的上衣,叫作半袖,男装中也有袖子很短的半臂,还有官员穿的袴褶等都是源于胡服。连织物上的联珠圈内饰鸟、狮、马、孔雀、鹿等纹样,也是受中亚、西亚艺术的影响而出现并盛行一时的。

　　由传统的褒衣博带改成胡服的窄袖露肌,在女性服饰中能见到变化的原因和轨迹。《大唐新语》载:"武德、贞观之代,宫人骑马者,依《周礼》旧仪,多着冪罗,虽发自戎

图 13-1　唐代郑仁泰墓戴帷帽骑马女俑

夷,而全身障蔽。永徽之后,皆用帷帽,施裙到颈,为浅露。""神龙之后,冪罗始绝。……开元初,宫人马上始着胡帽,靓妆露面,士庶咸效之。"冪罗是在帽下垂布帛将全身遮蔽。帷帽为下垂布帛到颈。胡帽不垂布帛。最初由遮掩全身防止窥视转变靓妆露面时,受到了唐高宗的严厉斥责,认为是"过为轻率,深失礼容"[8]。然而曾被视为轻佻之举的潮流,在相隔60年后的玄宗时期,不仅诏令认可,还进一步要求妇人"帽子皆大露面,不得有掩蔽",鼓励妇女靓妆露面(图13-1)。考古发现为这一变化提供了较为精确的编年,7世纪后半的陶俑和壁画中的妇女头戴帷帽,8世纪又广泛流行窄袖露肌、袒胸裸露的形象,这些着装样式源于当时的生活。唐诗中的"长留白雪占胸前","粉胸半掩疑暗雪"的描述[9],表明新颖时尚非但没人指责,反而得到赞美。唐朝妇女还以戴胡帽为时髦,样式颇多,或者喜欢露出各式发髻,上面再插些华丽的钗、簪、梳等,面部以额黄、画眉、花钿、面靥、点唇等化妆,再配以面料、色彩、花纹丰富的各式服装,显得十分俏丽。鉴于过分奢华,后来在文宗时不得不"禁高髻、险妆、去

眉、开额及吴越高头草履"，并要求"裙不过五幅，曳地不过三寸，襦袖不过一尺五寸"。诏令对女子的发型、化妆、衣鞋都做出规定，然而"人多怨者……而事遂不行"[10]。

"君子正其衣冠，尊其瞻视"是传统的古训，讲究穿着打扮被看作是礼仪教养的外部展示，在唐宋时代普遍地深入到人们的观念之中。湖南长沙窑窑址出土的日用瓷器上，书写着"衣裳不如法，人前满面修（羞），行时无风采，坐在下行头"的文字，提醒人们时时注意自己的仪表。如有"不如法"者，就会被看作是失礼。朱熹《训学斋规》更指出"为人"的初步是"童蒙之学，始于衣服冠履"，说做人先要从着装洁净整齐做起，这已成为一种道德准则。宋人就曾指责"王介甫之衣冠不整，亦一大病"[11]。

服装具有展示作用，是社会风貌变革的标示，饮食则与人的生存紧密相关，唐宋时期社会富庶，饮食必然多样化。黄河中下游人们的主食以粟麦为主，西北多食麦，淮河以南多吃稻米。副食北方多肉，南方多鱼。唐代从中亚、西亚引进了如莴苣、波菜、甘蓝、阿月浑子、胡桃等蔬菜、水果，还从印度学来了制糖法。但最突出的变化是西域的胡饼、胡麻、胡椒演变为日常食品。新疆唐墓出土有胡饼的实物，鉴真东渡时在扬州准备胡饼为路途中的食粮，表明其在南方也流传。宋代饮食更为丰富，不光花色品种增加，还形成了北食和南食两大系统。苏轼是四川人，写诗赞美故乡菜肴时说："点酒下盐豉，缕橙芼姜葱。那知鸡与豚，但恐放箸空"（《元修菜并序》，《苏轼集》卷一三）。北方仅面食就有烧饼、面片汤、馒头、包子、馄饨等等，其中还有更细的分类。南方喜欢糯米制品和各种粥类。宋代的蔬菜、水果品种多得几乎无法列举，仅北宋时洛阳的桃就有冬桃、蟠桃、胭脂桃等 30 种，梨 27 种，李 27 种，樱桃 11 种，石榴 9 种，林檎 6 种[12]。西瓜也在南方种植。还出现《荔枝谱》这种记载一种水果的不同品种和加工技术的专著（蔡襄《荔枝谱》，见《四库全书》，子部、谱录类三、草木禽鱼之属）。蔬菜等副食中发展了腌渍等加工技术，豆腐、面筋、牛乳之类在当时也广为食用。唐代酒类主要有粮食酿造的黄酒和水果类酿造的果酒，西域胡人开设的酒店还出售高昌葡萄酒、波斯三勒浆等为时人称赞的外来酒。宋代出现了蒸酒、烧酒、酒露等白酒。

唐宋饮食中最具文化内涵并对世界做出贡献的是茶。茶的饮用简单，营养丰富,还有提神破睡等功能,至今仍为世界三大饮料之一。茶原产于中国,至少在汉代江南地区茶叶的种植和饮用已经很多,不过当时是把茶和葱、姜、枣、橘皮、茱萸、薄荷等煮在一起,称"粥茶"或"药茶",茶也因方言不同称槚、荈、茗等。饮茶真正普及并流传是在唐代,并逐渐把各种称谓统一为"茶"字。西汉六朝时的"粥茶"或"药茶",受到唐代文人名士的批评,皮日休认为那种饮茶方法"与夫瀹蔬而啜者无异也"[13],等同于喝菜汤。陆羽(字鸿渐)则认为茶中夹杂各种物品后,"煮之百沸,或扬令滑,或煮去沫,斯沟渠间弃水耳",直指这种茶汤如沟渠中的污水。而药书中提出茶有醒酒、提神、去痰、助消化、强体悦志的功用,使得人们摒弃了将带刺激性的调味品与茶煮在一起的饮用方法。8 世纪后半,陆羽撰写了专著《茶经》,详细叙述了茶的生产、加工、煎煮、饮用、相关器具及有关的典故传说等,对推动饮茶起到巨大的作用。《茶经》成书后约半个世纪,书的作者就被奉为"茶神",以至于河南巩县陶瓷业者烧造号为"陆鸿渐"的瓷偶人,"买数十茶器得一鸿渐"[14]。

　　唐代中后期出现的煮茶和点茶两种方法是饮茶的重大改变。煮茶也称煎茶,先在炉上的茶釜中煮水,水沸后将茶末投往釜中,用竹筴搅动,然后酌入碗中饮用,中唐时最为流行。所谓"松花飘鼎泛,兰气入瓯轻","铫煎黄蕊色,椀转麹尘花",描写的便是煮茶[15]。点茶是置茶末于茶盏,再持瓶向盏中注沸水冲茶,同时用茶匙在盏中击拂,晚唐以后流行。点茶的重要用具之一是汤瓶,在考古发掘中常见。西安大和三年(829)王明哲墓出土一件鼓腹盘口肩有短流的瓶,底部的墨书中就有"茶社瓶"的字样[16]。茶叶的选料十分讲究,贵为茶笋、茶芽,采集要在春间、晴日、清晨。制茶经过"蒸、捣、拍、焙、穿、封"等诸道工序。《茶经》说饮茶还要"调之以盐",有的还加少许姜。宋代彻底摆脱了这种饮茶法,味道更纯正,苏轼说"唐人煎茶用姜","又有用盐者矣。近世有用此二物者,辄大笑之"。至明代又兴起开水冲散茶的撮泡法,既简便又可保持清香。

　　唐代"茶为食物,无异米盐"[17]。茶树成了经济作物后,秦岭和淮河以南的产茶地点遍及近七十个州[18],"江南百姓营生,多以种茶为业","泸州所管五县……作业多仰于茗茶,务本不同于秀麦"。唐文宗大和时,"江淮人什二三以茶为业"[19]。唐末五代人韩鄂作农家历书《四时纂要》,全面记录了茶树的生长环境、土壤、气候、种植方法等。茶叶便于储藏携带，运输成本低，"岁鬻茗于江湖间，常获丰利而归"的商人很多[20]。从唐德宗时开始收茶税，此后不断加重征敛，成为中晚唐时政府的重要财政来源。宋代每年投放市场的茶叶总值达一百万贯[21]，不仅促进了商贸的发展，也成为国家的经济命脉。唐朝的饮茶之风波及塞外，回纥、吐蕃以及周边国家和地区都要从唐朝输入大批茶叶。

饮茶必用器具，因而带动了手工业的发展。《茶经》卷中提到茶具24种，在评论各种瓷质茶具的优劣时说："或者以邢州处越州上，殊为不然。邢瓷类银，越瓷类玉，邢不如越一也。邢瓷类雪，越瓷类冰，邢不如越二也。邢瓷白而茶色丹，越瓷青而茶色绿，邢不如越三也。"虽然这是士大夫选用茶具的主观偏好，却对烧造出质地精美的器具产生影响。白居易诗中的"茶新碾玉尘"和耶律楚材诗中的"黄金小碾飞琼屑"[22]，说的是金银茶具，果然在陕西扶风法门寺出土了"茶槽子、茶碾子、茶罗、匙子一副七事"的精美高级的银茶具。宋徽宗《大观茶论》主张"碾以银为上，熟铁次之"，茶瓶"宜金银"，与唐人的说法一脉相承。

饮茶逐渐成为一种赏娱文化活动。"午茶能散睡，卯酒善销愁"，"驱愁知酒力，破睡见茶功"[23]，饮茶解渴之外的其他功效更受关注，还强调视觉与嗅觉等感官的享受，视之青翠、闻之幽香、啜之甘润，以获得精神上的愉悦。唐代李德裕煎茶用水甚至不远千里取之于今无锡的惠山泉[24]，文人士大夫雅集或待客交友时必饮香茶，长沙窑发现的瓷茶碗上就刻有"国士饮"的文字，洛阳履道里白居易故宅遗址出土有茶碾、碾槽和茶托等，再现出文人诗书饮茶的雅趣。唐代有"茶道大行，王公朝士无不饮者"的记载[25]，元稹又说茶"慕诗客，爱僧家"，可见茶也与佛事活动有关，禅僧学禅助长了饮茶之风，《封氏闻见记》卷六"饮茶"条载："开元中，泰山灵岩寺有降魔师大兴禅教，学禅务于不寐，又不夕食，皆许其饮茶。人自怀挟，到处煮饮，从此转相仿效，遂成风俗。"

宋代茶坊、茶肆骤增，不光是"士大夫期朋约友会聚之处"[26]，也是"五奴打聚"和"诸行借工卖伎人会聚处"。饮茶日见普及和讲究，出现了"斗茶"。

皎然所写的《饮茶歌》出现"孰知茶道全尔真，唯有丹丘得如此"[27]，这里"茶道"相当于茶事或茶艺，但"道"字似乎把饮茶提升到更高的境界。宋代出现了名为斗茶的饮茶技艺比赛，斗茶时要将茶饼炙干，碾出极细的末，再入罗筛过。"罗细则茶浮,粗则水浮。"[28]水温要合适,茶末有一定的比例,此外还要注意冲水的速度、击拂的轻重,以达到"调如融胶","周回旋而不动","谓之咬盏"的效果[29]。茶末的沉浮是区分高低水平的依据,如果烹点不得法,茶、水游离,从而黏附盏壁,形成茶痕便是失败。斗茶之风促进了茶具的多样化。宋人祝穆《方舆胜览》谓:"茶色白,入黑盏,其痕易验。"故宋代茶具尚黑盏,以福建建阳水吉镇的建窑所产最负盛名,不仅南方地区,许多北方烧白瓷的窑口也兼烧黑盏。至明代时碾、磨、罗、筅等废而不用,黑盏亦逐渐失势,"莹白如玉"的茶具被认为"可试茶色,最为要用"。走向精致化的文人茶艺兴盛,"茶寮,构有斗室,相傍书斋,内置茶具,教一童子专主茶设,以供长日清谈,寒宵兀坐。幽人首务,不可少废者"[30]。明代的茶寮中,聚集着鄙薄声色犬马,不太热衷于功名利禄,带有隐逸倾向的人士,他们把饮茶活动变成了一种恬淡的生活情调和高雅的生活品位的象征。下层民间单纯卖茶的茶馆也更加发达,那里散漫而轻松的气氛,成为平民休闲的好去处[31]。

唐宋时期建筑的发展,使得人们的起居生活发生了重要的转变,与之适应的日用家具、陈设器物也随之更新。建筑材料北方以土木结构为主,南方则多用竹木。技术高超的建筑,主要是宫殿、寺院,武则天时在洛阳建造的明堂"高二百九十四尺",遗址发现的石砌圆形基址,是支撑巨大建筑的地基[32]。但民间居舍更是社会面貌的写照。在普通建筑中,变茅屋为瓦舍在唐代逐渐开始,宋璟在南方做官时,鉴于"广州旧俗,皆以竹茅为屋,屡有火灾",于是"教人烧瓦,改造店肆,自是无复延烧之患"[33]。韦丹担任洪州刺史、江南西道观察使时,"始教人为瓦屋,取材于山,召陶工教人陶"[34]。宋代民间建筑中继续推广瓦舍,叶康直知湖北光化县,"县多竹,民皆编为屋,康直教用陶瓦,以宁火患"[35]。孝宗时,郑兴裔知扬州,"民旧皆茅舍,易焚,兴裔贷之钱,命易以瓦,自是火患乃息"[36]。但南方竹楼仍别有特色,王禹偁撰《新建小竹楼记》云:"黄冈之地多竹,大者如椽,竹工破之,刳去其节,用代陶瓦,比屋皆是,以其廉价而工省也。"

由于住宅也是身份等级的象征,因此建筑样式具有强制性规定。唐代从王公到平民住宅的间数、样式、大小以及装饰有严格区别[37],营造宅舍"于令有违者,杖一百",惩罚很严厉[38]。建筑的使用和出入也有规定,妇女不能在正殿参加宴会,表演歌舞者甚至不许走正门[39]。宋代也有"臣庶室屋制度","私居,执政、亲王曰府,余官曰宅,庶民曰家。诸道府公门得施戟,若私门则爵位穹显经恩赐者,许之。……凡公宇,栋施瓦兽,门设桷栢。诸州正牙门及城门,并施鸱尾,不得施拒鹊。六品以上宅舍,许作乌头门。父祖舍宅有者,子孙许仍有之。凡民庶家,不得施重栱、藻井及五色文采为饰,仍不得四铺飞檐。庶人舍屋,许五架,门一间两厦而已"[40]。虽然比起唐制对房舍的限制放宽,但居室规模、式样甚至称呼都有等级的区别,使人一望而知房主的地位,正如朱熹所说:"譬如看屋,须看那房屋间架,莫要看那外面墙壁粉饰。"[41]朝廷对居室还颁发一些禁令,景祐三年(1036)诏臣庶之家:"屋宇非邸店、楼阁临街市之处,毋得为四铺作闹斗八;非品官毋得起门屋;非宫室、寺观,毋得彩绘栋宇及朱黝漆梁柱窗牖、雕镂柱础"(《宋史》,卷一五三)。

城市家居住宅尽管大小区别悬殊,格局却雷同,基本上是合院形式,通常在中轴线上有大门、中堂、后院、正寝,左右对称有厢房和廊屋。西安中堡村唐墓和山西长治唐墓出土成套的住宅模型,即为狭长的四合院。贵族宅院占地很大,由若干院落组成。合院式建筑布局具有封闭性,内部却精致典雅,进院先是影壁遮挡,表现出一种含蓄的审美观念。正房的中间称中堂,用作接待客人,厢房和廊屋供客人居住,后院是家人居住的地方。宋代张择端《清明上河图》的城市小型住宅比较灵活,多是悬山或歇山瓦顶,稍大的建门屋,内部为四合院式,院内植树木花草。宋代王希孟《千里江山图》表现有大中小不同的民居。富贵人家大门内建照壁,仍然沿用前堂后寝的传统原则,但堂、寝两侧有耳房或偏院,院落多以廊屋代替回廊,以增加居住面积。农村住宅是墙身低矮的茅屋,有的是茅屋和瓦屋结合构成一组房屋。村落依优美的自然环境建造住宅,房屋布局参错配列,比较随意。

住宅的私密性受到保护,唐代法律规定"其士庶公私第宅,皆不得造楼阁,临视人家"[42]。雍州长史李晦"私第有楼,下临酒肆",酒肆主人对李晦说:"微贱之人,虽则礼所不及,然家有长幼,不欲外人窥之。家迫明公之楼,出入非便,请从此辞。"李晦听后立即将楼拆掉[43]。在邻里关系中共用一口井很普遍,而且是一种风俗,有时如果自己独自凿井,还会引来众人的非议。唐代诗人姚合《街西居三首》中感叹道:"浅浅一井泉,数家共汲之。独我恶水浊,凿井庭之陲。自凿还自饮,亦为众所非。"

唐宋时住宅的选择和修建颇有讲究,为了祈求富贵、得子、升官等,搬家、建新居要请相宅人或依卜宅书籍来进行相看。长安城内的永嘉坊,方士说贵气特盛,引来许多王公贵族居住。长安城东高西低,形成了官员多住在东部,平民集中于西部,宦官住所靠近大明宫的以身份划分的居住格局。长安城居民还按籍贯、职业分布,城西北多建祆寺、大秦寺,西域人较多,造乐器者集中在崇仁坊,士大夫入道多在亲仁坊,凶肆等为丧葬服务的机构多在丰邑坊等。

在简单的平面里创造丰富空间的住宅,是人们基本生活的依托。隋和唐前期席地而坐是主要起居习惯,因此家具中寝床之外的坐床(或称榻),上面铺茵褥,与之配套的是放在坐床上较矮的几案。坐床设置在帷帐里,茵褥与帷帐采用织物制作,具有保暖和屏障的实用功能,也起到装饰作用并增加庄重的气氛[44]。唐代还流行胡床,是方便的折叠凳,胡床又泛指外来的坐具。坐床、几案、帘帷等构成隋唐人一般生活的场景。席地而坐时,几案大而矮,唐朝节度使的礼案"高尺有二寸,方八尺"[45]。大约在盛唐以后,受室内空间的变化和佛像的垂脚坐式的影响,高腿家具渐多。公元759年埋葬的北京何氏墓中已见到用砖砌出一桌二椅,天宝十五年高元珪墓壁画也出现高脚带靠背的椅子。9世纪前半日本高僧圆仁来到唐朝,记载自己的见闻时说"相公及监军并州郎中、郎官、判官等皆椅子上吃茶"[46]。高背椅子在唐代叫绳床或倚床,胡注《资治通鉴》提到"交床、绳床,今人家有之,然二物也,……绳床以板为之,人坐其上,其广可容膝,后有靠背,左右有托手,可以搁臂,其下四足着地"[47]。与椅子配套的是桌子,敦煌唐代壁画中可以看到。五代顾闳中《韩熙载夜宴图》也展示了官僚家庭的桌、椅、床、屏等各种家具。宋代人们终于改变了跪坐的习惯,宋墓中经常用砖雕方式表现桌椅,壁画也常描绘室内屏风前正中置椅,供宾主对坐。高腿家具与席地而坐时所用的家具迥然不同,使得起居方式发生了改变,人际交往礼仪观念也随之变化,"若对宾客时,合当垂足坐","古人坐席,故以伸足为箕踞。今世坐榻,乃以垂足为礼,盖相反矣"[48]。在居室内自由走动更加随意,视野开阔,使得日常生活器皿总体上向低矮发展,而作为观赏的图案花纹,也由仅仅装饰在器物外表变成装饰内部,这成为晚唐和宋代以后的器具装饰的特点。由于伏案姿势的变化,甚至连书法的艺术风格和追求也发生了改变。

除了家具和张设,官衙厅堂墙壁上常悬挂或描绘字画、律令,既是自警勉励,也是一种装饰。此外还有挡风遮蔽的屏风,屏风虽是传统家具,但唐宋时建筑中斗拱的运用使室内空间增高,折叠式的屏风广泛流行,这种活动的隔断可将室内空间按需要进行分割。屏风上通常有书法绘画等,在造纸技术发达的基础上,放在室内明显的位置上的屏风用木为骨,以纸为面,唐太宗曾在屏风上写过《列女传》,房玄龄写过《家诫》。陕西西安、新疆吐鲁番、山西太原发现的唐墓可见到不少屏风画,上面描绘牧马图、树下人物、花鸟、云鹤和山水画等。吐鲁番阿斯塔那出土的残屏上的绢画,内容是盛装贵妇对弈、侍婢观棋的场面[49]。南唐后主李煜"召冯延巳论事,至宫门逡巡不进。后主使使促之,延巳云:有宫娥著青红锦袍当门而立,故不敢径进。使随共行谛视之,乃八尺琉璃屏画《夷光独立图》也。问之,董源笔也"[50]。原来是屏风高大,董源所绘的人物栩栩如生的缘故。宋代人们开始喜欢用挂轴书画装点居室,甚至店铺也以此招徕顾客,"汴京熟食店,张挂名画,所以勾引观者,留连食客"[51]。

唐宋人们公共活动的场所主要是市场和寺院。唐代市场中午开市,日落前闭市[52]。寺院通常环境优雅,大殿和廊院墙壁上常有出于名家之手的壁画、书法。在寺院可以欣赏壁画,游览园林,登佛塔可登高远眺风景。有的寺院还形成独特的活动,唐代文人赶考中进士后的浪漫潇洒之举,就是到慈恩寺雁塔题名,功成名就的科举考生们名垂千古的同时也记录了许多的辛酸和喜悦。白居易27岁一举中第,欣喜若狂之际,挥笔写下"慈恩塔下题名处,十七人中最少年"的诗句。寺院不光是僧侣的生活空间,也是城市中的娱乐场所,有人在寺中楼阁摆酒宴,年节经常展示灯火,人们看戏也要到寺院,"长安戏场多集于慈恩,小者在青龙,其次荐福、永寿"[53]。武则天时还把荐福寺作为武举考试中射长垛、马射、步枪、步射、才貌、语言、举重七科的考场。宋代大的寺观还附有集市,东京城中的"相国寺内万姓交易"[54]。当然僧侣的俗讲、变文,世俗的小说,以及民间伎艺表演也常在寺院举行,有的寺院还为旅客提供住所和读书的地方。

唐宋时期的道路按性质、用途、形态、质地分别称作御道、官道、驿道、贡道、饷道、运道、堤道、栈道等。唐代以都城为中心的官道通达四方,遍布各州县,仅干线道路就有五至七万里[55]。对外交通重要的道路有七条,"一曰营州入安东道,二曰登州海行入高丽渤海道,三曰夏州塞外通大同云中道,四曰中受降城入回鹘道,五曰安西入西域道,六曰安南通天竺道,七曰广州通海夷道"[56],此外还有吐蕃道和南诏道。宋代"阁道平坦,驿舍、马铺完备,道店稠密,行旅易得饮食"[57],交通更为便利。

城内道路除宫中有砖道,几乎都是土路。唐长安城平康坊和宣阳坊之间的东西向街道经过发掘,宽29米左右,路两边有土挡,其外是约2米宽的排水沟。道路的构筑是先挖去浮土,对路面进行密实加工,铺施石子瓦砾,最上面铺路土。城外官道每隔五里置一个方锥形土堆,隔十里置两个土堆,称"里隔柱"。宋代道路的标志称堠子,上面插木牌或置石刻。堠子分里堠、界堠等,里堠一般为五里、十里立一堠,界堠是国界和州界、县界的标识。唐宋还对交通实行管理,《唐律》规定"于城内街巷及人众中无故走车马者,笞五十"。"城门入由左,出由右。"[58]路上偶遇时,"贱避贵,少避老,轻避重,去避来",宋代将类似的规定刻在官道的石堠上[59],陕西略阳县就发现了南宋淳熙八年(1181)刻制的一通交通规则石碑《仪制令》[60]。土路一般难以承受大雨和积潦。宋仁宗时,"河北比岁积雨,坏道途",皇帝特别下诏,令"堑官路两旁,阔五尺,深七尺","以泄水潦"。官府还组织"夹官道植榆柳,或随土地所宜,种杂木"[61]。

自然江河湖泊通水路之外,还开凿运河,形成水陆交通网,极大促进了物资交流。特别是盛唐以后,粮食、宫廷奢侈品多来自南方,可以通过便捷的道路快速运向北方。道路的附属设施是桥梁,隋代造桥的典范实例赵州桥至今犹存。灞桥建于隋开皇三年(583)(图13-2),元代废弃。陕西东渭桥是木制桥,遗迹全长548.8米,宽11米[62]。唐代东北陆路进入关中的要塞山西蒲州黄河东岸,还发现具有特色的浮桥蒲津桥的桥头遗址,出土气势磅礴的铁牛、铁人、铁山、铁柱等[63]。膘肥体实呈伏卧状的铁牛下有厚厚的铁板和四根大铁柱,入地丈余,重量约十五吨。每牛尾后有一根横铁轴,用来拴浮桥铁索,结缆系舟。

由于"东南郡邑无不通水"[64],造船业的发展突飞猛进。唐朝贞观二十一年(647)"敕宋州刺史王波利等发江南十二州工人造大船数百艘"[65],翌年八月又下令"越州都督府及婺、洪等州造海船及双舫千一百余艘",同年九月潭州

图 13-2 西安隋代灞桥遗址

也承担了剑南道的造船任务。水陆交通发达和造船技术的提高,使"天下诸津,舟航所聚,旁通巴、汉,前指闽、越,七泽十薮,三江五湖,控引河洛,兼包淮海。弘舸巨舰,千轴万艘,交易往还,昧旦永日"[66]。唐代运河的漕船载重通常为一千石,江船可载八九千石。宋代造船又懂得了平底船用于内河,"上平如衡,下侧如刃"的尖底船用于航海,所造"海商之舰,大小不等,大者五千料,可载五六百人,中等二千料至一千料,亦大小不等,可载二三百人"。还出现以人力踩踏的翼轮,是原始的螺旋桨。在"风雨晦冥时,惟凭针盘而行"[67],开始把指南针用于航海。

陆路交通用具主要是车,长安城道路的发掘中能见到密集的车辙,宽为1.35~1.40米之间[68]。唐太仆寺乘黄署掌管天子用车,车府署管理王公以下用车,内侍省掌管中宫用车,驾部管理运输用车。从唐玄宗曾下令"禁九品已下清资官置客舍、邸店、车坊"的记录来看[69],各级官府也拥有很多车,并设存放车辆的车坊。唐宪宗时河南府为搬运粮草,雇牛车4035辆,说明私车很多,当时有专门车家、车坊,供人租赁[70]。宋代缺马,车辆多用牛、驴、骡,传世的宋绘画可见多牛车和驴车。而且出现"运粮之法,人负六斗","驼负三石,马、骡一石五斗,驴一石"等运载量的记录[71]。

"车马衣服,事关制度,不合逾越"[72],这里的"车马"主要指载人代步车辆。自皇帝到大臣出行都有表示礼仪等级的车马仪仗,皇帝、皇后、太子礼仪用车复杂,从陕西乾县唐懿德太子李重润墓的墓道东壁和西壁所绘仪仗图中,可以看到马夫牵引待发马车共3辆,车辆涂红色,与皇太子用的金辂车、轺车和四望车正合[73]。百官以下用车常见的是犊车,《隋书·礼仪志》载"自王公已下,至五品已上,并给乘之。……六品已下不给,任自乘犊车"。犊车在用料、色彩、装饰,及驾车的牲畜数量和种类上并不相同。"魏晋已降,迄于隋代,朝士又驾牛车。"官吏和士族以坐牛车为贵,因此,考古发现的品官墓葬多有以牛车为中心的仪仗队俑,或用壁画表现。陕西礼泉县唐上元二年(675)"右骁卫大将军"阿史那忠墓墓道西壁所绘一头矫健的牛驾辕拉着的高轮篷车,应是他仪仗卤簿中的内容[74]。类似的牛车在郑仁泰墓、显庆五年(660)李震墓的壁画中也有发现。河南偃师杏园唐景龙三年(709)宁州参军李嗣本墓出土了较完整的陶牛车模型,车为卷棚式车厢,前檐有栅栏,后檐右旁留门[75]。据文献中"五品乘轺车"的记述,这一陶牛车的明器可能就是唐代的轺车。山东嘉祥徐敏行墓墓室东壁绘《夫人出游图》,最前面是四女执宫灯前导,随后为帷屏牛车,应是女主人乘坐的安车。贞观四年李寿墓(630)绘有《牛车图》,车为木质双轮辕车,一男子赶车,车上坐一女子,似为一对青年夫妇,可能是表现由丈夫送妻子串亲戚、走娘家的场面,此车应属普通用车。

盛唐以后出行代以骑马,《旧唐书·舆服志》记载,"自高宗不喜乘辂,每有大礼,则御辇以来往。爰泊则天以后,遂以为常。玄宗又以辇不中礼,又废而不用。开元十一年冬,将有事于南郊,乘辂而往,礼毕,骑而还。自此,行幸及郊祀等事,无远近皆骑于仪卫之内。"玄宗以后这些郑重的场合可以骑马,更加剧了骑马之风的蔓延。墓葬壁画中以牛车为中心的仪仗不再出现,妇人骑马出行的形象开始流行,传世绘画中张萱的《虢国夫人游春图》描绘了春风得意的虢国夫人与女眷、宫人骑着配装华丽的马出行游玩的情景,女子乘骑驰骋可谓开元年间的新风尚。此后除"禁工商不得乘马"[76],"贵贱所行,通鞍马而已"[77]。

用来代步的工具还有辇、舆。"制象辂车,而不施轮……用人荷之"[78],用人力担负的辇类似后来的轿子。唐殿中省设尚辇局,管理皇帝用辇,传世阎立本的《步辇图》描绘了皇帝乘辇的场景。舆的使用范围较广,种类颇多,也是肩扛,最初是老、病的贵臣上朝时享用,后来普及到民间。《因话录》记郑还古"初家青齐间,遇李师道渐阻王命,扶侍老亲归洛。与其弟自舁肩舆,晨暮奔迫,两肩皆疮"[79]。有时妇人坐檐子以代乘车,檐子即轿子,因以人担负,又可称为肩舆。唐新城公主墓描绘的檐子作房屋形,由四个轿夫担负。《新唐书·车服志》载:"外命妇一品二品三品乘金铜饰犊车,檐舁以八人,三品舁以六人。四品、五品乘白铜饰犊车,檐舁以四人。"可知檐子为朝廷命妇的乘舆,以轿夫人数区分等级。新城公主为正一品,抬轿仅有四人,可能是因为永徽中始有"坐檐以代乘车",尚无定制。

宋代"百官皆只乘马",只有元老大臣因年老或有疾病,才准赐乘轿。司马光拜相后"许乘肩舆"。王安石"辞相位,居钟山,惟乘驴,或劝其令人肩舆"。但乘马和坐轿没有严格的等级规定。宋太宗时有"工商、庶人家乘檐子,或用四人八人",被下令禁断;宋哲宗时"京城士人与豪右大姓"乘四人抬的轿,也被指责为"僭拟",可见礼仪制度限制的主要是轿子的规模和抬轿的人数。宋徽宗时禁止"富民、娼优、下贱"等乘坐普通"暖轿",从反面说明达官贵人和普通平民乘轿普遍。

与道路紧密相关的邮驿是唐宋时期具有特色的交通管理设置,邮驿是在重要的道路上官方开办的歇息之所,也负责传送文书。据唐玄宗时期的记录,"凡三十里一驿,天下凡一千六百三十有九所"[80]。最初用于传递军事情报、政府公文,担负敕命的使者才能使用,由尚书兵部管理,中央设馆驿使,每个邮驿都有专知官。由于具有军政性质,邮驿在唐初十分重要,因此太宗令皇太子李治处理庶务时,管理邮驿的权力仍不交给他,要他"依常式奏闻"。后来邮驿的使用范围逐渐扩大,高级官员可乘驿赴任,由邮驿提供住宿、饭食和交通用具。邮驿也出现由富户充任管理的驿长的情况[81]。陆驿和水驿都有驿吏和服劳役的驿丁,根据每驿的重要性和繁忙程度不同,所掌管的驿马、驿船分为六等,最高的有马七十五匹,最低的有马八匹。邮驿的功能也不同,飞驿比乘驿快,"一骑红尘妃子笑,无人知是荔枝来",就是通过驿站飞快地将四川的鲜荔枝送给长安的杨贵妃。邮驿管理中有铜质传符,依方向分青龙(东)、白虎(西)、朱雀(南)、玄武(北),分两半藏于中央和地方,使用时两相核对。后来改成纸券,"凡乘驿者,在京于门下给券,在外于留守及诸军、州给券"[82]。符券上写着行程、天数、所经驿馆,误者受罚。乘驿者执符券出行回来要上交,不按期交回要依律论罪。邮驿的管理逐渐松散后,使用范围随之扩大,地方官常特许一些人持"食牒""馆牒"等在驿站吃、住,元稹在担任监察御史时曾在奏文中说"伏准前后制敕,入驿须给正券,并无转牒供拟之例"。虽然"妄出食牒,烦扰馆驿"为非法[83],却是交通发达的必然结果。宋代不少邮驿站是沿用前朝的,"六十里有驿,驿有饩给","二十里置马铺,有歇马亭"。官员因公外出,往往发付驿券,"以为传食之费"[84]。

官驿之外还有私馆,设于都城州县和道路旁供客人食宿,无须券符,招待范围很广。宋代官府的馆驿和私人的邸店的区别渐小,实际是功能扩大,"东至宋汴,西至岐州,夹路列店肆待客,酒馔丰溢。每店皆有驴赁客乘,倏忽数十里,谓之驿驴。南诣荆、襄,北至太原、范阳,西至蜀川、凉州,皆有店肆,以供商旅"[85]。当时还出现了交通地图,临安一带有白塔桥,印卖《朝京里程图》,为出行者提供方便。

第二节　风俗与娱乐

婚姻与丧葬　牡丹的意蕴与送别折柳　特色节日与娱乐(踏青、秋千、马毬、围棋)

"士庶迎亲之仪,备诸六礼"[86],结婚时的六礼为纳彩、问名、纳吉、纳征、请期和亲迎,即男方请媒人携带礼物求婚、询问女方姓氏和出生年月、占卜婚姻凶吉、送纳聘财、请示结婚日期、迎娶新娘,这些前代的传统在隋唐时延续。唐初发布诏令"男年二十、女年十五以上,及妻丧达制之后、孀居服纪已除,并须申以媒娉,命其好合"[87]。唐玄宗时又敕令"男年十五,女年十三以上,听婚嫁"。这不是一般性的提倡,多少带有些强制性。"刺史、县令以下官人,若能使婚姻及时,鳏寡数少,量准户口增多,以进考第",把对推行早婚作为地方官考核政绩的一项依据。提倡早婚的目的是增添人口,隋大业五年(809)有890万户[88],隋末战乱人口骤减,唐武德时只有200万户。作为农业社会及其生产方式,鼓励男女媾和生育人口十分重要。根据出土唐代墓志统计,女子在14岁到19岁出嫁的最多。与繁衍子孙直接相关的婚姻被纳入了国家休养生息的政策之中后,到唐玄宗天宝十三年(754)人口已近962万户,也正是社会兴旺时期。

婚姻维系着社会内在的秩序,受各种条件和观念制约。隋唐时代选择配偶的标准有很大变化,隋和唐前期名门士族是最佳选择。南北朝以来的名门大族,即便"世代衰微,全无冠盖",也不愿意与当朝新贵结亲。婚姻中的门第观念与整个社会阶层的变化联系在一起,唐太宗贞观五年(631)命高士廉等重修《氏族志》,基本原则是"崇重今朝冠冕","不须论数世以前,止取今日官爵高下作等级"。唐高宗进一步修定时又提出"以仕唐官至五品皆升士流"和"各依品位高下叙之"的方案。李唐依靠出身各异的人夺取政权和进行统治,"凡在朝士,皆功效显著,或忠孝可称,或学艺通博,所以擢用"。虽然提高了当朝官宦的门第,改变了新贵的社会地位,但制度上的调整很难立刻改变思想观念,武则天的女儿太平公主嫁薛绍,薛绍兄妻们非贵族,武则天就说"我女岂可使与田舍女为妯娌邪"。门第观念之深,必然影响婚姻的习俗,唐代出现了"陪门财""卖婚"的现象,即新贵与旧门攀亲,要花费巨额钱财,门望不够要给对方陪门财,如同卖婚。太宗时"见居三品以上,欲共衰代旧门为亲,纵多输钱帛,犹被偃仰"[89]。这些做法引起皇帝的反感,唐高宗直接诏令"仍定天下嫁女受财之数,毋得受陪门财"[90]。但直到大历年间,甲族卢氏"嫁女于他门,聘财必以百万为约,不满此数,义在不行"[91]。

在婚姻状况上,皇帝除正妻皇后外,有妃、嫔、婕妤、美人、才人、宝林、御女、彩女等。隋开皇十六年(596)"诏九品已上妻,五品已上妾,夫亡不得改嫁"[92],说明官吏和普通人娶妻之外可以纳妾。妻也称内子,妾又叫外妇、姬、侧室等。宰相王铎"侍妾成列",太子少师李肃有"姬妾数十人"。妾的地位特殊,可能受到特殊的宠爱,也可能被视之如草芥,命运由主人而定。"一面妖桃千里蹄,娇姿骏骨价应齐"[93],就是说以妾换马是公平的交易。

　　男女结合方式依照"为婚之法,必有行媒","无媒不得选"的原则,要通过媒人和父母做主。对女子来说要坚持未嫁从父,既嫁从夫,夫死从子,个人修养要品德、言辞、仪态、家务俱佳,这便是"三从四德"准则。唐朝不大忌讳离婚,"义绝则离",有一定自由度,法律规定有"七出"和"三不去"[94]。"七出"是在妻子无子、淫、不事舅姑、口多言、盗窃、妒忌、恶疾的情况下可以离婚,同时规定经持舅姑之丧、娶时贫贱尔后富贵者、有所受无所归时不得休妻,即"三不去"。唐朝再婚的多于前代,在留下姓名的唐代公主中,就有 25 名曾经再嫁。婚姻观念比较开放,使男女间越轨之事较多,韦后、上官昭容、安乐公主都与多人私通,连高宗妻武则天也曾是父皇的女人。这类事情多发生在唐前期,可能与外来习俗的影响有关。普通人自己选偶虽不是主流,但唐代时有发生,唐代有宫女"常书落叶随御水而流","将寄接流人",这些爱情的题诗,引起宫外多情儒生的感叹,也以同样的方式回诗借御水返回,当朝廷遣宫女出宫时,竟有因此成婚者[95]。这类故事至少反映了人们对自由婚姻的追求和向往。

　　唐代婚礼通常选在黄昏时举行,形式多样而热闹。《封氏闻见记》记载:"近代婚嫁,有障车、下壻、却扇及观花烛之事,又有卜地、安帐、并拜堂之礼。上自皇室,下至士庶,莫不皆然。"[96]唐人爱诗,在复杂的婚礼中"却扇"程序中体现出风雅,成婚前以扇掩面,诵读扇上巧妙优雅的诗句。李商隐《代董秀才却扇》诗云:"莫将画扇出帷来,遮掩春山滞上才。若道团圆似明月,此中须放桂花开。"新郎迎亲队伍至新娘家时的"催妆",要高声朗诵诙谐活泼的诗歌催促新娘出门,年近八十的陈峤《自赋催妆诗》中写道:"彭祖尚闻年八百,陈郎犹是小孩儿",意谓与八百岁的彭祖相比,自己还是新婚男孩。

　　宋代天圣年间的法令沿袭唐代开元二十二年(734)的规定:"男子年十六至三十,女子十四至二十,身及主婚者无期以上丧,皆可成婚。"但不少人反对早婚,使宋代婚龄增大。宋代"婚姻不问阀阅"[97]是重要变化,但并不意味着门第观念消逝,选择女婿由重在门第,变为看重本人未来前程,出现了"洞房花烛夜,金榜题名时"这样的诗句[98]。由于商品经济的发展,金钱魅力的增大,反映在婚姻关系上便是嫁娶论钱财。蔡襄指出:"今之俗,娶其妻,不顾门户,直求资财。"[99]在结婚程序上,宋人强调处事应当简易,如朱熹所说:"古礼有问名、纳吉,今不能尽用,止用纳采、纳币(即纳征),以从简便。"[100]六礼只剩下纳采、纳币、亲迎三礼。北宋以后形成的新婚俗是男方迎接新娘,开始使用花轿。《东京梦华录·娶妇》载:"至迎娶日,儿家以车子或花檐子发迎客。"乘花轿要经历三种仪式:首先是起轿,女家在新娘上轿后,必须赏赐花红利市钱,否则不肯抬轿子;其次是障车,迎亲队伍在返回男家途中受到阻拦,市井无赖乃至王公拦路求酒食,要钱财;最后是拦门,《梦粱录》卷二○"嫁娶"条称:"迎至男家门首,时辰将正,乐官、妓女及茶酒等人互念诗词,拦门求利市钱红。"《拦门诗》是些吉利话,目的却是要钱。如:"仙娥缥缈下人寰,咫尺荣归洞府间。今日门阑多喜色,花箱利市不须悭。"新郎请人代念《答拦门诗》,欢乐而俏皮,如:"从来君子不怀金,此意追寻意转深。欲望诸亲聊阔略,毋烦介绍久劳心。"[101]新娘下花轿不能踩地,只能在青布条或青锦褥、青毡花席上行走,进入男家房门之前,要撒谷、豆、铜钱、彩果等物,叫撒豆谷。婚礼的参拜形式一是拜先灵,又称拜家庙;二是拜舅姑即公婆;三是夫妻交拜。司马光说:"古无婿妇交拜之仪,今世俗始相见交拜。"新郎新娘饮交杯酒的方式也有不同,"古者婚礼合卺,今也以双杯彩丝连足,夫妇传饮,谓之交杯"[102]。

　　隋唐人的丧葬作为礼制受到高度重视,不同身份的人死亡的名称都有区别,"凡丧,三品以上称薨,五品以上称卒,自六品达于庶人称死"[103],帝王之死则称"驾崩"。西安地区发掘的唐墓有几千座,分双室砖墓、双室土洞墓、单室方形砖墓、单室方形土洞墓、单室长方形土洞墓等,在制度严格时,分别与皇室成员和特殊功勋或势力的高官、一至三品官、四五品官、六至九品官、无品官的庶人、普通百姓的墓相对应,体现了尊卑贵贱[104]。君臣之间常有关于丧葬的争论。骄横不可一世的唐中宗之女安乐公主,丈夫武崇训死后追赠鲁王,请求要按"号墓为陵"的规格埋葬,遭到给事中卢粲的坚决反对。卢粲引经据典,解释自古以来"唯名与器,不可以假人"。由于丧葬制度的重要,就出现了借埋葬死人而展开的政治斗争。武则天时期,李敬业起兵造反,被"追削敬业祖、父官爵,剖坟斩棺"[105]。太子通事舍人郝象贤,垂拱年间坐事伏诛,临刑言多不顺,武则天"令斩讫,仍支解其体,发其父母坟墓"烧尸,其祖侍中郝处俊也被斩棺毁枢[106]。天授二年(691)辅国大将军岑长倩因不同意立武承嗣为皇太子,忤武则天意,下狱被诛,父祖坟也被发掘。考古发现的唐代宗室李贤、李重润、李仙蕙墓均为豪华罕见的大墓,他们被武则天所杀,中宗登基后,为武则天掌政时"皇室诸王有德望者,必见诛戮"的人恢复名誉,因而三人的改葬墓规模宏大[107]。中宗复位后韦后的权势日益膨胀,也先后改葬其父母兄弟,死时年仅16岁、死去已17年的弟弟韦洞采用双室砖墓,葬具使用雕刻精美的石椁,极为豪华[108]。相反武三思父子则被"斩棺暴尸,平其坟墓"[109]。在特定历史时期,丧葬活动与其说是对死者的悼念与哀伤,不如说主要是生人导演的政治闹剧。

丧葬制度中有守丧的规定,官吏的父母死亡要"丁忧",即辞职守丧三年。武则天曾将传统的父在母亡守丧一年,改为守丧三年[110]。利用更改丧服制度来强调母尊,被后人指为"则天怀私苞祸之情,岂可复相沿乐袭礼乎"[111],坚决主张废除。官吏在无法因守丧离职而去时,要由皇帝下诏"夺情起复",继续担任官职,这对官员是个荣耀。随之而来的是盼望、甚至要求"起复"和拒绝"起复"。拥立武后有功的宰相李义府母丧,本应丁忧,但第二年便"夺情起复",王叔文丁母忧时,正值"永贞革新"关键时刻,王叔文"与其党日夜谋起复"[112]。

唐代的一些丧葬礼仪用法律的形式固定下来,如法律中的"十恶"有"不孝"和"不义"两项,"不孝"是指不善事父母,"居父母丧,身自嫁娶,若作乐,释服从吉;闻祖父母、父母丧,匿不举哀"等。"不义"行为之一就是"闻夫丧匿不举哀,若作乐,释服从吉及改嫁"[113]。违犯者制裁十分严厉,与对政体统治威胁最大的谋反相提并论,即使遇到大赦时也不得免于处罚。服丧期间不许饮酒食肉、不能同房等无法监督的规定,也十分明确地表达为不许参加吉席,不许居丧生子等法律条文[114]。丧葬制度的重要,使中央政府中有三个职能部门涉及丧葬活动的运作,鸿胪寺"掌宾客及凶仪之事"[115],将作监左校署"凡宫室……丧葬所须,皆供之"[116],礼部的郎中、员外郎掌"百官、宫人丧葬赠赙之数"[117],并规定随葬品的内容和数量[118]。

丧礼主要包括丧、葬、祭三大部分。"丧"是规定活人在丧期内的行为规范,包括标志等级和亲属关系的丧服制度等。"葬"是规定死者的应享待遇,包括陵墓占地面积、高度、形制、明器、棺椁等,也有部分埋葬方式。"祭"是规定丧期内活人与死人间联系的中介仪式,即丧期内的各种祭祀活动。隋唐时代总体上是厚葬死人,丰富的随葬品可以炫耀权力和财富,还表明自己的孝道。在将"孝"看得十分重要的社会中,"孝"能够带来升迁的机会。开皇二年(582)鄜州刺史达奚长儒母丧去职,"水浆不入口五日,毁悴过礼,殆将灭性。

天子嘉叹,起为夏州总管三州六镇都将事"[119]。稷州奉天令独孤思贞守丧时"三年斋居,七日不食"赢得名声,获得"特赐龟,加一阶,除乾陵署令"[120]。但厚葬也会导致倾家荡产。左金吾卫大将军赵建遂夫人董氏、王氏在大中九年(495)埋葬时,嗣子德行"罄生业就百金,力备丧事"。咸通二年(861)节度副将吴清殒,家人"丧尽家财,以营大事"[121]。厚葬成风也会遇到来自官方的制止。"近者王公百官竞为厚葬,偶人像马,雕饰如生,徒以眩耀路人,本不因心致礼。更相扇慕,破产倾资,风俗流行,遂下兼士庶。若无禁制,奢侈日增。望诸王公已下,送葬明器,皆依令式,并陈于墓所,不得衢路行。"[122]指出了厚葬并不是遵循礼仪,而是意在"眩耀路人"。

主张薄葬的主要是个人行为。贞观十年(636)长孙皇后死前对太宗说"自古圣贤,皆崇俭薄,惟无道之世,大起山陵,劳费天下,为识者笑。但请因山而葬,不须起坟,无用棺椁,所须器服,皆以木瓦,俭薄送终"[123]。宋国公萧瑀遗书曰:"气绝后可著单服一通,以充小殓。棺内施单席而已,冀其速朽,不得别加一物。"[124]这些都是以节俭为目的。唐玄宗曾说:"自古帝王皆以厚葬为诫,以其无益亡者,有损生业故也。近代以来,共行奢靡,递相仿效,浸成风俗。既竭家产,多至凋敝。"[125]薄葬也有的是以历史为鉴,唐太宗在关于李渊如何埋葬时担心厚葬会遭受后人废毁[126]。在葬文德皇后时又说"盗贼之心,止求珍货,既无珍货,复何所求"[127],则是担心引来盗掘。薄葬并不违背丧礼中的上可以兼下,而下不能犯上的原则。

丧葬活动可以反映出社会的变化。以8世纪中为界,此前带有长斜坡墓道的墓较多,随葬军事气氛浓厚的仪仗俑群,反映了以武功夺得天下的隋唐最初的面貌。此后简陋的竖井与斜坡相结合及竖井墓道的墓逐渐增多,仪仗俑群逐渐消失,表现生活的侍俑增多,尤其是以女侍俑为主,而整体上陶俑种类锐减。随葬品中铁猪、铁牛盛行,应是"安史之乱"之后,人们乞求安宁,期冀祥瑞的思想的反映。厚葬的形式更注重祭祀和送葬活动。长庆三年(823)浙西观察使李德裕奏:"缘百姓厚葬,及于道途盛设祭奠,兼置音乐等"[128];大历三年(768)辛云京死,"宰相及诸道节度使祭者凡七十余幄"[129]。咸通十二年(871)文昌公主下葬时花费巨大,祭奠结束后"韦氏之人争取庭祭之灰,汰其金银"[130]。为其送葬的队伍,前有高数尺的凤凰、麒麟等作为威仪,随后是一百多舁衣服玩具,再后是木刻的楼阁、宫殿、人畜等,接着还有千余帐幕、兵士卤簿,最后是尼姑和女道士,前后相续达三十余里[131]。

宋代丧葬也强调"贵得同贱,贱虽富不得同贵"的身份等级区分,但礼仪和墓葬相对简单。皇帝丧事从简,河南巩义的北宋帝陵和浙江绍兴的南宋帝陵规模远小于唐代帝陵。唐代服丧期间不饮酒、不食肉、不作乐、不嫁娶、不生子的规定到宋代变得不很严格。民间办丧事常常"初丧未敛,亲宾则赍酒馔往劳之,主人亦自备酒馔,相与饮啜,醉饱连日。及葬,亦如之"。居丧不得嫁娶,却有"借亲"的习俗,即儿子在父或母死时仍可结婚。世俗流行"于死时七七日、百日、期年、再期,除丧、饭僧、设道场,或作水陆大会,写经造像,修建塔庙"[132]。做道场设斋供奉,超度水陆众鬼时"从事鼓钹,震动惊憾",与朝廷规定"丧葬不得用乐"相违背,"丧家率用乐,人皆以为当然"。

宋人对很多传统礼仪制度都有争论,常以新的习俗改变原来的做法。火葬流行是新的现象,出现的原因与一些人的宗教信仰、经济困窘有关。火葬遭到许多士大夫的反对,朝廷也曾禁止火葬。"河东地狭人众,虽至亲之丧,悉皆焚弃。韩琦镇并州,以官钱市田数顷,给民安葬,至今为美谈。"[133]说明"焚弃"的原因是人口增长后人多地少,百姓死无葬身之地。禁止火葬很难生效,因此宋代还出现了朝廷设立的名为漏泽园的义冢,即是埋葬无主尸体的公墓。

"殡葬实能致人祸福"的观念在宋代更盛,人们认为先人之坟墓的风水直接关系到后辈是否发达。司马光说"今人葬不厚于古,而拘于阴阳禁忌,则甚焉","今之葬书,乃相山川冈畎之形势,考岁月日时之支干,以为子孙贵贱、贫富、寿夭、贤愚皆系焉"[134]。不仅丧葬选择墓址时要请阴阳家卜地,墓葬营建和下葬也有阴阳家参与。尽管程颐认为"后代阴阳家流竟为诡诞之说","为害之大,妄谬之甚","卜其地之美恶也,非阴阳家所谓祸福者也"[135]。但多数人对于风水地理说仍然信奉,司马光虽然也反对阴阳堪舆,但在为先人营葬时仍迫于舆论压力而招请阴阳家[136],而理学大师朱熹不仅相信阴阳堪舆,还亲自身体力行。宋代堪舆家为数很多,形成不同的理论和流派。《地理新书》中说"将葬,必先择师,师必得其人。故虽巫吏必择其德行忠信、术通古今、状貌完具、识量分明者"[137],对阴阳堪舆师的资格也做出了品评和规定。

娱乐风俗是文化传统的积淀,成为维系人间情感,甚至国家制度的一种力量。唐宋时期名目繁多的音乐、舞蹈、杂技、斗鸡、舞马、赌博、拔河、角力、毬赛、放风筝、荡秋千等,给人们的生活带来了欢乐。在这些娱乐风俗中,有的注重精神愉悦,具有丰富的文化内涵。

从隋代开始,逐渐出现了观赏牡丹的风尚,文人士大夫对雍容华贵的牡丹花情有独钟,为之写下的赞美诗文难以计数,形成了一种特别的文化情怀。唐人认为"牡丹独逞花中英"[138],是百花之首,花中之王。偏爱之下,吟诵出"唯有牡丹真国色,花开时节动京城"[139],"天香夜染衣,国色朝酣酒"[140],誉牡丹为天香国色,成为国家的象征。观赏牡丹的精神享受,得到整个社会的认同。每逢牡丹绽放之时,人们欣喜若狂,饮酒品花,为"牡丹之会"。"京师贵游,尚牡丹三十余年矣。每春暮,车马若狂,以不耽玩为耻。"[141]科举考试的新进士有设牡丹宴庆贺的习尚。诗人张祜甚至说自己到京师不为求名入仕,而是"唯待春风看牡丹"。因为牡丹有"千娇万态破朝霞"之美[142],也以"美人如白牡丹花"来形容美貌[143],还借以寄托情思,"自守空楼敛恨眉,形同春后牡丹枝"[144]。异乎寻常的推崇和关爱,使牡丹在长安、洛阳的宫廷、官署、府宅、寺观中被广泛种植,栽培出了多种颜色和品种。长安"慈恩寺元果院牡丹,先于诸牡丹半月开,太真院牡丹,后诸牡丹半月开"[145]。有些寺观中的牡丹极负盛名,元和年间长安兴唐寺的牡丹"著花一千二百朵,其色有正晕、倒晕、浅红、浅紫、深紫、黄白檀等,独无深红。又有花叶中无抹心者,重台花者,其花面径七八寸"[146]。牡丹具有观赏价值,又有美好、大度等广泛的象征意义,因此为人们采择作为装饰织物、金银器和陶瓷器的纹样,也时常出现在绘画之中,北京唐开成三年(838)王公淑墓的北壁的通壁描绘繁枝大叶衬托下盛开的牡丹。河北五代王处直壁画墓,后室北壁也完整保存一幅《牡丹湖石图》[147]。

牡丹花也赢得宋人的推重,文人记录的牡丹已有近百种,以牡丹为题材的诗词、绘画作品更是不胜枚举。宋人使牡丹增添了吉祥、富贵的寓意,用以托物言志,表达企望家族荣昌的意愿,日常生活中的瓷器等用具上以牡丹花为装饰也十分流行,建筑中还规定施用牡丹花饰的部位。即便是墓葬装饰中也常见在醒目的位置雕刻或描绘牡丹花。牡丹所表现的精神意趣,已经成为社会群体共识和社会文化的一部分。

唐代风俗中为表达亲友送别时的情感,出现了极富人情味的折柳送行和桥边告别的做法，十分浪漫和富有寓意。白居易《杨柳枝》云："人言柳叶似愁眉，更有愁肠似柳丝，柳丝挽断肠牵断，彼此应无续得期。"把细长的柳叶和柳丝比做表情和内心情感，繁茂的柳丝在风中摇曳，犹如招手依依的惜别之状，寄托了人们"任他离恨一条条"的心情[148]。敦煌莫高窟第217窟还形象地再现了盛唐时折柳赠人的情景。折柳相送的地点一般选在桥边、码头和客舍，常常十分隆重。官员出行，一般先有别宴，然后被送至馆驿，长安的长乐驿就是送别的名所。聚集都城长安的来迎去送皆至灞桥，以至于灞桥"为离别之地，故人呼之为销魂桥也"[149]。"万岁桥边一送君"的万岁桥则是扬州的桥，又被称为折柳桥。当然文人送别往往少不了做离别诗，因此唐代以"杨柳枝"为题的送别诗很多。

唐代交通便利，外出游玩在官僚和文人中兴盛，也得到朝廷的鼓励。唐玄宗时几次下令节假日给予旅行的官员以经济上的赞助，唐德宗又在贞元四年（788）诏令节日期间"宜任文武百僚选胜地追赏为乐"，并按官职大小分别赐给旅游的费用，"委度支每节前五日支付，永为常式"[150]，旅游得到了皇帝和官府的支持并制度化。

一些特色的节日和娱乐活动成了文化的组成部分。每当大地回暖、草木复苏的季节，人们常常外出踏青，从事各种娱乐活动（图13-3）。长安的"都人士女，每至正月半后，各乘车跨马，供帐于园圃，或郊野中，为探春之宴"；春游活动中她们"遇名花则设席籍草，以红裙递相插挂，以为宴幄"[151]。春季还有极为热闹的寒食节和清明节，每年冬至后一百五六日是寒食，之后便是清明。寒食相传源自先秦故事，春秋时介之推辅佐晋文公后隐居山中，晋文公烧山逼他出来，介之推抱树而死。为了悼念他，禁止介之推死日燃火煮食。唐代寒食发展成祭祀亡灵的日子，唐玄宗下令"寒食上墓，宜编入五礼，永为恒式"[152]。而且将"寒食通清明四日"作为法定假日。这天要禁燃烟火，备好熟食，到亲人坟墓去祭扫。湖南长沙窑考古发掘出土的日用瓷器上，书写着"寒食元（原）无火，青松自有烟。鸟啼新柳上，人拜古坟前"的文字[153]。可见这种习俗流传很广。接下去的清明，由朝廷赐新火在官民中重新点燃，即"出火煮新茶"，开始新的生活。寒食过后到清明的娱乐活动很丰富，相互馈赠雕镂彩蛋很有特色。隋代杜台卿《玉烛宝典》中说"寒食城市多斗鸡卵之戏，出古

图 13-3　唐代张萱《虢国夫人游春图》局部

之豪家食,称画卵。今代犹染兰茜,加雕镂,递相饷遗"。记载了节日期间人们将精心雕镂或彩画后的鸡蛋互相赠送,比美争胜。雕镂彩蛋极费工时,是奢侈豪华的游戏,太宗、高宗和玄宗时都曾禁断,但风俗已成,直到中晚唐时白居易还写道"何处春深好,春深寒食家。玲珑镂鸡子,宛转彩球花"(《和春深二十首》)。

寒食与清明时荡秋千在唐代盛行。由于秋千用彩绳悬系,也叫作彩索、彩绳。每到寒食,唐玄宗让人在皇宫内"竞竖秋千,令宫嫔戏笑,以为宴乐。帝呼之为半仙之戏,都中士民因而呼之"[154]。杜甫于大历四年(769)清明节游历到潭州(今长沙),写下"十年蹴鞠将雏远,万里秋千习俗同"[155],可知荡秋千是全国性的活动。荡秋千时人们穿上艳丽的服装,由于荡得很高,从下面看犹如在云中,特别是衣裙漂亮的妇女,"云间影过秋千女",像仙女一样在空中飞舞。有人还在月光下悠荡,与自然美景融会形成"花笼微月竹笼烟,百尺丝绳拂地悬"[156]。如果在深夜雨中,便是"夜深斜搭秋千索,楼阁朦胧烟雨中"这样充满诗情画意的情景[157]。宋代的寒食与清明习俗和唐代大致相同,但唐代在寒食要上墓拜扫,清明不扫墓。而宋代清明节,"凡新坟皆用此日拜扫"[158]。

唐代兴起的骑马击毬是特殊的运动。马毬起源于波斯,至少唐初已经传来,唐太宗时"谓侍臣曰:闻西蕃人好为打毬,比亦令习,曾一度观之。昨昇仙楼有群胡,街里打毬,欲令朕见。此胡疑朕爱此,骋为之",便"焚此毬以自诚"[159]。可见当时并不兴盛,似乎只在胡人中流行。唐代长安城内有很多外国使节和客商,带来了很多来自中亚、西亚的习俗,在日渐胡化的生活中,马毬逐渐被接受。唐中宗"好击毬,由是风俗相尚"[160],唐代许多墓葬中出土骑马击毬俑,章怀太子李贤墓、节愍太子李重俊墓壁画还有打马毬图,或描绘人们手执鞠杖,整装待发的场面,或表现激烈比赛的情景。马毬是集体对抗的项目,比赛分两队,击过对方毬门者为胜。打毬时坐骑的马尾打结,防止相互缠绕。马毬采用"坚圆净滑"的彩毬,毬杖头曲似初月,长数尺。毬场平坦,为了使毬场光滑,唐中宗时的"驸马武崇训、杨慎交洒油以筑毬场"[161]。唐皇室毬队曾与毬艺不凡的吐蕃毬队比赛,屡战屡败,后来由临淄王李隆基率四人出场,迎战十人的吐蕃毬队,风驰电掣,所向无敌,终于取胜[162]。骑上飞驰的奔马击毬,活动相当剧烈危险,经常出现死伤,唐玄宗时"尝三殿打毬,荣王堕马闪绝"。击毬既要有高超的骑术,又要机智勇敢,比赛中还需要众人的协调配合,因此最先在军中展开,作为训练军队的项目。诸军将帅士卒,有许多击毬高手。中央禁军中的左右神策军最盛行击毬,经常比赛引来皇帝亲自观赏。马毬运动的魅力也受到有些皇帝的无比迷恋,唐宣宗可在空中击毬百次不落,唐敬宗打毬常至深夜二更。长庆四年(824),苏玄明、张韶率百余人入左银台门作乱,当时敬宗皇帝正在打毬[163]。而唐僖宗自负地宣称:如果打马毬有科举考试,他能中状元。不光皇帝和军人喜欢马毬,一些文人也挥杖上场。长安城中的太极宫承香殿、大明宫东内苑都有毬场,印证了张籍《寒食内宴》"殿前香骑逐飞毬"的记录。许多地方也经常被临时用做毬场。长安大明宫西壁外的一处殿堂遗址出土刻有"含光殿及毬场等,大唐大和辛亥岁乙未日建"的碑石一方,应属于专门修建的毬场(图13-4)。

　　唐代以后马毬运动继续流行。内蒙古敖汉旗辽墓壁画描绘了骑马挥杖击毬的紧张情景。五代后蜀花蕊夫人的《宫词》写道"自教宫娥学打毬,玉鞍初跨柳腰柔。上棚知是官家认,遍遍长赢第一筹"。可见连妇女也参与马毬娱乐。宋代马毬被看作是"军中戏",太宗将它升格为军中礼[164],每遇重大典礼,都有击毬比赛。宋人还详细记载了毬场及比赛规则,当时通常实行双毬门制,毬用木料制成,如拳头大,外表有素色、涂漆和彩绘。毬入毬门得筹,先赢三筹者获胜。直至明朝初年仍有马毬运动,中书舍人王绂陪皇帝朱棣看骑射

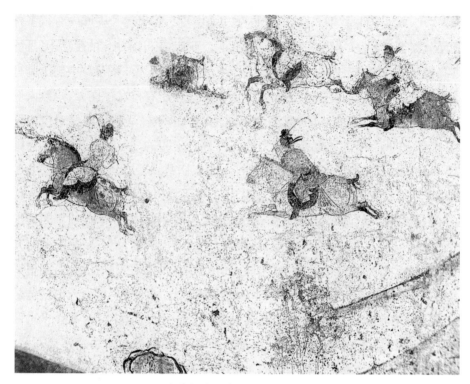

图 13-4　唐章怀太子李贤墓壁画《马毬图》局部

击毬,写下《端午赐观骑射击毬侍宴》诗。

　　与骑马击毬的剧烈运动相比,属于智力拼搏的围棋更受到文人和普通民众的欢迎。围棋是在布满方形界格的盘面上,由两人分执黑、白棋子搏杀的游戏,争斗计算技巧的同时反映丰富的思想内涵,甚至达到一种艺术的境界。尽管围棋出现的历史悠久,但兴盛莫过于唐代,皇帝身边专门设置了"棋待诏",中央内侍省掖庭局的"宫教博士"中,有专门负责教宫人学围棋者,对围棋如此看重是前所未有的。高祖皇帝博弈"通宵连日,情忘厌倦"[165],陕西三原县唐贞观五年(631)淮安靖王李寿墓石椁中的《侍女图》,是表现日常生活的图景,其中有两位侍女拿着棋盘和棋盒。唐玄宗置翰林棋待诏后,出现了名噪一时的国手,翰林待诏王积薪自谓天下无敌。唐代还流传下来著名的棋谱,史称"一子解双征"妙棋,据说是宣宗时代第一高手顾师言与来访的日本王子对弈留下的名局[166]。是否能下围棋成为文人士大夫的重要修养之一,杜甫自称以棋度日。人们普遍迷恋的围棋,也被利用为会友交际的手段,敦煌遗书《维摩诘讲经文》载述:"若至博弈戏处,辄以度人。"即维摩诘经常利用下棋之机,对观棋的人进行说法度人。"初,翰林待诏王伾善书,山阴王叔文善棋,俱出入东宫,娱侍太子"[167],就是借围棋获太子厚爱,得以进入政治核心。

唐代的围棋广泛普及于民间。国手王积薪一次住旅舍,夜"闻主人媪隔壁呼其妇曰:'良宵难遣,可棋一局乎'",然后竟口述盲棋,王积薪暗记后明日复盘,对她们高超的棋艺表示很惊奇[168]。吐鲁番阿斯塔那唐墓出土的《弈棋图》绢画,描绘一位神态极其认真的女子,用中指和食指夹着一枚棋子做欲放置状,是难得见到的唐代下棋场面(彩图 16)。考古发掘中的长安清思殿、城中古井、隋唐墓葬多次出土围棋用具,有的州郡竟以出产棋具为土贡[169]。

作为高雅智慧的游乐,围棋器具制作得十分精致。河南安阳隋代张盛墓出土的棋盘以白瓷烧制,当时北方瓷器兴起不久,尚属珍贵。更精美的遗物是遣唐使从中国带到日本的"木画紫檀棋局",如今收藏在奈良正仓院,是用黄杨、黑檀拼砌制作,以象牙和金箔镶出飞禽、走兽、人物图案。正仓院还收藏用"象牙拨镂"工艺制作的围棋子,即用洁白的象牙制成的棋子,上面涂满青、红两色的漆,然后雕刻飞鸟衔花枝,露出象牙质地的白色,使棋子青白或红白两色形成鲜明对比。陕西扶风法门寺出土的唐代银香宝子上錾刻出仙人对弈的场面。这种在器物、绘画和装饰中出现的与围棋有关的场景和实物不胜枚举。

唐代也把棋盘刻在林间石上,路人随时可对弈。柳宗元《柳州山水近治可游者记》中提到仙弈之山,"得石枰于上,黑肌而赤脉,十有八道,可弈"。这些记载和文物也透露出围棋自身的发展应成熟于隋唐。尽管柳宗元所说的是十八路棋盘,但安阳隋张盛墓、吐鲁番阿斯塔那 206 号墓、万县初唐冉仁才夫妇合葬墓,以及日本正仓院保存的围棋盘,已证实十九路棋盘的盛行。正方形,十九路横竖线的棋盘一直流传至今。

围棋影响了一些人的命运,深谙围棋技艺的人有的好棋如命,嗜棋成癖。宰相令狐绹举荐李远为杭州刺史,唐宣宗说"朕闻远诗有'青山不厌千杯酒,白日惟销一局棋',是疏放如此,岂可临郡理人?"[170]险些寻夺他升官的机会。太宗时大理丞张蕴古在狱内与犯人下棋,成了被斩首的原因之一[171]。但围棋蕴涵着丰富的学问,更多地塑造出人们高雅的性情。王建《夜看美人宫棋》:

"宫棋布局不依经,黑白分明子数停,巡拾玉沙天汉晓,犹残织女两三星",说出当时下棋有经典可依,把棋盘和落子比做宇宙洪荒。日本正仓院收藏的一件"桑木木画棋局",用多块横裁的桑木拼合成盘面,木材的纹理十分清晰,条条纹路的曲折变化,犹如行云流水。与古人形容下围棋时"静若清夜之列宿,动若流彗之互奔","徘徊鹤翔,差池燕起"悄然暗合。用木块拼镶棋盘的做法,由于木料质材厚重,棋子敲落在盘上声音清脆,更增加了弈棋时的雅趣,"两边对坐无言语,尽日时闻下子声"[172],弈棋落子的声音化为美妙的诗句。

由于围棋的普及,出现了以围棋喻事的词语,杜甫感叹安禄山叛乱后的变故时说"闻道长安似弈棋,百年世事不胜悲"。白居易形容长安布局"百千家似围棋局"。更多的是将下棋比做用兵之道,吴大江《棋赋》说博弈"似将军之出塞,若猛士之临边。及其进也则乌集云布,陈合兵连"。元稹称"运智托围棋"[173]。宋代城镇中茶肆兴盛,常备有棋具以便顾客使用,围棋在理论上又有发展,出现《棋经》专著,将棋艺水平分为九品,"一曰入神,二曰坐照,三曰具体,四曰通幽,五曰用智,六曰小巧,七曰斗力,八曰若愚,九曰守拙"。比喻充满文化含义,由围棋延伸出一些中国文化的特征。

第三节　门户内外:女性的社会角色

女性的立世精神　开放的唐代妇女　武则天　女性在家门内外的活动
李清照　家族中的秩序格局与礼教的强化

在对于中国古代女性历史的研究中,重要的问题不仅仅在于简单地勾勒千百年间女性地位的"上升"或是"下降"趋势。传统社会中家庭"内"与"外"的关系、女性在家族事务中的被动顺从地位与可能参与的管理乃至决策、她们在现实生活中遭受的限制与其积极的能动作用,都值得我们更加逼近地进行考察。

"女正位乎内,男正位乎外。男女正,天地之大义也。"《周易·家人》中这段象辞的内容,古往今来被无数次地征引;"内"与"外"的界定与关系问题,受到当代学者持续而热切的关注[174]。以家居庭院之"门"为界划分内外[175]，在中国古代具有鲜明的社会意义。门户既是家族与社会的分界，也是二者的接触点与连结枢纽[176]。所谓"内、外"，本来是一组空间概念，而一旦与男、女性别对应起来，便涉及观念中对于内外的判别，彰显出一层道德文化的含义。因此，内外之际的区分认定绝非简单的方位问题、分工问题，它涉及深层次中的意识，涉及伦常秩序与"正位"的关系、"正家"与"治天下"的关系等等，事实上与社会结构和家族制度的演变息息相关。唐宋时期，礼教、家长制、家族组织日趋严密，这一基本环境决定着女性社会角色与社会地位的变化。对于"内""外"区分问题的重视，正是在这样一个整体背景之下发生的。

唐宋时期的女性，在"男主外，女主内"的大环境下，以其自强不息、厚德载物的精神风范[177]，以积极进取的人生态度，在中国历史上写下了色彩鲜明的一页。士人家族中的妇女，自身文化修养较高，她们中的许多人，既在家族之内相夫教子、管理家业，又曾经走出家门，参与甚至组织修筑、赈济等公益性活动，以种种方式实现着自己的社会价值；而下层劳动妇女，则因生活所迫，有更多的需要与机会直接面对外部世界，面对官府与社会。

有学者认为，在中国古代女性中，生活在唐朝的女性是比较幸运的一群[178]。在她们之中，有中国历史上唯一的女皇帝武则天，有影响过唐前期政治的宫廷女性群体，有飒爽英姿、"露髻驰骋"的潇洒士女，有踏青览胜、"簇锦攒花"[179]的长安丽人。唐人文学作品中呈现出来的这一缤纷画卷，给人们留下了难忘的印象。

唐朝是宫廷妇女参政活动相对频繁活跃的时期。武则天（624—705）即是这些女性之中的一位卓越代表[180]。在7世纪后半叶的历史上，她参与或直接治理中国近50年。

永徽六年（655）被唐高宗立为皇后的武则天，从来不是恭顺的"贤内助"，而是一位独立的政治人物。显庆（656—661）以后，高宗"苦风眩头重，目不能视"，武则天更得以尽情施展其政治才能："百司奏事，上或使皇后决之。后性明敏，涉猎文史，处事皆称旨。由是始委以政事，权与人主侔矣。"[181]数年间，她驰骋于政治舞台之上，权势日重："上每视事，则后垂帘于后，政无大小皆与闻之。天下大权，悉归中宫，黜陟、杀生，决于其口，天子拱手而已。中外谓之二圣。"[182] 上元元年（674），武则天上表建言十二事，其主要内容包括劝农桑、息兵役、轻徭薄赋；广开言路，加强教化；提高母亲在丧服礼制中的地位；照顾中下层官员及勋官的利益等等。这次公开、正面的建言，是武则天在审时度势基础上争取人心的努力，也体现出她把握现实的能力和独到的政治眼光。

高宗去世后，武则天不甘于在垂帘之内临朝称制，经过数年紧锣密鼓的筹措酝酿，先称"圣母神皇"，继而于载初元年（690）改唐为周，堂而皇之地走出后廷登上帝位，成为一代女皇。她善于利用民庶信仰制造舆论、挥洒大度能屈能伸的政治手腕，在这一过程中表现得淋漓尽致。武则天主持朝政期间，在内外政策方面取得了不俗的成就：决策收复安西四镇、推进科举取士、扶植庶族参政、重视民生安定……，凡此种种，使她不枉"女中英主"的称誉。即便是对其称帝持严厉批评态度的司马光，也在《资治通鉴》中赞同陆贽意见，称道她说："太后虽滥以禄位收天下人心，然不称职者，寻亦黜之，或加刑诛。挟刑赏之柄以驾御天下，政由己出，明察善断，故当时英贤亦竞为之用。"[183]

武则天凭借女性特有的优势，凭借皇后乃至太后的身份，凭借一己的才智与手段，步步登上权力的巅峰，在男权统治的时代中，这可以说是冒天下大不韪的惊世骇俗之举。其成功，既是个人奋斗的结果，又并非全然取决于个人；既有其偶然性，又不能完全归之于偶然。唐代社会以其特有的弘阔开放风气著称于中国古代，形形色色的思潮与风习无间地融会于一体。北朝遗风的影响、"胡族"与周边国家的文化习俗、日渐深入的佛教宣传，都对于传统礼教构成强烈的冲击；武则天的登基，正与这些条件分不开。她充分利用了自己作为帝王之妻、帝王之母的身份与机遇；她的成功，从某种意义上讲，又得益于中国传统社会中"家"与"国"密切关联的秩序与权力格局。在做皇后、太后期间，武则天曾经积极地利用各种象征性手段彰显妇女的地位；而在她成为皇帝之后，反而不曾推行任何有明显尊崇女性意味的措施[184]。她以女性成为皇帝而受到瞩目，也因女性在内外格局中的位置而遭遇困境；她靠李唐皇后、太后的身份得以接近皇权，也因在继嗣传位问题上最终无法摆脱这一身份而深感苦恼。武则天即便贵为女皇，亦无力甚至于无意自根本上突破男女地位的结构框架；她所竭力仿效的，是男性帝王的作为，而并非冀图树立女性皇帝特有的形象；她获取个人权力的成功，并不意味着女性整体地位的提高。

除去光彩夺目的女皇帝之外,如今,随着考古发掘资料的不断出现[185],随着妇女史研究领域的拓展,我们也有可能更加逼近唐代平民女性生活的现实,对于她们所担当的社会角色有更加深切的理解。

考古发掘所见壁画、帛画、俑偶乃至墓志铭、出土文书等珍贵文物,呈现着不少栩栩如生的女性形象,是研究者借以了解其生活状况的重要资料(图13-5)。她们度日的环境、她们或闲适或辛劳的姿容、她们的服饰装束、她们的信仰与期冀、她们的喜好与娱乐,都在其中有所反映。而且,我们看到,她们不仅活动于家庭门墙之内,也与外部世界有着多方面的接触。以唐代西北边陲西州(今新疆吐鲁番地区)的情形为例,百余件户籍、名籍、田亩簿中,屡屡提及当时的女性户主——"大女",她们勉力支撑着家庭生计,承担着一些赋税责任,在艰难而无所依靠的生涯中,也有着更多的与外界交往之机会;她们的独立地位,为地

图13-5　西安中堡村唐墓仕女俑

方官府与社会民众所承认。当地的土地、房屋、奴婢买卖契约、粮食、绢帛、钱币借贷契约、果园租赁契约以及劳动力雇佣契约、来自长安的课钱账历、质库帐历以及出自丹丹威里克的抵押借贷文书,都反映出妇女在这类经济活动中的介入参与程度。呈递至官府的诉状牒辞,显示出妇女维护自身与家庭权益的努力。作斋社约、功德疏与随葬衣物疏等文书,反映出女信徒们的自发组织及其集体活动,也使人们注意到当时地方民众多元化的宗教信仰。

上述资料,提供了中古时期妇女"内、外"活动的实际景象。对于传统社会中的女性来说,家族门户之"外"与"内"虽然界线清楚,却并非不可逾越。我们看到社会下层的一些女性携儿带女操持着家庭生计,一些女性为了维持生存而外出"客作佣力"[186],一些女性为了精神上的慰藉与彼此间的互助而结

社聚集。从总体上讲,女性对于外部事务的参与程度比人们通常想象的更为活跃,其中,下层社会的妇女更多地劳碌奔波于门户之外,这显然并非取决于个人意愿,而主要是由经济生活的需要与推动所决定的。

宋代经济发展,文化普及,"富贵盛衰更迭不常"[187],随之而来的方方面面的竞争亦日趋激烈,这使得家族的维系功能具有特殊重要的意义。家族中的管理职责日益繁重,担任管理事务的主要角色之作用日形突出。以两宋时期有突出发展的苏州地区士人家族为例[188],尽管就原则而言,男性是家族中的主导、核心,而在现实生活中,不少家族中的主要男性成员,或在外仕宦,或居家治学,主妇因而成为大量家族内外事务的实际主持者,维系着家族内外秩序的格局。梅尧臣夫人谢氏,"治其家有常法",使他得以"不以富贵贫贱累其心"[189];章甫夫人沈氏,"经理家事,无巨细皆有节法","阖门千指有宅以居、有田以食,夫人力也"[190];林高妻黄氏在丈夫、儿子相继去世,诸孙藐然的艰难境遇下,"斥卖簪珥以经理其家","以礼自卫,纲纪其门户,屹然不替"[191]。司马光曾经说:"妇者,家之所由盛衰也。"[192]这事实上承认了女子在家庭乃至家族中的作用。

女性在家族中的具体位置与责任,是随其身份的变换而转化的。欧阳修称赞谢绛妻高夫人"以孝力事其舅为贤妇,以柔顺事其夫为贤妻,以恭俭均一教育其子为贤母";"于其舅与夫,为妇之礼备;于其子,立家之道成。"[193]宋代士人家族中的妇女这种"为妇、为妻、为母、为姑"的角色转换,显然都是围绕家族中的男性轴心进行的;她们根本的职责,在于保证家族秩序的有条不紊。

在宋人心目中,"内"之作用,无疑是辅助"外"的;而正是这种"辅助"带来了沟通与跨越的可能。因此,在讨论"内、外"问题时,更能揭示这种区分之实质的,并非所谓"内"与"外"的隔离区划,而更在于二者相互交叉覆盖的边缘。这一交汇地带的实际意义在于,它没有固定不变的界域,作为"内"与"外"两端的衔接面,它并非纯粹意义上的"内"或"外",而可谓亦内亦外。在这样一个充满灵活度的弹性场域中,最容易观察到诠释者区分"内""外"的判断标准及其如此区分的意图。

有一组例子颇有意思。梅尧臣、苏轼在称赞他们的妻子时,不约而同地说到她们的一种习惯做法,即当客人来访之时,夫人"多从户屏窃听"而"尽能商榷其人才能贤否及时事之得失,皆有条理"[194]。张公雅夫人符氏,张奎、张亢的母亲宋氏,汤教授的母亲潘氏,都常有类似的举动[195]。所谓"户屏之间",正是前堂与后室、外厅与内房的联系空间。就其位置而言,因处于牖户之后,可以归入"内"的范围;而选择此处站立,显然又是因其通向"外"室。这些夫人所"窃听"的,是夫君子弟接触的"外人"与"外事";而这些外人、外事又因其与夫君子弟的关系而变成了"内人"们有理由关心的内容。正因为如此,夫人们似不因站立位置的尴尬而介意,丈夫子弟们也未因她们幕后的干预而不快。更值得注意的是,这些细节被叙述于她们的墓志等记载之中,正反映出在材料的撰述者欧阳修、梅尧臣、陈襄、司马光、苏轼、吕祖谦等人看来,这些"在深闺隐屏之中"[196]的女性关心外事而遮掩行迹的做法相当"得体"。在这里,"男不言内,女不言外"的框架仍然存在,但其生硬严厉的隔绝方式事实上被沟通内外的做法极大地软化了。

士人家族中的妇女走出家族范围、直接效力于社会的机会很少;偶尔有之,也多半起因于协助父辈或夫君子弟之需要。即便如此,她们对于国家命运、族属命运的关切,她们在关键时刻所表现出来的智慧胆略,无不反映出这些女子处理社会事务的才能。

宋代女性对于夫君子弟经管的政务、狱讼乃至军事行动的积极建议甚至直接过问,在史料中屡见不鲜。这些"无外事"的夫人们被记叙下来的类似举动,经常受到赞许,称其夫君的成功乃"夫人之助!"[197]仁宗朝重臣孙沔的夫人边氏,是其中较为突出的一例。孙家不仅"家事无大小,决于夫人",而且这位夫人相当活跃地介入着丈夫对于"外事"的处理。皇祐四年(1052)孙沔受命讨侬智高,曾经颇有难色,边氏大胆建议道:"曷念之深也!如闻河陕之间骑卒精锐,宜若可使者。"俨然一派成竹在胸的大将风度。据说她的意见"适与公意合,遂请以从。厥后破贼,卒以骑胜。"[198]如果说这位边夫人还是在内室之中参与谋议,那么绍兴(1131—1162)初,尚未出嫁的胡慧觉则走出了屏帷,"以义纠姻族",抗盗保境,"胡族因以奠枕"[199];而开禧(1205—1207)和州守臣周虎的母亲何氏更在宋金和州之战中"巡城埤,遍犒军,使尽力一战",被宋廷封为和国夫人[200]。

女性们所介入的"外事",即便与夫君子嗣没有直接关系,例如救济赈灾、水利兴修、寺庙整葺等区域性公益活动,通常也会因为有利于其家其族,有利于一方一时,有利于整个社会秩序的稳定而被充分肯定[201]。

在当时的社会中,女性们能动力之强给人以深刻印象。不少女性的所作所为,明显地超出了"女教""女训"中对于她们的直接要求;而她们敢当危难的举措,显然又与所处的环境背景、所渐染的道德文化教养有关。对于这样一些非同寻常的举动,士大夫乃至朝廷都予以褒扬与表彰,称其为"识理过人"[202]。这使我们想到,时人并非生活在单一的思维框架之下,平常年代中的"内外"界限,不适用于非常岁月;而作为理念原则的"女子不问外事",也并不能成为衡量女性行为的唯一尺度。对于女性名分所要求、所允许的活动界限的确认,即使在传统社会中,行用标准也是多元的,是因时、因事而异的;其中发生作用的,并非一二僵滞固定的规范。社会意识的褒贬、传统观念的导向,首先是由具体历史条件所决定的。

有关这一时期的考古发掘资料,使我们更为生动直观地看到了千年之前对于女性与区隔内外的"门"之关系的形象描绘。20 世纪 50 年代初期在河南禹县白沙发掘的一号宋墓[203],是一座北宋元符年间(1098—1100)的墓葬遗址。这一建于土洞之内的仿木结构砖室墓,在后室北壁,有一砖雕妇人开启门扉的形象:

> 北壁上画绛幔、蓝绶,其下砖砌假门。假门外,面南立一砖雕的少女,垂双髻,著窄袖衫和长裙,裙下露尖鞋,右手作启门状。[204]

无独有偶,在其西北 20 米处的北宋晚期墓葬,即白沙二号宋墓,其六角形墓室之北壁也有一类似形象:

> 北壁上画绛帐,其下砖砌假门,左门扇微外启,自右侧露出一梳环饰著青衫的女子,面南欠身作欲进墓室状。[205]

此外,洛阳北宋崇宁五年(1106)张君墓画像石棺棺身前档正中浮雕上,亦有相仿佛的画面:"门扉半掩,一近乎圆雕的女侍似欲启门而出,犹半遮面"[206];洛阳耐火材料厂十三号北宋晚期墓墓室北壁也有该形象砖雕[207]。

图13-6 山西新绛龙兴寺宋墓砖雕《妇人启门图》

"妇人启门"形象之渊源,至少可以远溯至东汉,在当时的石棺及画像石中已有类似画面出现。例如建于建安十七年(212)的四川芦山王晖墓内石棺,"棺前额刻一门,半掩。一女子,双丫,探头出来"[208]。此类样式唐代已较多见,两宋更为流行(图13-6),主要出现于墓室壁画、砖雕或佛塔、经幢作为装饰。在不同地区(例如今北京、河北、河南、山东、山西、甘肃、四川、贵州等地)、不同民族(汉、契丹、女真、朝鲜等)的文物中,这一形象曾屡屡再现。

女子倚门的艺术题材流行于墓葬之中似非偶然。除其形象的若隐若现、幽美动人外[209],其寓意应与儒家礼教有关。被要求"正位乎内"的女性,通常被规范于内室、内院,被联系于"启门""阖扉"之类行动[210],被要求谨守礼制、足不逾户。不过,文物中展现的"妇人启门"形象事实上多彩多姿。不仅或开启或关闭并非一致,她们相对于门的运动也是或出、或进、或张望窥探,或多或少反映着丰富多样的实际生活。

在宋代,颇有一些博古通今、能文能诗的"女才子"。即以苏州士人家族中的女性为例，周必大妻王氏"聪敏高洁，女工儒业下至书算无不洞晓"，闲时"手抄经史，夜则教儿读书"；其夫任学官、馆职，她"相与商论古今，稍倦对席博弈，或至丙夜"[211]。徐林"有妹能诗，大不类妇人女子所为。其笔墨畦径，多出于杜子美，而清平冲澹，萧然出俗，自成一家。平生所为赋尤工"，曾有诗集流传于世[212]。淳熙八年（1181）状元黄由的夫人胡氏，"俊敏强记，经史诸书略能成诵。善笔札，时作诗文亦可观。于琴弈写竹等艺尤精，自号惠斋居士，时人比之李易安云"[213]。

　　生长于知识氛围中的女性，自幼受到学术文化的浸染，往往有所造诣；较之男性，她们读经史、赋诗词很少有功利之目标，而只是用以寄寓感慨，怡悦性情。女性具备较高的文采与艺术修养，被认为是滋润德行、丰富生活、睦洽关系的有益前提。叶適曾经说，"妇人之可贤，有以文慧，有以艺能，淑均不妒，宜其家室而已"[214]。

　　李清照（1084—?）是宋代知识女性中的杰出典型。她亲身经历了自和平向战乱年代的转变，自舒适安逸转而流离沧桑，对于真、善、美的境界却始终如一地执着追求。作为一名女性词人，李清照以她淡雅清新、风韵天然的作品，生动地展现出自己对于生命的细致体悟与曲折的情感流程。她不仅才华过人，而且有胆有识。她真挚大胆地表现对爱情的热烈追求，委婉含蓄地抒写自我的情感世界。当风雨飘摇、国破家亡之际，她"虽处忧患贫穷而志不屈"[215]，将个人的创作生活融入时代之中。她"生当作人杰，死亦为鬼雄，至今思项羽，不肯过江东"的呐喊，振聋发聩。她独具魅力的艺术表现方式，使其词作被称为"千古创格"，改变了男性作家一统文坛的传统格局。李清照不愧是中国古代创造力最强、艺术成就最高的女性作家，在中国文学史上占有崇高的地位[216]。

　　从历史的角度来看，有关女性的问题，从来不是孤立出现的。只有将这一群体置于具体的时代背景之下，结合特定社会阶层与家族制度的状况进行综合考察，才有可能认识女性角色丰富而复杂的社会内涵，认识她们在传统时代中发生作用的实际方式。

　　《易经·序卦》有一段追溯自然与社会关系之本源的文字："有天地然后有万物，有万物然后有男女，有男女然后有夫妇，有夫妇然后有父子，有父子然后有君臣,有君臣然后有上下,有上下然后礼义有所错。"这里所说的天地、男女、夫妇、父子、君臣,并非强调个体角色,而是讲相对的位置关系。这样一系列位置关系构成的,正是一种"尊卑有等,长幼有伦,内外有别,亲疏有序"[217]的伦常秩序。

尊尊亲亲。儒家理想中的这种社会秩序模式,影响了中国历史数千年。费孝通先生在其《乡土中国》中论及中国传统社会结构中的"差序格局"时说:"儒家最考究的是人伦。伦是什么呢?我的解释就是从自己推出去的和自己发生社会关系的那一群人里所发生的一轮轮波纹的差序。……潘光旦先生曾说:凡是有'仑'作公分母的意义都相通,'共同表示的是条理、类别、秩序的一番意思。'"[218]

宋儒通过对于《易经·家人》的阐发,组接出了自内向外等级伦序的理想链条:女正——家道正——天下正。而当付诸实践时,这组链条的作用形式实际上是:正女——正家道——正天下。链条运转的推动者,则首先是以"正心诚意修身齐家治国平天下"为己任的男性士人[219]。宋代盛行的家训族规,社会上流传的诸如"教妇初来,教子婴孩""妇训始至,子训始稚"[220]一类谣谚,都使我们注意到"正女"的努力。"正女"是"正家"的前提,只有把"正家"置于"天下国家"的大背景之下,才能看清它在宋代士大夫心目中的真正意义。男女两性被要求"正位",从根本上讲,是由被认作天经地义的"正家——治国——化天下"的社会义务与整体格局决定的。

东汉的班昭在其《女诫·敬慎第三》中说,"阴阳殊性,男女异行。阳以刚为德,阴以柔为用。男以强为贵,女以弱为美"。"敬顺之道,妇之大礼也。"[221]而宋代墓志中所呈现的女性传主(特别是主持家事者)的形象,却使我们感到,她们并不仅仅"婉娩听从",而是往往严明肃正。这也正是墓志作者们所着意刻画以期垂范后世的。

例如,李觏称郑助教母陈氏,"门内外事,一介毕委于其躬。性严正,处之有宜"[222];王安石称其外祖母曾氏"明辨智识,当世游谈学问知名之士有不能如也。虽内外族亲之悍强顽鄙者,犹知严惮其为贤"[223];陆佃称束正卿的妻子王氏"能以礼赞其夫,以义成其子","平居有远虑达识,恶阿谀,喜忠鲠,胸中白黑明甚"[224];杨万里称赞刘蕴妻董氏,说她"事有是非,立语可决。人有善,为之喜悦;不善,多面折之。有烈丈夫所不如者"[225]。这显然不是一群卑弱的形象。程颐曾经说,"以柔顺处中正,妇人之道也"[226]。"柔顺"是要求于女性的态度,而"处中正""中正然后贯天下之道"[227],是"治家之道"所要达到的根本性目标。

社会流动带来的机遇和挑战,迫使宋代士大夫重新思考他们所面临的诸多问题。在这种社会大背景之下,秩序、正位、纪纲等问题随之凸显,"主内"的女性之"相夫教子""正家以礼"被赋予了突出的意义。女性可能发挥的作用,受到士大夫们前所未有的重视;她们的努力实际上构成为强化当时的政治文化秩序之整体过程的组成部分。

如果不仅注意女性个人的事迹,也注意她们所长育其中且赖以生存的社会秩序结构,那么,呈现在我们面前的,是一种交互重叠的影像。其中既有轮廓明显的限制"内""外"的秩序框架,又有她们寻求夹缝、寻求沟通,活动于"内""外"之间的身影;我们既看到家族结构与秩序对于女性的束缚挤压,体会到她们的苦闷与无助,又感觉到女性——特别是士人家族中的女性——强化这种结构和秩序的努力。她们中间的一些人,自身文化素养较高,又有机会跟从父兄夫君宦游各地,相对于劳动妇女,具有比较丰富的阅历、比较开阔的眼界,同时也更为接近儒家的礼义之学。她们一方面具有自立意识及实际能力,有强烈的人生追求与期冀;另一方面又比较自觉地认同用以规范人际关系与日常生活的传统伦理观念,以"女正位乎内,男正位乎外"为精神支撑,将自身功能定位于家族角色之上,把维持家族内的现存秩序作为自身责任。而她们用以"纲纪门户"的武器,正是传统礼教。

宋儒强调作为理性法则的"天理",寄希望于建构更为"合理"的社会秩序;他们为之努力的伦理纲常原则,视"正位"为家族成员的义务而不惜以牺牲个性发展作为代价。这一时期对于"道德化"的追求与强调,具有浓厚的历史特色。一方面男性的道德修身趋向于严格化,另一方面对于女性的道德贞操的要求也更加严格。双方在同一整体秩序之下被"正位",被规范。

注　释

〔1〕　《唐会要》卷三一《舆服上》,中华书局影印,1990 年,第 569—570、579—580 页。

〔2〕　《新唐书》卷二四《舆服志》，中华书局，1975 年，第 527 页。

〔3〕　独孤郁：《对才识兼茂明于体用策》，《全唐文》卷六八三，中华书局，1982 年，第 6982—6989 页。

〔4〕　《朱子语类》卷八九《礼六·冠昏丧·丧》，中华书局，1983 年。

〔5〕　《旧唐书》卷四五《舆服志》，中华书局，1975 年，第 1957 页。

〔6〕　《唐六典》卷二二《少府监》，中华书局，1992 年，第 576 页。

〔7〕　刘言史：《王中丞宅夜观舞胡腾文》，《全唐诗》卷四六八，中华书局，1960 年，第 5323—5324 页。

〔8〕　《旧唐书》卷四五《舆服志》："百官家口，咸预士流，至于衢路之间，岂可全无障蔽。比来多著帷帽，遂弃幂离，曾不乘车，别坐檐子。递相仿效，浸成风俗，过为轻率，深失礼容。"中华书局，1975 年，第 1957 页。

〔9〕　施肩吾：《观美人》，《全唐诗》卷四九四，中华书局，1960 年，第 5604。方干：《赠美人四首》，《全唐诗》卷六五一，中华书局，1960 年，第 7478 页。

〔10〕　《新唐书》卷二四《车服志》，中华书局，1975 年，第 532 页。

〔11〕　吕希哲：《吕氏杂记》卷下，《丛书集成初编》本，中华书局，1991 年，第 18 页。

〔12〕　周叙：《洛阳花木记》，陶宗仪等撰《说郛三种》，上海古籍出版社，1988 年，第 462—463 页。

〔13〕　皮日休：《茶中杂咏序》，《全唐诗》卷六一一，中华书局，1960 年，第 7053 页。

〔14〕　李肇撰：《唐国史补》卷中，上海古籍出版社，1979 年，第 34 页。

〔15〕　李德裕：《忆平泉杂咏·忆茗芽》，《全唐诗》卷四七五，中华书局，1960 年，第 5413 页。元稹：《一字至七字诗》，《全唐诗》卷四二三，中华书局，1960 年，第 4562 页。

〔16〕　李知宴：《唐代瓷窑概况与唐瓷的分期》，《文物》1972 年 3 期，第 38 页。该文将大和三年误为元和三年。

〔17〕　《唐会要》卷八四《杂税》，中华书局，1955 年，第 1546 页。《旧唐书》卷一七三《李珏传》，中华书局，1975 年，第 4504 页。

〔18〕　张泽咸：《唐代工商业》，中国社会科学出版社，1995 年，第 140 页。

〔19〕　王钦若等编宋本《册府元龟》卷五一〇，邦计部，重敛，中华书局，1989 年，第 1291 页。

〔20〕　《太平广记》卷一七三《崔碣》引《唐阙史》，中华书局，1981 年，第 1267 页。

〔21〕　华山：《从茶叶经济看宋代社会》，《宋史论集》，齐鲁书社，1982 年，第 55—110 页。

〔22〕　白居易《游宝称寺》："酒嫩倾金液，茶新碾玉尘。"《全唐诗》卷四三九，中华书局，1960 年，第 4882 页。耶律楚材《西域从王君玉乞茶，因其韵七首之七》："黄金小碾

飞琼屑,碧玉深瓯点雪芽。"

〔23〕 白居易:《府西池北新葺水斋即事招宾偶题十六韵》《赠东邻王十三》,《全唐诗》卷四五一、四四八,中华书局,1960 年,第 5100、5044 页。

〔24〕 王谠撰,周勋初校证:《唐语林校证》卷七,中华书局,1987 年,第 613 页。

〔25〕 封演撰,赵贞信校注:《封氏闻见记校注》卷六,饮茶,中华书局,2005 年,第 51 页。

〔26〕 吴自牧撰,傅林祥注:《梦粱录》卷一六,《茶肆》,山东友谊出版社,2001 年,第 210—211 页。

〔27〕 皎然:《饮茶歌·诮崔石使君》,《全唐诗》卷八二一,中华书局,1960 年,第 9260 页。

〔28〕 蔡襄:《蔡襄集》卷三五《茶录》上篇"罗茶"条,上海古籍出版社,1996 年,第 640 页。

〔29〕 赵佶:《大观茶论》。

〔30〕 屠隆:《考槃余事》。

〔31〕 孙机曾对唐宋时代饮茶做过精细研究,参见孙机:《中国茶文化与日本茶道》,《中国历史博物馆馆刊》,1996 年 1 期,第 62—69 页。后收入《中国圣火》,辽宁教育出版社,1996 年,第 295—314 页。

〔32〕 中国社会科学院考古研究所洛阳唐城队:《唐东都武则天明堂遗址发掘简报》,《考古》1988 年 3 期,第 227—230 页。

〔33〕 《旧唐书》卷九六《宋璟传》,中华书局,1975 年,第 3032 页。

〔34〕 韩愈:《唐故江西观察使韦公墓志铭》,屈守元、常思春主编:《韩愈全集校注》,四川大学出版社,1996 年,第 1852 页。

〔35〕 《宋史》卷四二六《叶康直传》,中华书局,1977 年,第 12706 页。

〔36〕 《宋史》卷四六五《郑兴裔传》,中华书局,1977 年,第 13595 页。

〔37〕 仁井田陞:《唐令拾遗》,营缮令:"王公以下,舍屋不得施重拱藻井。三品以上,堂舍不得过五间九架,厅厦两头,门屋不得过三间五架。"长春出版社,1989 年,第 737 页。

〔38〕 刘俊文撰:《唐律疏议笺解》卷第二十六,杂律上,中华书局,1996 年,第 1818 页。

〔39〕 《旧唐书》卷一九〇《文苑传》,唐高宗为庆贺立太子,"将会百官及命妇于宣政殿,并设九部伎及散乐。(袁)利贞上疏谏曰:'臣以前殿正寝,非命妇宴会之地;象魏路门,非倡优进御之所。望诏命妇会于别殿,九部伎从东西门入,散乐一色伏望停罢。'"中华书局,1975 年,第 4985 页。

〔40〕 《宋史》卷一五四《舆服志六》,中华书局,1985 年,第 3600 页。

〔41〕 《朱子语类》卷一二〇,中华书局,1983 年。

〔42〕 《唐会要》卷三一,《舆服上》杂录,中华书局,1990 年,第 575 页。

〔43〕《旧唐书》卷六〇《李晦传》,中华书局,1975 年,第 2350 页。

〔44〕无织物装饰是简朴的表现,唐朝以清俭著称的岑文本"居处卑陋,室无茵褥帷帐之饰"。《旧唐书》卷七〇《岑文本传》,中华书局,1975 年,第 2538 页。

〔45〕《新唐书》卷四九下《百官志》,中华书局,1975 年,第 1310 页。

〔46〕圆仁撰,顾承甫、何泉达点校:《入唐求法巡礼行记》卷一,上海古籍出版社,1986 年,第 19 页。

〔47〕《资治通鉴》卷二四二,唐纪五十八,穆宗长庆二年,中华书局,1956 年,第 7822 页。

〔48〕《朱子语类》卷九一,礼八,杂仪,《鸡肋编》卷下,中华书局,1983 年,第 126 页。

〔49〕杨泓:《屏风周昉画细腰——漫话唐代六曲画屏》,《文物丛谈》,文物出版社,1991 年,第 230 页。

〔50〕伊世珍辑:《瑯嬛记》卷中引《丹青记》,《津逮秘书》一百二十册,中华书局影印本,1987 年。

〔51〕吴自牧撰:《梦粱录》卷一六"茶肆"条,浙江人民出版社,1980 年,第 140 页。

〔52〕李林甫等撰,陈仲夫点校:《唐六典》卷二〇,太府寺:"凡市以日午,击鼓三百声而众以会;日入前七刻,击钲三百声而众以散。"中华书局,1992 年,第 543—544 页。

〔53〕钱易撰,黄寿成点校:《南部新书》戊,中华书局,2002 年,第 67 页。

〔54〕孟元老撰,邓之诚注:《东京梦华录》卷三,中华书局,1982 年,第 88—89 页。

〔55〕白寿彝:《中国交通史》,上海书店,1984 年,第 111—112 页。刘希为:《隋唐交通》,新文丰出版公司,1992 年,第 6 页。

〔56〕《新唐书》卷四三下《地理志》,中华书局,1975 年,第 1146 页。

〔57〕《宋会要辑稿·方域》一〇之三一四,新文丰出版公司,1976 年,第 7461 页。

〔58〕刘𫗧撰,程毅中点校:《隋唐嘉话》卷中,中华书局,1979 年,第 19 页。

〔59〕李林甫等撰,陈仲夫点校:《唐六典》卷四,尚书礼部,中华书局,1992 年,第 116 页。陆增祥撰:《八琼室金石补正》卷一二一,宋四十,大阳堰石刻,吴兴刘氏希古楼刊本。

〔60〕郭鹏、李天培:《略阳〈仪制令〉碑》,《文博》2001 年 6 期,第 66—67 页。

〔61〕《宋会要辑稿·方域》一〇之三一四,新文丰出版公司,1976 年,第 7460 页。

〔62〕陕西省博物馆:《隋唐文化》,学林出版社,1990 年。

〔63〕樊旺林、茂林:《唐铁牛与蒲津桥》,《考古与文物》1991 年 1 期,第 52—55 页。

〔64〕李肇撰:《唐国史补》卷下,上海古籍出版社,1979 年,第 62 页。

〔65〕《资治通鉴》卷一九八,唐纪十四,太宗贞观二十一年,中华书局,1956 年,第 6249 页。

〔66〕《旧唐书》卷九四《崔融传》,中华书局,1975 年,第 2998 页。

〔67〕 吴自牧撰,傅林祥注:《梦粱录》卷一二,江海船舰,山东友谊出版社,2001 年,第 170 页。

〔68〕 赵强、李喜萍、秦建明:《唐长安城发现坊里道路遗迹》,《考古与文物》1995 年 6 期,第 2—5 页。

〔69〕 《旧唐书》卷九《玄宗纪》,中华书局,1975 年,第 213 页。

〔70〕 《太平广记》卷三一四《崔练师》"置辎车一乘,佣而自给",中华书局,1981 年,第 2489 页。

〔71〕 沈括撰,刘尚荣点校:《梦溪笔谈》卷一一,官政一,辽宁教育出版社,1997 年,第 66—67 页。李焘撰:《续资治通鉴长编》卷四六九,元祐七年,中华书局,1993 年,第 11211 页。

〔72〕 《全唐文》卷六八,敬宗皇帝御丹凤楼大赦文,中华书局,1982 年,第 718 页。

〔73〕 陕西省博物馆、乾县文教局唐墓发掘组:《唐懿德太子墓发掘简报》,《文物》1972 年 7 期,第 26—31 页。陕西省博物馆编:《唐墓壁画集锦》,陕西人民出版社,1991 年,第 85 页。

〔74〕 陕西省文物管理委员会、礼泉县昭陵文管所:《唐阿史那忠墓发掘简报》,《考古》1977 年 2 期,第 132—138 页。

〔75〕 中国社会科学院考古研究所河南第二工作队、河南偃师县文物管理委员会:《河南偃师杏园村的六座纪年唐墓》,《考古》1986 年 5 期,第 458—462 页。

〔76〕 《全唐文》卷四四八,唐文宗时王涯奏文说:"商人乘马,前代所禁。近日得以恣其乘骑。……伏请切令禁断。"中华书局,1982 年,第 4581 页。

〔77〕 《旧唐书》卷四五《舆服志》,中华书局,1975 年,第 1950 页。

〔78〕 《隋书》卷一〇《礼仪志》,中华书局,1973 年,第 210 页。

〔79〕 赵璘撰:《因话录》卷三,收入李肇等撰:《唐国史补·因话录》,上海古籍出版社,1979 年,第 85 页。

〔80〕 李林甫等撰,陈仲夫点校:《唐六典》卷五,"尚书兵部",中华书局,1992 年,第 163 页。

〔81〕 《朝野佥载》卷三:"定州何名远大富,主官中三驿。"中华书局,1979 年,第 75 页。

〔82〕 李林甫等撰,陈仲夫点校:《唐六典》卷五,"尚书兵部",中华书局,1992 年,第 163 页。

〔83〕 《元稹集》卷三八,中华书局,1982 年,第 432 页。

〔84〕 高承撰,李园订,金圆、许沛藻点校:《事物纪原》卷七,中华书局,1989 年,第 359 页。

〔85〕 《通典·食货典》,中华书局,1988 年。

〔86〕　《旧唐书》卷四五《舆服志》，中华书局，1975 年，第 1958 页。

〔87〕　宋敏求编，洪丕谟等点校：《唐大诏令集》卷一一〇，"令有司劝庶人婚聘及时诏"，学林出版社，1992 年，第 522 页。

〔88〕　《隋书》卷二九《地理志》，中华书局，1973 年，第 808 页。

〔89〕　《旧唐书》卷六五《高士廉传》，中华书局，1975 年，第 2444 页。

〔90〕　《资治通鉴》卷二〇〇，唐纪十六，高宗显庆四年，中华书局，1956 年，第 6318 页。

〔91〕　《太平广记》卷四八七《霍小玉传》，中华书局，1981 年，第 4008 页。

〔92〕　《隋书》卷二《高祖纪》，中华书局，1973 年，第 41 页。

〔93〕　张祜：《爱妾换马》，《全唐诗》卷二六，中华书局，1960 年，第 361—362 页。

〔94〕　长孙无忌等撰，刘俊文笺解：《唐律疏议笺解》卷一四，"户婚律"，中华书局，1996 年，第 1055—1056 页。

〔95〕　范摅：《云溪友议》卷下，"题红怨"，古典文学出版社，1957 年，第 69 页。

〔96〕　封演撰，赵贞信校注：《封氏闻见记校注》卷五，"花烛"，中华书局，1958 年，第 39 页。

〔97〕　郑樵：《通志》卷二五，氏族略第一，氏族序，中华书局，1987 年，第 439 页。

〔98〕　邵伯温：《邵氏见闻录》卷一八；洪迈《容斋四笔》卷八，得意失意诗，上海古籍出版社，1978 年，第 701 页。

〔99〕　蔡襄：《福州五戒文》，见《蔡襄集》卷三四，上海古籍出版社，1996 年，第 618 页。

〔100〕　黎靖德编：《朱子语类》卷六九《礼一·论后世礼书》；吕祖谦：《东莱集》卷八《陆先生墓志铭》；《宋史》卷一一五《礼志十八·士庶人婚礼》；《朱子家礼》卷三《昏礼》。

〔101〕　陈元靓撰：《事林广记》乙集卷下，家礼类，婚礼，中华书局，1999 年，第 42 页。

〔102〕　王得臣撰，俞宗宪点校：《麈史》卷下，风俗，上海古籍出版社，1986 年，第 75 页。

〔103〕　《新唐书》卷四六《百官志》，中华书局，1975 年，第 1194 页。

〔104〕　齐东方：《试论西安地区唐代墓葬的等级制度》，《纪念北京大学考古专业三十周年论文集》，文物出版社，1990 年。

〔105〕　《旧唐书》卷六七《李勣传》，中华书局，1975 年，第 2491 页。

〔106〕　《旧唐书》卷八四《郝处俊传》，中华书局，1975 年，第 2801 页。

〔107〕　陕西省文馆会：《唐永泰公主墓发掘简报》，《文物》1964 年 1 期。陕西省博物馆、乾县教育局唐墓发掘组：《唐懿德太子墓发掘简报》，《文物》1972 年 7 期。陕西省博物馆、乾县教育局唐墓发掘组：《唐章怀太子墓发掘简报》，《文物》1972 年 7 期。

〔108〕　陕西省文管会：《长安县南里王村唐韦泂墓发掘记》，《文物》1959 年 8 期。

〔109〕　《旧唐书》卷一八三《外戚传》，中华书局，1975 年，第 4736 页。

〔110〕　《旧唐书》卷二七《礼仪志》七，"至如父在为母服止一期，虽心丧三年，服由尊降。

窃谓子之于母,慈爱特深,非母不生,非母不育。推燥居湿,咽苦吐甘,生养劳瘁,恩斯极矣。所以禽兽之情,犹知其母,三年在怀,理宜崇报。若父在为母服止一期,尊父之敬虽周,报母之慈有阙。且齐斩之制,足为差减,更令周以一期,恐伤人子之志。今请父在为母终三年之服。"中华书局,1975 年,第 1023 页。

〔111〕 开元五年(717)右补阙卢履冰。

〔112〕 《资治通鉴》卷二三六,唐纪五十二,顺宗永贞元年七月,中华书局,1956 年,第7618 页。

〔113〕 长孙无忌等撰,刘俊文笺解:《唐律疏议笺解》,中华书局,1996 年,第 61—65 页。

〔114〕 同上。

〔115〕 《新唐书》卷四八《百官志》,中华书局,1975 年,第 1257 页。

〔116〕 《旧唐书》卷四四《职官志》,中华书局,1975 年,第 1896 页。

〔117〕 《新唐书》卷四六《百官志》,中华书局,1975 年,第 1194 页。

〔118〕 《唐会要》卷三八,服纪下,葬,"(开元)二十九年正月十五日敕:古之送葬,所尚乎俭,其明器墓田等,令于旧数内递减,三品以上明器,先是九十事,请减至七十事。五品以上,先是七十事,请减至四十事。九品以上,先是四十事,请减至二十事。庶人先无文,请限十五事。"中华书局,1990 年,第 693 页。

〔119〕 《隋书》卷五三《达奚长儒传》,中华书局,1973 年,第 1350—1351 页。

〔120〕 周绍良主编:《唐代墓志汇编》,上海古籍出版社,1992 年,第 1410 页。

〔121〕 同上书,第 2318、2388 页。

〔122〕 《旧唐书》卷四五《舆服志》,中华书局,1975 年,第 1958 页。

〔123〕 《旧唐书》卷五一《后妃传》,中华书局,1975 年,第 2166 页。

〔124〕 《旧唐书》卷六三《萧瑀传》,中华书局,1975 年,第 2404 页。

〔125〕 《旧唐书》卷八《玄宗纪》,中华书局,1975 年,第 174 页。

〔126〕 杜佑撰,王文锦等点校:《通典》卷七九,礼三十九,凶礼一:"如欲称朕崇厚之志,复恐百代之后,不免有废毁之忧。"中华书局,1988 年,第 2146 页。

〔127〕 《资治通鉴》卷一九四,唐纪十,太宗贞观十年,中华书局,1956 年,第 6122 页。

〔128〕 《唐会要》卷三八,服纪下,葬,中华书局,1990 年,第 697 页。

〔129〕 《旧唐书》卷一一〇《辛云京传》,中华书局,1975 年,第 3315 页。

〔130〕 《资治通鉴》卷二五二,唐纪六十八,懿宗咸通十二年,中华书局,1956 年,第8161 页。

〔131〕 同上。

〔132〕 司马光:《司马氏书仪》卷六,丧仪二,《丛书集成初编》本,第 65 页。

〔133〕《宋史》卷一二五《礼志》二八,凶礼四,"士庶人丧礼"条,第 2918 页。

〔134〕司马光:《葬论》,收入《司马温公文集》卷一三,《丛书集成初编》本,商务印书馆,1936 年,第 300 页。

〔135〕程颢、程颐著:《二程集》所收《河南程氏文集》卷一○,葬法决疑;葬说,中华书局,1981 年,第 624、623 页。

〔136〕司马光:《葬论》,收入《司马温公文集》卷一三,《丛书集成初编》本,商务印书馆,1936 年,第 300 页。

〔137〕王洙等撰:《图解校正地理新书》(金明昌抄本)卷一五,择地法,集文书局,1985 年,第 480—481 页。

〔138〕李咸用:《远公亭牡丹》,《全唐诗》卷六四四;殷文杰:《赵侍郎看红白牡丹因寄杨状头赞图》"雅得花中为首冠",《全唐诗》卷七○七,中华书局,1960 年,第 7386、8136 页。

〔139〕刘禹锡:《赏牡丹》,《文苑英华》卷三二一,中华书局,1966 年,第 1660 页。

〔140〕钱易撰,黄寿成点校:《南部新书》甲,中华书局,2002 年,第 10 页。

〔141〕李肇撰:《唐国史补》卷中,京师尚牡丹,上海古籍出版社,1979 年,第 45 页。

〔142〕徐凝:《牡丹》,《全唐诗》卷四七四,中华书局,1960 年,第 5382 页。

〔143〕贯休:《富贵曲二首》,《全唐诗》卷八二六,中华书局,1960 年,第 9306 页。

〔144〕关盼盼:《和白公诗》,《全唐诗》卷八○二,中华书局,1960 年,第 9023 页。

〔145〕钱易撰,黄寿成点校:《南部新书》丁,中华书局,2002 年,第 49 页。

〔146〕段成式:《酉阳杂俎》前集卷一九,草篇,中华书局,1981 年,第 186 页。

〔147〕北京市海淀区文物管理所:《北京市海淀区八里庄唐墓》,《文物》1995 年 11 期,第 45—53 页。罗世平:《观王公淑墓壁画〈牡丹芦雁图〉小记》,《文物》1996 年 8 期,第 78—83 页。

〔148〕雍陶:《题情尽桥》,《全唐诗》卷五一八,中华书局,1960 年,第 5920 页。

〔149〕王仁裕撰,丁如明辑校:《开元天宝遗事》卷下,销魂桥,载《开元天宝遗事十种》,上海古籍出版社,1985 年,第 93 页。

〔150〕《旧唐书》卷一三《德宗纪》,中华书局,1975 年,第 366 页。

〔151〕王仁裕撰,丁如明辑校:《开元天宝遗事》卷下,探春,裙幄,载《开元天宝遗事十种》,上海古籍出版社,1985 年,第 103、97 页。

〔152〕《旧唐书》卷八《玄宗纪》,中华书局,1975 年,第 198 页。

〔153〕长沙窑课题组编:《长沙窑》,紫禁城出版社,1996 年,第 147 页。

〔154〕王仁裕撰,丁如明辑校:《开元天宝遗事》卷下,半仙之戏,载《开元天宝遗事十种》,

上海古籍出版社,1985 年,第 88 页。

〔155〕　杜甫:《清明二首》,《全唐诗》卷二三三,中华书局,1960 年,第 2577 页。

〔156〕　元稹:《杂忆五首》,《全唐诗》卷四二二,中华书局,1960 年,第 4643 页。

〔157〕　韩偓:《寒食夜》,《全唐诗》卷六八三。

〔158〕　孟元老撰,李士彪注:《东京梦华录》卷七,山东友谊出版社,2001 年,第 67 页。

〔159〕　封演撰,赵贞信校注:《封氏闻见记校注》卷六,打毬,中华书局,2005 年,第 53 页。

〔160〕　《资治通鉴》卷二〇九,唐纪二十五,中宗景龙二年,中华书局,1956 年,第 6624 页。

〔161〕　同上。

〔162〕　封演撰,赵贞信校注:《封氏闻见记校注》卷六,打毬,中华书局,2005 年,第 53 页。

〔163〕　《资治通鉴》卷二四三,唐纪五十九,穆宗长庆四年,中华书局,1956 年,第 7836 页。

〔164〕　《宋史》卷二四《礼志》,中华书局,1985 年,第 2841 页。

〔165〕　《旧唐书》卷五七《裴寂传》,中华书局,1975 年,第 2286 页。

〔166〕　《杜阳杂编》,《丛书集成初编》据《学津讨原》排印本。

〔167〕　《资治通鉴》卷二三六,唐纪五十二,德宗贞元十九年,中华书局,1956 年,第 7602 页。

〔168〕　李肇撰:《唐国史补》卷上,王积薪闻棋,上海古籍出版社,1979 年,第 18 页。

〔169〕　杜佑撰,王文锦等点校:《通典》卷六,食货六,中华书局,1988 年,第 119 页。“敦煌郡贡碁子二十具”。《新唐书》卷四〇《地理志》,中华书局,1975 年,第 1045 页。

〔170〕　丁文房撰,徐明霞校点:《唐才子传》卷七,辽宁教育出版社,1998 年,第 86 页。

〔171〕　《旧唐书》卷五〇《刑法志》,中华书局,1975 年,第 2139 页。

〔172〕　王建:《看棋》,《全唐诗》卷三〇一,中华书局,1960 年,第 3432 页。

〔173〕　元稹:《酬翰林白学士代书一百韵》,《元稹集》卷一〇,中华书局,1982 年,第 116 页。

〔174〕　例如 Ebrey, Patricia B., *The Inner Quarters: Marriage and the Lives of Chinese Women in the Sung Period*, Berkeley: University of California Press, 1993;刘静贞《女无外事?——墓志碑铭中所见之北宋士大夫社会秩序理念》,《宋史研究集》第 25 辑,台北:“国立编译馆”,1995 年,第 95—142 页;Ko, Dorothy(高彦颐), *Teachers of the Inner Chambers: Women and Culture in Seventeenth Century China*, Stanford: Stanford University Press, 1994.《“空间”与“家”——论明末清初妇女的生活空间》,《近代中国妇女史》第 3 期,台北:“中研院”近代史所,1995 年,第 299 页。

〔175〕　就女性而言,其活动范围甚至被局限于“中门”以内。

〔176〕　刘增贵《门户与中国古代社会》一文,从空间通道、人群分界、社会表征三个角度对

此进行了阐述。见《中研院史语所集刊》第 68 本第四分，1997 年，第 817—819 页。

〔177〕 参见郑必俊：《对中国古代妇女立世精神的几点思考》，《北京大学妇女问题第三届国际研讨会论文集》，北京大学妇女问题研究中心，1994 年，第 1—17 页。

〔178〕 参见高世瑜：《唐代妇女》第一章《唐代妇女社会面貌概说》，三秦出版社，1988 年。

〔179〕 施肩吾：《少妇游春词》，《全唐诗》卷四九四，中华书局，1979 年，第 5601 页。

〔180〕 "武则天"是目前对于武曌的通称。这一称谓方式起源于武氏的最后一个皇帝称号"则天大圣皇帝"及其谥号"大圣则天皇后"。"则天大圣皇帝"事实上是武则天被迫退位后的尊号，而不是在位时的称呼。

〔181〕 《资治通鉴》卷二〇〇，唐纪十六"显庆五年十月"条，中华书局，1982 年，第 6322 页。

〔182〕 《资治通鉴》卷二〇一，唐纪十七"麟德元年十二月丙戌"条，第 6343 页。按"二圣"之说，在北朝由来已久。北魏文明太后与孝文帝、灵太后与孝明帝都曾经合称"二圣"；隋文帝时，宫中也将独孤皇后与文帝并称"二圣"。武则天参与大政，亦从这一途径开始。

〔183〕 《资治通鉴》卷二〇五，唐纪二十一"长寿元年正月"条，第 6478 页。

〔184〕 参见陈弱水：《初唐政治中的女性意识》，北京大学"唐宋妇女史与历史学"国际研讨会论文集《唐宋女性与社会》，上海辞书出版社，2003 年，第 659—695 页。

〔185〕 例如 20 世纪初期以来，在今新疆维吾尔自治区吐鲁番地区的阿斯塔那与哈拉和卓古墓群以及雅尔湖一带，出土了数万件珍贵的文物文书。其时间跨度上自公元 3 世纪的西晋时期，下至公元 8 世纪后半叶的唐代后期。这些经过科学考古发掘出土的原始史料，对于研究当时当地社会政治、经济、文化提供了确切依据。其中不乏有关中古时期妇女社会生活状况的内容。参见邓小南：《六至八世纪的吐鲁番妇女——特别是她们在家庭以外的活动》，《敦煌吐鲁番研究》第四卷，北京大学出版社，1999 年。

〔186〕 《唐开元二十八年土右营下建忠赵伍那牒为访捉配交河兵张式玄事》（72TAM178：4，5），《吐鲁番出土文书》第八册，文物出版社，1981 年，第 385—387 页。

〔187〕 袁采：《袁氏世范》卷上《睦亲》，天津古籍出版社，1995 年，第 48 页。

〔188〕 参见邓小南：《宋代士人家族中的妇女：以苏州为例》，《国学研究》第五卷，北京大学出版社，1998 年，第 519—555 页。

〔189〕 《欧阳修全集·居士集》卷三六《南阳县君谢氏墓志铭》，中国书店影印本，1986 年，第 251 页。

〔190〕 杨时：《龟山集》卷三五《章端叔墓志铭》。

〔191〕 刘邠：《彭城集》（丛书集成初编本）卷三六《林氏母黄氏夫人墓表》；曾巩：《曾巩集》卷四五《天长县君黄氏墓志铭》，中华书局标点本，1984 年，第 608 页。

〔192〕 司马光：《书仪》卷三《婚仪上》。

〔193〕 《欧阳修全集·居士集》卷三六《渤海县太君高氏墓碣》，中国书店影印本，1986 年，第 255 页。

〔194〕 《欧阳修全集·居士集》卷三六《南阳县君谢氏墓志铭》，第 251 页；《苏轼文集》卷一五《亡妻王氏墓志铭》，中华书局校点本，1986 年，第 472 页。

〔195〕 参见邓小南：《"内外"之际与"秩序"格局：兼谈宋代士大夫对于〈周易·家人〉的阐发》，《唐宋女性与社会》，上海辞书出版社，2003 年，第 97—123 页。

〔196〕 《陶山集》卷一五《长寿县太君陈氏墓志铭》，《丛书集成初编》本。

〔197〕 例如《华阳集》卷四〇《魏国夫人陈氏墓志铭》，《古灵集》卷二〇《崇国太夫人符氏墓志铭》。

〔198〕 《陶山集》卷一六《陈留郡夫人边氏墓志铭》。按：据《宋史》卷二八八《孙沔传》，"沔居官以才力闻，强直少所惮，然喜宴游女色，故中间坐废。妻边氏悍妒，为一时所传。"这位边夫人，是墓志铭作者陆佃之"从母"。与人们习见的诸多墓志铭一样，文中充盈溢美之辞，并不意外。但尽管如此，墓志中还是透露了夫妻关系间的一点消息："（夫人）持家颇严甚，遇事以理取胜，虽公不能无屈。亦天下奇女子也。"又，对于孙沔征讨侬智高之事，滕甫有《南征录》一书记述详悉。当然，有关这位边夫人的作用，书中只字未提。

〔199〕 袁说友：《东塘集》卷二〇《魏安人胡氏行状》。

〔200〕 《四朝闻见录》戊集"周虎"，中华书局标点本，1997 年，第 164 页。何氏的详细事迹另见于《山房集》卷五《永国夫人何氏行状》，所载略有不同。

〔201〕 这方面的材料不胜枚举。作为一二事例，可参见《广陵集》附录《节妇夫人吴氏（王令妻）墓碣铭》，《李觏集》卷二四《建昌军景德寺重修大殿并造弥陀阁记》《景德寺新院记》及《后乐集》卷一七《章氏行状》等。《丹渊集》卷四〇《文安县君刘氏墓志铭》，所记载之女性"乡先生"，为生计所迫而教授生徒，这种不多见的"职业"选择，也说明了"内、外"之间可能的通达。

〔202〕 《山房集》卷五《永国夫人何氏行状》，文渊阁《四库全书》本。

〔203〕 白沙一、二、三号宋墓关系密切，构成一组。墓葬装饰富丽，但无墓志出土，出土地券等亦不具官衔，墓主似非官僚士大夫，而有可能为兼营商业之地主。参见宿白：《白沙宋墓》，文物出版社，1957 年，第 81—83 页。

〔204〕 同上书，第 28 页。

〔205〕 同上书,第 58 页。

〔206〕 黄明兰、宫大中:《洛阳北宋张君墓画像石棺》,载《文物》1984 年 7 期,第 79—81 页。

〔207〕 洛阳博物馆:《洛阳涧西三座宋代仿木构砖室墓》,载《文物》1983 年 8 期,第 14—16 页。

〔208〕 参见朱青生:《将军门神起源研究——论误读与成形》,北京大学出版社,1998 年,第 240 页。有学者指出,该"手扶门扉,半露其面"者,"是人神化了的朱雀形象",见刘志远、余德章、刘文杰:《四川汉代画像砖与汉代社会》,文物出版社,1983 年,第 103 页。又如今藏四川荥经严道故城遗址博物馆的汉代石棺秘戏图画像,中间一门将堂室分为左右,"中有一人,一手执门",有研究者认为"似为一仙童",据画面观察,似年轻女性形象。见常任侠:《中国美术全集·绘画编》18《汉画像石画像砖》,图九九及说明。

〔209〕 宿白:《白沙宋墓》,文物出版社,1957 年,第 39 页。

〔210〕 所谓"妇人启门"形象,其"启"与"闭",事实上无从绝对区分。从墓室格局来看,她们所开启的,显然不是通向外部世界之门;她们相对于内门的"走出",实际上是相对于墓室的"进入"。

〔211〕 周必大:《文忠集》卷七六《益国夫人墓志铭》。

〔212〕 龚明之:《中吴纪闻》卷六《徐氏安人诗》,上海古籍出版社标点本,1986 年,第 150 页。

〔213〕 周密:《齐东野语》卷一○"黄子由夫人"条,中华书局标点本,1997 年,第 183 页。

〔214〕 《水心文集》卷一四《张令人墓志铭》。

〔215〕 李清照:《金石录后序》,见《李清照集笺注》,上海古籍出版社,2002 年,第 310 页。

〔216〕 参见郑必俊:《对中国古代妇女立世精神的几点思考》,载《北京大学妇女问题第三届国际研讨会论文集》,第 13 页;袁行霈主编《中国文学史》第三卷,高等教育出版社,1999 年,第 124—128 页。

〔217〕 《温公易说》"履"卦。

〔218〕 费孝通:《乡土中国·差序格局》,见《费孝通学术精华录》,北京师范学院出版社,1988 年,第 357—365 页。

〔219〕 《诚斋易传》卷一○《家人》。

〔220〕 参见《温公家训》,《东莱易说》卷下《家人》,《诚斋易传》卷一○《家人》。

〔221〕 《后汉书》卷八四《列女传·曹世叔妻》,中华书局标点本,1973 年,第 2788—2789 页。

〔222〕 《李觏集》卷三〇《郑助教母陈氏墓铭（并序）》，中华书局标点本，1981 年，第 345 页。

〔223〕 《临川集》卷一〇〇《河东县太君曾氏墓志铭》。

〔224〕 《陶山集》卷一五《王氏夫人墓志铭》。

〔225〕 《诚斋集》卷一三一《太恭人董氏墓志铭》，《四部丛刊》本。

〔226〕 《伊川易传》卷三《家人》，上海古籍出版社，1989 年。

〔227〕 《张载集·中正篇第八》，中华书局标点本，1978 年，第 26 页。

彩图目录

插图目录